ODEON

PAVEL TIGRID

kapesní průvodce inteligentní ženy po vlastním osudu

Pavel Tigrid

KAPESNÍ PRŮVODCE INTELIGENTNÍ ŽENY PO VLASTNÍM OSUDU

Titulní název je vypůjčen (s příslušnou omluvou) z G. B. Shawa: Průvodce inteligentní ženy po socialismu a kapitalismu, *vyšlo v Družstevní práci v Praze 1929.*

První vydání vyšlo v Sixty-Eight Publishers Corp., Toronto 1988.

ISBN 80-207-0222-9

Věnováno těm, kteří to neprožili, ale odskákali — mladé generaci v dnešním Československu

Jde o ty mladší, dnes dvacetileté. Protože kdo jim vysvětlí, co se tenkrát v dávných letech jejich dětství stalo, a proč se to stalo. Zažloutlý doličný tisk se většinou v rodinách neschraňuje a v knihovnách nepůjčuje a doba ústně předávaných legend taky minula. Dnes dychtivý čtenář skutečně musí podniknout pouť (někdy i trochu riskantní) za Slovem. Dejme tomu, že podnikne, přečte, dejme tomu, že i v nástinu pochopí. Ale co dál? Co vlastně může dnešní přemýšlivý dvacetiletý člověk žijící v této zemi, která je okupovaná takřka od jeho narození, dělat?

Lenka Procházková v samizdatové anketě
»A co si o tom myslíte vy?«,
Praha 1985.

1

První večer. Tak povídejte, pane . . .

Jmenuje se Lucie, je jí dvacet čtyři let a je krásná: na dlouhé modiglianovské šíji nádherná hlava, ostře (řecky) řezaný profil, velké oči tvaru mandlí, které když ztmavnou, mají barvu dálek, černé vlasy až po pás. Žije v Praze, dobře fotografuje, na chleba a víno si vydělává v jednom obrázkovém časopise. Vzdělaná je úměrně poměrům, tedy nevalně. Ale je bystrá a zvídavá. Proto se hodně ptá, narodila se do života bez souvislostí a do šedivé průměrnosti nejen obecné; otec bičuje svou kariéru stavitele a mluví doma jak na obrazovce (pokud je ovšem doma: staví elektrárny či co v černé Africe nebo na Kubě a jeho neutuchající ctižádostí je být doma co nejméně). Matka honí módu po západních žurnálech, aby věděla co hledat v Bílé labuti, požírá milence a pilně vybírá manželovy bony. Pak má Lucie ještě pětiletého syna Milana, a to s mladým mužem, s nímž se rozešla – seděl víc u piva a u karet než u dětské postýlky. Pak ještě kolegyně v redakci mírně feministicky zaměřeného periodika: jejich ústředním zájmem jsou informace o tom, kde co je k dostání ten den a co zase vyvedl nový milenec soudružky šéfredaktorky. S kým vůbec hovořit?

Ptá se tedy Lucie mne za svých občasných výletů na Západ, otcovy bony buďtež pochváleny! Sešli jsme se jednou v Paříži, pak ve Vídni a letos v jednom jugoslávském letovisku. Seděli jsme na terase o třídu lepšího než průměrného hotelu (v takových nebývají Češi, a to si Lucie moc přála), byl teplý večer, z nedaleka doléhal příboj a nahoře v pokoji, jak jsme doufali, spal Milan. Pozoroval jsem Lucii, jak upíjí své oblíbené červené víno a občas se na mě lišácky podívá (to když kecám!), a potvrdil si svůj původní dojem: krásná česká holka, narozená do pseudoměšťanské rodiny, jakou vytváří pseudosocialismus zvlášť odpudivé české provenience. Lucii, dítěti své doby a nezmapovaného osudu, nesedí ani ta rodina, ani ten socialismus, ale zase ne tak moc: otecko je šašek a oportunista, vcelku to není zlý člověk, a máma je prostě máma. Režim je šedivý, nudný a zhola k ničemu, ale do značné míry lze žít mimo jeho bezduché fráze a zoufalou blbost, již vydechuje, pracovat za málo ještě míň – ostatně, jiný systém Lucie nepoznala. Když přišlo Pražské jaro, byly jí čtyři roky, a vůbec – politika ji nezajímá. Zajímá ji život a ten je nejspíš ten nejlepší, jaký za daných okolností může být.

Z těchto hlubokých úvah mě vyrušila Lucie řízným konstatováním: *Už mě to všechno s prominutím sere!* Jak prosím? A Lucie spustila, že toho má všeho u nás doma dost, po krk, pitomoučké rodiny, nezajímavých pánů v posteli, nudné práce v redakci s kolegyněmi bez charakteru a bez talentu, každodenní shánění nezbytností a večerní televize k nekoukání. – A pak jsem se lek. *Už se nechci vrátit! Zůstanu venku. Co tomu říkáte?*

Neříkal jsem nic, kromě povšechností hloubky dešťové louže, že jako v téhle věci nikdy nikomu neradím, tak ani tak, že k emigraci má každý své důvody, osobní i obecné, je to vážná věc... až mě Lucie netrpělivě přerušila:

Abyste rozuměl, mně se vůbec nechce, já z toho mám hrůzu, chtěla bych zůstat, kde jsem, doma, ale to naše doma je totálně zkurvený a hlavně je to navěky a já nechci, aby v tom Milan vyrůstal, utíkám před tím naším »údělem«, jak píše pan Kundera... ale kdo nám ten úděl udělil? Kdo, kdo... a proč zrovna nám?!

A Lucie se rozbrečela. Bylo ticho, na terase svítily barevné lampióny a zdálky hučelo moře. Zase jsem se na nic kloudného nezmohl a mumlal jsem něco jako... že otázku odpovědnosti za národní osud nelze jednoduše zodpovědět, že mladí jsou historicky nepopsaný list, který se však později zaplní a obyčejně taky nijak slavně, že každý národ má své údobí vzmachu a údobí pokleslosti, že žádná kaše se nejí tak horká... Lucie utřela slzy, podívala se na mě se zábleskem uličnické škodolibosti a řekla, že když objednám ještě jednu láhev, něco mi navrhne. Ten návrh zněl takto: máme tady u moře něco přes dva týdny, čtrnáct večerů na téhle terase, a je tady čas na čtrnáct historek. Jakých? O tom, jak jsem se do toho všeho dostala. A nejen já, nebohá Lucie, ale celá moje generace, jak jsme do toho spadli, co vlastně jsme a kam patříme, jak jsme přišli ke svému šedivému osudu, o němž víme s jistotou jen to, že nás tíží k neunesení a že potrvá. Kde se vzal, odkud přišel náš osud? Vy byste měl znát a vědět (narážka na můj kmetský věk, nerozvinutá). A teď pozor: až to všechno dopovíte a vysvětlíte, tak já se podle toho rozhodnu – vrátit se, nebo zůstat.

To bylo víc než vyzvání, to byla provokace. Vytáčel jsem se, přehazoval ten návrh jak horký brambor, ale taky jsem si vzpomněl na jednoho přítele mé generace, který soudil, že člověk bez vědomí dějin je věčné dítě, a věčně nešťastné, jsou-li ty dějiny nešťastné. Pak jsem to ještě zkusil s výmluvou, ostatně pravdivou: nejsem historik a tudíž osoba povolaná, existují tisíce knih o událostech, které vytvářely a poznamenaly »český úděl«, stačí nalistovat... To už se ovšem Lucie naštvala, jak prý, prosím pěkně, nalistovat, když žijeme v systému, který historii nejen falšuje, ale vůbec mizíkuje, který všechny prameny drží pod čtyřmi zámky – a vůbec, pane, jak »nalistovat« ve vybílených listech, jak se dovědět o lidech, kteří nebyli, o událostech, k nimž nedošlo?! – Lucie viděla, že kmet je na lopatkách. A když jsem se nadech k prvnímu vykročení kulhavého (rozuměj nepovolaného) průvodce po nedávné české (a snad i slovenské) historii, uzemnila mě další říznou otázkou:

Ale nebudete kecat jak Palackej?!

V první vteřině jsem nerozuměl, nicméně pozdějším nahlédnutím do Slovníku české frazeologie a idiomatiky (1983) jsem to srovnání našel pod heslem lhát (jako když tiskne, jak cikán), za mých časů se říkalo prostě blábolit, vymýšlet si, kulit! Ale taky mi to dodalo kuráž, cítil jsem se na pevnější půdě.

To máte, Lucie, tak: kdyby mi bylo o tři, čtyři desítky míň, určitě bych trochu kulil, krapánek přeháněl a občas, coby ve věci – jakkoli okrajově – angažovaný, kryl omyly své a svých přátel a naopak neúprosně odhaloval ty, jichž se dopustili odpůrci. Krátce, některé události a historky by mě ještě žhavily a jistotně bych je býval aspoň trochu přibarvil. Dnes už je to jinak, je to všechno za mnou, na nepřízeň osudu si stěžovat nemohu, spíš naopak (mohl jsem být už aspoň dvakrát na onom světě, poprvé rukou nacistů, podruhé rukou komunistů), a opravdu už nemám žádnou ctižádost, nejméně ze všech politickou. Nemám také co skrývat, laskavý osud mi umožnil vyhnout se moc velkým omylům; ideologickým *ismům* jsem se vyhýbal a ony mně, k velkým lumpárnám či neúměrným hmotným statkům jsem nebyl připuštěn. Navíc – mezi námi – jsem na stará kolena zjistil, že absolutní pravdy jsou ošemetné a patrně vůbec neexistují; mám podezření, že za každou pravdou vykukuje jiná, při bližším ohledání neméně závazná nebo aspoň závažná. Je pravda, že jsem o otázkách, o nichž budeme mluvit, o událostech, často klíčových v novodobém českém a československém osudu, napsal nespočet článků a taky asi deset knih. A je také pravda, že jsem z těch událostí mnohé prožíval – tak padesát let – jako člověk dospělý. Psal jsem o nich rovněž neméně než půl století, zpočátku angažovaně a zaníceně, jak se na mladé sluší, pak už snad přece jen s větším odstupem. Jestli si tedy zítra začneme povídat, občas se na tuto svou žurnalistickou práci odvolám, snad z ní budu i citovat – pokud se mi kdy podařilo něco podstatnějšího vystihnout a pokud jsem nekecal ... ale i k tomu Palackému se možná dostaneme.

Připili jsme si na dobrou noc a na zítřek.

2

Druhý večer. Lucie chce vědět, kdy to začalo... a navrhuje datum: srpen 1968. Takže na pořadu je Pražské jaro, jeho program a jeho vyhlídky... i kdyby třeba Rusové nepřijeli...

Tak začněte. A já mám hned otázku – ta se asi často bude vracet: náš, můj průser, nebo řečeno slušněji, náš propad do toho, v čem žijeme, začal vstupem vojsk, jak se píše, v srpnu 1968, krátce sovětskou okupací, ne?

Moc lidí si to myslí, mají stejný názor jako vy. A nejsou to snad – po vančurovsku – nějací hejholové z čítárny, a nebylo jim tehdy, když se to stalo, čtyři roky jako vám, ale třicet a čtyřicet, lidé vzdělaní, talentovaní a dobře informovaní, někdy přímí účastníci těch dramatických událostí. Citovala jste včera Milana Kunderu. Tenhle ve světě dnes nejproslulejší český spisovatel a přímý účastník Pražského jara 1968, které invazi předcházelo, si dokonce myslí, že sovětská okupace šla až do kořenů národního osudu, narušila samu »identitu národa« natolik, že Čechům a Slovákům hrozí, že budou pohlceni »ruskou civilizací«. O té Kundera nemá příliš lichotivé mínění; je prý »radikálním popřením moderního Západu«, tedy té civilizačně kulturní oblasti, k níž Čechy a Československo patřily. Srpnový vpád se podle Kundery rovná pomalému »mizení všeho, co u nás bylo kulturní«. Prý i jazyk, řeč, se stanou »pouhým folklórem, který zajde dřív nebo později přirozenou smrtí«. Kundera tedy, jako vy, vidí v srpnu 1968 otřes, tragédii, katastrofu, počátek našich dnešních lidských, občanských a kulturních malérů.

A není sám. Francouzský filozof Jean-Paul Sartre soudí, že »revolucionáři v Čechách a na Moravě« nechtěli nic jiného než »měnit sebe a současně měnit svět trpělivou a vytrvalou výstavbou svého socialismu«, chtěli »setrvat v sovětské zájmové sféře«, »ani je nenapadlo popírat vůdčí postavení velkého bratra« – a bác ho!, ještě se tento socialismus domácí vůně nenarodil a »už byl zardoušen kontrarevolucí«, tedy »vyděšenými sovětskými představiteli«, dodává Sartre. Výsledkem byl nejenom strnulý, byrokratický, kasárenský, »prefabrikovaný socialismus«, ale Sověti se tu dopustili »válečného zločinu«, neboť tehdejší zápas Čechoslováků byl prý velkým »hledáním pravdy« a civilizovaných vztahů mezi lidmi.

A tak bychom mohli pokračovat na námět »Pražské jaro – náš osud«: bylo krásné, ale moskali zabrali. Od té doby to s námi jako národem jde rychle z kopce.

To je taky váš názor?

Není, ale o tom až za chvíli, když vás to bude zajímat. Existuje totiž mínění právě opačné, že týž český a slovenský národ by čekala opravdová pohroma; kdyby totiž sovětští bratři nepřijeli, Pražské jaro vyspělo v léto a socialismu u nás byla vtištěna dosud nevídaná podoba – lidská (což není zrovna moc lichotivé svou implikací). Možná že jste četla o tom poučení vůdčích čs. komunistů někdy z roku 1970...

Ano, zajásala Lucie a mile se uchechtla, *o tom něco vím, jako že to byla kontrarevoluce s cílem oslabit vedoucí postavení dělnické třídy... a jako vrátit poměry do buržoazních dob. Hrozilo prý nebezpečí občanské války, proto byl vstup spojeneckých vojsk potřebným a správným řešením, vstříc zářným zítřkům... a další takový kecy.*

Výborně! Proti tomuto úřednímu výkladu, který jste tu tak bystře odrecitovala, o nezbytnosti vpádu, existují četná poučení jiných, neméně vůdčích čs. komunistů, a ti říkají něco úplně jiného. Mnozí z nich byli sami přímými i předními aktéry ve vysoké hře, která se tehdy odehrávala, jejich jména jsou Zdeněk Mlynář, Jiří Pelikán, Ota Šik, Zdeněk Hejzlar a další. Ti všichni – a s nimi i řada nezúčastněných, tudíž objektivních a poučených pozorovatelů západních – se shodují v tom, že v údobí pražského jara, tedy od doby, kdy Dubček vystřídal Novotného, až do chvíle, kdy Sašu, tohoto půvabného sentimentálního marxistu, násilně odvezli do Ruska, se nikdy v ČSSR nechystala kontrarevoluce, nikdy nebyl opravdu ohrožen mocenský primát komunistické strany, tím méně svatá aliance československo–sovětská, žádní revanšisté na západ od Šumavy nečekali na povel k úderu, třídní podstata režimu trvala, krátce, »pilíře socialismu«, jak se jim v Moskvě rozumí, zůstaly neporušeny. A že tedy vpád armád pěti socialistických zemí do šesté byl ostudný a zbytečný, rozhodně celé aféře naprosto neúměrný. Tak Mlynář v jedné z nejpozoruhodnějších knih na tento námět – titul vám později napíšu – dokazuje, že komunistická strana si podržela všechny »základní nástroje moci«, že sovětské obvinění z pokusů o obnovu kapitalismu je »absurdní«; odbory zůstaly jednotnou a jedinou organizací, armáda a Bezpečnost byly vždy připraveny zasáhnout »na obranu oficiální politiky strany a státu«, krátce, že »kontrarevoluční situace« nikdy nenastala a ani nehrozila.

A tak tady to máte: jedna a táž událost nebo společenský proces, interpretovaný jedněmi i druhými dokonce podle stejných ideologických pouček, se jeví v konečném hodnocení zcela protichůdně. Mlynář sice nepopírá, že pro »sektářskou interpretaci marxismu« (rozumí se tu ta sovětská) se pražskojarní názory a postupy mohly jevit jako kontrarevoluční, zatímco pro věci komunismu neméně oddané soudruhy to naopak bylo úsilí »řešit existenční problémy a rozpory socialismu« s cílem tento socialismus nezbytnými reformami posílit a upevnit. Takže kdyby se býval pokus povedl, abych to převed na váš problém, v socialismu s lidskou tváří by se dalo slušně, dosti svobodně a docela vesele žít, dnes večer byste na téhle terase popíjela bezstarostně a ani ve snu by vás nenapadly ty otázky, které tu teď na mě šijete. Věděla byste, kam patříte, proč tam patříte a proč tam zůstáváte. Jenže...

Počkejte s tím jenže... Pořád tady někoho citujete, ale nic o tom, jaký je váš názor. Tak byla to kontrarevoluce, nebo nebyla?

Nebyla a byla — a teď se, Lucie, honem napijte, než mě obžalujete z kličkování a obojakosti. Nebyla to kontrarevoluce, nebyl to ani pokus o ni. Českoslovenští reformní komunisté prokazatelně neměli v úmyslu odbourat komunismus, restaurovat kapitalismus, tím méně nastolit pluralitní politický systém, tedy parlamentní demokracii se všemi občanskými právy a svobodami, které takový systém předpokládá. Stačí nahlédnout do Akčního programu z dubna 1968 a pozdějších stranických dokumentů, aby bylo jasné, jaká omezení mocenského a třídního rázu se tu ukládala. Je pravda, že ex post, tedy po činu, pár českých reformistů a západních levičáků i liberálů psalo o Pražském jaru jako o revoluci (což se ve stalinském slovníku rovnalo kontrarevoluci), jako o revolučně novém modelu socialistické společnosti. Ale ti patří do kategorie revolucionářských snílků a vyskytnou se po každé prohrané či promarněné šanci. Jisté je, že ať už »obrodný proces« z osmašedesátého roku byl cokoli, kontrarevoluce to nebyla.

Tak jak to, že zároveň taky byla?

K tomu, Lucie, potřebuji pár minut vaší trpělivosti. Ale jednou větou je možné shrnout tento rozpor zhruba takto: čistě teoreticky, marx-leninsky řečeno nemůže být o kontrarevoluci řeč; nicméně v sovětském (a nikoli jen stalinském, ale i brežněvovském) pojetí téže ideologie to kontrarevoluce byla. Sovětský stát není totiž jen komunistická země, je to hlavně a především velmoc. Po druhé světové válce se Stalinovi podařil historický čin — rozšířit rozhodující vliv a moc Sovětského svazu na řadu zemí střední a jihovýchodní Evropy (když už za války prostě anektoval baltské státy, Besarábii a část Polska). Ideologie tu nebyla důvodem, ale často jen záminkou pro sovětské výboje a anexe. Do tohoto rozšířeného sovětského panství dosadil Kreml své místodržící, od nichž požadoval bolševickou bdělost a ideologickou pevnost, čímž se především rozuměla totální věrnost, navždy a beze zbytku těm, kdo právě v Kremlu vládli. Když se místodržící jako »věrní internacionalisté« osvědčili, mohli zůstat u moci; pokud se naopak této základní povinnosti zpronevěřili, skutečně nebo údajně, museli jít, dříve nebo později, po dobrém, ale spíše po zlém. Tak Nikita Chruščov, který sám rád vystupoval jako stoupenec reforem, vyhrožoval v roce 1956 intervencí Rudé armády v Polsku, jestliže komunista a první tajemník strany Gomułka si nepřestane zahrávat s reformami, které by mohly oslabit vliv Moskvy. Týž Chruščov v témž padesátém šestém roce rozstřílel maďarskou revoltu – tedy zase pokus o větší nezávislost na Kremlu – a nevadilo mu, že byli popraveni nebo pozavíráni její iniciátoři, většinou komunisté. Podobně o dvanáct let později zlikvidoval Brežněv Dubčeka a druhy nikoli snad pro nějaké ideologické úchylky, jak by se z Poučení a podobných výkladů mohlo zdát, ale proto, že (jak řekl) se KSČ stala »debatním klubem«, místo aby vládla z moci Sovětů, v jejich intencích a podle jejich »ukazů«. Žádný »ukaz« nepřikazoval reformu, »obrodu«, tím méně nějaký socialismus s lidskou tváří. Věrný internacionalista a dlouholetý člen předsednictva ÚV KSČ Vasil Biľak to po vpádu vyjádřil zhruba takto: co to je za komunistickou stranu, která místo aby »použila moci«, ustupuje kdejakému třídnímu nepříteli tak dlouho, až třídní bratři musí přijet na tancích, aby nepřítele pomohli zdolat. A pokud se to někomu nelíbí, copak věci nebyly od počátku jasné, copak soudruh Brežněv opětovně nevaroval Dubčeka, že Československo je důležitou součástí socialistického tábora, že kdyby z něho vypadlo, rovnalo by se to popření výsledků druhé světové války – a to že Moskva nedovolí »ani za cenu třetí světové války«? Vždyť komunisté nezasvěcují život jen svému národu, ale také, ne-li především, mezinárodnímu proletariátu a jeho avantgardě – Sovětskému svazu.

Ze všech *těchto* hledisek Pražské jaro kontrarevolucí bylo, navíc návod k ní už deset let před událostí prý připravovala v cizině »reakční emigrace«. Tak pravil soudruh Biľak a měl ovšem také pravdu. V Polsku o dvanáct let později, v situaci pro režim krizové, se střídali první tajemníci vládnoucí strany, až se našel ten, který ruský vpád do země zadržel slibem, že domácími silami zlikviduje revoltu polských dělníků, oslabujících vládu Moskvě povolných prokonzulů a tudíž i mocenskopolitické zájmy Sovětů – a slib dodržel. O něco později v Afghánistánu byla vláda komunistických místodržitelů pro vkus Moskvy ne dost poslušná a tak na pomoc »zdravějším silám v zemi« přišla Rudá armáda v síle sto tisíc mužů.

Takové jsou skutečnosti. Myslím, že dokazují dost přesvědčivě, že Moskvě tak moc nezáleželo na tom, kdo a jak v té či oné zemi »reálného socialismu« vládne, zda uplatňuje či ne poučky marxismu-leninismu, ale zato přísně dohlížela na jedno: aby špičkoví představitelé moci v těchto zemích byli bezvýhradně lidmi Kremlu, kteří s oddanností a nadšením neustále proklamovaným přijímají a uplatňují příkazy z jediného centra skutečné moci bolševismu, z Moskvy, nebo lépe: těch, kteří tam jsou právě u moci.

V tomto smyslu je třeba rozumět i tzv. brežněvovské doktríně o omezené suverenitě: ta určovala, že každá komunistická strana může sice po svém vykládat principy socialismu, ale nesmí se od nich odchýlit (a Moskva ovšem určuje, co je odchylka a co ne); komunistické strany nejsou odpovědny jen sobě samým, ale celému světovému komunistickému hnutí. Státní a mezinárodní zájmy socialistických zemí se nesmějí dostat do konfliktu se zájmy socialismu (rozuměj mateřské země socialismu, SSSR). Jinými slovy, první komunistická velmoc na světě má právo a povinnost zasáhnout všemi prostředky všude tam, kde socialismus sovětského typu je ohrožen, ať už skutečně či údajně.

Takže, abych to zakončil, Pražské jaro ohrozilo – reálně, ale hlavně potenciálně – sovětskou nadvládu nad Československem, jak ji zavedl Stalin a jak ji uplatňovali jeho nástupci. Poslední z nich v řadě, Michail Gorbačov, má snad jakési úmysly revidovat historii. Asi v tom smyslu, že v šedesátém osmém nešlo o kontrarevoluci, ale o legitimní a už nevyhnutelný pokus dostat komunistickou stranu a její turecké hospodářství z krize, do níž celou zemi táž strana zavedla. Tedy něco, o co se on sám pokouší v SSSR o dvacet let později.

Abych vám pravdu řekla, řekla v té chvíli Lucie, *mně je vlastně úplně jedno, jestli tehdy u nás byla revoluce nebo kontrarevoluce. Když někam vpadnou cizáci, aby zničili, co lidi v té zemi chtějí, tak je přece věc jasná, ne? Já o tom Pražském jaru moc nevím . . . Dubčeka jsem viděla na fotce, byl v plavkách a skákal po hlavě do bazénu, to se mi, fakt, líbilo, komunistický papaláš a takhle se nechat vyfotit. Moje matka říkala, že Dubček měl ty nejlepší úmysly, i když byl komunista, a nebýt Rusů, tak mohlo Pražské jaro vydat krásné plody, mohli jsme si všichni prima žít, jak poeticky tvrdil otec mého syna. Takže zas ti Rusové, můj osud . . . přijeli na tancích, dosadili Husáka a celou tu jeho posadu a s ním přišel i ten náš zoufale šedi-*

vý, pitomoučký život, pro mě, pro Milana. Nebýt toho srpna, tak jsem tu dnes neseděla a nelámala si hlavu, jestli mám zůstat doma, nebo emigrovat. Je to tak, ne? Co vy na to?

Že je to možné, ale zdaleka ne jisté. Říkáte: ti cizáci, ti Rusové, přijeli, obsadili, dosadili, poněvadž se konalo Pražské jaro. Mohlo by se to – trochu demagogicky – obrátit: kdyby vůbec nedošlo k Pražskému jaru, cizáci by nepřijeli, neobsadili a nedosadili. Taky by nedošlo k žádnému pohybu, ani ve straně, ani ve společnosti, osvědčení místodržitelé by zůstali na svém místě, v daném případě jakýsi Antonín Novotný, první muž ve straně i ve státě. Tedy právě ten, jehož Pražské jaro sundalo napřed z funkce tajemnické a pak i prezidentské. Éra Novotného – neostalinské údobí šedivé nehybnosti, říkalo se všeobecně, i v KSČ (v této souvislosti vám doporučuji autentické záznamy ze tří plenárních zasedání ÚV KSČ z října a prosince 1967 a z ledna 1968, čte se to jak detektivka) – se pokládala za údobí represe a temna. A vidíte: brzo po nástupu Husáka a jeho týmu nosila mládež na klopě odznak s nápisem »Sorry, Tony«, čímž se mělo říct: jo, mysleli jsme si, že za tvé vlády nám bylo zle, jenže teď je nám ještě hůř. Je tedy možné, že by vám stačil k trochu méně šedivému, méně pitomoučkému, méně bezvýhlednému životu, než je ten dnešní, tehdejší režim novotnovský, přesně podle průpovídky cyniků, že nikdy není tak zle, aby nemohlo být ještě hůř. V příměru by se to snad dalo vyjádřit takhle: jsou lidé, kterým nevadí lézt po čtyřech, pokud je nízký strop nesvobody nerozdrtí; a jsou jiní, kdo to prostě nesnesou, chtějí chodit po dvou, a tak si co chvíli rozbijí hlavu – nebo, pokud to jde, utečou. To je v kostce váš případ. Kdybychom v tom hrubě zjednodušeném příměru pokračovali, dalo by se říct, že Pražské jaro byl právě takový pokus zvednout strop obecné společenské podmínky u nás tak, aby se mohlo chodit, lidsky i občansky, po dvou. Abychom v našem rozhovoru vůbec někam došli, bude třeba co možná nejpřesněji změřit, jak vysoký strop si reformní úsilí komunistů vymezilo, kolik metrů chtěli oni, kolik lid, kolik byste chtěla vy, jestli by to stačilo, nebo naopak by to přerostlo do nepřijatelných rozměrů, a taky jestli to je vůbec možné.

Tady už nám nezbývá, milá Lucie, než trochu zabočit do historie; slibuji, že výlet bude co nejkratší.

V druhé polovině šedesátých let byla dlouhá vláda Novotného a jeho ekipy (k níž patřil i Dubček a ostatní pozdější pražskojarníci) definitivně v krizi. Hospodářská situace byla katastrofální, záplatovací pokusy nedomrlé; slovenští komunisté rozhořčení »pražským centralismem«, inteligence pobouřená restrikčními zásahy úzké stranické špičky a její likvidační kulturní politikou, studentská mládež neklidná (pražští vysokoškoláci dokonce vyšli v říjnu 1967 do ulic, aby manifestovali za své požadavky), vedení strany bylo podrobeno dosud neslýchané kritice na spisovatelském sjezdu v Praze v červnu 1967. Tam bylo veřejně řečeno, že model socialismu, který jsme »nekriticky přijali«, nefunguje: »Za dvacet let,« soudil komunistický spisovatel Vaculík, »nebyla u nás vyřešena žádná lidská otázka – od primárních potřeb, jako jsou byty, školy, prosperita hospodářství, až po potřeby jemnější, které nedemokratické systémy vyřešit nemohou – jako je pocit plné platnosti ve společnosti, podřízení politických rozhodování kriteriím etiky, víra ve smysluplnost i malé práce, potřeba důvěry mezi lidmi, vzestup vzdělanosti mas. A bojím se, že jsme se nepovznesli ani na dějišti světa, cítím, že jméno naší republiky ztratilo dobrý zvuk.«

Něco podobného se u nás dvacet let neslyšelo. Víc než to: spisovatelský sjezd (a na něm především komunisté) rozjel vůz kritiky, který už nebylo možno zastavit, a tak svým způsobem připravil půdu k politickému řešení krize. Vládnoucí klika byla zaskočena, ale nedala se. Uchýlila se, jako vždy v podobných situacích, k politice cukru a biče. Pohrozila studentům, ostrakizovala pár spisovatelů, do centra kritiky dosadila své věrné. Zároveň v aparátě strany uplatila, co se dalo; Novotný po dlouhá léta rozdával peníze v zalepených obálkách členům ÚV a jiným stranickým funkcionářům, kteří mu dobře sloužili, předstíral, že nevidí, když si partajní špičky stavěly vily z kradeného materiálu a za pomoci černých pracovních sil – takže je měl v hrsti, kdykoli to potřeboval. (Sám ovšem nebyl o mnoho lepší. Zmíněný už Zdeněk Mlynář, za Dubčeka vysoký stranický funkcionář, nyní v emigraci, vyzradil, jak po popravě jiného vysokého funkcionáře – Vladimíra Clementise – si rodina Novotných zakoupila ložní prádlo a koberce po nešťastném viselci.)

Ale tehdy, v létě a na podzim 1968, ani represe ani úplatky nestačily vytvořit hráz, která by zastavila vlnu nespokojenosti a kritiky. Podobně nebylo už možno zastavit nově nalezený tvůrčí elán v kultuře, zejména v literatuře, ve filmu a v divadle. Kulturní časopisy se předstihovaly v originalitě i odvaze, vycházely knihy původní i přeložené, které by ještě před pár lety neprošly cenzurním sítem, malá divadla a literární kabarety uváděly hry a skeče po všech stránkách u nás nevídané, český film prožíval svou »novou vlnu«, která měla ohlas v celém světě, Ladislav Mňačko, eso komunistické reportáže, uveřejnil ve Vídni svůj protinovotnovský román *Jak chutná moc* a na protest proti československé politice vůči Izraeli odjel do této země, jiní čeští spisovatelé tuto politiku podrobili nemilosrdné a veřejné kritice. Krátce, blýskalo se na Pražské jaro.

Tento společenský, politický, kulturní a umělecký pohyb, od nástupu komunistů k moci neslýchaný, spolu s hospodářskou krizí a všeobecnou nespokojeností navodil a patrně i uspíšil kritiku ve špičkách vládnoucí strany. Tak už na zasedání ústředního výboru KSČ v říjnu 1967 byl Novotný napaden mladým slovenským členem politbyra, málo známým Alexandrem Dubčekem, ale i starým komunistou Josefem Smrkovským a dalšími soudruhy. Ti hlásili, že zemí jde nespokojenost a otevřená kritika, že v některých krajích je strana prakticky v rozkladu, že pomalu už nikdo ničemu nevěří a že jednou z příčin této krize je nadměrné soustředění moci v jedněch rukou (kumulace funkcí) – to už byl přímý útok na Novotného. Ten viděl, že je zle. Zajel si proto honem do Moskvy a pozval tehdejšího kremelského pána do Prahy, aby mu tam jeho pošramocenou pozici posílil. Brežněv přijel v polovině prosince, ale za Novotného se moc nebral, jen žádal, aby nedošlo k žádným prudkým změnám, naopak, aby se disciplína ve straně i mimo ni upevnila a SSSR měl v ČSSR jako dosud spolehlivého a nebujného spojence.

Na prosincovém plénu ÚV KSČ Antonín Novotný, který se přece jen leccčemu ve svých vysokých funkcích přiučil, provedl mírnou sebekritiku, zejména pokud šlo o Slovensko; a myslel si, že to bude stačit. Nestačilo. Rozvinula se totiž kritika stranické politiky, jakou žádný ÚV ještě neslyšel a asi hned tak neuslyší. Přední člen tohoto grémia, Ota Šik, shrnul situaci v zemi: strana i stát jsou v hluboké krizi, ekonomie je v troskách, nespokojenost lidu narůstá, dělníci jsou dezorientováni, straníci znechuceni, inteligence se bouří, mládež projevuje jasně protisocialistické nálady, vedení strany tohle všechno ví, ale neví si s tím rady, represe tu nepomáhá, spíše naopak. A uzavřel, že největší překážkou nápravy je soudruh Novotný. Smrkovský soudil, že nejde o vzpouru, ať už ve straně, v inteligenci, nebo mládeži, ale o obecnou nespokojenost se stavem věcí, za který hlavně odpovídá – soudruh Novotný. Ten se měl rozhodnout hned a vzdát se své stranické funkce; prý je to vnitřní záležitost KSČ a není proč strašit Moskvou a soudruhem Brežněvem. Soudruh Novotný rozhodně odmítl, aby ho někdo poučoval o »leninských normách«, zejména pak ti soudruzi, kteří sami mají nejvíc másla na hlavě.

Zasedání pléna bylo odloženo na počátek ledna. Ve vánočním údobí došlo k celé řadě intrik k záchraně Novotného – připravoval se dokonce vojenský a policejní zásah proti »rozkolníkům«, byl vypracován zatykač, na němž bylo 1 032 jmen, mezi nimi Dubček, Smrkovský a Šik. Na lednovém plénu Novotný »dal k dispozici« svou stranickou funkci a začala složitá hra, kdo na jeho místo. Málo se ví o tom, že Dubček byl zvolen prvním tajemníkem víceméně náhodou. Kandidátů na tuto funkci bylo mnoho: Šik, Smrkovský, Lenárt, Černík, Laštovička. Tahačky trvaly celou noc, a když jmenované nezamítl Novotný, oponovali jeho protihráči. A tak byl navržen kompromisní kandidát: Dubček. Stalo se tak 5. ledna 1968. Novotný po jistém váhání se rozhodl Dubčekovu kandidaturu podporovat. Ne snad proto, že si myslel, že to je soudruh schopný, ale právě naopak. Člověk plachý, až bázlivý, nerozhodný, snadno ovlivnitelný a tudíž snadno manipulovatelný: z Pražského hradu, kde Novotný setrvával v prezidentské funkci, by se tudíž leccos dalo zařídit tak, aby nový první tajemník ve své funkci dlouho nevydržel. Navíc byl Dubček Slovák, takže jeho jmenování bude dobře působit na Slovensku a zároveň půjde přece jen o příliš velké sousto pro české centralisty ve straně.

Ale kdo byl snad nejvíc překvapen jednomyslnou volbou Alexandra Dubčeka prvním tajemníkem ÚV KSČ, nebyl nikdo jiný než Alexandr Dubček. Dobromyslný Saša ve svém děkovném projevu sdělil, že ho opravdu »ani v koutku duše« nenapadlo, že by mohl být zvolen, že odpusťme si, co jsme si, soudruh Novotný odevzdal vcelku dobrou práci a teď společně uděláme všechno, aby se »stranická práce pozvedla« a tím i »úloha a postavení naší KSČ«. Věru, ta děkovná řeč nebyla státnická, spíš strejcovská.

Možná že nebude marné si něco říct o tom Sašovi, jehož fotka, jak skáče do vody, se vám tak líbila. Mě totiž taky zaujal a tak jsem se kdysi o něm rozepsal. Asi v tom smyslu, že Dubček – na rozdíl od tolika oportunistů, kteří ho obklopovali – byl mužem *věřícím:* věřil, že marxismus-leninismus je nejpokrokovější nauka na světě, komunismus nejspravedlivější forma společenského uspořádání. A jestliže – a teď pozor, Lucie, tím se ledacos vysvětluje – ve jménu komunismu došlo k neúspěchům, chybám, nepravostem, pak to bylo *právě proto*, že čistá hvězda komunismu přestala být ukazatelem, že se někde vybočilo, že se zradily původní ideály. Tak se to učil, tak také věřil Alexandr Dubček. A pokud se ten ocelově lesklý stroj komunismu porouchal, špatně fungoval nebo dokonce začal kolem sebe mlátit, pak to bylo proto, že necitlivé, jakkoli soudružské ruce v něm popletly drátky, přepálily je nebo špatně napojily: stačilo všechno zase dát na správné místo, drátky znovu dobře spojit a on, Saša Dubček, se skromně hlásí do řad těchto jemných mechaniků, hledících vstříc k budoucnosti. K této víře se pojil jakýsi až dětsky naivní, nevinný optimismus – proto měli lidi Dubčeka rádi. Ale byla tu také jeho váhavost, nerozhodnost, v politice se tomu říká slabost. Na »úvíčku« se mu říkalo »váhavý střelec«, »naivka«, »zpomalený Jánošík«, dobrák, který nerad rozhoduje, v nepřízni pak člověk uslzený, měkkotina, sentimentální marxista. Tak soudili mnozí, ale ne všichni.

Tak Zdeněk Mlynář ve své knize *Mráz přichází z Kremlu* nepopírá, že Saša měl milý úsměv, dobrotivou tvář a nekradl, ale nebyl ani naivka, ani neviňátko, které ve straně kdekdo šidil. Koneckonců pracoval čtrnáct let v mocenském aparátě po boku Novotného, znal železné a často zvlčilé zákony vládnoucích, boj o moc, intriky. Rozhodně pak nebyl žádný demokrat, ba dokonce ani důsledný reformista. Věřil v principy marxismu-leninismu a zřejmě si opravdu myslel, že lidi v to věří taky.

Tomu, že Dubček měl tuhle ideologickou šťávu ve svém krevním oběhu, by nasvědčovala historka poměrně nedávná. Po téměř dvacetiletém mlčení, už stárnoucí bývalý první tajemník, pak pracovník Lesní správy v Bratislavě a ještě později zapomenutý důchodce, se náhle ozval, poprvé a veřejně. Bylo to tak: v listopadu 1985 Vasil Biľak, člen předsednictva ÚV KSČ, poskytl jednomu západoněmeckému týdeníku interview, v němž vyjevil, co prý ještě nikdy nebylo řečeno: totiž že tehdy na sklonku Pražského jara Dubček a jeho druzi připravovali koncentrační tábory pro »odpůrce pravicových sil«, rozumějte – pro Biľaka a ostatní prosovětské »internacionalisty«. Zlá pomluva, ohradil se Dubček v listě, který poslal *Rudému právu* (nikdy nevyšel, otiskl jej deník Italské komunistické strany *Unità*): my dubčekovci jsme jenom podali návrh na zřízení takových lágrů pro »odpůrce socialismu«. Ostatně nic zřízeno nebylo, dodal Dubček, protože mezitím došlo k vpádu vojsk Varšavského paktu. Bodrému Sašovi zřejmě ani nepřišlo na mysl, že věc sama byla hanebná a odsouzeníhodná – ne, on ji hájil, protože přece odpůrci nebo i jen kritikové »socialismu« patří za mříže! Navíc byl list stylizován v dřevěném partajním jazyku a ten, samozřejmě, srdce nezahřál. Jak vidno, sedmnáct let po pádu sentimentální marxista Saša Dubček nic nepochopil, nebo pochopil úděsně málo.

Ozval se od té doby ještě jednou nebo dvakrát, vždy ve své osobní při, zřídka obecně. K oslavám sedmdesátého výročí Velké říjnové revoluce poslal do Moskvy blahopřejný list, jehož příjem byl veřejně ohlášen a tiskovou agenturou rozšířen k očividné rozmrzelosti oficiální československé delegace, vedené Husákem. Že by předehra k revizi některých hesel a osobností Pražského jara?

Ať tak či onak, tehdy – na vrcholu »obrodného procesu« – byl první tajemník jedním z nejpopulárnějších lidí v republice. Dokonce i ta KSČ, na kterou dosud kdekdo nadával, se stávala přijatelnou. Začaly se číst partajní noviny a poslouchat rozhlas, poněvadž ty skoro denně přinášely neuvěřitelné novinky, třeba o minulosti této strany, o zavražděných soudruzích i jejich odpůrcích, o blahobytném životě papalášů a o chudobě a ponížení těch druhých. A tak sílilo sebevědomí lidí (vznikalo skutečně nezávislé veřejné mínění, které mělo možnost vyjadřovat se k věcem občanským), rostla popularita Dubčeka a jeho druhů, kteří tohle všechno umožnili. Jenže zároveň vyplavaly na povrch věci, o nichž z hlediska strany by bylo lépe pomlčet: temné historky z minulosti, porušování zákonnosti, nejrůznější nešvary. Tlak zdola sílil, lidé se domáhali ještě více informací a hlavně více reforem, s nimiž se – po pravdě – dosud řádně nezačalo.

Dubček byl tím vším, touto živelností, jak se říkalo, dost vyděšený. Mlynář vzpomíná, jak si rozlícený a zároveň rozlítostnělý Saša povolával k sobě komunistické novináře a přesvědčoval je, že média nesmí mařit jeho »dobré obrodné«, v cílech limitované úmysly, že stranická disciplína dosud platí – proč mi to děláte, naříkal dobrý tajemník Dubček a měl slzy v očích.

Berete mi iluze, přerušila mě Lucie. *Vlastně jste dosud neřek nic pozitivního.*

To přijde, uvidíte, jenže asi ne hned.

A co kdyby . . . co kdybysme si chvilku hráli na co kdyby?! Tanky by nepřijely, Saša Dubček by zůstal, kde byl, lidi by ho podporovali, Pražské jaro by pokračovalo, novináři dál vyváděli, ve Viole bysme se vyblbli . . .

Vy mě, Lucie, dojímáte a já si připadám jako cynik a navíc protivný. Proto si rychle připijme, než se vám zprotivím docela. A zahrajeme si tu hru, kterou navrhujete. Rusové a jejich třídní bratři tedy nepřijeli, Pražské jaro se rozvíjí podle plánu, který se nazýval Akční program, a jiných tehdejších stranických dokumentů. Dále předpokládejme, že tohle všechno bylo řádně schváleno mimořádným sjezdem KSČ, který v klidu proběhl, jeho závěry byly přijaty v Moskvě vcelku bez problému, i když s jistými zárukami ze strany Prahy. Mimochodem, všimněte si, že oficiální název pro to, čemu tu říkáme Pražské jaro, byl tehdy »obrodný proces«. To znamená, že se tu obrozovala strana, která se ocitla na pokraji rozkladu. To také byl první a hlavní cíl reformních komunistů. Teze zněla asi takto: když se obrodí strana, vedoucí síla v zemi, obnoví se také společnost – především hospodářsky, ale i politicky, kulturně, což povede k vyšší občanské odpovědnosti, lepšímu smyslu pro poctivou práci, k slušným vztahům mezi lidmi. Jeden z odborných týmů, jmenovaný vedením KSČ k vědeckému prozkoumání nesnází, konstatoval, že krize v zemi »zasáhla všechny sféry našeho života«, ale také že to byli výhradně komunisté, kteří dali podnět k obrodnému procesu a kteří musí zůstat vždy a všude v jeho čele: »Po zvolení soudruha Dubčeka v lednu 1968 byly vytvořeny mocenské předpoklady pro start obrodného procesu.«

Proč ne, to zní dobře, řeknete si, strana – nestrana, hlavně že se bude líp a svobodněji žít. Žijeme tedy v naší hře na co kdyby... podle Akčního programu a jeho doplňků, někdy to jde dobře, někdy naopak trochu pomalu, aspoň pro část lidu obecného a jistotně pro inteligenci (máme přece ve vedení pořád ještě ošklivé dogmatiky, kteří brzdí rozjetou tramvaj stranické i obecné euforie). Tak Milan Kundera soudí (jak také opravdu napsal), že na jaře 1968 poprvé od sklonku středověku jsme »vstoupili do středu světových dějin« a dokonce »celosvětová levice« na základě československých událostí musí teď revidovat své cíle; dramatik komunista Pavel Kohout hlásí: naše země se »po staletích znovu stala kolébkou nadějí, a nejen našich nadějí«. Krátce, jak kdosi později trefně napsal, »Čechy začaly žít iluzí vlastní volby«.

Takže v našem scénáři je pražskojarní obloha modrá jak trojúhelník ve státní vlajce, žijeme podle Akčního programu a ten nám slibuje mnoho dobrot. Vezměme jen ty politické: proklamované příští svobody a práva občanů. V této chartě bezprostřední československé budoucnosti se praví, že komunistická strana, stále hlavní politická síla v zemi, si chce svou »vedoucí úlohu v naší společnosti zasloužit«. Bude uskutečňovat »socialistickou demokracii«. Nehodlá už být »univerzálním správcem společnosti«, tedy všechno centrálně řídit a kontrolovat, »vládnout nad společností«. Výslovně se zdůrazňuje, že politika strany nesmí vést k tomu, aby občané nekomunisté měli pocit, že jsou ve svých právech a svobodách (vedoucí) úlohou strany omezováni, ale naopak, aby »v činnosti strany viděli záruku svých práv, svobod a zájmů«. To není maličkost, ano, připomíná to Gorbačovem vyhlášenou *glasnosť* o dvacet let později. Ale taky člověka napadne – ostatně v obou případech –, že v demokracii bez přívěsků zaručuje práva, svobody a zájmy občanů ústava, důsledně dodržovaná, nikdy politická strana, která naopak se jí musí vždycky podřídit. Ale dál. Akční program slibuje odstranit tzv. »kádrový strop«, tedy diskriminaci, kterou dobře znáte, systém, v němž jenom komunista může zastávat jisté funkce, jistá povolání, mít nárok na vyšší vzdělání a tak dále. Slibuje se dále ústavně zaručená svoboda projevu, svoboda pohybu (zejména výjezd našich občanů do zahraničí) a důsledná rehabilitace obětí nezákonností minulé éry, komunistů i nekomunistů, široké demokratické pojetí politických práv občanů, rozšířené pravomoce parlamentu, kontrola policejních orgánů, vzrůst nominálních mezd a s ním i celkové životní úrovně. V kultuře, ve školství, ve vědě nesmí se jako dosud »přeceňovat ideologická a politická úloha« těchto oborů. Přistoupí se k federalizaci státu, Slováci budou mít svou Slovenskou socialistickou republiku.

Výborně, bravo, a to tím spíš, že jak se praví, zásady Akčního programu, jeho záměry a cíle platí pro »nejbližší období«. Budou aplikovány do roka, do osmnácti měsíců.

Jenže – zase to jenže! – týž Akční program obsahuje směrnice, které se nám moc nelíbí, které ta dobrá předsevzetí oslabují nebo vůbec popírají. I podle těch se v naší hře přece taky musíme řídit. Tak například strana si nadále podržuje vedoucí roli, i když si ji chce zasloužit. Ale jak, když zároveň výslovně odmítá konkurenci jiných politických stran – i socialistických. Zavrhuje také volební střetnutí, pluralistické a nemanipulovatelné, které jediné může spravedlivě rozhodnout o tom, kdo a jak ve státě vládne. Takže ta vyhlášená »socialistická demokracie« vlastně žádnou demokracií není a být nemůže. Tím spíše, že pokud Akční program vůbec hovoří o politických stranách, pak výlučně jako o politických silách, které mohou fungovat jen v rámci Národní fronty, a ta je založena na »společné socialistické koncepci politiky«. Tedy stínové strany, jako dosud, bez nároku na případný a ve volbách mandátovaný podíl na vládní moci; ta zůstává v rukou komunistů a komunisty ovládaných »zájmových organizací«, které, jak se praví, nesmí být »vyřazeny z přímého vlivu na státní politiku«, což v krizových situacích není nic jiného než vláda ulice. Národní shromáždění, kterému Akční program ve své »dobré« části zajišťuje místo »nejvyššího orgánu státní moci« v zemi, je o pár řádek dál pasováno týmž Akčním programem na »socialistický parlament«, čímž se dvěma slovy ruší jak jeho svrchovanost, tak jeho nezávislost.

Ale to není všechno. Dva měsíce po vyhlášení Akčního programu v červnu 1968 přináší rezoluce ÚV KSČ směrnice, které se rovnají dalšímu omezení právě v oblasti svobod a práv občanů. Je to tu černé na bílém: proti existující socialistické společnosti nemůže žádná politická síla nebo strana »rozvíjet politickou činnost«, a to ani legální, poněvadž by to »ohrožovalo socialistický charakter společenského vývoje«. Tím se ruší dobrý úmysl Akčního programu, že občané už nebudou ve svých právech a svobodách omezováni. Nebo se v téže rezoluci požaduje »souhlas se socialistickým třídním uspořádáním společenských vztahů«, což se rovná orwellovské definici, že všichni jsou si rovni, ale někteří jsou si rovnější a ti také rozhodují o všem podstatném. V programových materiálech k XIV. sjezdu (obrozené!) KSČ se čte – myslím, že cituji doslova: »Vedoucí postavení strany musí být zabezpečeno institucionálně ... souhrnem opatření ... která by zajišťovala ... hegemonii a preferenci komunistické strany tak, aby ani v Národní frontě, ani v zastupitelských státních orgánech ... nemohlo dojít k menšinovému postavení komunistické strany.«

Ve výčtu by se mohlo pokračovat, ale nechci vás nudit: snad to stačí k závěru, že vlastně všechna ta práva a ty svobody, které reformní program komunistů občanům nabídl, byly týmž programem popřeny. Právo politicky rozhodnout — potvrdil Mlynář —, co je v zájmu společnosti, nemá tato společnost sama, ale komunistická strana a její ideologie.

Ale prosím, řekne si řadový občan dosazený do naší hry, nemůže se žádat všechno najednou, snad se to časem vylepší. V tom jsou s ním zajedno, ostatně dodnes, tehdejší špičkoví představitelé obrodného procesu. Snad nejlépe to opět formuloval Mlynář, v podstatě takto: Akční program byl koncipován jako politická platforma na kratší dobu. Po dvou letech by se ukázalo, zda většině národa postačí reformní program komunistů, ale především jestli »starý diktátorský systém« (hodnocení je Mlynářovo) přisekané reformy unese. Jestliže ano, pak by snad mohla přijít na pořad vládnoucích – tedy stále vládnoucích komunistů – otázka pluralitního systému, nezávislých politických stran a rizik, která z toho plynou pro »socialistickou demokracii«. To zrání by potřebovalo deset let, možná víc.

Dva předpoklady tu byly očividně nezbytné. První, že pozvolný vývoj k radikálnější demokratizaci přijme Moskva, tedy že ho nezaškrtí dřív, než se bude moci rozvinout. Ale to zatím naši hru tak moc neruší, poněvadž kremelským pánům povolily definitivně nervy až v osmém měsíci »obrodného procesu«, zatímco trpělivost těch, jichž se tento proces bezprostředně týkal, docházela už po pěti měsících. Ten druhý předpoklad byl stejně důležitý jako vpád Pěti a na rozdíl od prvního jej nemůžeme z naší hry vyloučit, je integrální částí společenského pohybu, který tehdy u nás probíhal. Tím druhým nezbytným předpokladem pro přežití Pražského jara bylo, že společnosti, v daném případě českému a slovenskému lidu, nebo aspoň jeho aktivní, Pražským jarem mobilizované a zaangažované části postačí, co program reformistů nabízel; že si počká ty dva roky nebo dokonce deset let na výsledky, že přijme hlemýždí tempo polovičatých reforem, že se spokojí s demokratizací a nebude žádat demokracii, že jí postačí okleštěná občanská práva a sliby, o nichž se právem mohla domnívat, že to jsou sliby – chyby.

Nestalo se tak, lidem to nestačilo a ten druhý nezbytný předpoklad se nesplnil. Patří k ironiím, v nichž si historie občas libuje, že se tak stalo z větší části zásluhou stranické inteligence, která burcovala širší okruhy lidí, radikalizovala situaci v zemi a tak výrazně přispěla k neúspěchu pokusu, který vyšel z téže KSČ.

Už od února bylo tuto angažovanou inteligenci slyšet takřka bez ustání, a to v prostředcích masové informace (zbavené cenzurních pout), které podle Mlynáře měly často větší moc a vliv než oficiální vedení. Posuďte sama. Když obnovené a obrozené Literárky, což byla podle umírněných reformistů bašta radikálních komunistických intelektuálů, položily už někdy v březnu svým čtenářům otázku »kam, s kým a k jakému cíli«, tento týdeník (se stotisícovým nákladem) obdržel neslýchané odpovědi a ještě neuvěřitelnější požadavky. Likvidace monopolní moci KSČ. Svobodné volby. Parlament s fungující opozicí. Rehabilitace veřejného mínění. Aktivní neutralita. Nezávislý stát federálně strukturovaný. Zaručená občanská práva. Legalizace a ochrana politické opozice. Svoboda myšlení a projevu. Rovnost občanských a politických práv pro »čtyři pětiny« československých občanů, kteří nejsou komunisty. Uznáte: chce se tu na noci, aby byla bílá.

A nezůstává jen u výzev a požadavků, přechází se k činům. Vzniká Klub angažovaných nestraníků, zakládá se organizace bývalých politických vězňů, pak také nezávislý Klub demokratické mládeže, vzniká sekce nezávislých spisovatelů a novinářů, tvoří se zárodky sociálně demokratické strany, v celé zemi probíhají veřejné debaty, v nichž je KSČ často tvrdým způsobem knokautována. Tohle všechno se dělo už v únoru a v březnu, takže když konečně 10. dubna 1968 byl zveřejněn Akční program, ten už zmíněný manifest KSČ, bylo to mrtvě narozené dítě. Tím, co říkal a co sliboval, zůstal daleko pozadu za požadavky společnosti, která chtěla mnohem víc a mnohem rychleji. Váhavý Dubček a druzi byli tím silným »tlakem zdola« zaskočeni. Sice ho do jisté míry potřebovali, poněvadž bez něho by ani ten opatrný reformní program nemohl být schválen, o to by se postarali dogmatikové ve vedení strany. Jenže byl živelnější, než se původně zdálo (ve straně se mluvilo o »eruptivním rázu« Pražského jara), ale hlavně: lidový tlak byl jiného kalibru a měl jiný zdroj než ten, z něhož se napájela obrodná ekipa stranického vedení. Ta slibovala, že trochu uvolní totalitu, společnost žádala svobodu; nabízela demokratizaci, lidé chtěli demokracii.

Ale Akční program a způsob, jímž byl uskutečňován, nestačil ani stranické inteligenci. Podobně jako v celé společnosti, také zde sílily obavy, že i tento skromný plán dubčekovců se rozmělní a vyschne. Filozof komunista Karel Kosík varoval, že žádná mocenská skupina se nevzdá moci dobrovolně a v krizové situaci jen nahrazuje diskreditované metody nadvlády jinými, trochu vylepšenými, ale v podstatě stejnými. A rovnou vyzval společnost, aby »dala praktický výraz svému rozhodnutí« odmítnout nejen nadvládu diktátorských metod, ale »nadvládu vůbec«. Řeč nemohla být jasnější.

Koncem června vyšel manifest Dva tisíce slov, sepsaný Ludvíkem Vaculíkem, podepsaný stovkami straníků i nestraníků (a několika členy ústředního výboru KSČ), a navíc adresovaný nikoli držitelce moci v zemi, ale »dělníkům, rolníkům, funkcionářům, vědcům, umělcům a všem ostatním«. Manifest zamítl Akční program a stavěl proti němu vlastní. Kritizoval dosavadní pomalý vývoj reformy a zároveň vyslovoval obavy o její osud. Vyzýval vedení, aby se zbavilo dogmatiků, a když by to nešlo po dobrém, mohla by se zorganizovat stávka! Vrcholem byl návrh, který i Dubček musel pokládat za kontrarevoluční: lid má masově zakládat »vlastní občanské výbory a komise« na straně nezávislé.

To by tedy, Lucie, přišlo, kdyby nepřišli Rusové. Nikoli pozvolná, polovičatá reforma mocenských struktur, které už nikdo nechtěl, ale jejich rychlá likvidace; nikoli nastupující zářné socialistické zítřky, ale – nazvěme jednou věc pravým jménem – počátek konce komunismu v Československu. Mohli k tomu nečinně přihlížet držitelé moci, očividně ohrožené, kteří byli zároveň promotéry obrodného procesu, nyní zaplaveného vlnou skutečných lidových požadavků? Jistě ne. A proto také neměli na vybranou, pokud šlo o další postup, a tím byl ústup: ústup od původních úmyslů, tedy radikální škrty ve vlastním už i tak osekaném programu. Pořádek musel být obnoven a starý pořádek musel být výsledkem. Jestliže nelze prokázat, že reformní komunisté by neváhali zachránit režim v krajním případě i silou, pak dvě věci prokazatelné jsou: za prvé, že by ten pořádek udělali Rusové (ale o to nám teď nejde). A za druhé, že domácí mocenská ekipa tlak zdola potlačit *musela*, chtěla-li sama přežít. Pražské jaro, počaté jako limitovaná, shora kontrolovaná a na dlouhé roky plánovaná autoreforma autoritativní strany a způsobu její vlády, se rychle proměnila v národní hnutí za strukturálně jiný systém. Toto živelné hnutí, k němuž prvotní popud dali mocní nahoře, muselo být likvidováno, podobně jako o dvanáct let později muselo být rozdrceno jiné lidové hnutí, tentokrát vzniklé »zdola« – Solidarność v Polsku.

Manifest Dva tisíce slov (podle svědectví Mlynářova) byl stranickým vedením, včetně takových nesporných reformistů jako Smrkovský, pokládán za signál ke kontrarevoluci. Pro některé členy ústředního výboru byl manifest vyhlášením války Sovětskému svazu, pro jiné obdobou situace, jaká byla v Maďarsku na podzim 1956, ještě pro jiné výzvou k občanské válce. Celé vedení ve zvláštním prohlášení ostře odmítlo Dva tisíce slov, krajské výbory strany dostaly pokyn k pohotovostním opatřením a dogmatikové ukazovali prstem na reformisty (a hlásili do Moskvy): takhle to dopadá, když si komunisté lehkovážně pohrávají s tak základním principem, jakým je »vedoucí úloha strany« a z ní vyplývající nedělitelnost a neotřesitelnost moci.

Myslím, Lucie, že tady by mohla skončit naše hra na »kdyby nepřijeli«... Možná že si myslíte, že přeháním, že jsem na pražskojarní experiment moc přísný, snad i zaujatý. Přečtu vám proto úryvek z té Mlynářovy knihy *Mráz přichází z Kremlu*, z níž pořád cituju – mimochodem, vyšla v roce 1981, kdy autor už byl čtyři roky v exilu: »Nejsem dnes vůbec přesvědčen, že i kdyby všechno za Pražského jara probíhalo podle mých tehdejších představ o reálných možnostech vývoje, mohlo se dosáhnout těch cílů, které jsem si tehdy kladl. Asi i těchto cílů by se sotva bylo dosáhlo: bylo by dnes v Československu spíše méně politické demokracie, než jsem si i já myslel, že by mohlo reálně být. Bylo by také jasné, že reformní komunismus není optimálním nalezeným řešením.« A o dvě stě stránek dál popisuje Mlynář, jak po vpádu, »napůl jako rukojmí, napůl jako vládní host« v Moskvě, uvažoval v poměrně hluboké depresi takto: »Jsme vlastně blbci, ale naše blbost má podobu ideologie reformního komunismu.«

Existují samozřejmě učenější formulace. Leszek Kołakowski, polský filozof a kdysi sám reformní komunista, je shrnul asi takto: cílem komunismu a komunistů je získání monopolní moci a její udržení. Monopol moci nemůže být částečný, všechny návrhy a případné změny v systému nedělitelné moci jsou proto nutně povrchní, pomíjivé, natrvalo neuskutečnitelné. Stalinismus není deformací systému, ale jeho pilířem. Je to strnulý systém, zbavený samoregulačních mechanismů a odhodlávající se k reformám, přestavbě jen v případě katastrof, velkých ekonomických krizí, lidových revolt; ale i tyto reformy jsou částečné, obvykle dočasné, nedůsledné a nedotýkají se základní struktury režimu.

Jiní pozorovatelé dokládají, že sovětský model socialismu (a jiný, i když přihlédneme k několika variantám, neexistuje) nelze do důsledků reformovat, poněvadž by pak už nešlo o reformu, ale o demontáž systému. Ten má podobu pyramidy, z jejíž špice je všechno – od gigantických staveb socialismu až po velikost porcí masa v závodních jídelnách – plánováno, řízeno a kontrolováno. Pokusy o strukturální reformu, i ty mocenskou špičkou inspirované, ohrozí dříve nebo později celou stavbu a musí tudíž být kanalizovány a dřív nebo později neutralizovány. Prostě bludný kruh. Demokratizovat – to je jen cudné slovo pro pluralismus: ideologický, politický, hospodářský, sociální, kulturní, a tedy zase nutně pro počátek konce mocenské pyramidy. Uzavřenost systému vyžaduje, aby funkční defekty byly zastírány nebo manipulovány, takže skutečně svobodná kritika není přípustná. Informovaný občan je nadto nebezpečný, domáhá se nápravy a tím tlak na moc sílí, lavinovitě narůstá, ohrožuje systém a proto musí být zlomen – tak či onak. Zase bludný kruh.

Krátce, v teorii i v praxi tu máme základní rozpor mezi demokratickým, parlamentním systémem otevřené společnosti a režimem spočívajícím na zaručené – někdy i ústavně – neomezené a nekontrolovatelné moci jedné strany – i když tato moc může být v jistých mezích a v jistých situacích usměrňována potřebami a tužbami společenství, jemuž je takto vládnuto. Český politolog Ivan Bystřina soudí, že stalinské i poststalinské režimy nejsou schopny změn a reforem, ty nikdy neexistovaly a existovat nemohly v demokratické podobě. A tak jako by se hitlerovský režim, píše Bystřina, kdyby byl unikl zničení válkou, nemohl nějakou vnitřní reformou proměnit v demokratický, tak ani postnovotnovský režim v Československu se sám ze sebe nemohl proměnit z nedemokratického v demokratický.

Ivan Sviták, jeden z aktivních účastníků a později kritiků obrodného procesu *made in Czechoslovakia*, sestavil jakousi listinu iluzí reformních komunistů: iluze, že totalitu lze detotalizovat, demokratizovat, zlidštit; iluze »otevřeného marxismu«, že totiž marxismus může vstřebat výsledky soudobé vědy, filozofie, kultury, aniž ztratí svou podstatu; iluze, že volné nebo i jen volnější tržní vztahy jsou slučitelné s centrálně řízenou ekonomií, kterou i reformní komunisté chtějí v podstatě udržet; iluze o lidské tváři totalitní diktatury – vždyť jedno vylučuje druhé. Takže, uzavírá Sviták, československý experiment z jara 1968 ztroskotal na svých vlastních paradoxech – na bizarní roli komunistické strany, která chtěla vystoupit na dějinnou scénu v převleku demokratické instituce. Pokus byl likvidován dřív, než mohl sám ztroskotat.

Nezlobte se, využila Lucie pauzy, vzniklé vypravěčovým dlouhým douškem vína, *ale už mě to trochu unavuje. Pořád samé citáty, jeden honí druhý, kdy už taky řeknete svůj názor . . . a kdy už taky konečně odpovíte na mou otázku, jasnou, ne?: kdyby Pražské jaro nebylo násilně přerušeno, mohla bych žít doma, lidsky a slušně, bez ideologického oblbování a s jistotou, že Milan bude vyrůstat v člověka a ne ve skrčence s dvojí tváří?!*

Nemůžete říct, že jsem vás nevaroval. Český osud – a nejenom nedávný – je prostě rozporný, moc je toho tak a zase i jinak . . . ale dobrá, budu se tedy opakovat a citovat, co jsem napsal o Pražském jaru, zvlášť pak o možnostech autoreformy nedemokratických systémů. Jednou větou: český experiment, o němž je tu tak dlouhá řeč, byl od počátku odsouzen k neúspěchu, i kdyby tanky nepřijely. Neboť opravdu: když je něco totalitní, nemůže to zároveň být napůl liberální; když je politický režim antiliberální, nemůže být taky trochu liberální, a když, tak jen na chvíli; diktuje-li ideologie politické straně, že musí ovládnout všechnu moc v zemi a pak ji nepustit, stůj co stůj, je jasné, že se nemůže o tuto totální moc dělit. Politika v klasickém pojetí je především zápas o moc, do něhož ovšem patří právo poslat vládu k čertu, když tuto vládu už nikdo nechce.

Čili – a to je tedy můj názor – dovést tehdy u nás v roce 1968 proces liberalizace až do konce a se všemi důsledky, které by z toho plynuly, znamenalo položit základ systému, který by byl v příkrém rozporu se zásadami a hlavně s mocenskou aplikací marxismu-leninismu, jak ji známe – ve všech komunistických zemích, včetně země, v níž teď popíjíme, a zemi nejnovějšího reformního komunisty Gorbačova nevyjímaje. Nic takového Dubček a druzi nezamýšleli, nic takového by nedopustili (a nedopustí to ovšem ani Gorbačov, jinak bude smeten). Vždyť právě ti nejlepší a obrodnému procesu nejoddanější reformisté byli také neméně oddanými soudruhy, kteří věřili, že marx-leninská ideologie je všelék na sociální a jiné neduhy společnosti; a i kdyby jejich víra byla otřesena, nevěděli by, kam se obrátit, poněvadž nebyli ani liberály, ani demokraty, ani demokratickými socialisty. Stoupenci obrodného procesu, jak přicházeli do emigrace, mě kritizovali, poněvadž jsem napsal, že Dubček a druzi se pokusili reformovat systém paralyzovaný rigorózní aplikací sto let staré doktríny, která byla vlastní příčinou té paralýzy, krátce, léčit nikoli příčiny, ale symptomy nemoci. Tak se stalo, že reformisté, ať se hnuli, kam se hnuli – a když se chtěli nadále zvát reformními komunisty – naráželi na anachronickou ideologii, která je nutila, aby svou vlastní iniciativu tlumili, své reformy osekávali a pomalu ale jistě se nanovo uzavřeli do své elitní mocenské pevnosti. A v podzámčí národ, lidé, než se nadáli, žili zase v nesvobodě, která možná měla jinou podobu – třeba gulášovou místo kasárenské. Ale byla to zase nesvoboda. A o tom, co je nesvoboda, nemusíme debatovat, to bychom tu přece neseděli a nedumali, jak dál.

Takže z Pražského jara nezbylo vůbec nic, bylo to všechno marné a k ničemu?

Ale kdepak! My jsme totiž dosud hlavně mluvili o komunistech, reformních a těch druhých, o stranických špičkách, o ústředních výborech a papírových ideologiích, a skoro vůbec ne o lidech z téhož Pražského jara, o neodolatelném tlaku »zdola«, tedy občanské aktivitě, která – na první pohled paradoxně – propůjčila celému procesu jeho dynamiku a tím i pozoruhodnost, ale také uspíšila jeho ztroskotání.

Především – buďme spravedliví: neupřeme reformním komunistům, že to byli oni, kdo v lednu 1968 připravili hřiště pro obrodnou hru, která měla následovat. Odstavili Novotného a několik zkompromitovaných dogmatiků ve vedení strany; dali zelenou specializovaným týmům mladších a zhusta inteligentních soudruhů, kteří měli vypracovat programové zásady autoreformy; zrušili předběžnou cenzuru, i když hlavně pod tlakem zdola, především českých a slovenských intelektuálů, straníků i nestraníků.

Ale to už mluvíme o těch sedmi osmi měsících dramatické, vášnivé, občas brilantní celonárodní rozpravy: lidé chtěli konečně slyšet pravdu a podílet se na její definici – o sobě, o své situaci, o stavu národa a státu, o minulosti i přítomnosti, o nelidskostech režimu, který jim vládl, a důvodech, proč jim tak vládl a zda může napříště vládnout jinak. Noviny, rozhlas, televize ztratily přes noc svou šedivost, z divadel a z biografů se vytratila nuda, hranice se otevřely poznáníchtivým cestovatelům, lidé se přestali bát mezi sebou i těch »nahoře«, ztráceli dvojí tvář, literatura a umění vydechly a rozkvetly v uvolněné atmosféře, národní společenství objevovalo samo sebe. A to snad bylo to nejpozoruhodnější na těch pražskojarních měsících: totiž jak občanské ctnosti a hodnoty, o nichž bylo možno předpokládat, že byly dávno zasuty dvacetiletou okoralou lávou indoktrinace, ideologických nesmyslů a lží, naopak doslova vybuchly v neuvěřitelné životní síle, jakmile byla dána možnost je bez bázně a restrikcí projevit. Prakticky celý národ, a zejména mladí, hlavní terč ideologického oblbování, chtěl znát pravdu, domáhal se jí a inteligentně formuloval své požadavky.

Jak se z toho všeho neradovat! I my venku, kterým věru nepřirostl k srdci komunismus takový nebo makový, jsme drželi palce této nečekané renesanci veřejného mínění a nezávislé občanské aktivity v donedávna tvrdě stalinském, nehybném a nezajímavém Československu. I když jsme měli své pochyby, i když nám bylo jasné, že vládnoucí strana, která čelila vážné krizi, se sebeobranně rozhodla takříkajíc k povytažení opony, za níž se po dvě desítky let odehrávala hrůzná dějství její totální moci. Jenže lidé žádali, aby opona byla rozhrnuta naplno, aby se vědělo vše a hlavně aby se z toho vyvodily důsledky a daly záruky, že tato temná historie se už nebude opakovat. Tedy nikoli sliby, nikoli občanská práva a svobody na splátky, ale závazné záruky pro občanskou a politickou přítomnost a budoucnost. Otevřená, pluralistická společnost, nesešněrovaná parlamentní demokracie – to byla jediná skutečná záruka proti novému zneužití moci.

Sáhl jsem po sklenici. Byl jsem se svým výkladem vcelku spokojen. Podíval jsem se na svou posluchačku. Lucie usnula.

Doporučená četba k druhému večeru (čili jakési průpravné minimum k důkladnějším odpovědím na Luciiny otázky)

Akční program Komunistické strany Československa. Praha, duben 1968; také např. v *Rudém právu* z 10. dubna 1968.

Československé jaro 1968, záznamy a dokumenty ze tří plenárních zasedání ÚV KSČ v říjnu a prosinci 1967 a v lednu 1968. Ve *Svědectví*, trojčíslo 34/35/36, Paříž 1969.

Golan, Galia: *The Czechoslovak Reform Movement. Communism in Crisis, 1962 – 1968.* E. P. Dutton, New Brunswick, N. J., 1972.

Hejzlar, Zdeněk: *Reformkomunismus. Zur Geschichte der Komunistischen Partei der Tschechoslowakei.* Europäische Verlagsanstalt, Köln/Frankfurt am Main 1975.

Hlavní úkoly politiky KSČ v nejbližší době, návrhy předložené mimořádnému XIV. sjezdu KSČ. Praha, srpen 1968.

IV. sjezd československých spisovatelů: historická událost: *Svědectví*, trojčíslo 34/35/36, Paříž 1969.

Kusín, V. V.: *The Czechoslovak Reform Movement, 1968. Proceedings of the Seminar held at the University of Reading 12– 17 July, 1971.* International Research Documents, London 1973.

Liehm, Antonín: *Trois générations.* Gallimard. Paříž 1970; úvod ke knize česky ve *Svědectví* č. 39, Paříž 1979.

Mastný, Vojtěch: *Czechoslovakia : Crisis in a World Communism.* Facts on file. New York 1972.

Mlynář, Zdeněk: *Československý pokus o reformu 1968. Analýza jeho teorie a praxe.* Index, Kolín nad Rýnem 1975.

Mlynář, Zdeněk: *Mráz přichází z Kremlu.* Index, Kolín nad Rýnem 1979.

Ostrý, A.: *Československý problém.* Index, Kolín nad Rýnem 1972.

Pithart, Petr: *Osmašedesátý.* Rozmluvy, Londýn 1987.

Projev Vasila Biľaka na plénu ÚV KSČ v září 1969, přetištěný ve *Svědectví* č. 38, Paříž 1970.

Protokoly a dokumenty mimořádného XIV. sjezdu KSČ, předložené 22. srpna 1968 v Praze-Vysočanech, část nazvanou Analýza vývoje po XII. sjezdu strany lze číst ve *Svědectví* č. 38, Paříž 1970.

Selucký, Radoslav: *Economic Reforms in Eastern Europe. Political Background and Economic Significance.* Praeger Publishers, New York 1972.

Skilling, H. Gordon : *Czechoslovakia's interrupted Revolution.* Princeton University Press, Princeton, New Jersey 1976.

Sviták, Ivan: *Dialektika moci.* Index, Kolín nad Rýnem 1973.

Systémové změny (sborník). Index, Kolín nad Rýnem 1972.

Šikl, Václav: *Nač jaru nezbyl čas.* Sixty-Eight Publisher, Toronto 1979.

Tigrid, Pavel: *Kvadratura kruhu.* Edice Svědectví, Paříž 1970.

Tigrid, Pavel : *La chute irrésistible d'Alexander Dubcek.* Calmann – Lévy, Paříž 1970. Anglicky *Why Dubček Fell,* Macdonald, Londýn 1971.

Tigrid, Pavel: *Le printemps de Prague.* Seuil, Paříž 1968.

(Viz také bibliografii knih o »Pražském jaru« a o invazi ve *Svědectví* č. 37, Paříž 1970.)

3

Třetí večer. Postupujeme zpět, k událostem, které předcházely Pražskému jaru, zejména u sousedů Československa po smrti Josefa Visarionoviče Stalina.

Nezlobte se, že jsem včera usnula, omlouvala se má mořitelka, ale nijak zvlášť provinile. Seděli jsme tentokrát ve sklepní vinárně, venku pršelo a bylo dost chladno. V krbu hořel oheň a občas zapraskala polena tím zvláštním způsobem, který vyvolává smířlivou, laskavou náladu. *Bylo to pěkné, ale na mě asi moc najednou, hodně teorie. Ráno jsem o našem kursu ještě trochu přemýšlela a vzpomněla jsem si na takové přísloví, prý anglické, které náš táta často opakuje: že člověk nemůže mít dort v kredenci a zároveň ho jíst. To asi dost dobře vyjadřuje ten základní rozpor u reformních komunistů, jestli jsem správně rozuměla. Ale Pražské jaro nespadlo jen tak z nebe, podobné pokusy byly přece už dřív, v Maďarsku, v Polsku a snad i v jiných socialistických zemích. Je tu nějaká podoba, nějaká souvislost? Moment, ještě než začnete: s vaším dovolením bych u pana vrchního objednala novou lahvičku a u vás — když jsme tady tak v pohodě u krbu — nějakou anekdotu nebo historický drb, třeba o Brežněvovi nebo o Stalinovi, víte, tak na odlehčenou . . . kdyby vám to nevadilo . . .*

Ale vůbec ne, zněla moje odpověď. Já si dokonce myslím, že člověk a jeho povaha, co se v něm děje, co ho žene dobrého nebo ďábelského, a má-li zároveň moc nad lidmi, že to všechno — a je to někdy opravdu jen anekdota — přispívá k našemu pochopení historie. Takže výborně! Já bych to ovšem nejradši vzal od Stalina, protože by nám dobře zapadl do dnešního »kursu«, jak tomu říkáte, který bude zhruba o tom, co se v sovětské říši a tedy i u nás stalo po jeho smrti. Navíc bez jistých znalostí o Stalinovi jako člověku a vládci by se náš výklad neobešel. Malér bude asi v tom, že zrovna o tomhle pánovi jste se toho moc učili a museli odříkávat různé poučky . . .

To si pletete generace, uzemnila mě moje spolustolovnice a zahleděla se ve směru vyfouknutého cigaretového kouře. *Když já chodila do školy, tak se o Stalinovi už moc nemluvilo. Byl to prý pán, který se velmi zasloužil o vybudování první země socialismu, vyhrál Velkou vlasteneckou válku proti Němcům, ale ve stáří se také dopustil jistých chyb. Tak povídejte.*

Nevím, kde začít. Stalin byl totiž vším a vždycky tím největším podle toho, kdo a kdy prováděl inventuru. Na vrcholu své fantastické moci Stalin byl »největším mužem všech dob« (nápis na jeho soše na vrcholu Elbrusu); geniálním vojevůdcem (Stalin sám o sobě napsal, že jeho jasnozřivost mu umožnila »odhadnout nepřítelovy plány a porazit ho); »orlem hor«; »geniálním teoretikem«; »koryfejem věd« (od filozofie přes lingvistiku až k biologii); »otcem národů«; »zakladatelem sovětského státu« a »socialistického souručenství národů«; »nejlepším z lidí«, bůh, ne-li Bůh sám.

Ale Stalin byl také: »Největší zločinec, jakého dějiny poznaly ... není zločinu, jehož by se nebyl Stalin dopustil« – podle Jugoslávce Djilase; »řezník národů« – to je ocenění druhé ženy Stalinovy Naděždy Allilujevové; hromadný vrah – »byl by snad deportoval celou Ukrajinu, kdyby Ukrajinců nebylo tolik« (Chruščov); mučitel a vrah svých skutečných či domnělých odpůrců, jakož i rodinných příslušníků, falzifikátor historie, fanatik čistek; Stalin »založil svou moc na násilí, masové represi a teroru« (Chruščov). »Život každého sovětského člověka té doby je tisíckrát znásobená shakespearovská tragédie ... desetiletí mučení, deportací, vraždění ... Stalin byl největší popravčí všech dob« (básnířka Anna Achmatovová).

Ale také: »Stalin na mě mocně zapůsobil, jako snad žádný jiný státník« (de Gaulle). Nebo: »Stalinovy zásluhy jsou tak pozoruhodné, že je nesnadné zavrhnout tohoto diktátora jako bezbarvého, průměrného vládce se zločineckým sklonem k teroru a intrice« (anglický historik Robert Conquest). »Velký muž v mnoha směrech a zcela nevypočitatelný« (bývalý sovětský ministr zahraničí Litvinov). Chruščov ve své »tajné řeči« na XX. sjezdu KSSS (1956) vylíčil, jak si Stalin k sobě někoho povolal a začal takto: »Vy se mi nedíváte přímo do očí? Proč?! Točíte se tu jak holub na báni!« Odtud už byl jen krok k podezření, že jde o dalšího zrádce, špióna, spiklence, jehož bylo nutno zlikvidovat.

A přece když Stalin umřel, celé národy Sovětského svazu se považovaly za sirotky, komunistický svět byl ve smutku: tak hluboce zasáhl »kult osobnosti« muže, který sám a jediný vládl obrovské říši přes čtvrt století – přísně a krutě, jako neoblomný otec nezvedené rodiny. Pohřeb nemohl být slavnější – a hysterický nával k poslední poctě mrtvého diktátora vystaveného v Kremlu byl takový, že pět set lidí bylo prý ušlapáno k smrti. Mimochodem, Stalin v mauzoleu dlouho nevydržel: jednou v noci ho vedoucí soudruzi dali tajně převézt a zakopat na nenápadném místě u kremelské zdi. Na jeho drsné mravy a cynismus upozornil už Lenin v závěti – dopisu, který (už nemocný) nadiktoval své ženě Nataše Krupské v prosinci 1922: Stalin je neomalený člověk, psal Lenin, soustředil ve svých rukou velkou a nekontrolovatelnou moc, a otázkou je, zda jí nezneužije.

Fascinující postava, tento gruzínský seminarista (maminka si přála, aby se stal popem), skvělý taktik, který systematicky likvidoval jednoho skutečného či smyšleného odpůrce po druhém. Postava analyzovaná v četných knihách, z nichž některé doporučuji vaší pozornosti, zejména Djilasovy *Rozhovory se Stalinem.* Djilas byl po válce pravá ruka Titova, později se s ním rozešel a stal se disidentem. Stalin byl vzezřením sedlák, obličej zhyzděný po neštovicích, zuby nepravidelné, neohebné pravé rameno a ruku, důsledek zranění v dětství. Ale hlavně: byl postavou malý a to ho nejen mrzelo, ale vedlo k nenávisti k lidem urostlým a patrně bylo zdrojem závisti, nezměrné ctižádostivosti a samolibosti, jak to bývá u lidí trochu zakrslých. Bucharin (jedna ze Stalinových obětí) kdesi napsal, že Vožď nosil boty se zvýšenou podrážkou a na prvního máje na tribuně stál na kusu prkna, aby to zdola líp vypadalo. Djilas dokonce dosvědčuje, že v posledních letech svého života se obklopoval lidmi, kteří byli drobné postavy. Ve své knize popisuje neuvěřitelné scény: jak se za Stalina v Kremlu pilo a hodovalo, líčí noční pracovní seance a ožralé orgie, jak se i nejbližší spolupracovníci Stalina báli, nikdy mu v ničem neodporovali, naopak, občas jako poslušní žáci vytahovali tužtičky a notýsky, aby do nich před očima Nejvyššího zapsali jeho myšlenky nebo přání. Stalin, vzpomíná Djilas, se očividně radoval, když dal příkaz k zatčení nebo rovnou k usmrcení člověka: »Nikdy nezapomenu na výraz,« píše, »který se objevil v jeho očích v takové chvíli; výraz temného, ledového uspokojení; osud další oběti byl zpečetěn.«

Stalin si povolával v poslední chvíli hosty na večeři, která se obyčejně protáhla na celou noc; a pak žertoval; třeba tak, že každý z pozvaných měl uhodnout, kolik stupňů pod nulou ukazoval za oknem teploměr; a každý pak musel vypít tolik sklenic vodky, o kolik stupňů se spletl. Berija, šéf politické policie (toho zase odpravili Stalinovi bezprostřední nástupci), hádal schválně hodně špatně, aby se mohl o to rychleji opít. Tyhle páni nad ruskou říší a snad jednou i nad světem (uvažuje Djilas, v němž se ozývaly první pochyby věřícího komunisty) žijí v tomto uzavřeném, od života izolovaném, dekadentním světě, jsou schopni všeho. Stalin byl nenasytný jedlík, ironický popichovač a taky organizátor podivných her. Třeba pánských tanečků (ženy na těch šesti-sedmihodinových mejdanech nebyly): Molotov s Berijou, Ždanov s Malenkovem, zatímco Stalin obsluhoval gramofon a potměšile tu neuvěřitelnou scénu pozoroval. Jindy se zas rozhodovalo o osudu celých zemí. Tak například Djilas mu vysvětloval výhody i nesnáze jugoslávsko – albánské unie (psal se tehdy počátek roku 1948), ale Stalin ho přerušil: »My nemáme na Albánii zájem. Souhlasíme s tím, aby Jugoslávie Albánii prostě spolkla.« Djilas nevěří svým uším, je zaskočen Stalinovým cynismem a koktá: »Nejde přece o to, spolknout Albánii, ale spojit obě naše země.« – »To je jedno a totéž,« zněla odpověď. »A hezky rychle. Čím dřív, tím líp.«

Stalin byl dobrý psycholog, znal slabiny těch, s nimiž hovořil, a ve vhodné chvíli jich obratně využil. Tak třeba o prezidentu Edvardu Benešovi věděl, že mnichovská kapitulace Československa (1938, budeme o ní hovořit) bylo trauma, které Beneše sotvakdy opustilo. »Odčinit Mnichov« byla Benešova hlavní devíza, skoro posedlost. Když byl prezident v Moskvě v prosinci 1943 (jednalo se tehdy o smlouvu československo – sovětskou), Stalin si Beneše nejdřív pěkně naklepal k větší povolnosti. Stalo se to na obrovské noční recepci v Kremlu. Prezidentův tehdejší tajemník vzpomíná, jak Stalin přicupital drobnými, stařeckými krůčky, na vrásčité tváři mu zářil dobrácký úsměv, pranic prý v jeho chování nepřipomínalo krutého diktátora. Až do chvíle, kdy u nekonečné tabule, prohýbající se pod tíhou nejvybranějších lahůdek, Stalin zničehonic vyrazil na Beneše s otázkou: »A proč jste vy Češi v roce 1938 nebojovali?« – Nebo při druhé návštěvě v březnu 1945 (to se už Beneš vracel do Prahy) Stalin pronesl přípitek hlavě československého státu, který zněl takto: »Sovětský svaz se nebude vměšovat do vnitřních věcí svých spojenců. Já vím, že i mezi vámi jsou tací, kdo o tom mají pochybnosti. Snad i vy, pane prezidente, o tom trochu pochybujete. Ale o nějaké hegemonii Sovětského svazu nemůže být řeč. Takové je leninské novoslovanství, které sledujeme my, bolševici.« A v očích mu to škodolibě plálo . . .

Takže, pokusila se to zkrátit Lucie, *jaký je o Stalinovi . . . konečný soud dějin?*

Rozporný, jak jinak. Mně se dost zamlouvá definice Djilasova: z hlediska lidstva, z hlediska zásad, které svobodní lidé vyznávají a chrání, je nesporné, že dějiny neznají krutějšího a cyničtějšího vládce, než jakým byl Stalin. Jeden z těch dogmatiků, schopných zničit devět desetin lidstva, jen aby zbytek »žil ohrožen strachem, násilím a terorem. Jeho nástupci, i když se od něho více nebo méně distancovali, museli být v té či jiné podobě jeho stoupenci, museli uznat jeho zásluhy o zemi socialismu.« Je zajímavé, že v zásadě stejně hodnotil Stalina muž, který je dnes na špičce sovětské mocenské pyramidy – Gorbačov. Teprve teď, ke konci osmdesátých let, se sovětská veřejnost postupně dovídá z oficiálních pramenů, jaký byl Stalin vyvrhel a zločinec.

A teď si představte, že tenhle historický kolos, tento všemocný vladař, o němž Tvardovskij napsal v jedné své básni:

Rodina – země,
on jejich otec.
Nemá co odvolávat.
Tak a nejinak se věci měly.
Otec, jehož sebemenší slovo,
sotva znatelné stáhnutí obočí
jsou zákon.
Splň svou povinnost
a řekni, že bílé je černé ...

že tento pán nad životem a smrtí miliónů, který čtvrt století držel celé země v područí a ve strachu – že tento muž zemře. V posledních letech svého života řádil Stalin jako šílenec: zabíjel nalevo napravo, vymýšlel si spiknutí, organizoval procesy. A náhle tento supertyran už nebyl. Ti, kdo ho znali zblízka, kdo mu posluhovali a podkuřovali, tančili před ním valčíky, ale hlavně se ho báli, ti všichni si zhluboka oddechli. V Kremlu začal tvrdý zápas o moc, o to, kdo bude první v mocenské hierarchii. Vyhrál to nakonec Chruščov a on také podruhé pochoval Stalina, tři roky po jeho prvním slavném pohřbu, už zmíněnou »tajnou řečí«.

Možná že byste si tu řeč, která v SSSR dodnes nebyla uveřejněna, ale jejíž text je znám, měla přečíst. Je to detektivka, i když upravená a uhlazená – ten raport se totiž výlučně zabývá likvidací a vraždami stranických kádrů ve třicátých letech, tedy trockistů, bucharinovců, zinověvovců a ostatních úchylkářů, s nimiž si to Stalin tehdy vyřizoval. Téměř nic se tu neříká o miliónech sovětských lidí zmasakrovaných jen proto, že byli údajnými či skutečnými odpůrci režimu nebo prostě »kulaky«, krymskými Tatary, věřícími a podobně. Chruščov obvinil Stalina jako diktátora propadlého kultu osobnosti, ješitného a nakonec pološíleného, který zavinil prakticky všecko, co bylo v SSSR špatné nebo co nefungovalo. Stalin byl nádor na zdravém organismu strany a systému. Tenhle nesmyslný výklad přežívá ostatně dodnes v komunistické propagandě, a nejen když jde o stalinismus: zločinů, nedůsledností, chyb se vždycky a všude v »socialistických zemích« dopustili nedůslední marxisté-leninisté, proradní, zkorumpovaní, ambiciózní či nějakým nečistým kultům propadlí jedinci – nikdy systém sám. Otázku, že by právě systém mohl být živnou půdou, ne-li rovnou základem pro negativní úkazy a vůbec špatně fungující společnost, si žádný pravověrný komunista položit nesmí a ani nemůže.

Stalin zemřel v březnu 1953. Chruščov pronesl svůj zdrcující raport v únoru 1956. V těch třech letech se v říši Sovětů leccos změnilo. Namísto strnulosti nastupoval pohyb – kontrolovaný, jednostranný, ale přece jen pohyb. Necelý měsíc po smrti Vožde napsala moskevská *Pravda*, že takzvané spiknutí lékařů ošetřujících Stalina (údajně tak, aby co nejdřív umřel) bylo »policejní provokací«, přiznání doktorů »vynucena protiprávními prostředky«, tedy mučením; a údajní »vrazi v bílých pláštích« byli propuštěni. Politická policie MVD, vedená Berijou, byla obviněna z »porušování zákonnosti« – věc v komunistické zemi dosud neslýchaná. V sovětských koncentračních táborech se oběti stalinského teroru dožadovaly propuštění a rehabilitace; Nejvyšší sovět vydal dekret, jímž byli amnestováni drobní zločinci a zlodějíčkové, nikoli však političtí vězni. Ti se bouří počínaje létem 1953 v táborech Vorkuta, Igarka, Inguir a v řadě dalších míst. Postupně dochází k hromadnému propouštění z tohoto gigantického »souostroví Gulag«, jak tento svět otroků nazve Alexandr Solženicyn ve svém proslulém stejnojmenném díle. Jejich počet přesahoval deset miliónů lidí; byly zřízeny zvláštní rehabilitační komise, které – na sovětské poměry – pracovaly dosti rychle; jen v roce 1956 bylo z lágrů propuštěno na pět miliónů vězňů.

A sovětská společnost, přesněji řečeno její inteligence, se začala dožadovat pravdy (jako o desítku let později inteligence v Československu): jak to opravdu bylo, co se všechno stalo, jak se to mohlo stát . . . kdo je odpovědný . . . byl to *jen* Stalin? Otázky a debaty rovněž nevídané a neslýchané.

Pohyb se projevil také v zahraniční politice Sovětského svazu. Jak víte, Jugoslávie, soudružská země, která si za války svou nezávislost v partyzánském domácím zápase vedeném komunisty opravdu vybojovala, byla v červnu 1948 vyhoštěna z Kominformy, z příkazu Stalinova, samozřejmě. A vyhlášena za imperialistického nepřítele. V podstatě jen proto, že maršál Tito a jeho partyzáni v politbyru neuposlechli moskevského diktátora vždycky hned a na slovo a rejdy sovětských »poradců« v zemi všelijak kazili. Byl z toho rozkol »po stranické a státní linii«, jak se v partajním žargonu říká. Jugoslávie se pak dala cestou »nezačleněných zemí«, nestala se členem žádné vojenské aliance. Byla to prvořadá hereze. A proto taky prvotřídní senzace, když na jaře

1955 přijel do Bělehradu Chruščov, aby tam veřejně vyhlásil, že soudruh Tito nikdy nebyl lokaj západních imperialistů, ani zrádce socialismu, že to všechno byl politováníhodný omyl, že se stala chyba, které se nedopustil nikdo jiný než »kultem osobnosti« stižený Stalin.

Brzy nato došlo k něčemu nevídanému a nečekanému: Rudá armáda vyklidila tu část Rakouska, kterou Sověti po válce obsadili, a Moskva se smluvně zavázala uznávat nezávislost a neutralitu této malé republiky v srdci Evropy.

Jaký div, že ve všech zemích »socialistického společenství« byly první postalinské roky dobou nadějí v tom smyslu, že dosavadní sovětské sevření povolí, že lidem v těchto zemích bude umožněno lépe a volněji žít, že i tam dojde k rehabilitacím nevinně pronásledovaných, že se prosadí dosud jen papírová zásada, že k »socialismu« mohou vést různé cesty, nejen ta sovětská. Krátce, že nadchází nová éra pod liberálnějším praporem SSSR. A pokud by to snad domácí místodržící, kteří se tehdy jmenovali Bierut, Pieck, Rákosi, Zápotocký, dost rychle nepochopili, pak bylo třeba jim to energicky připomenout. Ukázalo se, že netrpělivost poddaných byla nepoměrně větší než ochota místodržících spustit proces zvaný destalinizace. A víte, kde se ta netrpělivost projevila nejdřív, i když snad náhodou?

Asi ve východním Německu, zaváhala Lucie.

V Československu. I když rozbuškou nebylo nic výrazně politického, ani snad rozhořčení z porušování zákonnosti, ale znehodnocené peníze. Bylo to tak: na počátku června 1953, po vyhlášení drastické měnové reformy, vyšli do ulic dělníci a vůbec zaměstnanci řady podniků v Praze, v Ostravě, v Brně, ale hlavně v Plzni, aby protestovali proti reformě a z ní plynoucího dosti pronikavého snížení životní úrovně. Zejména drobní střádalové přišli o své úspory. V Plzni, po směně ve Škodovce, pochodovali lidé městem a skandovali »Nedáme se okrádat«, ale pak taky: »Pryč s vládou!«, »Chceme svobodné volby!«, »Chceme svobodu!«. Pochodovalo se k radnici, dav do ní vnikl a brzo létaly z oken portréty Stalina, Gottwalda, sovětské vlajky, úřední spisy.

V souvislosti s těmito událostmi je dobře si zapamatovat dvě okolnosti – setkáme se totiž s nimi při dalších demonstracích a revoltách, k nimž došlo v zemích »lidových« a později »socialistických« demokracií. První je, že tyto demonstrace a revolty, vyvolané původně hospodářsko-sociální nespokojeností, se rychle proměňují v projevy politické nespokojenosti. Dá to rozum: za ekonomické a sociální nedostatky, za nerovnost a živoření je přece někdo zodpovědný; a kdo jiný to může být než ústřední moc, která všechno řídí a tudíž také za všechno odpovídá, jen na ní lze žádat nápravu. A když to neumí nebo nechce, tak ať jde od válu. A máte tu hned požadavek výrazně politický. Druhou okolností je, že Stalinova smrt a její průvodní jevy se prokázaly jako destabilizační činitel s dlouhodobým dopadem; proces byl na Západě nazván destalinizací: spoře dávkované a přísně shora kontrolované uvolňování dosud strnulých politicko-sociálních vazeb uvnitř stalinských režimů; zahraničně politické vztahy k nesocialistickým zemím byly formulovány jako »mírové soužití«. Tehdy v polovině padesátých let lidé tušili, že se »něco děje«, že se něco hýbe. Hranice destalinizace, nebo aspoň její liknavý rytmus, byly zhusta špatně, tedy optimisticky odhadnuty; cena za tento mylný odhad byla ovšem vysoká (jen za plzeňskou manifestaci zaplatilo životem šest demonstrantů).

Ve východním Berlíně, šestnáct dní po Plzni, bylo už dvacet zabitých a víc než stovka raněných. Také tam byla bezprostřední příčinou revolty sociální nespokojenost; několik tisíc stavebních dělníků pochodovalo městem a protestovalo proti zvýšení výrobních norem. Vylekané politbyro východoněmecké komunistické strany (celá tzv. východoněmecká zóna, později Německá demokratická republika, byla tehdy okupovaná Rudou armádou) okamžitě zrušila výnos, který demonstraci vyvolal. Organizátoři protestního pochodu, povzbuzeni tímto úspěchem, však vyzvali ke generální stávce. A tak zástup, odhadovaný na dvacet až padesát tisíc lidí, napadl 17. června 1953 veřejné budovy, strhal sovětské vlajky, obléhal budovu sekretariátu strany a provolával vyzývavá hesla, jako »Chceme jednat s vládou, s Pieckem a Grotewohlem!« A pak, když ti se neukázali (místopředseda vlády Nuschke rovnou utekl do amerického sektoru města): »Kde jsou ministři? Poserové! Vzali do zaječích! Ať se ukážou, jestli jsou dělníci!«

Berlínská demonstrace byla první masovou revoltou postalinské éry. První, ale zdaleka ne poslední; navíc držitelé moci neměli s takovouto revoluční vzpourou žádnou zkušenost. Tehdy v Berlíně rychle ustoupili; uznali, že se »dopustili chyb«, že »porušovali práva jednotlivce«, »narušovali a snižovali pracovní morálku«. Tresty za účast na demonstracích byly drakonické, ale nakonec vláda propustila z vazby většinu demonstrantů, uvolnila velké zásoby potravin a – světe div se – slíbila, i když slib nedodržela, že napříště se stížnosti dělníků budou veřejně diskutovat.

A už to jelo. V Maďarsku koncem června toho pamětihodného roku 1953 začala komunistická strana destalinizovat, odstranila

Stalinova věrného žáka Mátyáse Rákosiho z vedoucího postavení, jmenovala předsedou vlády Imre Nagye, s nímž se o tři roky později setkáme v čele maďarské lidové revoluce, a přiznala, že strana a vláda se dopustily »mnoha chyb«: překotné industrializace, neméně zběsilé kolektivizace, »porušování zákonnosti«. Nepokoje v Berlíně, řekl tehdy Nagy, jsou i pro nás varováním; všechny lidové demokracie si z nich musí vzít patřičné poučení. V Jugoslávii vyhlásil Milovan Djilas, tehdy ještě člen politbyra a místopředseda vlády, že éra »válečného komunismu« skončila, že je nezbytné revidovat některá marx-leninská dogmata a uvolnit stranický centralismus.

To jsme už v letech 1954/55, v době konsolidace Chruščovovy moci a nástupu jeho »nového kursu«, charakterizovaného pokusy o zmíněné reformy uvnitř Sovětského svazu a o »mírové soužití« v sovětské zahraniční politice. V ostatních zemích sovětského bloku se rozbíhá paralelní proces; rychleji v Maďarsku, v Polsku a v Bulharsku, váhavěji v Československu.

Společenská dynamika má svoje často spletité zákony a ty se zvlášť dramaticky projevily v druhé polovině padesátých let ve dvou zemích poválečné komunistické říše, v Polsku a v Maďarsku.

Koncem června 1956 v polské Poznani vyšli do ulic dělníci strojírenského závodu Zipo (donedávna závody Stalinovy); žádali vyšší mzdy. Došlo ke střelbě, na padesát manifestantů bylo zabito (podle neoficiálních zpráv sto dvacet) a tisíc zatčeno. Jenže tenhle tvrdý postup se vládnoucí straně nevyplatil: vedl nakonec k radikální změně ve špičkách moci ve prospěch »národního komunisty« Władysława Gomułky, v roce 1948 vyloučeného ze strany jako úchylkáře. Nový první tajemník strany podrobil veřejné kritice dosavadní politiku polské komunistické strany. Byla to zdrcující bilance. Pak vyslovil neslýchaný mezinárodněpolitický nárok: Polsko má právo na nezávislost a suverenitu, a to musí být respektováno. Kým? Kým jiným než tím, kdo tuto suverenitu nerespektoval, ohrožoval a podlamoval ji: Sovětským svazem. Tento požadavek vynesl Gomułkovi – a přeneseně i liberalizované straně – v národě obrovskou popularitu, asi toho druhu, jako byla Dubčekova v roce 1968. Ale vynesl mu také hněv Moskvy. Nikita Chruščov přijel do Varšavy a vyhrožoval vojenskou intervencí. Gomułka se nedal zastrašit a řekl dokonce, že v tom případě jsou Poláci rozhodnuti bránit se vojensky. Z intervence nic nebylo a Gomułka měl volné ruce k vyhlášení svého programu politické, hospodářské a sociální obnovy, a to »vlastní cestou k socialismu«, tedy sovětskému modelu nepoplatnou. Říkalo se tomu tehdy také »národní komunismus«.

Zatímco tohle všechno probíhalo na sever od československých hranic, na jejich jihovýchodní straně, v Maďarsku, se už dlouho předtím schylovalo k bouři, která stalinské místodržitele všude značně znepokojovala. Byli to hlavně spisovatelé a studenti, kteří ostře kritizovali politiku komunistické strany v poválečném údobí a požadovali změny. Naštěstí – a to je důležité – tato inteligence (především stranická) neustrnula v izolaci, její požadavky nezůstaly na papíře, pronikaly do lidových mas. Navíc zločiny stalinské justice byly všeobecně známy. Jedna z jejích stranických obětí, László Rajk, popravený z Rákosiho příkazu, byla dokonce poctěna státním pohřbem. Až neskutečný smuteční průvod, jehož se účastnily desetitisíce lidí. Všechno nasvědčovalo tomu, že vládnoucí strana je v rozkladu a už se neubrání aplikaci »nového kursu«. Na univerzitách, ve spisovatelských a uměleckých svazech, v zájmových klubech po celé zemi se vášnivě diskutovalo, navrhovalo, plánovalo. Ohlas v zemi byl obrovský. A byl to spisovatel komunista Gyula Háy, který předsedal první (od roku 1948) masové »veřejné, svobodné a kritické« rozpravě o maďarské situaci. Nejpopulárnějším požadavkem, předneseným Háyem, byl odchod sovětských vojsk z Maďarska. A dále: plná rehabilitace všech obětí justičního teroru (tedy nejen straníků), svoboda tisku, svoboda cestování, konec povinné výuky marxismu-leninismu. A nezůstalo jen u slov. 23. října 1956 vyšli v Budapešti do ulic studenti a nezůstali sami. Přidal se k nim stotisícový dav, který cestou k budově rozhlasu narůstal, a s ním i revoluční požadavky: nové stranické a vládní vedení v čele s »národním komunistou« Imre Nagyem; soud se stalinistou Rákosim, bývalým prvním tajemníkem strany; a ovšem odchod Rudé armády ze země.

To nebyla bouře, to bylo zemětřesení. Tehdejší stalinský předseda vlády (dnes reformní komunista) András Hegedüs líčí ve svých pamětech, jak z okna budovy ústředního výboru strany pozoroval ten obrovský průvod, jak se bál a jak si k sobě šeptal: »Tohle je národní vzpoura, tady jde lid proti nám, proti mně!«

V týdnu mezi 23. a 30. říjnem se maďarská revolta proměnila v revoluci. Bojovalo se v ulicích Budapešti, zbraně dodali okolní zbrojařské závody a zčásti i vojáci, kteří se k revolucionářům přidali. O několik dní později došlo k masovým dezercím. Ústřední výbor strany, nebo co z něho zbylo, obnovil členství Nagye v tomto sboru a postavil ho do čela nové vlády. Nagy slíbil pronikavé reformy, ale ani ty už lidem nestačily. Boje se zostřovaly a rozšířily se na celé Maďarsko. V této situaci Nagyovi nezbylo než přikázat rozpuštění nenáviděné politické policie, zavázat se, že skoncuje se »systémem jedné strany« a obnoví zakázané strany občanské, umožní svobodné volby. A – vrchol všeho – Nagy vyhlásil neutralitu Maďarska.

Jak reagovala Moskva? Naprosto neuvěřitelně. Sovětská vláda oznámila 30. října, že je ochotna jednat o dalším pobytu jednotek Rudé armády nejen v Maďarsku, ale také v Polsku a v Rumunsku. Moskva dále veřejně uznala, že ve vztazích mezi socialistickými státy došlo »k jistým chybám«. Sovětský svaz, bylo řečeno, je ochoten bez otálení stáhnout svá vojska z Budapešti a ostatních měst. A opravdu, téhož dne začala evakuace sovětských jednotek z hlavního města, s tou dohrou, že revolucionáři vzali útokem hlavní stan politické policie v Budapešti. Deset tisíc fízlů nabídlo kapitulaci výměnou za amnestii.

Příští týden se situace dramaticky změnila. Zatímco skupina sovětských důstojníků předstírala, že jedná o stažení vojsk, Rudá armáda zahájila frontální útok v celé zemi (200 000 mužů, skoro šest tisíc tanků, z nichž aspoň tisíc táhlo na Budapešť). Maďarská revoluce byla utopena v krvi. Chruščov později potvrdil, že v sovětském politbyru nebyla zpočátku jednota o tom, zda se má revolta rozdrtit vojensky, což by vysvětlovalo ty až neuvěřitelné nabídky z 30. října k politickému řešení krize. Sověti jmenovali novou »maďarskou revoluční vládu dělníků a rolníků« v čele s Jánosem Kádárem (o němž se od té doby tvrdí, že to byl on, kdo povolal sovětská vojska do země). Nagy a několik členů jeho vlády byli (údajně na vlastní žádost) odvezeni do Rumunska. V polovině roku 1958 oznámilo maďarské ministerstvo spravedlnosti, že Nagy a generál Pál Maleter byli za blíže neurčených okolností souzeni a popraveni, spolu s dvěma novináři, pro účast na »kontrarevolučním puči«. Na rozdíl od Rajkova případu státní pohřeb se nekonal a dodnes se přesně neví, kde jsou tihle velezrádci pochováni. Hroby, hroby, hejbejte se. Stalin, Gottwald (toho, jak víte, taky posmrtně přestěhovali), Rajk, Nagy...

Tento morbidní konec je vlastně symbolický pro jiné, pozvolnější, ale neméně tragické odumírání jak maďarské revolty, tak polského podzimu z roku 1956. V Maďarsku několik let po povstání řádil tvrdý teror (počet popravených byl úředně vyčíslen na sto deset, ve skutečnosti byl podstatně vyšší). Pak se pomalu prosazovala normalizace. V Polsku původně reformní komunista Gomułka osekával kus po kuse své reformy, nebo i jen jejich příslib, až z nich skoro nic nezbylo. Tím ovšem vývoj v obou těchto zemích neskončil, ale to si necháme na jindy.

Teď mě napadá, že mé dnešní vyprávění o rezistenci v komunistických zemích po Stalinově smrti a v letech, která následovala, by mohlo celkový obraz trochu zkreslit. Zdůraznil jsem právě v maďarském případě iniciativu inteligence, která tu měla roli avantgardy; ale to hlavní bylo, že revoluční hesla, spisovateli a studenty rozpracovaná, přijaly lidové masy za svá, pochopily je a vnesly do ulic. Nebylo tomu vždycky všude tak; naopak, nejednou zůstala intelektuální disidence izolována, osamocena ve své kritice společenských poměrů; společnost ji – z nejrůznějších důvodů – nenásledovala.

V Sovětském svazu začalo svítat brzo po Stalinově smrti. Napřed v literatuře a v divadlech. V roce 1954 uveřejnil Ilja Erenburg první část svého románu *Tání*, dnes už proslavené, i když přičesané kritiky stalinských diktátorských manýrů. Ukázka vyšla v časopise *Novyj mir*, který se později za redakce Tvardovského stal tribunou nekonformních autorů. Boris Pasternak publikoval na Západě svůj román *Doktor Živago*, což je rozsáhlá sága z doby před ruskou revolucí i po ní (Pasternak byl v roce 1959 odměněn Nobelovou cenou za literaturu). V Sovětském svazu bylo dílo na černé listině až do roku 1987, kdy dal k jeho vydání zelenou Michail Gorbačov. Ale zvlášť významným symbolem tehdejšího »tání« v SSSR a zároveň důkazem sílící intelektuální opozice a jejího ohlasu v zemi byl román Vladimíra Dudinceva *Nejen chlebem*, v němž je sovětský systém vylíčen ve své byrokratické krutosti (a který dokonce i Chruščov doporučil k četbě). V roce 1956 také vyšla antologie *Literární Moskva* s příspěvky autorů této »nové vlny« (říkalo se jim také liberálové: Pogodin, Jaščin, Rožděstvenskij a další). Ozval se Jevtušenko se svou poémou *Babij jar* o masakru Židů z rukou německých vojáků za druhé světové války v jedné rokli blízko Kyjeva . . . ale tu vy znáte . . ., a pak přišla ovšem největší senzace, Solženicynův *Jeden den Ivana Děnisoviče* . . . ano, taky znáte, vyšel v Praze česky poté, co jej Chruščov schválil pro otištění v *Novém miru*. A ke slovu se dostávali další autoři disidenti – Tendrjakov, Aksjonov, Vozněsenskij, Achmadulina . . . Ale už v roce 1963 varoval Chruščov »liberály«, aby nezacházeli příliš daleko a nesklouzli na »protistranické pozice«. To už jsou ovšem dny tohoto svérázného diktátora spočteny; v říjnu 1964 je vymanévrován z vedení a na jeho místo nastupuje, svou moc postupně upevňuje a na dvacet let zajišťuje vládce věru bezbarvý Leonid Brežněv. S ním také nadchází dlouhá éra stála tužší represe intelektuálního disentu v SSSR.

Na počátku roku 1966 propuká aféra Siňavskij – Daniel. Oba spisovatelé jsou zatčeni a obviněni, že propašovali na Západ »protisovětská díla«. A opravdu: Siňavskij pod pseudonymem Avram Terc a Daniel pod krycím jménem Nikolaj Aržak publikovali romány a eseje, které se po všech stránkách vymykaly socrealistické koncepci literatury (uveřejnili jsme některé z nich česky ve *Svědectví*, vedle ukázek z *Doktora Živaga* a z románu Dudincevova). Siňavskij byl odsouzen na sedm let, Daniel na pět do lágru. Siňavskij později emigroval, Daniel zůstal doma v ústraní. V šedesátém sedmém byli zatčeni redaktoři a vydavatelé podzemního cyklostylovaného časopisu *Fénix* a odsouzeni k mnohaletým trestům na svobodě. Proti těmto drakonickým rozsudkům protestovali jiní sovětští disidenti (mezi nimi i biolog Vladimír Bukovskij, který byl o pár let později oficiálně vyměněn za chilského komunistu Corvalána a žije dnes v exilu, i to se občas dělo). Ale to jsme už v letech šedesátých a sedmdesátých, ostatně proč ne. V Moskvě byla policejně uzavřena hodinu po zahájení výstava abstraktního a surrealistického umění, první svého druhu. K druhému pokusu došlo v roce 1976 v Moskvě, kdy byla výstava neoficiálního umění, původně povolená, rozkotána buldozery. Sjezdu sovětských spisovatelů, který se sešel v květnu 1967 v Moskvě, poslal Solženicyn dopis, v němž protestoval proti cenzuře v SSSR; charakterizoval ji jako »středověkou, ilegální a protiústavní«. Dopis podpořilo 79 sovětských spisovatelů. Zvlášť dojemná byla manifestace solidarity s českým a slovenským lidem, kterou zorganizovala hrstka disidentů intelektuálů na Rudém náměstí 25. srpna 1968. Byla myšlena jako protest proti vpádu bratrských armád do Československa. Těch odvážných bylo celkem deset. Z nich pět bylo odsouzeno k trestům až do pěti let nuceného pobytu na Sibiři a až k pěti letům nucených prací. Dvě účastnice demonstrace – žena Jurije Daniela Larissa a básnířka Natalja Gorbaněvská – byly sice propuštěny z vazby, ale trestům neunikly: sovětská justice si podala paní Danielovou později v jiné souvislosti a »oddálila« ji na Sibiř; Natašu Gorbaněvskou posléze zavřeli do »psychušky« podle oficiální teze, že lidé, kteří jsou v opozici proti vládě dělníků a rolníků, nemohou než trpět vážnou psychickou poruchou. Za Gorbaněvskou šly do těchto speciálních ústavů, řízených lékaři KGB, stovky disidentů, z nichž některým se později podařilo dostat se na Západ a podat svědectví o tomto zvlášť zvráceném zneužívání psychiatrie k politicko-policejním účelům.

V této rekapitulaci stoupající represe by bylo možno pokračovat. Věc byla jasná: cílem vládnoucí moci bylo rozbít a zlikvidovat disidentské hnutí v SSSR. Zároveň byl podán důkaz o hloubce, vynalézavosti a individuální odvaze této disidence. Projevovala se v nejrůznějších oblastech literatury, vědy a umění; vytvořila dokonce – v roce 1978 – první »Nezávislou odborovou organizaci pracujících Sovětského svazu«, vedenou horníkem z Donbasu Vladimírem Klebanovem. Čítala dvě stě členů, byla ovšem brzo rozprášena a její mluvčí zavřeni do lágrů a psychušek; ale čin vstoupil do dějin. Jiné skupiny vydávaly po mnoho let *Kroniku současných událostí*, soustavně informující o zločinech a přehmatech sovětské justice. Nebo tu byly aktivní disidentské skupiny, monitorující porušování humanitárních klauzulí helsinských dohod, které ve finském hlavním městě v roce 1975 podepsal také Sovětský svaz. Ale co naplat: nakonec nezbylo než uznat, že se policejní moci podařilo sovětskou intelektuální disidenci umlčet nebo odsunout do emigrace. Zbyl z ní vlastně už jen jeden, nejznámější, nositel Nobelovy ceny míru, nemocný vězeň režimu profesor Andrej Sacharov, podporovaný svou ženou Jelenou Bonnerovou. Věci se změnily – nabyly jiné podoby a na jiné rovině – s nástupem Gorbačova k moci. Ale to už je jiná historie.

Obdobný vývoj probíhal v Německé demokratické republice. V padesátých letech slibně se rozvíjející studentská a intelektuální disidence – vyznačující se relativně silnou účastí komunistů reformistů (Ernst Bloch, Jürgen Kuczynski, Robert Havemann) – brzo narazila na železnou pěst moci. Tak demonstrace, které v roce 1957 vypukly na několika univerzitách, oznámkoval tehdy nejvyšší stranický funkcionář Walter Ulbricht jako kontrarevoluční pokus s cílem »svrhnout vládu«. Mnoho studentů bylo zatčeno a profesor Wolfgang Harich, člen strany, byl odsouzen k desetiletému žaláři. Následovaly tvrdé rozsudky nad opozičními intelektuály, nekomunisty i komunisty. Zároveň už od konce války přebíhaly do západního Německa milióny Němců, nejdříve z východní okupační zóny a pak z komunisty vyhlášené Německé demokratické republiky. Díky těmto masovým útěkům krvácejícímu režimu nakonec nezbylo než postavit »zeď hanby«, probíhající ve strašidelné podobě slepých oken opuštěných domů čtyřicet kilometrů napříč Berlínem. Toto bývalé hlavní město poražené Říše dřepělo po válce uprostřed sovětské okupační zóny, i když ve společné správě čtyř vítězných mocností. Tahle zeď, tahle středověká zrůdnost, se představila jedné srpnové noci v roce 1961. I tak se podařilo třem miliónům občanů zemí sovětského bloku – mezi nimi taky malému počtu Čechů a Slováků – utéct z komunismu (všimněte si, že opačným směrem neutíká skoro nikdo). Východoněmecká policie tenhle vynález později ještě vylepšila smrtonosnými stroji všeho druhu – stačilo zakopnout o neviditelný drát a vybuchovaly miny nebo spustily samostříly. Přesto se stovky lidí každoročně pokoušely o útěk nejbizarnějšími způsoby (na západní straně zdi je muzeum, v němž jsou vystaveny některé z těch roztodivných mechanismů, které si k tomu účelu vyrobili odhodlaní kutilové). Mnozí svůj pokus zaplatili životem. V sedmdesátých letech byl tenhle zátaras prodloužen na patnáct set kilometrů: celá východoněmecká hranice od Baltického moře až po hranice Československa byla zadrátována, vybavena samostřily a jinými automatickými zbraněmi (ty nejvražednější z nich byly v osmdesátých letech výměnou za miliardy západoněmeckých marek bonnské vlády odstraněny). Ulbrichtovi nástupci také změnili taktiku: za peníze, případně výměnou za špióny pochytané na Západě či prostým vyhoštěním se Německá demokratická republika zbavila intelektuální opozice. Přes dvě stě režimních kritiků, mezi nimi proslulí autoři, vědci, umělci jako Sarah Kirschová, Jürgen Fuchs, Wolf Biermann, se octli v Německé spolkové republice. Režim si mohl spokojeně mnout ruce: až na další, intelektuální opozice byla likvidována nebo byla umlčena. Naštěstí nikoli nadlouho, jak se dnes ukazuje.

V Polsku intelektuální disent zpočátku příliš bojovný nebyl. Komunističtí intelektuálové, ale i katolická hierarchie – tehdy ještě pod šokem osudu maďarské revoluce – pochopili, že Gomułka v poslední chvíli zamezil podobnému krveprolití a že je nezbytné ho podpořit. Jenže, jak jsem se už zmínil, Gomułka a jeho »reformní« tým své reformy postupně osekávali, zejména pokud šlo o katolickou církev a studenty. V říjnu 1957 zakázalo politbyro vydávání *Po prostu*, liberálního studentského týdeníku, jehož první čísla vyšla za toho bouřlivého polského podzimu rok předtím. Přes dva tisíce studentů demonstrovalo ve varšavských ulicích proti zákazu, mnoho jich bylo zatčeno a několik desítek zraněno. V dubnu 1960 se manifestovalo v Nové Huti, v Zelené Hoře a v jiných polských městech proti neomaleným zásahům policie v kostelích a církevních budovách. V následujících letech se spor mezi mocenským establishmentem a církevní hierarchií přiostřoval, ale intelektuální disidence se naplno projevila teprve v sedmdesátých letech, a to už jako příprava k velké události, kterou bylo založení Solidarności v létě 1980. Ale o tom jindy. Dnes jen tolik, že půdu pro tuto událost připravila pozoruhodným způsobem právě polská ateistická i církevní inteligence.

O intelektuální disidenci v Rumunsku v postalinské éře se ví málo; existovala aspoň v hlavním městě, rozrostla se v 70. letech, ale brzo byla rozprášena nebo musela jít do exilu. V létě 1977 stávkovalo v údolí Jiu, velkém hornickém středisku, 35 000 horníků. Zvolili si vlastní mluvčí a vypracovali soupis svých požadavků; mezi nimi byl i požadavek nezávislého odborového zastoupení dělníků; zárodek takové organizace skutečně vznikl v roce 1979 v Bukurešti. Dal si jméno Svobodná odborová organizace rumunských dělníků (SLOMR). Organizace měla hned zpočátku na dva tisíce členů, ale... jak jinak... rumunská politická policie, dnes nejkrutější ze všech v zemích bloku, funkcionáře zatkla (většinou zmizeli beze stopy) a celý podnik rozprášila. Stávku horníků zas ukecal sám Ceauşescu, slíbil nápravu a beztrestnost mluvčích, načež tam poslal vojsko, postřílel a pozavíral co se dalo a několik set rodin vystěhoval neznámo kam.

Disidence v Jugoslávii, omezená v padesátých letech na několik spíše ve světě než doma známých kritiků režimu, zastoupených jmény Djilas, Dedijer, Mihajlov, se pozvolna rozrůstala. Ale mezitím se ovšem utahoval šroub titovské diktatury. Djilas si odseděl čtyři roky za svou knihu *Nová třída*, dnes už klasickou příručku o parazitní mocenské klice v lidově demokratických režimech. Později mu bělehradský soud nasolil dalších pět let za zahraniční publikaci jeho *Hovorů se Stalinem.* V roce 1968 tisíc studentů a profesorů obsadilo na osm dní několik budov bělehradské univerzity na protest proti policejním brutalitám, k nimž došlo při předchozích demonstracích ve městě. Šlo o manifestaci výrazně politickou, jak bylo patrno z některých studentských hesel: »Opravdovou demokracii!« a »Pryč s rudou buržoazií!« Demonstrace se rozšířily na vysoká učiliště v jiných městech, takže nakonec Tito přislíbil, že se postará o nápravu. Nic radikálního se nestalo a od té doby došlo k dalším projevům studentské nespokojenosti.

Studenti byli po léta podporováni redakčním kruhem časopisu *Praxis*, což byla nejvýznačnější marxistická filozofické revue s výrazně reformistickou tendencí. Byla založena v roce 1964 a v průběhu let patřili k jejím spolupracovníkům přední revizionisté z Jugoslávie, ale i z jiných komunistických zemí. Publikace byla často vládní mocí kritizována, někteří její redaktoři policejně šikanováni, až v roce 1975 dostaly jugoslávské tiskárny zákaz *Praxis* sázet a tiskout. Problém s disidencí v Jugoslávii je ten, že je často nesnadné určit, jestli demonstrace, protesty či stávky jsou výrazem nespokojenosti se systémem jako takovým, nebo výlučně či hlavně výrazem nesouhlasu s národnostní politikou režimu. Další komplikace je v tom, že některé republiky konfederace hospodářsky prosperují a odmítají doplácet na ty chudší.

A teď konečně, co intelektuální disidence v Československu?

Co se tam stalo od Stalinovy smrti? Jestliže dělníci – aspoň v Plzni a jinde – měli náskok před inteligencí, pak to o tři roky později dohnali čeští a slovenští spisovatelé a studenti. Spisovatelé se ozvali na II. sjezdu svého svazu, na jaře 1956. Pravda, co bylo tehdy řečeno, mohlo být vysloveno právě jen v podmínkách a souvislostech poststalinského tání a nebylo to nic revolučního; ale i tak to byla událost zaznamenání hodná a důležitá pro příští vývoj v zemi. II. sjezd byl svým způsobem předchůdcem toho z roku 1967, o němž jsme už mluvili v našem druhém »kursu« a který zas byl vlastně předchůdcem událostí z jara 1968.

Dramatické vystoupení několika spisovatelů na II. sjezdu nebylo zcela nečekané. Už pár měsíců před zasedáním se v tisku, zejména v *Literárních novinách*, objevovaly kritické narážky a glosy, jasně adresované vedení KSČ a ve stranických orgánech zcela nevídané. Tak ještě před sjezdem se mohlo číst v Literárkách třeba toto: U nás ještě nezačal proces hluboké sebekritiky politického, hospodářského a kulturního života. Všude se vynořují palčivé otázky a nikdo na ně neodpovídá. Nebo: U nás existuje velmi oprávněná nespokojenost všeho lidu. Nebo: Nutno skoncovat s »jezuitskou cenzurou«! A pak na sjezdu básník Hrubín: K důstojnosti člověka patří svědomí. U nás se dějí mnohé křivdy, mnoho spisovatelů bylo umlčeno a pronásledováno, a kdo tohle neřekne nahlas, je sobec, a kdo se dokáže stydět jen tajně, je zbabělec. Jaroslav Seifert rovnou žádal, aby neprávem umlčení a vyloučení spisovatelé byli veřejně rehabilitováni. Hrubín mluvil o svobodě jako takové – nikoli třídně pojímané – charakterizoval ji jako stav, v němž se člověk ocitá zbaven pověr. A byl to Seifert, který cílil politicky, když řekl, že je sice krásné, když básníci postrkávají politiky, ale méně krásné, je-li tomu naopak. To byla narážka na to, že někteří soudruzi ve vedení KSČ zřejmě postrkovali spisovatele, aby konečně aspoň ti řekli něco kritického v duchu »nového kursu« a tak vykopli míč do hry, kterou by pak snad bylo možno rozvinout na stranické úrovni. Jenže vedení KSČ se nemohlo k ničemu odhodlat, přešlapovalo na místě a vyzývalo k důvěře ve stranu.

Jenže málokdo věřil. Měsíc po spisovatelském sjezdu šli do ulic pražští a bratislavští vysokoškolští studenti. Jejich požadavky byly rozšiřovány na letácích (dokonce i v závodech) a zněly takto: demokratizace veřejného života, revize politických procesů z minulých let, svoboda informací, přístup k západnímu tisku, kritický vztah k Sovětskému svazu ... Na tehdejší dobu to byly požadavky neslýchané a vedení nevěřilo svým uším. Bylo třeba něco podniknout. Jednak prokázat, že toto vedení drží pevně v rukou vládní opratě a užije, když to bude nutné, i síly; ale taky dát najevo, že není zcela hluché k jistým kritikám a požadavkům, přicházejícím zdola. Novotnovská klika zvolila politiku cukru a biče, k níž se tradičně v krizových situacích uchylují totalitní režimy. Zvolila vcelku – pro sebe – dobře. Svolala v půli června 1956 něco, co se nazývalo »celostátní konference KSČ«. Prvním úkolem konference bylo vyrovnat se s »krajními úkazy«, které hraničily (v pojetí strany) s kontrarevolucí: se sjezdem spisovatelů, s požadavky vysokoškoláků a s naléháním nižších stranických složek na svolání mimořádného sjezdu KSČ (požadavek podpořilo 235 organizací strany).

Ve věci spisovatelského sjezdu bylo prostě konstatováno, že sjezd se zpolitizoval, což mu nenáleželo, byl dokonce politicky zneužit, »holdovalo se kritice naší strany«, nepochopilo se, že výzva k diskusi o údobí »kultu osobnosti« nedávala ještě zelenou bezbřehé kritice KSČ. Na pomoc byli povoláni literární agitpropčíci jako Štoll, Taufer, Skála; postupně se podařilo Svaz čs. spisovatelů restalinizovat.

Pokud šlo o studentské rezoluce, první tajemník Antonín Novotný je charakterizoval jako »třídně zmatené«, »oportunistické, bezzásadové a liberalistické«, krátce naprosto nepřijatelné. Ve věci mimořádného sjezdu strany, na němž měl být vznesen požadavek tajných voleb funkcionářů a s ním nutně spojené změny ve vedení KSČ, Novotný shledal – a shromáždění to potvrdilo – že linie stranické politiky byla správná, a tudíž ji není třeba měnit, strana je schopná a odhodlaná v této správné generální linii pokračovat. A bylo to!

Cukrem, který Novotný a soudruzi nabídli, byl posypán moučník upečený z nemastné kritiky některých »přehmatů« minulosti a z několika zanedbatelných okrajových reforem. Vyhlásilo se, že v letech 1949–1952 »došlo k případům porušování socialistické zákonnosti«. Tohle kulaťoučké, neadresné doznání bylo opravdu obludné – to posoudíte sama, až budeme zítra mluvit o tomto údobí v dějinách KSČ; asi jako byste přirovnala zemětřesení k štípnutí blechou. Ale buďme spravedliví. V ostatních zemích »socialistického společenství« to s destalinizací nedopadlo o mnoho lépe – až na to, že u nás to držitelům moci trvalo déle, bylo to nesnadnější a složitější. Uzavřeme dnešní večer konstatováním, že údobí »tání« a následný »nový kurs«, k němuž signálem byla smrt největšího z diktátorů, měly vyměřený čas: v některých zemích dříve, v jiných později, v některých rychle, v jiných pomaleji docházelo k restalinizaci (i maršál Tito si nakonec uzurpoval kultovní pravomoci). Bylo třeba čekat dalších deset let na události tak bouřlivé a tak dramatické, jako byly ty z let padesátých. Ale teď půjdeme spát.

Doporučená četba ke třetímu večeru

Birchall, Ian H.: *Workers Against the Monolith.* Pluto Press, London 1974.

Carrère d'Encausse, Hélène: *Le pouvoir confisqué.* Flammarion, Paris 1980.

Conquest, Robert : *The Great Terror. Stalin's Purge of the Thirties.* Macmillan, London 1968.

Djilas, Milovan: *The New Class.* Praeger, New York 1957. Česky v Indexu, Kolín nad Rýnem.

Fejtö, François: *Histoire des démocraties populaires.* Seuil, Paris 1969.

Haraszti, Miklos: *Salaire aux pièces.* Seuil, Paris 1976.

Havemann, Robert: *L'interrogatoire. Un marxiste allemand parle.* Fayard, Paris 1971.

Khrushchev, Nikita: *Secret Speech to the XXth Congress of the USSR.* Department of State, Washington, D.C., 1956.

Korbel, Josef: *Tito's Communism.* The University of Denver Press, Denver, Colorado, 1951.

Kuron, Jacek – Modzelewski, Karol : *Lettre ouverte au P.O.U.P.* Maspéro, Paris 1970.

Mandelstam, Natasha: *Contre tout espoir.* Gallimard, Paris 1970 – 1975 (tři svazky).

Medvedev, Roy: *Le stalinisme.* Le Seuil, Paris 1972.

Potel, Jean-Ives: *Scènes de grèves en Pologne.* Stock, Paris 1981.

Souvarine, Boris: *Stalin.* London 1939.

Tigrid, Pavel: *Dnešek je váš, zítřek je náš. Dělnické revolty v komunistických zemích.* Index, Kolín nad Rýnem 1982.

Tigrid, Pavel: *Marx na Hradčanech.* Edice Svědectví, New York 1960.

Tokes, Rudolf L. (ed.) : *Opposition in Eastern Europe.* Johns Hopkins University Press, Baltimore 1979.

Wolfe, Bertram D.: *Three Who Made a Revolution.* Penguin, London 1966.

Zinner, Paul E. : *Revolution in Hungary.* Columbia University Press, New York 1962.

4

Čtvrtý večer. Lucie obrací role a další pohled do historie vyvolá víc otázek než odpovědí. Padesátá léta, spíše vražedná než rehabilitační.

Mám pro vás překvapení, zahájila Lucie další večer, už zase na terase a po dni vyplněném koupáním jakož i Milanovými marnými pokusy chytit sebemenší rybku. *Nebudete tomu věřit, ale tohle jsem ráno našla dole v hale mezi obrázkovými časopisy.* A vytáhla z plážové kabely modrohnědou vázanou knížku, honem ji otevřela, abych neviděl titul, a předčítala: *»Dějepis pro 8. ročník základní školy, díl druhý, zpracovali prof. dr. Miloš Dohnal, CSc., a doc. dr. Otakar Káňa, CSc., vydalo Státní pedagogické nakladatelství, národní podnik, 1983, schváleno ministerstvem školství ČSR jako učební text dějepisu pro 8. ročník základní školy«. To koukáte, co?! Muselo to tu zapomenout nějaký nedbalý český dítko, které rodiče nutili, aby šprtalo i o prázdninách. Ohromné je, že zrovna tahle učebnice poučuje o mezinárodních i domácích událostech po roce 1949, což je víceméně údobí, které jsme včera probírali. A tak zatímco jste s Milanem tak úspěšně rybařili, já jsem si zaškrtala různý zajímavosti, abyste věděl zase vy, jak se ty události vykládají u nás, co se dětem cpe do hlavy a taky o čem se nikdy nedozvědí.*

A Lucie naslinila prst.

Tak především, a jen mimochodem, ta učebnice je vlastně takový průvodce po nezadržitelných úspěších Sovětského svazu a taky, jaksi v závěsu, jeho spojenců včetně Československa. Jo, abych nezapomněla: na konci je kalendář hlavních událostí od roku 1939 až do roku 1981. Má tři rubriky: »Svět kapitalismu«, »Svět socialismu« a »Československo«. A tam se říká . . . třeba, že v srpnu 1939 došlo »k uzavření sovětsko–německé smlouvy o neútočení«... tečka. Nebo že ve světě socialismu v červenci 1940 »Estonsko, Litva a Lotyšsko se jako další svazové republiky staly součástí SSSR« – jak, to už se žáček osmičky může nejvejš dohadovat. V týhle souvislosti mě v hlavním textu zaujala pasáž, cituju: Kapitulantský postoj západních velmocí k Hitlerově agresi otevřel fašistickému Německu cestu k dalším výbojům a k rozpoutání druhé světové války. Začala 1. září 1939 přepadením Polska. Spojenci Polska – Velká Británie a Francie – však proti nacistickému Německu nezasáhli. Konec citátu, uznáte, to je výkon, dítko školou povinné z toho usoudí, že se žádná válka nekonala, to teprve o rok a půl později . . . jak se v tom závěrečném shrnutí píše . . . teprve 22. června 1941 začala ta pravá, »vlastenecká« válka – Hitlerovým napadením Sovětského svazu. A tahle válka, do které se Sovětům tak nechtělo . . . moment . . . cituju . . . taky »odhalila zhoubný charakter imperialismu«.

Blíž k domovu. O znehodnocení koruny, které v roce 1953 vedlo k těm plzeňským bouřím, se tady píše, že to byla »peněžní reforma«, která měla zajistit . . . »soulad mezi příjmy obyvatel a množstvím zboží na trhu«. Tomu nerozumím, leda snad tak, že se lidi okradli, aby nemohli moc nakupovat. O těch demonstracích v Plzni a jinde ani slovo.

A na straně 63 se taky píše o XX. sjezdu KSSS, poslouchejte: ». . . sjezd podrobil kritice dosavadní metody práce, uplatňované vlivem kultu osobnosti ve straně i v činnosti státního aparátu. Kult osobnosti, který přeceňoval význam osobnosti (!) J. V. Stalina a snižoval úlohu kolektivního rozhodování, byl vážnou překážkou v rozvoji aktivity a iniciativy širokých mas pracujících.«

Na stejný straně o maďarských událostech z podzimu 1956 je tu tohle, celkem deset řádek: »Došlo tam za pomoci mezinárodní reakce k otevřenému propuknutí kontrarevoluce. Maďarští revizionisté se snažili dokonce vymanit zemi ze svazku socialistického společenství. V ostrém třídním boji se vytvořila dělnicko–rolnická vláda, v jejímž čele odvážně stanul János Kádár. Zdravé síly maďarské dělnické třídy a ostatních pracujících pak za internacionální pomoci jednotek Sovětské armády rozdrtily kontrarevoluční puč a obnovily socialistické pořádky v zemi.« O událostech v Polsku ve stejné době samozřejmě ani slovo. Zřejmě se nekonaly. A pokud jde o Polsko v roce 1970 a 1980, tak to se v tom historickém kalendáři skvěje bělobou. O Pražském jaru tam je pár řádek ve smyslu oficiálního »Poučení z krizových let . . .«, jak jsme se to učili i my. IV. sjezdu spisovatelů je věnováno půl řádky, bylo to prý »vyvrcholení útoků proti vedoucí úloze strany«. O studentských demonstracích ani slovo, taky nic o destalinizaci, ani řádka o porušování naší socialistické zákonnosti, to jen zase v tom kalendáři, v rubrice »Svět socialismu«, rok 1963 se říká . . . moment . . . tady na straně 131:

» V Kralupech nad Vltavou uveden do provozu národní podnik Kaučuk. V Seredi na středním Slovensku uvedena do provozu Niklová huť, národní podnik. – Dubnové zasedání ÚV KSČ přijalo závažné usnesení o revizi politických soudních procesů z první poloviny padesátých let.« – Pak se divte – a tím končím –, že my všichni, co jsme se do socialismu narodili, víme houby o tom, jak to všechno opravdu bylo. A to ještě musím dodat, že tahle učebnice z roku 1984 je velký pokrok proti tomu, co jsme se učili my v osmém ročníku – třeba já někdy v polovině sedmdesátých let: nám o těch

pro ně nepříjemných věcech neřekli vůbec nic. Tady máte na památku tu učebnici, vemte si ji s sebou do Paříže. No, a teď zas povídejte vy. Kde jsme vlastně včera přestali?

Poděkoval jsem Lucii za knížku i za úvod k dnešnímu večeru. Řekl jsem, že to bylo poučné, i když mě to moc nepřekvapilo, a že tedy můj kulhavý pochod nedávnou minulostí nebude snad tak úplně marný. Ovšem k úplnému popochopení revolt z let po Stalinově smrti, ale hlavně intelektuálního kvasu té doby v lidově demokratických zemích, »tání« v Sovětském svazu, je nezbytné znát éru předchozí, od konce války zhruba asi deset let, poznamenanou právě masovou perzekucí, justiční perverzí, zločiny, vraždami – to vše ve jménu socialismu a zářnějších zítřků lidstva. Tak tedy postupme zase o kousek dál do minulosti, do údobí v komunistickém slovníku dosud označeném jako léta, kdy došlo k »porušování socialistické zákonnosti«.

Tohle pojmenování je samo o sobě špatný vtip, patrně největší eufemismus století: má obsáhnout zločiny, které se blíží genocidě, milióny odsouzených k smrti nebo k nespočetným letům v kriminálech a v pracovních táborech, mučení fyzické, nezměrné utrpení morální. Namítnete, že to jsme v Československu neměli, a když, tak v rozsahu úměrném domácím poměrům. Jistě. Jenže ve věci úměrnosti politická perzekuce v Československu by se měla porovnávat s honbou na čarodějnice, s pervertovanou justicí v menších socialistických zemích ve stejném údobí, dejme tomu od osmačtyřicátého do padesátého třetího roku. I tak, a i jen statisticky, to dopadne pro domácí nepříznivě.

Jiří Pelikán, čelná komunistická osobnost, v exilu od roku 1969, dosvědčuje, že politické procesy v Československu měly »obludný a masový rozsah« a že tu bylo vyneseno víc rozsudků smrti než v Maďarsku, v Bulharsku a v Rumunsku. Rozsah a krutost politických procesů vyrůstaly podle Pelikána z domácích podmínek a okolností, jakými byly opojení mocí, netolerance, sektářství československých komunistů po jejich vítězství v únoru 1948. Podobně vyznívají svědectví a čísla sebraná a ověřená jinými československými komunisty, třeba těmi, kteří byli členy dvou komisí ÚV KSČ (1955 a 1968), oficiálně ustavených k přezkoumání politických procesů. Historik Karel Kaplan, dlouholetý stranický pracovník, měl přístup k archívům ÚV KSČ. Tisíce dokumentů si ofotografoval, a když v sedmdesátých letech emigroval do západního Německa, podařilo se mu je propašovat. V jedné ze svých knih, vzorně doložených (*Nekrvavá revoluce*), cituje Kaplan tato čísla, sestavená v roce 1968 orgány KSČ: pro údajné politické delikty bylo v údobí 1948–1953 odsouzeno přes sto tisíc lidí, z toho přes čtyřicet tisíc k trestům delším deseti let. K trestu smrti bylo v politických procesech v údobí od října 1948 do ledna 1953 odsouzeno 232 osob a z nich 178 popraveno. To je, milá Lucie, smutný rekord, taky relativně: v žádné jiné zemi sovětského bloku, nepočítáme-li velký Sovětský svaz, nebylo tolik lidí postiženo třídní justicí a tolik jich popraveno jako právě v Československu. Ve skutečnosti byl počet obětí ještě vyšší. Desetitisíce dalších lidí byly totiž navíc odsouzeny pro údajné hospodářské delikty, zásobovací přestupky, původ rodičů, pro svou víru, pro příbuzenství s emigranty. K tomu je třeba přičíst několik set tisíc lidí, kteří byli bez soudu internováni v táborech nucené práce (TNP) nebo museli sloužit v pomocných technických praporech (PTP) – to byli ti známí »černí baroni«.

Kromě toho, a na naše malé domácí poměry velkoryse, si »naši« komunisté vymysleli několik zlepšováků *made in Czechoslovakia* a doplnili tak metody sovětských poradců, kteří v téhle krvavé záležitosti přicházeli do Československa po roce 1949. Ve většině případů čeští komunisté si na to stačili sami a co víc – statisíce řadových soudruhů jim k tomu dobrovolně a od srdce tleskaly.

Byl vypracován jakýsi rozvrh represe. Nejdřív bylo třeba si vyřídit účty s předúnorovými politickými partnery komunistů – slovenskými demokraty počínaje. Pak přišli na řadu potenciální odpůrci nového režimu, šiřitelé letáků, důstojníci, »velcí« rolníci. V roce 1950 se inscenoval proces s »vedením záškodnického spiknutí«, v němž byly vyneseny čtyři rozsudky smrti, mezi nimi nad dr. Miladou Horákovou, bývalou poslankyní národně socialistické strany, a »trockistou« Závišem Kalandrou, historikem a estetikem, který měl za sebou šest let nacistického koncentráku. Gottwald odsouzeným milost neudělil, přestože přišly protesty z celého světa, mezi nimi i od Einsteina. Ale tím to nekončilo. Bezpečnost chtěla mermomocí dokázat velký rozsah »spiknutí« a tak v následných procesech bylo odsouzeno přes 600 lidí: deset trestů smrti, tresty na svobodě dosáhly 7850 let. Rozvrh pamatoval na kněze (v roce 1950 bylo internováno 1910 mnichů a 10 660 řeholnic), na trockisty, sociální demokraty, »kulaky«, »vnější nepřátele«. Následovali »sabotéři«, pokud možno židovského původu, v hospodářských ministerstvech a institucích, až konečně bylo objeveno »protistátní spiklenecké centrum« přímo ve špičkách strany.

Politické procesy se vyráběly na běžícím pásu. Poučka o zostřujícím se třídním boji, vyhlášená Stalinem, se stala hnací silou režimu. A to zase umožňovalo bezpečnostním složkám hledat (a nacházet) třídního nepřítele za každým rohem. Natolik, jak poznamenává Kaplan, že v celkovém rozsahu politických procesů tvořily soudy s opravdovými odpůrci režimu malou část a nebyly ani typické. Nejednou policie sama sestrojila spiknutí (jako třeba v Babicích), vyráběla »zázraky« (jako na faře v Číhošti), vymýšlela si spiknutí se západními imperialisty nebo titovskými zrádci. Pak bylo třeba obviněné náležitě »změkčit«. To se dělo způsobem, který často předčil zabijácké metody gestapáků. Některé z těchto metod vyšly najevo teprve za Pražského jara. K přiznání zločinů, které nikdy nespáchali, byli lidé přivážení s pytlem na hlavě, spoutáni řetězi na rukou i na nohou, oslepováni elektrickým světlem, byli až do omdlení mláceni, byly jim vyráženy zuby, byli donuceni sedět ve vaně naplněné fekáliemi, šokováni elektřinou, mužům byla drcena varlata (policajti tomuto druhu mučení říkali »telecí bečení« nebo taky »rajský protlak«); vyšetřovaní museli desítky hodin stát čelem ke zdi, nebo naopak neustále pochodovat. Docházelo i k fingovaným popravám, kdy bylo oběti dáno na srozuměnou, že nadešla její poslední hodina.

Takto »naklepané« lidské trosky se přiznaly ke všemu, podepsaly cokoli. Pak se někteří obvinění museli svá »přiznání« učit nazpaměť, text nesčíslněkrát opakovat, biflovat otázky i odpovědi, které pak odpapouškovali před soudem. V některých důležitých procesech, vysílaných rozhlasem, byl celý program nahrán předem pro případ, že by se obviněný odchýlil od textu nebo odmítl vypovídat. Pro kritickou chvíli veřejného vystoupení byli obžalovaní pod vlivem drog, což způsobilo, že se nad svými údajnými zločiny sami mravně rozhořčovali, někdy dokonce žádali o zvýšení trestu nebo rovnou o trest smrti.

Nakonec došlo i na některé komunisty, podle známé poučky, že revoluce požírá své děti. Nejznámější z těchto justičních orgií je proces s »protistátním spikleneckým centrem« v čele s Rudolfem Slánským a třinácti dalšími vysokými funkcionáři KSČ. Svým způsobem je proslulý neprávem – byly horší monstrprocesy s lidmi nepoměrně nevinnějšími. Jenže v tomto případě šlo o zasloužilé vysoké funkcionáře komunistické strany, které táž strana křivě obvinila, v justiční frašce odsoudila, jedenáct ze čtrnácti popravila, později rehabilitovala a pak zas hodila do »jámy pamětnice«. Někteří přežili, sepsali svědectví, která zaujala právě vylíčením tehdy běžných policejně justičních zvěrstev; vyšla ve velkých vydáních dokonce i v Československu (v tom jediném roce, kdy taková literatura faktu vyjít mohla – v roce 1968). *Doznání* Artura Londona bylo dokonce poutavě zfilmováno a film promítán v celém civilizovaném světě.

A opravdu – když se čtou tahle svědectví, čtenář žasne a má dojem, že děj se odehrává v nacistickém Německu. Tak třeba se dovídáme, že v budově ÚV KSČ v Praze Na příkopech byla hned vedle kancelářských místností miniaturní vězeňská cela. Nebo jak si první tajemník ÚV KSČ Antonín Novotný vlastnoručně zatknul svého ministra vnitra Rudolfa Baráka a šoupnul ho do kriminálu. Nebo jak herečka Národního divadla vyhlásila, že komu se při vyslovení jména Lenin nezarosí oči, ten nemůže vystupovat na prknech národní scény. Žena náměstka ministra zahraničního obchodu, později popraveného, Heda Margoliová vzpomíná, jak ji jedna pravověrná soudružka přísně upozornila, že na recepce na sovětské ambasádě musí chodit ve večerní toaletě – v době, kdy šaty a látky byly na příděl –, zatímco jejímu muži vyčítali, že jezdí v ojetém autu, což se nehodilo k jeho vysokému postavení. Jiná žena neprávem zatčeného stranického funkcionáře vážně uvažovala o tom, že se obrátí o pomoc na – sovětské velvyslanectví! A v procesu se Slánským a druhy se obžalovaní oficiálně dělili na Čechy, Slováky a »židovského původu«; předseda soudu a prokurátor v této souvislosti nejenom zdůraznili, že právě v »židovství« obviněných je nutno hledat jejich zrádcovské kosmopolitní, konspirátorské sklony, ale nešetřili posměšky ani o jejich vnějším i vnitřním typicky »židovském« ustrojení.

Znal jsem osobně tři z odsouzených v procesu se Slánským: Margolia, Clementise a Loebla. Margolia z předválečných studentských dob v Praze, Clementise a Loebla z válečného Londýna. Margolius pocházel ze středostavovské židovské rodiny, prožil si své v nacistických koncentrácích a do KSČ vstoupil po válce z opravdového přesvědčení: aby se už nikdy nemohlo opakovat, co se stalo, aby už nikdy nikdo nebyl pronásledován pro svůj rasový, národní nebo sociální původ, aby si lidé byli opravdu rovni, aby byl nastolen věk skutečné svobody. O pár let později se soudruhům podařilo, co se nepovedlo nacistům: zabili ho.

Clementis byl za války nejdřív v Paříži, pak v Londýně. Byl to především literát, pak Slovák a zřejmě teprve pak komunista – měl to ostatně kádrově pošpatnělé tím, že v roce 1940 nejenom nepokládal válku za imperialistickou, ale hlásil se jako dobrovolník do československé zahraniční armády. Clementis byl jemný, vzdělaný a šarmantní člověk a stejně jako Margolius věřil své věci a poctivě jí sloužil, nebyl oportunista. Jenže moc korumpuje a Clementis byl bez sebe nadšením nad tím, že mu strana svěřila tak významné poslání, jaké bylo ministerstvo zahraničních věcí, že mu důvěřovala tak, jak on důvěřoval jí. Vzpomínám si na jednu historku: když už bylo jasné, že se stahují mraky nad »buržoazními nacionalisty« a že u nás to padne na prominentní soudruhy Slováky, pokusil jsem se (žil jsem tehdy, v roce 1949, v emigraci ve Frankfurtu) varovat Clementise, který byl právě na zasedání OSN v New Yorku. Zpětný vzkaz, který se později ke mně oklikami dostal, zněl v duchu doby: vy jste se, pane, úplně zbláznil, sloužím své straně a svému lidu, ničeho jsem se nedopustil, mohu to kdykoli prokázat, ostatně právě nedávno mi sovětský delegát Vyšinskij – mimochodem, chodíme spolu po chodbách paláce OSN zavěšeni jeden do druhého – vzkazoval z Moskvy, jak si mě Stalin váží a blahopřeje mi k úspěšné práci. – Clementis se vrátil do Prahy, na počátku roku 1951 byl zatčen a v prosinci 1952 popraven.

Byla to zlá doba, a zase – neprávem – se tu myslí především na funkcionáře KSČ, postižené socialistickou justicí. Ve skutečnosti už skoro neexistovala rodina, která by nebyla postižena, pomlácena, okradena, připravena o živobytí, vystěhována z bytu, lidsky a občansky ponížena. Bylo to jak za nacismu, dosvědčuje Heda Margoliová: lidé si mezi sebou už jen šeptali, snažili se neudělat něco, z čeho by mohli mít nějakou nepříjemnost, nikde se neukazovat, s nikým nemluvit, neupozorňovat na sebe. Jediná radost spočívala v tom, když se něco – nestalo. Léta 1948 až 1955, píše Kaplan, patří k »nejhroznějším a nejtragičtějším úsekům poválečné historie Československa. Oběťmi komunistické zvůle byly statisíce nevinných. Nezákonnost byla symbolem komunistické moci a její druhou stránkou byla bezprávnost a bezmocnost postižených. Tato hrůza visela nad celou společností. . .«

Už nad tímhle se vaří krev. Ale to není všechno. Neboť nebyla jen pervertovaná socialistická spravedlnost, zvrácená byla také jejich náprava. Nazývala se rehabilitace a měla, pokud bylo vůbec možné, napravit, co bylo spácháno, vrátit občanskou čest postiženým, byť i posmrtně, odškodnit, uvést věci soudně i veřejně na pravou míru. Nebudu vás dlouho napínat. Revize politických procesů, shrnuje Kaplan, započatá v roce 1955 na příkaz stranických orgánů, se ukázala být jen další kapitolou v dlouhém utrpení týchž lidí; jejich rehabilitace, tedy především návrat k zákonnosti, zbavení viny odsouzených za nespáchané činy, začlenění těchto lidí jako rovnoprávných občanů do společenského života a potrestání skutečných viníků za masové zločiny – takováto všestranná a důsledná rehabilitace se nekonala.

Proč vůbec rehabilitace? zeptáte se. Že by komunistickou stranu, dosud a stále jedinou držitelku moci v zemi, sžíralo špatné svědomí? Že by ve straně zvítězila zásada, že kdo se provinil

»porušováním socialistické zákonnosti«, musí odejít a být potrestán? Že by se ve vedení KSČ prosadily reformní síly, že by do strany proniknul nový a kritický vítr? Nic takového. Rehabilitace – a ty se zase především týkaly soudruhů funkcionářů KSČ – byly vyvolány a KSČ vnuceny vnějšími událostmi, vývojem v ostatních lidově demokratických zemích, jak započal po XX. sjezdu KSSS a jak jsme o něm včera mluvili. Bylo prostě už nemožné strkat hlavu do písku v zemi, v níž v témž údobí »justičních omylů« bylo popraveno nejvíc lidí a tresty na svobodě dosáhly astronomické výše. Ovšem vedení KSČ se k revizi politických procesů nemělo. Nechtělo se mu do toho, táhlo se to, seznamy těch, kdo mají nebo nemají být rehabilitováni (a do jaké míry), se neustále měnily, občas bylo dokonce vyhlášeno, že rehabilitace úspěšně skončila, jen aby byla o něco později po kouskách znovu otevřena.

Ve stručnosti a přehledně to bylo tak: už v roce 1953 některé odvážnější oběti politických procesů nebo jejich příbuzní – bylo jich nakonec všeho všudy něco přes padesát – se dožadovaly obnovy původního trestního řízení. Nic z toho nebylo. Až konečně přece jen v lednu 1955 ustavilo politbyro ÚV KSČ komisi, jejímž úkolem bylo přezkoumat některé soudní případy »z hlediska výše trestů«. Všimněte si, přezkoumávat se měla výše trestu, nikoli spáchané nezákonnosti a odpovědnost za ně. Jenom politbyro mělo právo řídit a usměrňovat práci komise, a aby opravdu nebyla naděje na průchod i jen primární spravedlnosti, zasedli v komisi v rozhodujícím počtu ti, kteří kdysi sami procesy vyráběli: počínaje předsedou komise Rudolfem Barákem, který jako ministr vnitra spoluodpovídal za mnohé politické procesy, až po vyšetřovatele a prokurátory, krátce vykonavatele zločinů a mučitele v týchž procesech. Orwell by si to nemohl vymyslet líp. Jaký div, že z toho zase nic nebylo, komise nebo naopak politbyro vracely, rušily nebo na kost ořezávaly návrhy, které byly nositelům moci nebezpečné, a to z jednoduchého důvodu: většina tehdejšího vedení KSČ, počínaje Zápotockým, přes Kopeckého, Dolanského, Širokého, Fierlingera až po prvního tajemníka Antonína Novotného, se přímo nebo nepřímo podílela na »vyrábění« politických procesů, schvalovala je nebo je rovnou řídila, mocensky z nich těžila, dokonce jim za své nynější funkce vděčila. Jaký zájem mohli tito špičkoví aparátníci mít na skutečné rehabilitaci, která by přece nutně ohrozila jejich moc a volala by po odpovědnosti za odhalené zločiny? Třeba takový Novotný: po celou dobu »porušování socialistické zákonnosti«, rozhodně od září 1951, zastával tento muž vysoké a nejvyšší stranické funkce; a kdo jiný než právě soudruzi v těchto funkcích rozhodovali o procesech, jejich průběhu i výsledku, policie jen prováděla, pravda vražedně, co politické vedení nařídilo. Tak to veřejně a specificky určila konference KSČ v prosinci 1952: Bezpečnost se vždy bude řídit pokyny strany ... a pak doslova: »O tom, kdo je vinný a kdo je nevinný ... rozhodne strana ...«

Takže když už se nedala utajit celá pravda, bylo nutno ve věci rehabilitace švindlovat neméně usilovně než při procesech nyní údajně revidovaných. Zatajovat, maskovat, a když už to jinak nešlo, krýt se – svalit vinu na jiné, pokud možno už nežijící soudruhy. Navíc se revize procesů a rehabilitace vydělily do tří kategorií. Oběti méně důležitých procesů mohly být vcelku bez velkých překážek rehabilitovány; v procesech s komunistickými funkcionáři a s některými církevními hodnostáři byla schválena jen revize původního přelíčení, snížení trestu, předčasné propuštění, ale nikdy rehabilitace, která by kompromitovala Novotného a druhy; konečně ve třetí kategorii byly procesy vyčleněné jako nedotknutelné, neměly nárok na revizi, natož na rehabilitaci odsouzených – to byl například ten skandální proces s paní Horákovou, aféra v Babicích a další.

Proces se Slánským a ostatními spiklenci původně spadal do třetí kategorie. To se ale nakonec ukázalo jako neudržitelné – také proto, že revize politických procesů v Maďarsku nebo vyšetřování údajně zločinného spojení pražského »záškodnického centra« s »jugoslávskou agenturou« prostě prokázaly, že žádné spiknutí nebylo, takže také nebyla »prokázána« československá účast na něm.

Jenže nepodceňujme Novotného. Ten si se svými kumpány vymyslel, že Slánský byl vlastně jakýsi československý Berija, který do Bezpečnosti zaváděl nezákonné metody; a i když tyto metody byly aplikovány i na Slánského (a ještě dlouho potom), bylo to proto, že Bezpečnost prostě v těch způsobech ze setrvačnosti pokračovala. A tak se v dubnu 1956 ustavila zase jedna komise, zase s Barákem v čele, a ta zjistila, že proces se Slánským byl »značně přehnán«, že je třeba ve světle dalších událostí osvětlit celou věc »v historické souvislosti«! No nic, výsledek oznámil Novotný: nemohlo být pochyb o tom, že Slánský byl vinen, i když třeba jinak, než byl *původně* vinen. V politbyru se vynořil nový pojem – »držet vinu« – nepustit, i kdyby důkazy o správnosti tehdejšího postupu byly sebespornější – »držet vinu« Slánského a jeho druhů, popravených důstojníků a i úchylky nacionalisty Husáka ...

A tak jaký div, že když nakonec Barák sdělil vedení KSČ výsledky revize procesů, byla to bilance věru chudičká: došlo skoro sedm tisíc žádostí, z nichž prokurátor přijal »k prozkoumání« celkem 211. Přičemž bylo jasné, že o revizi požádal jen zlomek postižených. Podle Kaplana tahle manipulovaná revize politických procesů byla ve skutečnosti »druhým kolem nezákonných rozsudků«, přímo »klasický vzor kabinetní justice«. Jak řekl Barák: »Naše strana nešla cestou paušálních rehabilitací, které by mohly diskreditovat politiku strany.« Opravdu ne. A mučitelé a přímí vrazi, jako vyšetřovatelé Doubek a Kohoutek, byli sice zatčeni a odsouzeni (až v roce 1957) na několik let do kriminálu, ale o pár měsíců později navrhl Novotný Doubka na amnestii, takže už o vánocích téhož roku byl tenhle vyvrhel zase v teple doma. Jiní jemu podobní byli prostě odvoláni z funkcí, nebo jen přeřazeni, někteří dokonce na lépe placená a pohodlnější místa.

Pro Novotného a spol. byla věc vyřešena a dořešena, zejména po amnestii z roku 1960, která se vztahovala na většinu z devíti tisíc dosud vězněných osob odsouzených ve vykonstruovaných procesech. Jenže právě tihle na svobodu propuštění, ale nerehabilitovaní zločinci se dožadovali – a to důrazně, neměli co ztratit – práva a spravedlnosti. A navrch měl v říjnu 1961 XXII. sjezd KSSS znovu na pořadu Stalinovy »přečiny« a jejich neblahé důsledky ve všech socialistických zemích. Co dělat? A tak, ale až na podzim 1962, byla utvořena . . . už se smějete . . . ano, další komise ÚV KSČ – tentokrát pod vedením Drahomíra Koldera, tajemníka ústředního výboru, s posláním přešetřit procesy proti »osobám, které zastávaly význačné politické funkce«. Proč zase komise a proč nestačily závěry předchozí komise Barákovy před osmi lety? Proto, poněvadž mezitím byl zatčen sám její předseda Rudolf Barák, souzen a odsouzen, tentokrát nikoli jako špión a zrádce, ale obyčejný defraudant a valutový šíbr. Proces s ním byl neméně podvodný než ty, které vyšetřoval sám Barák, ale hlavně přišel včas a vhod, nebo lépe, byl bezvadně načasován. Takže když v dubnu 1963 podával Novotný ústřednímu výboru zprávu o »porušování stranických zásad a socialistické zákonnosti v období působení kultu osobnosti« – odpusťte to sousto, ale je to citát –, už nemusel popírat, že k porušování opravdu došlo, poněvadž mohl prstem ukázat na osobu, která podstatu věci dlouhé roky zatajovala a překrucovala: Barák. Byl to tento nehodný soudruh, nyní za mřížemi, který »zamlčel řadu závažných okolností«, a ty – zase citát – »ukazovaly věci kolem politických procesů v jiném světle, než jak je on sám líčil«. Tahle pythická věta mnoho světla do celé aféry nevnesla, ale viník byl nalezen. ÚV schválil Novotného referát a bylo rozhodnuto, že strana bude »interní cestou« informována o výsledcích šetření Kolderovy komise. To prý proto, aby na slavných revolučních tradicích KSČ »nezůstala sebemenší skvrna«.

Jenže co se nestalo... neboť, ještě jednou – nikdy nepodceňujme lišáka Novotného. Původní verze zprávy o více než sto stranách přes všechny kličky a falzifikace přece jen obsahovala otřesná fakta o pronásledování, mučení, žalářování nevinných – ovšem a výlučně jen komunistů. Proto byly vypracovány dvě kratší verze, jedna – trochu podrobnější – k informaci krajských organizací strany, druhá, zhruba dvacetistránková, k poučení základních organizací. Ale i tenhle druhý vybílený text byl svěřen jen vybraným členům a kandidátům ÚV KSČ, jejichž úkolem bylo tuto verzi přečíst na stranických schůzích; výslovně bylo zakázáno Sdělení ÚV opisovat nebo jiným způsobem rozšiřovat i mezi straníky.

S tímhle Sdělením je spojena jedna dosti osobní historka. Existence textu byla známa i nestraníkům, ale nikdo přesně nevěděl, co v něm je. V západním tisku byl o dokument velký zájem, jenže kde nic tu nic. Až o tři roky později, na počátku roku 1966, propašovala krátkou verzi Sdělení Heda Margoliová. Přivezla ji do Paříže ukrytou v podprsence nebo v kozačkách – už přesně nevím, rozhodně to byl riskantní kousek, ale Hedě nikdy odvaha nechyběla, jinak by už dávno byla pod drnem, ať už nacistickým, nebo komunistickým. A odevzdala mi ten vzácný dokument s tím, abych ho uveřejnil, což se taky stalo – ve *Svědectví* v jarním čísle 1966. Později to převzaly velké západní deníky a časopisy. Stejně důležité jako Sdělení samo byly podrobné připomínky a poznámky, které k němu v Praze připojili straničtí pracovníci dobře seznámení s celou otázkou a jejichž jména buď neznám, nebo dosud musí zůstat utajena. Tihle soudruzi poukázali na nepravdy, polopravdy a vynechávky v tomto dokumentu. Tento komentář jsme rovněž uveřejnili. Závěr byl zhruba tento: Sdělení falšuje skutečnosti; je to další pokus zatemnit a zahladit pravou odpovědnost za zločiny stalinské éry; rehabilitace obětí justičních zločinů daného údobí, která se tu představuje v nejlepším světle, je ve skutečnosti víc než polovičatá, neveřejná a navíc se vůbec netýká nestraníků, obětí stejných justičních zločinů; i když většině z nich trest už vypršel nebo byli propuštěni na svobodu, nikde není ani zmínka i jen o možnosti revize těchto procesů a o rehabilitaci jejich obětí. Tolik asi ten komentář pražských neortodoxních komunistů. Trochu přeskočím, když řeknu, že plné rehabilitace se mnohým z těchto lidí nedostalo nikdy.

Ještě v roce 1967 na sjezdu spisovatelů se Ludvík Vaculík ptal, proč nevinně odsouzeným nebyla dosud přiznána jejich původní práva, proč se těmto lidem nikdo neomluvil, proč se jim nevrací jejich byty, proč se s nimi handrkuje o náhradě škod. Za Dubčeka byl vydán zákon, na jehož základě byly vytvořeny rehabilitační senáty, které projednávaly otázky v souvislosti s procesy a dokonce určovaly, kdo za ně nese odpovědnost. Po roce 1968 šlo všechno k horšímu, nedořešené případy, nejostudnější procesy, třeba soud s paní Horákovou, byly zapomenuty, řada už provedených rehabilitací zrušena (mezi nimi například rehabilitace bývalého národně socialistického ministra spravedlnosti Prokopa Drtiny), na jiné se prostě nedostalo.

Operace zvaná revize politických procesů v Československu trvala skoro patnáct let, vlekla se déle než v ostatních zemích sovětského bloku, až nakonec měla už jediný směr: do ztracena. Zákonitě, dodává historik a bývalý komunista Kaplan. A píše:»Politické procesy a nezákonnost neoddělitelně patří k metodám vládnutí komunistické moci . . . Nebyly produktem toho, co se nazývá stalinismus, ale přirozeným důsledkem tzv. socialistické přestavby společnosti, kterou uskutečňuje každá komunistická moc po svém vzniku.«

Zbývá otázka, proč právě v Československu byla destalinizace – a s ní i revize justičních zločinů – pomalejší a polovičatější než jinde. Důvody, zdá se mi, jsou zhruba dva. První je, že myšlenka kontrolované destalinizace vyšla z Moskvy, vykopli ji sovětští soudruzi za okolností pro ně mocensky i jinak naléhavých. A sotva se napřed zeptali soudruhů v Praze, co o tom soudí. Jisté je, že v politbyru v Praze celá věc byla doslova o hubu. Neboť zatímco v jiných zemích bloku hlavní pořadatelé orgií už nebyli u vesla, byli odsunuti do přítmí či do důchodu, v československé lidové demokracii mnozí z nich byli dosud u moci, někteří ještě deset nebo více let takříkajíc po činu. Tak se stalo, že obvinění byli zároveň soudci, viníci hledali viníky. Kryli zvěrstva ne proto, že by se jim nějak zvlášť oddávali, ale aby kryli sebe. Brzdili, co se ubrzdit dalo. Viděno globálně, ubrzdili toho dost.

Druhý důvod této polovičaté destalinizace vězí v tom, že československý komunistický režim byl – a je dosud – ve všech svých vazbách snad ještě strnulejší než sovětský. Byl – a je – patrně víc než kde jinde dítětem sovětského systému, jeho miniaturním odlitkem. Papouškoval – a papouškuje –, co se v Kremlu utrousí, otvírá deštník, když v Moskvě prší – vlastní, natož originální myšlenky byste se ani špendlíčkem nedohrabala – tehdy jako dnes. Českoslovenští komunisté byli odjakživa zvyklí na signály z Moskvy a ty byly za Stalina jasné a závazné. Po jeho smrti se ty signály křížily, dlouho se nevědělo, kdo je v Kremlu pánem, na místo povelů nastoupila nejistota. Vzpomínám si, jak pan profesor Nejedlý, bolševik občas nechtěně zábavný, promluvil někdy na podzim 1953 v pražském rozhlase asi takto: žijeme v době nejistot, umřel nám největší z lidí a my teď čekáme, co a jak bude dál. Nejsme na to zvyklí, lidi to mate, změnila se situace, čekáme . . . čekáme, co přinese zítřek.

A tak to skutečně bylo. KSČ byla vždycky vedena duchem opatrnictví, servilnosti, kunktátorství. A vždycky si počkala – taky v prvních letech éry Michaila Gorbačova. Takže se jí moc ulevilo, když v Berlíně 1953 zasáhly sovětské tanky nebo když v Maďarsku 1956 skončila pod týmiž tanky lidová revoluce. Je tedy možno uzavřít tuto zvlášť nepěknou kapitolu v historii KSČ zjištěním, rovněž nijak zvlášť povznášejícím. Žádná jiná komunistická strana nevyvodila tak hubená a nicotná poučení z toho, co se stalo od Stalinovy smrti v jiných lidově demokratických zemích – a nebylo toho málo –, jako právě KSČ. »Tání« do ní neproniklo, destalinizaci zahrála do autu, revizionistické nebo i jen reformní tendence se v ní neprojevily, manifestace domácí nespokojenosti, pokud byly, pohotově zvládla, justiční zvlčilosti dala nový přeliv v podobě frází jako »záporné jevy, cizí lidově demokratickému zřízení«, revizi politických procesů ošvindlovávala a protahovala tak dlouho, až z ní nic nezbylo. Takže když se přehoupla padesátá léta do šedesátých, KSČ už byla zase v ofenzívě prakticky proti všemu, co s sebou »tání« neslo nebo i jen slibovalo, a to v podstatě v nezměněné stalinské sestavě. Nic neodvolala, v ničem neustoupila a svou moc posílila.

Nastala dlouhá pauza, kterou nakonec přerušila Lucie. *Je to hrozné . . . hrozné . . . a hnusné. Jak se jim to všechno mohlo tak podařit? Proč lidi něco neudělali, proč si všechno nechali líbit? Nebo lidi už tehdy nic nechtěli, jen kecat a bát se? To bude asi to, že jo?* dorážela Lucie s náznakem zoufalství v hlase.

Trochu jsem to čekal. Kolikrát jsme tohle všechno probírali v tisícerých debatách o »české otázce«. Už čtyřicet let je vedeme, po obou stranách předělu. Co jsem měl odpovědět? Bylo by to povídání na hodiny, patrně jako obvykle s otevřeným koncem. Rozhodně nebyla teď ani správná chvíle, ani nejvhodnější příležitost. To jsem Lucii řekl a omezil se na poznámku v tom smyslu, že opravdu jedna z příčin, ne-li hlavní příčina tehdejší potratové destalinizace v Československu byla asi opravdu v malé mobilitě, ne-li rovnou nehybnosti společnosti jako celku. Pravda, spisovatelé protestovali, studenti se bouřili, řadoví soudruzi se hemžili, ale v národě se nehnulo nic. Požadavky spisovatelského sjezdu podobně jako ty studentské z poloviny padesátých let, do společnosti jako celku nepronikly, rozhodně to nebyly jiskry revolty jako v Maďarsku nebo v Polsku. Dělnictvo do ulic nešlo. A když šlo, tehdy jednou jedinkrát v červnu 1953 v Plzni, měla ta demonstrace punc čarovně český. Účastníci později vyprávěli, jak »nikdo nevěděl, co má dělat«, »všichni čekali«, »mysleli jsme si, že to je vyhrané«, jeden říkal »musí se něco udělat«, druhý zas »někam bychom měli jít«, takže nakonec se šlo domů nebo do hospody. To neznamená, že by to jinde nutně dopadlo jinak; taky se v podobných situacích improvizovalo, taky se prohrálo. Jenže u nás, jak se ukázalo, byly příčiny společenské imobility, občanské pasivity hlubší a s trvalejším dopadem. Vezměte naše »pracující«, tu dělnickou třídu. Zřejmě se z ní vypařily vlastnosti, které ještě za první republiky byly živé a které se s touto vrstvou už tradičně spojují: zápas za sociální, ale i občanská práva, manifestace, stávky, případně revolty. A solidarita.

Třeba k té solidaritě, zavzpomínal jsem si. V průběhu maďarské revoluce, zejména 31. října 1956, kdy události vrcholily, maďarský rozhlas v rukou povstalců vysílal pravidelné výzvy v češtině a ve slovenštině, výzvy k solidaritě. Pamatuji se na jednu z nich, určenou »drahým českým a slovenským přátelům«: »Bolí nás, že nás nepodporujete po vzoru polských soudruhů ... je nám líto, že váš tisk o nás tak příkře píše ... nevěřte pomluvám, které o nás šíří váš rozhlas ... jste pár kilometrů od nás ... pomozte!« – A víte, co se toho dne, 31. října, dělo těch pár kilometrů od maďarských hranic? V Bratislavě tři a půl tisíce diváků sledovalo hokejový zápas. V Praze téhož dne 20 000 lidí fandilo domácím ve fotbalovém zápase proti Slovanu Bratislava. V Brně v ten den 4000 diváků vypískalo soudce hokejového zápasu Spartak Motorlet proti Spartak Sokolovo. Ve Vítkovicích byly toho večera další tisíce na hokeji. V ty dny, kdy Maďaři bojovali – a nejen za sebe – docela jiný zápas, hlásila československá Sazka rekordní počet sázenek – hodně přes milión. Zároveň v téže době – a předtím i potom – nebylo u nás člověka, který by nenadával na poměry, nestěžoval si na bydlení a zásobování, neproklínal »ty nahoře«; ale když to měl říct nahlas, protestovat, nebo dokonce jít do stávky, nic z toho nebylo. Možná, dodal jsem, že tahle tradice byla zasuta nejdřív lávou kolaborantského dělnického oportunismu za německé okupace a pak tím vítězstvím »dělnické třídy« v únoru 1948 a jejími důsledky. To bylo totiž vítězství slavomamu, oportunismu a občanské pokleslosti živené konzumní žravostí a špatným svědomím téže třídy. Natolik, že se o ní právě v tom klasickém marxistickém pojetí jako o revoluční síle už dávno nedá vůbec hovořit. Ztučněla jako ta údajná revoluce sama. Ale tuhle kapitolu o »únorovém vítězství« si opravdu necháme až na jindy.

Doporučená četba k večeru čtvrtému

Carrère d'Encausse, Hélène: *La déstalinisation commence.* Editions Complexe, Bruxelles 1987.

Ellenstein, Jean: *Staline — Trotsky. Le Pouvoir et la Révolution.* Julliard, Paris 1979.

Fejtö, François: *Budapest — l'insurrection.* Editions Complexe, Bruxelles 1986.

Gruber, Ladislav – Rambousek, Otakar (ed.): *Zpráva dokumentační komise K 231.* Dokumentační komise K 231 v exilu, Louvain (Belgie) 1973.

Hejl, Vilém — Kaplan, Karel: *Zpráva o organizovaném násilí.* Sixty-Eight Publishers Corp., Toronto 1986.

Kaplan, Karel: *Nekrvavá revoluce.* Sixty-Eight Publishers Corp., Toronto 1985.

Kaplan, Karel: *Procès politique à Prague.* Editions Complexe, Bruxelles 1980.

Klineberg, Otto: *The Human Dimension in International Relations.* Holt, Rinehart and Winston Inc., New York 1964.

Kohák, E. V. – Kovályová, H. : *Na vlastní kůži.* Sixty-Eight Publishers Corp., Toronto 1973.

Kratochvíl, Antonín: *Žaluji. Svědectví a myšlenky o deformacích stalinské justice v Československu.* Tři díly CCC Haarlem, Haarlem 1973 a 1977.

Lazitch, Branko: *Le Rapport Khrouchtchev et son histoire.* Le Seuil, Paris 1976.

London, Artur: *Doznání.* Praha 1968.

Löbl, Eugen : *Svedectvo o procese s vedením protištátného sprisahaneckého centra na čele s Rudolfem Slánským.* Vydavateľstvo politickej literatúry, Bratislava 1968.

Medvedev, Roy: *Le stalinisme. Origines, histoire, conséquences.* Seuil, Paris 1972.

Pelikán, Jiří (ed.): *Potlačená zpráva. Zpráva komise ÚV KSČ o politických procesech a rehabilitacích v Československu 1949–1968.* Europa Verlag, Vídeň 1970.

Proces s vedením záškodnického spiknutí proti republice. Horáková a společníci. Ministerstvo spravedlnosti, Praha 1950.

Sdělení ústředního výboru KSČ o porušování stranických zásad a socialistické zákonnosti v období kultu osobnosti: *Svědectví* c. 28, Paříž 1966.

Soljénitsyne, Alexander: *L'Archipel du Goulag.* 3 volumes. Le Seuil, Paris 1976.

5

Pátý večer se nekoná, takže zbude čas na několik úvah o mladé generaci v Československu a jejích vyhlídkách.

Místo do »kursu« jsme šli do diskotéky. Lucie byla celý den mrzutá, ještě jakoby pod vlivem mého včerejšího vyprávění, rozhodně toho moc nenamluvila a tak jsem s radostí přijal její návrh na večerní rozptýlení. Diskotéka dělala, co mohla, aby se vyrovnala svým západním předlohám, rocková muzika přeřvávala všechno, snad i sebe, jediná možná forma lidské komunikace byla hulákat partnerovi rovnou do ucha, což bylo namáhavé a zbytečné. Po hodině jsem byl ohluchlý a taky trochu ospalý. Naštěstí jeden velmi pěkný, vysoký a samozřejmě černooký Srb požádal nejprve mě a pak Lucii o svolení k tanci, později už se neptal na nic, oba skvěle vysekávali ty mně neznámé taneční obraty a zřejmě si dobře rozuměli. Pozoroval jsem tu půvabnou mladou dvojici, taky ty ostatní, a pomalu propadal vínem posilované euforii: život má pravdu, vždycky se nakonec prosadí, je dobrý sám o sobě, pokud je a pokud se nedá udolat nánosem nekonečné zátěže, kterou týž život s sebou nese, včetně tlustých vrstev papíru, popsaného mimo jiné i dějinami. Díval jsem se na Lucii a jejího Srba, oba oddané rytmu hudby a tance až za limitní čáru vědomí, kterou jsem mohl jen tušit, oba žijící jen touto chvílí, trvající – kdo ji může poměřit – pár vteřin nebo věčnost, a která je zároveň – zdálo se mi – rukavicí hozenou do tváře dějin, a takto k ní promlouvá: ty dějinný osude, ty potvoro, kolikrát jsi nás chtěla pokořit a pošlapat, poničit a zničit, umlčet a opentlit – nic ti to nebylo platné, jsme tu, jsme tu zas a pořád, nové tváře a mladá těla ve starém zápase s tebou, vražedná hyeno, skoupá na radost, na krásu, na lásku, na svobodu, na muziku, na tenhle tanec... ano, i tady sedíš v rohu a čekáš na svou příležitost, přijde, jistě, ale co je ti to platné, tobě, dějinný osude, přestože jsi věčný a nikdo ti neujde, když se ti zachce, tak zotročuješ, ničíš a zabíjíš – a přece, my tu budeme, na tomhle parketu, za rok a za sto let, nádherně živí a tudíž vítězní a ty se zase budeš krčit v rohu modrozelený zimou a záští...

A vtom to vzala kapela v nejvyšších polohách, neskutečně nádherná a drzá zároveň, jako by zdůrazňovala a slavnostně provázela tento můj neméně drzý výlet za nesmrtelností dobré věci, jíž je život stále odpíraný a stále se obnovující, pádná a zároveň konečná odpověď, zdálo se mi, všem těm politickým červům a červíčkům, o nichž tu »kursuji«. Ano, co je proti zelenému stromu života šedá teorie a zažloutlé stránky dějepisu ... Tak jsem dopil a šel domů, pln zármutku, ale také pochopení, že tenhle taneční parket už není moje jeviště, že jsem starý a opotřebovaný, ale snad jen věkem, Pán Bůh zaplať, v kole dějin jsem nějakým zázrakem neuvíz, nedostal mě, ten mnohohlavý drak, ani jsem se mu (šťastnou náhodou) neupsal, abych si zachránil kůži, což zhusta bývá ještě horší. V hotelu jsem se nenatáhl na postel, jak by se slušelo, ale rozsvítil stolní lampu, vytáhl z kufru notes a začal si zapisovat poznámky o mladých lidech, o českých mladých lidech (něco z toho jsem později uveřejnil).

Hovořil jsem letos v létě (psal jsem) s řadou mladých lidí z Československa – přesněji s těmi moc mladými, co jim je sotva dvacet let. Vyprávěli o tom, jak žijí, co mají rádi a co odmítají, co mohou a co by chtěli. Mluvili o všem možném, ale jen zřídka o politice, o komunismu, o režimu, krátce »o nich«. Zároveň nebylo vůbec pochyb, že se jim nezamlouvá ani jedno, ani druhé, ani třetí; ale také nelze tvrdit, že jsou divoce proti. Jsou v opozici, ale jaká je to opozice, která nechce ani slyšet o systému, který přece rovnou od kolébky určuje a osekává život právě těchto mladých? Opozice, která spíše ignoruje než kritizuje vládnoucí? Jací jsou to »jinak smýšlející«, když se nemanifestují v politických pojmech a souvislostech? Když místo aby ukazovali prstem, jsou v zásadě neadresní? Když jim nejde o to, změnit režim, ale žít v něm po svém? A o tom »žít po svém« mají přesnou představu a realizují ji, jak se dá, aniž jsou souputníky nebo kolaboranty!

V paměti mi také utkvěl mladý dělník ze severních Čech, který si našetřil na zlodějskou týdenní čedokovou cestu do jedné západní metropole. Doma má do práce deset minut, ale když z jisté strany fouká vítr, musí se dvakrát zastavit, aby nabral dech – tak zaneřáděné je ovzduší v této části země, v níž zůstane patrně navždy. Vyprávěl o poměrech v podniku, o životě a názorech dělníků, vcelku věci známé. Ale povídal také – a se zaujetím – o učních a jiných mladých lidech v témž zasviněném kraji: o čundrech do čistšího prostředí (doslova i přeneseně), o lásce těchto zevnějškem nepříliš vábných mládenců a holek k přírodě, o koncertech, na které v neděli časně ráno daleko a nepohodlně zajíždějí, za své a ze své svobodné vůle, o skutečných dobrovolných brigádách k záchraně kusu lesa, místního jezírka nebo ryb (aby byly napřesrok), o solidaritě, která tu panuje, aniž je kdy tak pojmenována, o jistých principech, patřících do kategorií jasně etického rázu, aniž ovšem někdo něco podobného vysloví – jisté věci se nedělají, to se ponechává »jim« (jako třeba bonzovat, tedy donášet, udávat).

Jiná momentka z mé paměti. Konal se kdesi ve Francii rockový koncert, na němž vystupovaly také české skupiny, t. č. v emigraci. Byli jsme pozváni, nás pár letitých, tohoto druhu umění neznalých, ale nikdo se nás na nic neptal, nepoučoval, nevyčítal. Noc byla hlučná, veselá, v pohodě v sále i venku u ohně. Ničemu jsem nerozuměl, ale cítil jsem se mezi těmi mladými dobře, nic se tu nepředstíralo, ani umění s velkým počátečním písmenem. Když jsem se na druhý den vracel se ženou z tohoto setkání, předhonili jsme na silnici mladého muže, který se také vracel – na rozdíl od nás do Prahy. Došel až sem pěšky a občas autostopem den před zahájením koncertu, našel bez problémů alsaskou údolní vesničku a mlýn, v němž se koncert konal (zatímco my, světem protřelí, jsme ho hodinu hledali). Náš poutník pobyl, popil, zazpíval si, pokecal, vyslechl, co se tu povídalo o světě, ale sám k tomu nic nepřipomínal, uzavřel několik nových přátelství, sháněl nejnovější nahrávky a pak toho nedělního rána všechno sbalil, na záda nasadil spacák a vydal se na zpáteční cestu týmž způsobem, jakým došel. Nabídli jsme mu, že ho kousek svezem, ale on zdvořile odmítl (že je krásné ráno, že chodí rád pěšky vedlejšími silnicemi, kde už pomalu nikdo nejezdí, že nikam nepospíchá, a okopával si při tom zřejmě z rozpaků jednu odřenou tenisku o druhou). Pochopili jsme a já pak v zrcátku zadním oknem auta viděl tohoto osamělého, vyrovnaného a *svobodného* poutníka směrem do země, k níž má poměr až láskyplný, a do režimu, pro který nemá vlídné slovo, ale zato tucet šťavnatých nadávek.

Už někdo doma nebo venku o těchto lidech uvažoval a psal? Občas ano a nejednou ve vzácné, byť kritické shodě. Soudí se, že je to minorita pohybující se víceméně na okraji reálsocialistické společnosti a na pokraji obecně přijímaných hodnot, válí se po hospodách, výstředně se obléká, páří se mezi sebou, občas si míchá drogy, není k ničemu a lidsky i občansky od ní nic nelze čekat. V nejlepším případě jde o odpadový produkt téže reálsocialistické společnosti, který se od ní odvrací způsobem politicky bezcenným. Stejně pak se většina dobou, narůstajícím věkem a pod sílícím tlakem odpovědnosti přizpůsobí (v dobrém i zlém) generacím předchozím, zbytek propadne alkoholu.

S očividným rizikem mýlky a s minimem důkazů v zádech tu dávám na papír svůj dojem, ne-li rovnou přesvědčení: že to je argumentace mělká, pohodlná – a třeba i jen podvědomě – sebeobranná. Neboť jestli ti dnešní čeští a slovenští dvaceti-pětadvacetiletí ignorují současný režim, pak zároveň ignorují nás, své dědy a otce, kteří to všechno spískali, kteří se bili, ale spíše podrobili v nejrůznějších situacích a v nejpestřejších převlecích, s výsledkem, který je znám.

Všimněte si: spíše ignorují než odsuzují, spíše nás litují než vyobcovávají, vlastně nás mají docela rádi (možná taky proto, že jim vůbec nerozumíme). Tohle všechno se ovšem nám tatíkům nelíbí, neboť jsme – ne všichni, ale je nás moc – bývalí i dnešní nositelé zoufale zplihlých standart Velkých Pří a Zářných Zítřků (červenomodrobílých i rudých). Proto také, takto odhaleni, rádi zatracujeme ty dnešní mladé, kádrově i jinak nepopsané listy, nebo je rovnou posíláme na smetiště dějin, aby se zaretušovalo, že jsme na to smetiště taky leccos přihodili.

Z těch mladých, o nichž je tu řeč, jen nepatrný zlomek zvolí emigraci; ostatní o ní nikdy neuvažovali, žijí doma a zůstanou doma. Narodili se do režimu, který nevytvořili, který trvá a zřejmě potrvá, je ve všem podstatném nezměnitelný a nereformovatelný. Žít proti němu je nesmyslné, žít ve shodě s ním je nepřijatelné. Lze však žít *mimo* něj, uvnitř a zároveň vně, bez účasti na něm, i když paralelně s ním. Taková je asi životní poloha a nevyslovená občanská devíza dnešních dvacetiletých. Proto také zde někde se situuje bezprostřední československá budoucnost.

Jestliže chceme tuto budoucnost smysluplně oslovit, nebo dokonce ji ovlivnit, pak je jasné, že musíme hovořit jí srozumitelnou a přijatelnou řečí. Ta bude asi prostší a prozaičtější – a tudíž poctivější než ta, které jsme dosud užívali. Budeme totiž rozmlouvat s generací, která se nemá čím chlubit (přijímá nevyhnutelné) a zároveň se chlubit nechce (je jí to protivné). Přijala život jako umění možného, takže jí znějí hluše nadnesené legendy o slavné minulosti (neujde jí, že skoro pokaždé ztroskotala). Navíc poučování o první nebo i druhé světové válce jí bude asi tak blízké jako nám starším dějiny války třicetileté, a i Pražské jaro jí nakouklo do dětské postýlky spíše než do komunikovatelného povědomí.

Přestal jsem psát a zamyslel jsem se nad svým počínáním tady, nad svým »kursováním«. Nepatřím i já do stejné kategorie obstarožních poučovatelů, nepokouším se i já, třeba jen podvědomě, občas trochu vylepšit a zaprat skvrny na historii, sám svědek tolika porážek a tolikerého zemdlení? Nezkresluji a nenudím? Nemoralizuji? Neusnula snad Lucie hned první večer? Nenadbíhám mladým, jen abych se jim zalíbil? Nepokouším se o nemožné? Nemám to vzdát a prásknout do bot, ať si Lucie svůj problém vyřeší sama, jak nejlíp umí? Na co si tady hraju? Nemá snad pravdu francouzský autor Sébastien Chamfort z osmnáctého století, který napsal, že jenom dějiny svobodných národů mají nárok na pozornost, dějiny lidí žijících pod despotismem jsou jenom souborem anekdot? Ale není také platný názor českého historika Bedřicha Loewensteina (dnes v exilu), že i ty neučesané, nepříliš radostné a tedy reálné české dějiny mohou být poučné, když se respektuje důležité metodické hledisko? Totiž že dějiny »nejsou galerií světců a héroů, nýbrž omylných, slabých, často zlých a hloupých lidí, jako je máme dnes a denně kolem sebe. Dějiny jejich omylů, selhání, utrpení, proměn jejich životních podmínek jistě nepřispějí ke kultu čistého a neposkvrněného národa, zato však k pochopení toho, co je člověk, jaké jsou jeho meze a možnosti, které jsou slepé uličky i schůdnější stezky, jaká jsou pravidla hry civilizovaného života«.

6

Šestý večer. Nesnáze vypravěče. Rozhodnuto skočit rovnou do roku 1938 – doby Mnichova – a pak už pokračovat po proudu času.

Na druhý den, ačkoli bylo krásně a kdekdo byl už brzo ráno na pláži, já jsem do půlky dopoledne seděl na terase hotelu, popíjel campari a uvažoval, jak dál. A jak dál, to jsem věru nevěděl. Zřejmě jsem zaskočil sám sebe: vyprávět dějiny, nebo i jen jejich úsek, od konce je hra chvíli snad zábavná, ale dřív nebo později se to vymstí. Kolečka dějinného vývoje přece jen do sebe dosti logicky zapadají, souvislosti se hlásí o slovo – bez nich, a jejich pochopení, zůstává mnohé nesrozumitelné, skryty jsou hlubší příčiny jednotlivých událostí. Podle dosavadního postupu by se dnes večer mělo mluvit o Únoru 1948, pak teprve zpětně o údobí 1948–1945, tedy o předúnorové, Třetí Československé republice a o jejím konci. Jenže tenhle obraz nelze dost dobře podat, když se předtím neprobere, jak vypadala ta Druhá (šestiměsíční, 1938–39) a co se dělo za druhé světové války v domácím i zahraničním odboji. Ale to by byl zas nutně nepříliš srozumitelný výklad, kdyby se napřed neřeklo, proč a jak k tomu odboji došlo, když mu přece předcházel rozpad státu, tedy První republiky, zrozené v roce osmnáctém.

Bylo mi jasné, že mám-li pokračovat, musím skočit zpátky alespoň do doby mnichovské krize a odtud postupovat po proudu času a nikoli jako dosud proti němu. Velký úvazek, patrně hned na několik večerů, ale hlavně: odkud to budu brát, jen ze své děravé paměti a z hrstky osobních vzpomínek?

Mohutně jsem zmalomyslněl; měl bych Lucii přiznat barvu, že jsem v koncích, že jsem se přecenil, že toho necháme. Pak jsem dostal nápad: co kdybych sedl do auta a zajel na druhou stranu hranic do Terstu? Tam určitě najdu v univerzitní knihovně pár svazků o tomhle údobí, jistě něco o Mnichovu, možná Benešovy paměti (vyšly v několika jazycích), dějiny horké i studené války, naučné slovníky, udělám si výpisky... Naškrábal jsem vzkaz pro Lucii: odjel jsem do Terstu, zůstanu tam přes noc. Účel: poučení. Nashledanou zítra odpoledne.

Po návratu mě Lucie uvítala ironickou otázkou: *Tak co, pane profesore, našprtal jste se na mě?* Odpověděl jsem, že ano – našel, poučil se, vypsal, a hned jsem vystřelil otázku: co ví, co se učila o Mnichově, tím že začneme.

O Mnichově? zamračila se Lucie. *Že domácí a zahraniční buržoazie Československo zradila, především Francie, která byla smluvně zavázaná nám přijít na pomoc v případě vojenské agrese proti naší republice. Že jenom Sovětský svaz byl připraven bojovat po našem boku – ale to bylo proti třídním zájmům jak československých, tak západních vládnoucích kruhů. Dělnická třída u nás, vedená KSČ, chtěla republiku bránit, ale Beneš a jeho vláda kapitulovali. Kapitalistické kruhy v ČSR nepřipravovaly obranu republiky, naopak, připravovaly zradu, která vyvrcholila v Mnichově. Ustoupili mnichovskému diktátu, a to byl konec republiky, kterou nakonec někdy v roce 1939 Německo zabralo. Kromě Slovenska, kde klerofašisti s Hitlerovým požehnáním vyhlásili Slovenskou republiku. Něco taky zabrali Poláci a Maďaři, ale to už přesně nevím. A pak taky, že jediná KSČ byla proti Mnichovu, za obranu republiky a nedotknutelnost československých hranic. To koukáte, co? Nepůjdete se vykoupat?!*

Před večeří jsem se procházel po mořském břehu, poseděl v zahradní kavárničce a stále naléhavěji si uvědomoval, že jsem mrzutý, neklidný, prostě nesvůj. Proč asi? Nakonec jsem na to přišel a přiznal si to: byl to Mnichov, dnešní »kursovní« námět. Tížil mě, nechtělo se mi do toho. Přestože jsem Mnichov v Praze prožil, přečetl dost knih, sám o něm psal, účastnil se seminářů – nebo snad právě proto?! Ještě jednou ohryzávat tuhle nelákavou historickou kost, znovu protřepávat stejné otázky, co jsme měli nebo neměli dělat, zda jsme měli nebo neměli bojovat, co by bylo kdyby, jestli pan prezident Beneš rozhodl moudře, nebo naopak neobstál?! Tímhle vším si ještě jednou kazit náladu, v daném případě krásný letní večer u moře? Obracej to jak chceš, Mnichov v českých a taky ve slovenských dějinách je uzlový bod. Končily jím krátké dvě desítky let prvního společného a nezávislého státu obou národů; v kritické chvíli, ber jak ber, zůstal tento stát mezinárodně izolován a vnitropoliticky rozpolcen; nadto byl ohrožen přímou vojenskou agresí. V této situaci, věru nezáviděníhodné, se rozhodlo politické vedení a především prezident republiky pro kapitulaci bez boje; ne tak lid, nebo aspoň jeho nezanedbatelná část. Stát se rozpadl; a i když byl osm let po Mnichovu a po šestileté světové válce obnoven – a dosud trvá –, sotva lze o něm mluvit jako o zemi svobodné, nezávislé a demokratické. Může být dokonce vysloven a hájen názor, že Mnichov signalizoval konec svéprávné československé státnosti, a tahle situace se sotva změní před rokem 2000, a kdoví zda po něm.

Událost tedy klíčová. A nejen pro přímo postižené. Mnichov vešel do mezinárodního a dokonce i obecného povědomí jako

formálně uzavřela světová válka 1914–18. Rakousko-uherské mocnářství, jehož částí naše země byly, spolu s císařským Německem tuto válku proti Spojencům (především Velké Británii, Francii, Rusku a Spojeným státům) prohrálo. Pak šlo o to, poražené mocnosti jednou provždy relegovat do hranic a mezí, které by vylučovaly další případné výbojné choutky. Prakticky všechny články mírových smluv na tyto okolnosti pamatovaly, ať už radikálními územními změnami, zákazem zbrojení, vytvořením Společnosti národů a zásadami kolektivní bezpečnosti, o jejichž aplikaci měl tento vrcholný mezinárodní orgán dbát, nebo reparacemi, náhradou válečných škod, které byly drastické. Mírové smlouvy, zejména Versailleská, vycházely z tzv. čtrnácti bodů amerického prezidenta Wilsona. Z nich stěžejní byla zásada o sebeurčení národů. Ta určovala, že společenství, které spojuje rasová, národní, jazyková nebo náboženská identita a kterou lze místně vymezit, má nárok na suverénní stát a na právo si samo vládnout. Češi a Slováci do této kategorie patřili, tím spíše, že jejich politická (odbojová) reprezentace o takovéto uznání usilovala a nakonec je i proklamovala.

Poraženým, především Němcům, se mírová smlouva nezamlouvala, pokládali ji za nespravedlivou a vnucenou a prakticky od počátku usilovali o revizi. S nástupem nacismu v Německu se tento proces urychlil nemohoucností Společnosti národů, bezzubou vzhledem k neúčasti Spojených států a hlavně paralyzovanou politikou ústupků vítězných mocností, jakéhosi mnichovanství ještě před Mnichovem, tváří v tvář nacistické výbojnosti. Revize Versailleské smlouvy byla stěžejním bodem hitlerovského politického programu, ostatně horlivě uskutečňovaná. Už v roce 1933, brzo po nástupu Hitlera k moci, Německo opustilo Společnost národů; o dva roky později porušilo mírovou smlouvu už neutajovaným horečným zbrojením; v roce 1936 obsadilo demilitarizovaný mezinárodně spravovaný levý břeh Rýna, v březnu 1938 vpadla Wehrmacht do Rakouska a země byla připojena k Říši. Toto všechno a mnohé jiné (italská vojenská intervence v Habeši, německá ve Španělsku) se stalo proti duchu i liteře Versailleské mírové smlouvy (a aniž následovaly účinné sankce ze strany západních velmocí). Jestliže tedy byl takto kus po kuse porušován a revidován ten základní mezinárodní kontrakt, z něhož nezávislé Československo vyšlo a který zaručoval jeho další existenci, bylo jen otázkou času, kdy přijde řada i na tuto zem.

Ale byly tu i jiné nepříznivé okolnosti, které se mladému státu nepodařilo vylepšit, spíše naopak. Byl obklopen sousedy, kteří mu nebyli přátelsky nakloněni nebo které si postupně znepřátelil; navíc ve třech hraničních zemích, v Maďarsku, v Polsku a samozřejmě v Německu, byly u moci diktátorské režimy, kterým byl československý liberálně demokratický režim trnem v oku. A byly tu další závažné okolnosti vnitropolitické, o nichž budeme podrobně mluvit později. Edvard Beneš, jako zahraniční ministr a pak už jako prezident státu, usiloval o mezinárodní zabezpečení republiky přátelskými a spojeneckými (smluvními) vztahy: s Francií, se Sovětským svazem (smlouva o vzájemné pomoci se SSSR byla podepsána v roce 1935) a se dvěma balkánskými státy, Rumunskem a Jugoslávií, s nimiž Československo vytvořilo tzv. Malou dohodu. Zvlášť energicky a důsledně se Beneš zasazoval ve Společnosti národů za konsolidaci poválečné Evropy na základě kolektivní bezpečnosti, tedy nedělitelnosti míru v Evropě. Bylo mu jasné, že když tato zásada bude opuštěna, celý systém, nastolený po válce Versailleským mírem, se zhroutí – a s ním patrně i Československo. A to se navzdory horečné činnosti Benešově a jeho věrné podpoře Společnosti národů dostávalo do stále větší izolace. Oba malodohodoví spojenci byli přitahováni Hitlerem a jeho diplomaticko-vojenskými úspěchy; jako na spojence v krizi na ně nebylo příliš spolehnutí. Československo mělo dále garanční smlouvu s Francií, v níž se tato země zavazovala k vojenské pomoci, kdyby ČSR byla napadena zvenčí. Československo-sovětská smlouva byla návazná: v případě napadení přijde Československu na pomoc i Sovětský svaz, když Francie své spojenecké závazky splní. Na Francii tedy všechno záviselo. Na té Francii, která utrpěla obrovské ztráty ve válce, přetrvávající v živé paměti prakticky každé francouzské rodiny, a která se nového konfliktu hrozila, nechtěla jej nebo aspoň jej chtěla oddálit stůj co stůj. A na této Francii založil Beneš celou svou koncepci; alternativy nebyly, nebo nebyly reálné. Prezident se sice později bránil (ve svých *Pamětech*) v tom smyslu, že počítal i s tím, že »tato naše politika – spojenectví se Západem – nebude mít úspěch«, a že pamatoval na alternativní řešení pro případ konfliktu. Tím se mínila vojenská obrana země. Podivná alternativa, poněvadž když v průběhu krize v roce 1938 nastal okamžik, aby byla uskutečněna, byl to právě Beneš, který ji odpískal a dal příkaz zbraně složit... Prezident a jeho političtí přátelé skálopevně až skoro do konce věřili, že Francie své závazky k Československu splní. Peroutka psal v *Přítomnosti* v tom smyslu, že opak »vůbec není v okruhu možností«. A když francouzský spojenec zklamal, Peroutka přiznal, že si opravdu nedovedl představit, že Anglie a Francie zradí nejen Československo, ale i sebe, že »se spokojí být druhořadými činiteli evropské politiky«

a vyklidí pole nacistickému Německu, které přece dříve nebo později musí udeřit i na ně!

Vůbec při četbě tehdejších českých novin a časopisů napadne, jak se v těchto kruzích počítalo s kdejakou možností, především s válečným střetnutím s Hitlerem, ale skoro vůbec ne s možným selháním spojenců. Jeden zkušený zahraničně politický odborník například ujišťoval ještě dva týdny před Mnichovem, že »nemusíme mít obav, že nám (ze Západu) nepřijde pomoc, kdybychom byli napadeni«. Teprve po pádu se uvažovalo o důvodech francouzské a anglické nechuti riskovat válku s Německem. Převážná část lidí v těchto zemích opravdu válku nechtěla – marné bylo varování Churchillovo, že poraženectví konflikty spíše přiblíží, než oddálí. Ale ukázalo se také, že jak Francie, tak Anglie se ve srovnání s Německem opozdily ve zbrojení, že například francouzské letectvo bylo zaostalé a francouzský generální štáb zcela zaměřen na defenzívní válku, tedy na Maginotovu linii (což bylo Francii osudné, když ke konfliktu došlo). Anglie veřejně přiznala nedostatky ve výzbroji a v protiletecké obraně. Krátce, obě mocnosti hrály o čas a mnichovská dohoda jim ho měla dát. Získal se rok, a těch dvanáct měsíců se opravdu v obou zemích horečně zbrojilo. Jenže nelze zapomenout, že na podzim 1938 ani německé branné síly nebyly plně připraveny na světový konflikt – vyplynulo to z poválečného svědectví nacistických generálů – a navíc tehdy byly ve hře dobře vyzbrojené československé divize.

Zárodky pádu nezávislého československého státu lze však vystopovat i z vnitřní struktury republiky a jejího dvacetiletého vývoje, především z národnostního složení a z radikalizace menšin v souvislosti s nástupem fašismu v Německu – bude o tom ještě řeč. Z hlediska zahraničně politického pak je jisté, že Mnichov takříkajíc nespadl z nebe, nepříznivý proces začal už ve dvacátých letech odbouráváním Versailleské mírové smlouvy – aktivním na straně poražených a trpným přihlížením na straně vítězů. Tím se také signalizoval rozpad poválečné koncepce Evropy, založené na zásadě sebeurčení i malých národů, na systému kolektivní bezpečnosti, na vznešených zásadách Společnosti národů, na postupném smíření s poraženými a na jejich účasti při budování právě takové Evropy. A jen v ní mohla první Československá republika přežít, v opačném případě se musela ocitnout ve vážné krizi. Jedinou otázkou pak bylo, jak se stát Čechů a Slováků a jeho vedení s touto krizí vyrovná. Vyrovnal se s ní kapitulací.

Na tomto místě by mě profesionální historik přerušil a odmítl by tento závěr jako nepřípustné zjednodušení. A na důkaz svého tvrzení by snesl moc dat, argumentů, citátů, jakož i košík polehčujících okolností (pro nás, pro tehdejší vedení státu, ostatně nesporných) a zakončil by asi tím, že podstatné a nezvratně doložitelné je toto: v Mnichově jsme byli svými západními spojenci a přáteli hanebně zrazeni, všemi opuštěni, obětováni na oltář pomyslného míru. Nebylo nám umožněno svou zem bránit. Marxistický historik by pak ještě dodal, že jsme byli zaprodáni mrzkým zájmům světového kapitalismu a imperialismu. A všichni dohromady by prokázali, že Československo učinilo krajní ústupky jak západním spojencům, tak Hitlerovi. Marně.

Všechno pravda, více nebo méně. Ale to nic nemění na skutečnosti: nezávislý československý stát tváří v tvář přímé vojenské hrozbě kapituloval bez boje. Dokonce bych vás, Lucie, prosil, abyste si tohle zvlášť dobře zapamatovala. Kapitulace jako nástroj politiky se nám totiž vrací v různých podobách, a až nadejde náš poslední večer, kdy bude třeba odpovědět na základní otázku, z níž naše rozhovory vyšly – sázím dobrou láhev, že tenhle námět se nám znovu objeví.

Ale my jsme přece chtěli bojovat a ne kapitulovat, přerušila mě Lucie. Ale zároveň jako by se lekla svých slov: *Nebo nechtěli?*

Hned se vrhneme na tuto otázku, která asi povede k dalším. Jen mi dovolte poznamenat, že zmíněný už historik by nám vytknul, že tu děláme účty bez hospodského, a že jsme dosud nic neřekli o mnichovské krizi samotné, jak probíhala doma i v cizině, jaké měla peripetie, jak Československo dvakrát mobilizovalo, jak to bylo s nabídkou vojenské pomoci Sovětského svazu – krátce nic k politickému, diplomatickému a vojenskému mechanismu krize. A měl by ovšem pravdu.

Jak jste to řekla? »Chtěli jsme přece bojovat, nikoli kapitulovat«, a hned jste dodala: »Anebo snad ne?!« Ve mně tahle vaše reakce okamžitě vyvolala vzpomínku na jednoho anglického filozofa, který za války na vlnách britského rozhlasu krátil dlouhé noci německých náletů tím, že vtipně odpovídal na nejrůznější otázky posluchačů. Pan profesor, dřív než odpověděl na nějaký víceméně hypotetický dotaz, se nejprv zaštítil: bylo by třeba vědět, řekl, co se pojmy v otázce užitými rozumí, co si lidé pod nimi představují a do jaké míry se tyto představy kryjí. V našem případě by to znělo asi takhle: kdo jsou ti »my« (kteří chtěli bojovat), kolik vůle se skrývá za slovem »chtěli«, a proč jste v této souvislosti užila slovíčka »přece«. Navíc, dodal by pravděpodobně pan profesor, je vždycky nesnadné interpretovat anebo hodnotit něco, k čemu nedošlo.

Zažil jsme obě mobilizace, květnovou i zářijovou, v Praze. Město bylo zatemněné, čekal se německý nálet, na krku se nám kolébaly protiplynové masky se svýma slepýma očima, které jsme dosud znali jen z filmů a z protiválečných karikatur. Co chvíli jsme vzhlíželi k obloze, kdy se na ní objeví německé bombardéry. Vojsko bylo v pevnostech, obě mobilizace proběhly dobře, já sám – dosud nevoják – jsem vezl na motocyklu komunistu a básníka Františka Halase, který se už nemohl dočkat, až dojedeme na nádraží a on nastoupí k obraně své vlasti. Tím chci říct, že jak ze života, tak z četby vyplývá, že jsme ohroženou republiku bránit chtěli, s možností války jsme počítali a byli na ni připraveni, jiné řešení krize jsme neviděli, dokonce bych řekl, že jsme o něm ani neuvažovali. Ovšem, to jsme byli »my«, velmi pravděpodobně většina Čechů, jistě mnohem méně Slováků, sotva už takhle cítili a uvažovali všichni českoslovenští Němci, Maďaři a polská menšina. A byli tu také nepříliš početní, ale ve veřejném životě nezanedbatelní kritikové a odpůrci Benešovy politiky, která podle nich národ a stát do této bezvýchodné situace zavedla. A když se už tak stalo, nemělo se kapitulovat. Vcelku lze říct, že odhodlání k vojenské obraně země bylo obecné v těch společenských vrstvách, které k československému státu měly kladný poměr. Svědčí o tom prožité i zaznamenané projevy rozčarování, ne-li rovnou kolektivního, hluboce cítěného zoufalství, když místo střelby bylo ticho, místo vybuchujících pum a hořících měst se z noci vyloupla šedivá každodennost. Nad zemí opravdu jako by ležel mrak těžkého smutku, lemovaný studem z přijaté kapitulace bez boje.

Český filozof Jan Patočka dosvědčuje: »Říkám, že obyvatelstvo bylo připraveno ke krajním obětem, že chtělo *bojovat*, třeba bez spojenců, prožíval jsem to sám (a s hrůzou) . . . Je možné, že by to bývala válka krátká, jak ukázaly pozdější zkušenosti. Ale pak by ani oběti nebyly bývaly tak nadměrně veliké. Ani jediný z malých národů, které se v těch dobách odvážily vzdorovat gigantu, nebyl úplně potřen.«

Tohle lidé nevěděli, ale nějak to vyciťovali. Důstojníci opouštěli mlčky, s pocitem vzdorného vzteku, důmyslná opevnění na západních hranicích. Několik z nich spáchalo sebevraždu. Válka se nekonala. Kdo kapituloval? Národ? Lid? Češi? Beneš? Vláda? Západ? Kdo rozhodnul, co rozhodlo? Jak k tomu došlo?

Začněme tou poslední otázkou. V únoru 1938 prohlásil Hitler, nikoli poprvé, ale zato adresně, že ve dvou státech na hranicích Říše žije přes deset miliónů Němců, kterým »versailleské šílenství« zabránilo žít společně s jejich soukmenovci. A že to tak nenechá. Ty dva státy byly Rakousko a Československo. O měsíc později vpadla Wehrmacht do Rakouska, byla nadšeně uvítána velkou částí obyvatelstva a země byla připojena k Říši (tzv. Anschluss). Zbývalo tedy »vysvobodit« více než tři milióny československých Němců. Ti se tehdy ve své většině hlásili k Sudetendeutsche Partei (která se v roce 1935 dokonce stala největší politickou stranou v zemi). Její vůdce Konrad Henlein žádal nejprve »rovnoprávnost sudetských Němců jako právního celku«, později vytvoření tzv. autonomních »národnostních katastrů« a nakonec – v dubnu 1938 v Karlových Varech – úplnou územní autonomii pro pohraniční území. Pražská vláda vypracovala protinávrh národnostního statutu, který však jako nedostatečný odmítli jak Henlein, tak vlády Francie a Anglie. To už byl ale (v červnu 1937) v Berlíně vypracován tajný plán »Grün« na rozbití Československa a připojení německých území k Říši. Přípravy k jeho realizaci byly bez prodlení zahájeny. Československá vláda vyhlásila (21. května) částečnou vojenskou mobilizaci, ale postupně přijala Henleinovy karlovarské požadavky (tzv. čtvrtý plán) jako podklad k vyjednávání, jež v podstatě předpokládalo zřízení autonomního sudetoněmeckého státu v republice. Tady je třeba dodat, že celý problém, v zásadě vnitropolitický, se rozrostl v mezinárodní krizi prvního řádu. »Sudetoněmecká otázka« se v průběhu několika měsíců stala otázkou války nebo míru v Evropě. To byl bezesporu velký úspěch Hitlerův a henleinovců: předložit ji jako oprávněný, téměř logický nárok miliónové národnostní menšiny na totéž právo, z něhož koneckonců vznikl československý stát, totiž na právo sebeurčení – v daném případě na právo tento stát neuznávat a zvolit si jiný, v němž by Němci žili se svými a mezi svými. Prezident Beneš neustával dokazovat, že nejde o sudetské Němce, ale o další výboj hitlerovského Německa, po němž budou následovat agrese nové; marně. Spojenecké Francii a také Londýnu se po všech stránkách lépe hodila teze Hitlerova, že Říši záleží jen na československých Němcích; jakmile tento problém bude vyřešen, nacistické Německo nebude už mít žádné územní nároky v Evropě a navíc zaručí nezávislost toho, co z okrájeného Československa zbude. Čili a obráceně, z hlediska tehdejších vlád v Paříži a v Londýně: když je to takhle, pak je třeba vyjednávat a zároveň držet Prahu na uzdě. Kdyby totiž Češi v jednáních s Henleinem a případně s Berlínem byli příliš neústupní, Hitlerovi by vlastně nezbývalo než dosáhnout zbraněmi, čeho nedocílil smírně. Tak by začal vojenský konflikt, jemuž by se Francie, Anglie a patrně i další země už nemohly vyhnout. Po dvaceti letech nesnadného míru hrozila nová válka, snad ještě strašnější než ta první.

Bylo proto logické, že Paříž a Londýn navrhly, aby se spor projednával na mezinárodní úrovni. Pražská vláda Hodžova a prezident Beneš návrh přijali s jistou úlevou. Šlo pak už jen o to, kdo koho dostane do kouta: Beneš kalkuloval, že Hitlerovy požadavky budou tak nehorázné, že Paříži a Londýnu nezbude než uznat oprávněnost československého postupu; tím by se Berlín ocitl mezinárodně politicky v izolaci (nepočítáme-li podporu fašistické Itálie Benita Mussoliniho) a musel by se rozhodnout: buď se s Československem dohodnout, nebo riskovat vojenský konflikt s touto zemí, s Francií a pravděpodobně i se Sovětským svazem a s Velkou Británií... Do takového dobrodružství se přece ani Hitler nepustí! Smysluplný výpočet, jenže nesprávný. Ukázalo se totiž, že západní spojenci tlačili do izolace nikoli Hitlerovo výbojné Německo, ale touto výbojností ohrožené Československo. Tato tendence se výrazně projevila v průběhu Runcimanovy »studijní mise« v Československu. Tento britský lord značně konzervativního zaměření měl podat zprávu o podstatě sporu, který tak vážně ohrožoval mír. Runciman dospěl k závěru, že sudetoněmecké požadavky jsou v zásadě oprávněné, i když způsoby, jimiž je henleinovci chtějí prosadit, jsou často zcela nepřijatelné. Doporučoval dohodu s Henleinem na podkladě karlovarských bodů. Jenže to už Hitler na obrovském shromáždění v Norimberku – bylo to 12. září – v hysterickém projevu vyhlásil, že sám a všemi způsoby – *so oder so* – zajistí sudetským Němcům právo na sebeurčení; jak jinak než připojením k Říši. O dva dny později vyzval Henlein československé Němce k povstání a spolu s ostatními předáky uprchl do Německa. V pohraničí řádily henleinovské bojůvky, české rodiny byly terorizovány, v devíti okresech muselo být vyhlášeno stanné právo.

Zprávy ze Slovenska rovněž nebyly dobré. Slovenská pravicová ludová strana víceméně otevřeně požadovala autonomii na »pražském centralismu«, bez »nadvlády Čechů«; a nebylo pochyb o tom, že tato myšlenka měla ve slovenském národě značný ohlas. Extrémisté v ludové straně razili heslo: »Čechy Čechom, Slovensko Slovákom, Palestínu Židákom«. Takže Praha byla tísněna hned z několika stran najednou: z Německa, z Polska (polská vláda soustavně odmítala Benešovy nabídky k jednání o Těšínsku a o polské neutralitě); z Maďarska (byly tu nároky Horthyovy vlády na území na jižním Slovensku); z Francie a Anglie (aby vyhověly Henleinovým požadavkům ve věci sudetských Němců); a jak řečeno, taky ze strany slovenských separatistů. Tedy situace zlá. Praha neviděla jinou možnost než přijmout – a pokud možno ovlivnit – jednání, která musela už výlučně probíhat na mezinárodním fóru. Jednání kupodivu nevedla Paříž, ale Londýn.

15. září odjel britský ministerský předseda k Hitlerovi do Berchtesgadenu, kde přijal tvrdý německý požadavek: Československo odstoupí pohraniční území, v němž žije víc než 50 procent německého obyvatelstva. O čtyři dny později vlády Anglie a Francie ve zvláštní nótě žádaly, aby Praha tento požadavek splnila. Beneš a vláda sice odmítli, ale vyslovili ochotu na tomto podkladě dále vyjednávat.

Anglo-francouzské návrhy, předložené 19. září, zněly takto (cituji z anglické *Bílé knihy* z roku 1938): ... obě vlády jsou přesvědčeny, že »není možno, aby v rámci československého státu byla nadále podržena území obývaná hlavně sudetskými Němci«. Obě vlády předpokládají, že Praha dává přednost »přímému postoupení« území, v nichž žije přes padesát procent německých obyvatel, před plebiscitem o takovém odstoupení. Mezinárodní komise, v níž by Československo mělo svého zástupce, rozhodne ve sporných případech. Vláda Jeho Veličenstva »by byla ochotna ... připojiti se k mezinárodní garancii za nové hranice čs. státu v případě nevyprovokovaného napadení«. Mimochodem: k tomuto nevyprovokovanému útoku ze strany Německa skutečně došlo v březnu 1939, jenže záruky, o nichž mluví *Bílá kniha*, nikdy nevešly v platnost, poněvadž jak Anglie, tak Francie jednání úmyslně protahovaly, až už bylo pozdě. – Osmý bod anglo-francouzských návrhů, který je prakticky měnil v diktát, byl tento: »Anglický ministerský předseda musí pokračovat ve svých rozmluvách s panem Hitlerem ne později než ve středu« (21. září).

Po dvojí naléhavé intervenci vyslanců obou mocností a po jejich dramatické noční návštěvě (z 20. na 21. září) na Hradě u prezidenta republiky československá vláda ultimatum svých spojenců přijala. Vyslanci Benešovi zůraznili, že kdyby tyto podmínky – kryjící se s podmínkami říšského kancléře – Praha nepřijala, vlády v Paříži a v Londýně »už nemohou za nic odpovídat ani ručit«. Jinými slovy, Francie by už nebyla vázána smlouvou a v případě vojenského útoku Němců by Československo zůstalo samo. Beneš a vláda tedy kapitulovali.

Prokop Drtina, prezidentův politický referent, ve svých pamětech vzpomíná, jak v těch dramatických dnech a po hrozných nočních snech, které měl, překročil svou tajemnickou pravomoc, vyvolal si prezidenta z porady s oběma diplomaty a skoro hystericky na něho naléhal, aby nekapituloval a francouzsko-britské vydírání odmítl. Drtina zaznamenává reakci Benešovu. Přečtu vám ji: »Prezident mně na to odpověděl v podstatě toto: „Děláte některé mylné závěry, protože dnes už nejde o to, Hitlera o něčem přesvědčovat, a Francouzi a Angličané ho také o ničem přesvědčovat nechtějí. (...) On s nimi již mluvit nechce. Proto je pro nás jenom otázka, zda přijmeme nebo ne. A já jsem již rozhodnut: my přijmout musíme." Na to jsem mu řekl: „Pane prezidente, ale to znamená revoluci." „Možná, ale tu musíme potlačit..."« Později Beneš nastínil Drtinovi svůj plán: »Abyste věděl... přijali jsme a musíme teď udržet pořádek! Tím se ovšem nic nevyřeší. Ten problém jde dál a já myslím, že Hitler se s tím už nespokojí. (...) Myslím, že válka bude, nevím ovšem kdy, zda hned nebo později.«

V podobném duchu psal dr. Beneš, už z londýnského exilu, českému politikovi Rašínovi do Prahy: »Vynucené přijetí diktátu pro okamžik znamená zachránit co možno nejvíce... připravit se na boj příští *za lepších podmínek*, než kdybychom padli nyní *hned a sami*. Ovšem, to malé Československo mělo za Mnichova ve zbrani přes milión mužů, dobře vyzbrojenou a vycvičenou armádu, slušné letectvo a na hranicích proti Německu solidní, do hloubky jdoucí opevnění.«

Proč jsem tyto citáty přečet, a právě tyhle? Poněvadž jimi probleskuje tradiční česká úvaha a z ní vyplývající neméně tradiční postup, ostatně už zmíněný: nejít hlavou proti zdi, počkat si na příhodnější situaci, neriskovat zápas, jehož výsledek je nejistý, hazardní, předem nevypočitatelný.

Ale tady snad aspoň jednu z těch slíbených anekdot. Zachycuje ji bez náznaku ironie opět Drtina. S informacemi o tom, že prezident a vláda nátlaku Francie a Anglie ustoupili, se nijak zvlášť nepospíchalo, hlava státu mlčela a páni ministři nebyli jaksi k nalezení. Takže kvetla šuškanda a lidé správně vycítili, že se tu chystá kapitulace. Drtina líčí, jak ve středu 21. září se začal »srocovat lid« – ve skutečnosti pár set studentů táhlo v průvodu na Pražský hrad. A teď poslouchejte Drtinovo líčení:

»Neměl jsem nejmenšího hlášení ani od hradní správy, ani od policie, ani od velitelství hradní stráže, že by bylo pozorovat cokoli zneklidňujícího v hradním okolí. Tento klid však najednou přeťal prudký křik a volání davu z bezprostřední blízkosti. Vyběhl jsem na chodbu a viděl jsem, že na třetí nádvoří se valí dav lidí. Vtom již kolem mne běželo několik rotmistrů hradní stráže v plné výzbroji a slyšel jsem, že někdo volá: „Zataraste schodiště!" (...) Na třetím nádvoří, hlavně před balkónem, bylo v tu chvíli shromážděno asi tak 500–800 demonstrantů. Nevypadalo to příliš hrozivě. (...) Pak jsem volal sám na policejní strážnici na Hradě a obvodní inspektor na mou urgenci, co bude policie dělat s lidmi, kteří jsou na třetím nádvoří, řekl, že je vytlačí, ale že nemá dostatek lidí, že nemůže obdržet od policejního ředitelství posily a mimoto mají přísnou instrukci, aby postupovali co nejšetrněji. Ptal jsem se ho, jestli té instrukci rozumí tak, že za cenu této šetrnosti mohou neznámí lidé vniknout svévolně ke hlavě státu. Odpověděl jenom žádostí, abych měl trpělivost, že bude znovu urgovat posily z policie. Pak jsem šel znovu ke schodišti. Nyní bylo jasně slyšet, co lidé křičí. Nejvíce se opakoval pokřik: „Ať žije generál Syrový!“ Chvílemi začali zpívat hymnu (. . .) nebo „Dejte nám zbraně!“ (. . .) Demonstrantům se podařilo rozbít skleněné tabule v některém přízemním okně . . . Dr. Čihař . . . zatím nabíjel svou armádní pistoli. (. . .) To bylo asi o půl dvanácté (dopoledne), i uvědomil jsem si, že jsem celou tu dobu nedal zprávu do prezidentova bytu o tom, co se děje, a že ani nevím, jak dr. Beneš celou historii přijímá. Až před dveřmi do rodinného salónku jsem se setkal s paní Klučkovou, která byla uplakaná a velmi vzrušená. Ptal jsem se jí, co dělá pan prezident, načež k mému překvapení odpověděla: „Spí.“ (. . .) Dveře do ložnice pana prezidenta byly pootevřené a vtom z nich vyšla paní Benešová, na níž bylo patrno rovněž vzrušení. Myslím, že si též zaplakala. V tuto chvíli však vyšla s úsměvem a obracejíc se k pánům, kteří byli přítomni, vysvětlovala již zřejmě k předcházejícímu jejich přání: „Pánové, odpusťte, já opravdu nemohu svého muže vzbudit. Mně je to líto, když vidím, jak spí.“«

A Drtina pokračuje: »Nemohu slovy vyjádřit, jak uklidňujícím způsobem ten fakt na nás všechny působil. Maně se člověku ozývalo školské ponaučení o spánku spravedlivého. Prakticky pak tento fakt měl ten dobrý význam, že přestaly politické úvahy o tom, zda by bylo účelno, aby prezident republiky sám sestoupil na balkón a promluvil k davům, nebo aby z Hradu byl odveden do bezpečí.«

Pánové byli dost poserové, povzdychla si Lucie stručně a ve stylu své generace.

Nechávám bez poznámky, postřeh je váš, jen si ještě všimněte, že se hodně slzelo, paní Klučková plakala, paní Benešová si taky pobrečela, generálové slzeli, když jim Beneš oznámil kapitulaci, plakalo se, když pan prezident odstoupil a opustil vlast, o pár měsíců později slzel sám lid, když městy projížděly obrněné kolony Wehrmachtu; třicet let poté opět stékaly po tvářích slzy, když tudy jely tanky Rudé armády, aniž se v prvním nebo v druhém případě střílelo. Jak vidno, dost se u nás pláče, nejspíš nad zlým a nezaslouženým osudem.

Ale abych tu frašku z Pražského hradu ze zářijových dnů roku 1938 dokreslil: pana prezidenta, který koneckonců rozhodl o dalším osudu národa a státu – a věru, že to bylo rozhodnutí osudné – tedy tehdy neprobudili, ale hledali šaška, který by lidu sroceném tam, kde správně tušil sídlo moci, sehrál divadýlko a dav rozptýlil. A poněvadž shromáždění žádalo zbraně a generála Syrového a poněvadž zbraně se mu dát nemohly, dostalo se jim Syrového. Tento muž byl voják a nadto jednooký jako Žižka, nosil černou pásku na oku – krátce jako stvořený pro roli, která mu byla přiřčena: vojáka, který se bije, který se nevzdává a který by to snad ještě všechno mohl zvrátit. Však ho taky prezident hned jmenoval novým předsedou vlády. Drtina líčí – a to vám ještě přečtu – jak se to naležírovalo.

Když tedy konečně Syrového našli a dovezli na Hrad, náš legionářský »hrdina od Zborova« nebyl nijak nadšen, píše bezelstně Drtina, »myšlenkou, že má jít na balkón a promluvit. Bylo patrno, že mu to dělá obtíže, a ptal se mne, co jim má říci. Teprve po delších rozpravách a úvahách vystoupil na balkón. Provedli jsme to s jistým efektem. Pustili jsme na balkón tři reflektory a Syrový se objevil s celou družinou důstojníků a úředníků. Ta se rozestoupila tak, aby postava našeho moderního Žižky, v té chvíli miláčka pražské ulice, co možná vynikla. Efekt se zdařil. Syrový byl přivítán velkým jásotem a potleskem. A co hlavního, po uvítání se třetí nádvoří ztišilo. Nepamatuji se přesně, co Syrový řekl, ale měl jsem dojem, že mluví celkem dobře, a jak jsem ho znal jako naprostého řečnického antitalenta, dokonce s mimořádným zdarem. (. . .) Rozhodující obrat způsobil náhle se objevivší Karel Hašler . . . lidový zpěvák z dob válečných 1914–1918 vystoupil na balkón a svůj temperamentní projev ukončil výzvou, aby se šlo manifestovat ke hrobu Neznámého vojína . . .«

Ale dost téhle anekdoty, u níž jsem se úmyslně trochu zdržel, a vidím na vás, že k tomu nemusím nic dodávat. Mluví to za celé svazky a nebohý kronikář Drtina, po všech zkušenostech a o třicet let později, píše o této manifestaci malosti a zbabělosti vůdčí české politické garnitury skoro nadšeně, jak jsme to sfoukli, jak jsme lid napálili, a navíc s efektem. A to ještě musím připomenout, že teprve na druhý den po tak nevinné demonstraci vydala vláda prohlášení o tom, co se stalo v Berchtesgadenu a proč prezident a vláda přijali francouzsko-britské podmínky. Jen tyto ústupky, bylo řečeno, mohou ještě zachránit mír. Kdybychom nepřijali, Francie by nám nepřišla na pomoc, tudíž ani SSSR, a vláda i prezident republiky svoje původní stanovisko »s bolestí v srdci« změnili a rozhodli se berchtesgadenské podmínky přijmout. Prezident měl v rozhlase projev v témž smyslu, jen se v něm objevila větička, později lidovým vtipem často vysmívaná: »Mám svůj plán pro všechny případy.« Pokud vím, Beneš sám nikdy výslovně neřekl, co tím myslel, bylo ovšem několik teorií. Spíš je pozoruhodné, že právě ten lid, jehož se nikdo na nic neptal, správně vycítil, že kapitulace se konala už tehdy a nikoli snad až 29. září na konferenci v Mnichově. Konečný verdikt byl přijat už vcelku bez větších manifestací a protestů. A zase: zprávu o něm nepodal a následným projevem nedoplnil ani prezident, ani ministerský předseda, ale v rozhlase zarecitoval herec Národního divadla Zdeněk Štěpánek. Nejde o podstatu věci, o té za chvíli, ale o způsob, v daném případě neváhám říct nedůstojný a zbabělý, jakým vládnoucí a odpovědní jednali s občany, kteří je zvolili, kteří jim dali důvěru.

O tomto lidu obecném teď pár slov, už se na ně vlastně těším hezkou chvíli, poněvadž to konečně bude něco pozitivního. Z toho, co jsem sám tehdy v roce 1938 zažil a co jsem si o něm přečet, totiž vyplývá vcelku jednoznačně, že Češi, Moravani, část Slováků, pozoruhodně velký počet československých Němců (narukovalo 91% záložníků německé národnosti) a ovšem i českoslovenští Židé, kteří mluvili německy, všichni se v této krizi osvědčili na jedničku. Lhostejno, zda se hlásili k levici nebo k pravici, ke komunistům nebo k agrárníkům. Osvědčili se jako občané republiky, kterou pokládali za svou, kterou si dvě krátké desítky let budovali, udrželi její demokratický systém, vytvořili nemalé hmotné i kulturní hodnoty a koneckonců multinárodní společenství, které jistě ke své konsolidaci potřebovalo čas a klidnější poměry mezinárodní, ale jež se mohlo hlásit k civilizovaným, vyspělým společnostem té doby. A tuhle republiku, se všemi jejími nedostatky, o nichž budeme ještě mluvit, byli její občané ve své většině připraveni bránit i se zbraní v ruce, i v situaci dosti beznadějné. Což vede k závěru, k němuž se hlásím: tento lid osvědčil za Mnichova větší morální, občanský a snad i politický cit pro to, co se dělo a co se má dělat, než ti, kteří si osobovali právo ho vést. Takže ve chvíli, kdy *státnímu* životu zvonil umíráček, *národní* život, občanská morálka byly na nebývalé výši, po roce 1938 už nikdy nedosažené. *The rest was decadence,* co následovalo, byl rychlý úpadek právě těch mravních a občanských ctností, jimiž se tehdy lid vyznamenal. Vyznamenal je tu vhodné slovo, nepřehnané, když mluvíme o první mobilizaci, a pak o druhé, vyhlášené 23. září, tedy tři dny po přijetí berchtesgadenských Hitlerových požadavků v podobě anglo-francouzského návrhu na odstoupení hraničních území. Co se stalo?

Dvacátého třetího září připadlo na pátek. Ministerský předseda Chamberlain – Velká Británie definitivně převzala vedoucí úlohu v jednání s Berlínem o řešení česko-německého sporu – byl zase v Německu, tentokrát v Godesbergu, a hovořil tam s Hitlerem o anglo-francouzských návrzích. Jenže první ministr vlády Jeho Veličenstva našel Vůdce ve stavu hysterie; Führer se vyjadřoval tak urážlivě, že Chamberlain po návratu do Londýna veřejně prohlásil: »Jsem starý člověk a nejsem těmto způsobům zvyklý.« Navíc a hlavně, říšský kancléř zvýšil své původní požadavky. Tak třeba nové hranice, vytýčené Berlínem, už neodpovídaly území s více než 50 procenty německého obyvatelstva, ale vedly hlouběji do vnitrozemí a zahrnovaly i oblasti s českou většinou; byl požadován plebiscit tam, kde existovaly »národnostní ostrovy«; postoupená území měla být odevzdána Německu do 1. října.

Tohle bylo moc i na Chamberlaina a francouzského premiéra Daladiera. Ještě v ten pátek 23. září sdělil Londýn Praze, že v nově vzniklé situaci britská vláda nemůže již radit vládě československé, aby »neučinila opatření, která pokládá v zájmu bezpečnosti státu za nutná«. Podobně se vyjádřila Paříž. V nediplomatické řeči to znamenalo, že Praha může vyhlásit všeobecnou mobilizaci a v případě německého útoku se bránit. Vojenská pomoc Francie a patrně i Anglie se nezaručovala, ale také nevylučovala. Avšak i v tomto ohledu byly zprávy příznivé: Francie nasadila na hranici s Německem 40 divizí – což se rovnalo plné pohotovosti na Maginotově obranné a těžce opevněné linii; Anglie mobilizovala svou válečnou flotilu a i Varšava ujišťovala, že proti Československu nic nepodnikne.

Všeobecná mobilizace byla u nás vyhlášena ještě v týž den. Byla to chvíle nezměrné úlevy v celé zemi i na Hradě. Drtina líčí ten historický okamžik, kdy prezidentovi přinesl zapečetěnou obálku s nějakou zřejmě velmi naléhavou zprávou, jak si ji Beneš přečetl, jak byl rozrušen a zároveň očividně rozradostněn, jak se upřeně na Drtinu podíval a zeptal se ho: »Víte, co v tom je?« A když tajemník odpověděl, že neví, Beneš mu lístek podal s touto poznámkou: »Přečtěte si to! To je válka! Angličané nám radí, abychom mobilizovali. To znamená, že Chamberlain v Godesbergu ztroskotal.« A aniž čekal na odpověď, zakončuje Drtina, prezident se vrhl k telefonu, aby dal příslušné příkazy ministerskému předsedovi. Československá vláda ještě v ten den, tedy 23. září, godesbergské požadavky odmítla a vyslovila názor, že i teď lze zachránit mír za předpokladu, že Francie a Velká Británie budou trvat na svých původních návrzích z 19. září, které pražská vláda »s bolestí a těžkým srdcem« přijala. Chamberlain to vzal na vědomí, ale nevzdal to: oznámil 29. září v britské Dolní sněmovně, že učiní ještě jeden »zcela poslední pokus« a odjel ... do Mnichova.

Ale zpět k tomu pátku 23. září. Nově jmenovaná vláda generála Syrového vyhlásila tedy všeobecnou mobilizaci a ta byla svým průběhem snad ještě spontánnější než ta květnová. Patrně taky proto, že těch strašných deset dní mezi 19. a 29. zářím, deset dní nejistoty, čekání, zklamání, zoufalství a hněvu, náhle a nečekaným způsobem skončilo. Bylo konečně jasno, bylo rozhodnuto. Mám tu výpisek z Peroutkovy *Přítomnosti*, z článku Stanislava Budína, novináře a předmnichovského šéfredaktora *Rudého práva*:

»Teď šlo všechno úžasně rychle a s klidem, kterému se člověk sám u sebe diví. Tu noc z pátku na sobotu jsme byli všichni – my, kteří jsme narukovali, a ti, kteří zůstali doma – přesvědčeni, že válka už začala. Pamatuji si dobře, že jsme zaslechli několik minut po vyhlášení mobilizace zvenčí nějaký podivný, táhlý zvuk ... Siréna? ... Nálet ...? V hodinách, kdy jsme čekali na nádraží na zvláštní vlak pro záložníky, drala se do mozku myšlenka: Jak to, že není nádraží ještě bombardováno? Uplynuly už dvě hodiny po vyhlášení mobilizace, tři, čtyři ... a stále nic? Cožpak nás tam naproti nechají v klidu mobilisovat?

Ale přesvědčení, že padlo neodvratné a osudné rozhodnutí, že už začala druhá světová válka – toto přesvědčení nás nechávalo zcela klidnými, všechny nás, kteří jsme zaplnili do posledního místečka prostorné dvorany a perony nádraží, kteří jsme se tísnili jeden vedle druhého v zatemněných vlacích. Ne proto, že bychom si nebyli uvědomovali celou hrůzu války, ne proto, že bychom byli nějak rváčsky naladěni, ne proto, že bychom byli ve vlasteneckém nadšení zapomněli na osudy svých žen a dětí, které jsme zanechávali doma ... Ne. Zde táhly do boje a s klidem v srdcích a s odhodlanou myslí nepřehledné zástupy upřímných a přesvědčených pacifistů. Tak jsme se změnili všichni v těchto týdnech, tak jsme byli v duchu odhodláni jít ... (...) Naše ženy a děti s námi nejsou. Každý z nás vzbudil dítě, aby se s ním rozloučil, každý z nás se křečovitým objetím rozloučil se ženou nebo milenkou, ve spěchu jí dal poslední pokyny: dojdeš zítra ráno k šéfovi pro gáži, koupíš masku pro dítě, obstaráš nutné věci, každý z nás jí přátelsky domluvil, aby potlačila zbytečný pláč, a každý z nás odmítl zbytečné doprovázení a dlouhé loučení. Má povinnost je jít, tvá povinnost je zůstat s dítětem. Může to každou chvíli začít. (...)

A pak přišel pátek 30. září. /Kapitulace./

Viděl jsem majora, starého šedivého muže, který se při prvních slovech generála Syrového rozplakal jako malé dítě a odešel z místnosti, v níž zněl hlas ministerského předsedy. Viděl jsem vojáky, kteří stáli zkamenělí v pozoru, když z amplionu zazněl armádní rozkaz generála Krejčího, a jen z očí se jim kutálely slzy. Viděl jsem dobráky v zeleném stejnokroji, kteří by ani kuřeti neublížili, jak jim z očí sálá vztek. A slyšel jsem dlouho do svítání tlumené hovory na slámě a úryvky z vět:

– Když to řekl Syrový!...

– Co se dá dělat?...

– Všeho do času!...«

Jednooký generál odtroubil na příkaz ústavně nejvyššího velitele branných sil dr. Edvarda Beneše a jeho vlády. Přesto přese všechno, co jsem před chvílí řekl o tom častém slzení u nás, tyhle slzy bych, milá Lucie, bral. Nejsem si dnes už docela jist, jestli jsem tehdy 30. září nebrečel taky.

Nebudu vás otravovat podrobnostmi o jednání v Mnichově, jak to probíhalo, jak a proč Beneš, vláda a nakonec ovšem i lid přijali kapitulaci, jak vojáci a důstojníci opouštěli bez výstřelu hraniční opevnění – bylo o tom napsáno moc knih, existují dokumenty, odkazuji k nim. K našemu zkoumání a k myšlence, kterou tu sledujeme, by další podrobnosti už ničím podstatným nepřispěly.

Snad ještě jen tolik, že Benešovy diplomatické manévry až do Mnichova nebyly náhodné. Jak prezident mnohokrát vysvětloval svým věrným, mezinárodně politicky šlo o to, kdo izoluje koho, zda se Francie a Anglie postaví za Československo nebo za Hitlera. Benešovi bylo od počátku jasné, že otázka sudetských Němců je pro Hitlera záminka, že je to jen část jeho výbojných plánů, že půjde dál. Proto také prezident šel až na krajní hranici ústupnosti, přijal Henleinovy podmínky, pak ultimatum Francie a Anglie z 19. září. Vyšel mu také odhad, že i to bude Hitlerovi málo. Naproti tomu neočekával, že se »velká čtyřka« (v Mnichově byl také Mussolini) dohodne tak rychle, tak bezvýhradně a bez účasti Československa proti Československu, jak se to stalo v Mnichově 30. září 1938. O tom, jestli Hitlerově zámince k náporu na ČSR, tedy v otázce sudetské, bylo možno předejít jinou národnostní politikou, se jistě zmíníme při diskusi o první republice.

Abych tuhle smutnou historii trochu nadlehčil, nabízím vám ještě jednu drobnou komedii z těch pohnutých dob. Je taky z Drtiny. V den druhé, zářijové mobilizace přišla na Hradě na přetřes bezpečnost hlavy státu. Vojáci navrhovali odvézt pana prezidenta okamžitě na venkov, i když na Hradě byl připraven dobře vybavený kryt. Takovýto útěk hlavy státu z hlavního města by ovšem působil špatně, kdyby to proniklo do veřejnosti. Drtina očekával, že prezident, až se o plánu dozví, rozhodně odmítne z Prahy odjet. Mýlil se – pan prezident souhlasil, »když je to přání vojáků«. A tak celá kolona aut projela zatemnělou Prahou až do Zátiší, do vily vybavené protileteckým krytem. Jenže za chvíli se zase celá kolona vracela touže noční Prahou na Hrad: kdosi dospěl k názoru – nikoli pan prezident, ten jenom souhlasil –, že to celé byla intrika Benešových politických odpůrců, že by se mohlo zneužít toho, že pan prezident v kritické chvíli z Prahy utekl – krátce, mohla by z toho být – jak poznamenává Drtina – »pěkná ostuda«, ale hned dodává, že naštěstí nic nepronikło na veřejnost. Zase taková, zdá se mi dost typická reakce českého vlastence a demokrata, jímž Drtina jistě byl: ostuda není ostudou, švindl není švindlem, nepravda nepravdou, když se to neprovalí, když jednooký »náš moderní Žižka« zašaškuje a Karel Hašler zazpívá . . . Ale dost o tom.

Zbývá snad ještě otázka, jak to opravdu bylo se sovětskou pomocí Československu v tehdejší krizi. Vím, co tvrdí dnešní domácí učebnice dějepisu: že Sovětský svaz byl vždycky ochoten přijít Československu vojensky na pomoc, dokonce byly náznaky toho, že by do toho šel, i kdyby Francie odpadla; Praha se však bála tohoto jednostranného spojenectví s bolševickou mocností a – pod tlakem mezinárodního kapitalismu – dala přednost kapitulaci.

Nemá myslím smysl tu provádět hlubokou analýzu; jisté je – dal jsem si s tím trochu práci –, že dosud nebyl nikde vydolován dokument, v němž by Stalin nebo sovětská vláda výslovně a formálně prohlásili, že Sovětský svaz přijde Československu na pomoc bez přihlédnutí k diplomatickým traktacím s touto otázkou spojeným.

Drtina ve svých pamětech dosvědčuje, že Československu »nebylo nikdy z oficiálních sovětských míst řečeno, že by Sovětský svaz nám šel na pomoc, kdybychom byli napadeni, v každém případě, za všech okolností a bez ohledu na ostatní svět, jen když se budeme sami vojensky bránit«. Cituje také Beneše, který mu několikrát řekl, že nikdy nevěřil, že by Moskva šla Praze na pomoc bez zřetele ke Společnosti národů a západním spojencům. Na vrcholu mnichovské krize Moskva jen znovu potvrdila svou ochotu splnit své spojenecké závazky za předpokladu, že je splní Francie. Tehdy už bylo jasné, že je francouzská vláda nesplní, takže příslib sovětské pomoci nenesl s sebou prakticky žádné riziko. Podobně tomu bylo s formulací, že SSSR dodrží své závazky vůči ČSR, které mu jsou uloženy jako členu Společnosti národů podle článku 16 stanov této organizace. Tento článek zavazoval členy Společnosti národů k pomoci obětem nesporné agrese zvnějšku. V Moskvě se ovšem dobře vědělo, že takové rozhodnutí mezinárodní organizace, už v plném rozkladu, nemůže padnout, nejenom jako jednomyslné, ale ani jako většinové. Takže i tento příslib, o němž doklady jsou, byl vcelku bez rizika. Všechno ostatní v této věci jsou dohady nebo názory lidí, o jejichž objektivitě je možno pochybovat. Tak například panu profesorovi Nejedlému, tehdy předsedovi Společnosti pro hospodářské a kulturní styky se Sovětským svazem, bylo *řečeno* na sovětském vyslanectví v Praze, že když československá vláda požádá v Moskvě o pomoc, SSSR ji poskytne, i když Československo zůstane osamoceno. Podobně tehdejší československý vyslanec v Moskvě Zdeněk Fierlinger (o němž se později říkalo, že není jasné, jestli je diplomatickým zástupcem Československa v Moskvě nebo moskevským pověřencem pro Československo) několikrát hlásil do Prahy, že »má dojem«, že nálada v Kremlu »naznačuje«, že »SSSR je ochoten pomoci ČSR v každém případě«. Podobně tehdejší poslanec Klement Gottwald po návratu z Moskvy v létě 1938 ujišťoval Beneše, že Stalin je ochoten poskytnout všechnu pomoc ve válce s Německem, a to za všech okolností.

Je pravda, že sovětský lidový komisař zahraničních věcí Maxim Litvinov prohlásil z tribuny Společnosti národů 23. září, že SSSR je připraven pomoci Československu i na základě »dobrovolného rozhodnutí« Československa jít do konfliktu samo. Edvard Beneš i o této možnosti uvažoval. V dopise Rašínovi se například táže, zda by bylo možné pokusit se »otevřeně jít jen s Ruskem a vzít na stát všechny důsledky z toho, i eventuálně bolševické revoluce atd., v celém území středoevropském při odporu Západu?«. Rozhodl se proti této eventualitě. (Mimochodem, zrovna tahle část dopisu byla v Benešových spisech vydaných v Praze v roce 1946 vynechána – to už vál jiný vítr a bylo to trochu nepříjemné.)

Marxističtí historikové vyvozují, že se tu nutně projevila Benešova »třídní podmíněnost«, »třídní moment« Benešovy politiky. Tuhle ideologickou poučku můžeme bez obav ignorovat, naopak lze přijmout jako historicky oprávněnou argumentaci historičky Míly Lvové, že totiž Beneš se obával totální a patrně definitivní mezinárodně politické izolace Československa, ať už by válka SSSR-ČSR proti Německu byla úspěšná nebo ne. Kdyby se to vyhrálo, Československo by neušlo sovětizaci nebo ještě spíše připojení k Sovětskému svazu – paní Lvová o tom píše v tom smyslu, že případné »přimknutí se« Československa k SSSR »nemuselo ještě znamenat riskovat stát jako takový, ale jako stát buržoazní«, což, jak dnes víme, je jedno a totéž: konec nezávislého a svéprávného státu. V případě porážky by si Západ umyl ruce, co jste si Čecháčci nadrobili, to si také snězte. O této zlé, ale srozumitelné poučce jsme se mohli od té doby několikrát přesvědčit i v jiných souvislostech, které však už od nás odvisely – mám tu na mysli naši válečnou a poválečnou zahraničně politickou orientaci na Sovětský svaz, naše balancování mezi Východem a Západem, to »mostování« mezi nimi, až jsme pod ten most spadli, ale o tom také jindy.

Benešův osobní přítel novinář Ivan Herben podává ojedinělé svědectví, když ve svém příspěvku k pamětem Ladislava Feierabenda vzpomíná na svůj důvěrný hovor s prezidentem v rodinném sídle Herbenů v Hostišově 22. srpna 1945. Píše: »Prezident znovu a znovu opakoval, že má nyní diplomatické dokumenty o tom, že Sověty nás za Mnichova zradily stejně jako Daladier a Chamberlain a že vůbec neměly v úmyslu nám pomoci, že jejich ochota byla jen předstíraná a byl to pouze obvyklý komunistický trik. „Já to dokážu! Já odhalím ten podvod sovětské diplomacie i legendu našich komunistů," vykřikoval prezident s pěstmi zaťatými nad hlavou, jak jsem ho nikdy předtím v životě neviděl.« Ostatně nečetlo se v *Izvestijích* jen rok po Mnichově (9. října 1939), že »vést válku za účelem zničení hitlerismu se rovná dopustit se v politice zločinné hlouposti«?!

Uzavřel bych tedy tuhle kapitolu tím, že tvrzení (ostatně nedoložená) dnešní oficiální československé historiografie, ale nejenom její, že v mnichovské krizi Sovětský svaz při nás stál jako jediný a neochvějný spojenec, že nám chtěl přispěchat na pomoc za všech okolností a bez ohledu na tehdejší mezinárodně politickou situaci, je ideologicky motivovaný úsudek, který neodpovídá historickým faktům. Lucie, vy neposloucháte!

Promiňte, opravdu jsem teď neposlouchala, ale taky jsem nebyla daleko od námětu. Myslela jsem na to, jak jste před chvílí tak trochu tajuplně řek: »Tohle si zvlášť dobře pamatujte – ‚kapitulace jako nástroj politiky' – bude se nám to vracet, dokonce v ten poslední večer, kdy se bude debatovat o té základní otázce, z níž jsme vyšli.« Ale pamatujete se ještě vůbec na tu otázku? No dobře, když jo, pak, prosím vás, co má mnichovská kapitulace společného s mým životem a s osudem mé generace? Chápejte, to se stalo před půl stoletím, rozpadla se republika, kterou známe jen z povídání našich dě-

dečků, pro mě je to skoro jak něco – já nevím, kapitola z třicetileté války nebo svatý Václav na kruhu – prostě dávná historie, stránka v dějepise, nezlobte se, ale co já s tím? Vím, Mnichov byla dost ošklivá a možná i hanebná záležitost, ale nebyla to snad jen další prohra v celé řadě jiných, pro můj život daleko ... bezprostřednějších?!

Beru, Lucie, a přiznávám bez mučení, že tady se opravdu projevila ta generační propast: já to prožil před půl stoletím a vy to znáte z dědečkova vyprávění. Asi jsem se nechal unést námětem dnešního večera, omlouvám se za to. Ale i tak trvám na svém. Dovolte mi, než to zabalíme, ve věci kapitulace bez boje, kapitulace jako nástroje politiky, ne-li rovnou jako národní filozofie, ještě jednou citovat Černého. »Mnichovská kapitulace,« napsal pan profesor, »je zatížení, jež svými důsledky jako vleklé trauma a pokušení mravní slabosti bude hlodat na národní podstatě donekonečna.« – Podobně historik mladší generace Ivan Pfaff má za to, že mnichovské trauma zatížilo »jako hamletovský komplex« české politické myšlení následujících třiceti let. A jeho druh Vilém Prečan dokládá, že »problém Mnichova a jeho důsledků je dodnes trauma v podvědomí české společnosti; působí traumaticky a traumatizuje«. Nebo Milena Jesenská, nevšední česká novinářka a přítelkyně Franze Kafky – zahynula za války v koncentračním táboře v Ravensbrücku –, napsala v *Přítomnosti*: »Nikdy nic nebylo zadarmo a nikdy nic nestálo tolik krve jako lidská svoboda. A během desetiletí a staletí vytvořil se na světě nepsaný zákon: nedostane nic, kdo nebojuje, ztratí každý vše, kdo se nebrání.« A táž Jesenská, když už bylo všechno ztraceno a i ten pomnichovský zbytek země byl přivtělen k německé říši, přirovnává kapitulaci k »ráně tak zhoubné«, která může »podkopat zájem /Čecha/ o svou věc«; ten zájem se pak nutně stává »unaveným a vlažným«. A dodává, že ta zářijová »marná procházka s puškami a návrat bez nich ublížily sebevědomí národa snad ještě víc než předchozí zrada /spojenců/«.

Opačně soudil Edvard Beneš – a svůj názor veřejně nikdy nezměnil, i když v důvěrných hovorech s některými svými spolupracovníky jednou nebo dvakrát vyslovil jakési pochyby. V rozhlasovém projevu z Londýna v dubnu 1941 prezident historicky zhodnotil Mnichov takto: »Nebylo nám dopřáno se bít se zbraněmi v ruce s nacistickým Německem v roce 1938. Litujeme toho dodnes. Ale byli jsme k tomu přinuceni chybnou politikou ostatní Evropy, a přesto jsme si zachovali svým tehdejším postupem svou čest, svou národní hrdost a svou ohromnou mravní sílu ... A tento svůj čistý štít před historií a celým světem musíme si uchránit, děj se co děj. Pak Mnichov a to, co mu následovalo, nebude tragédií, nýbrž zdrojem nesmrtelných mravních sil národa. A nakonec se obrátí ve veliké naše vítězství.«

Tedy kapitulace jako národní filozofie, skoro jako národní program? Někde uprostřed našeho vyprávění o mnichovské tragédii jsme si položili otázku – dosud vlastně nezodpovězenou: kdo tedy kapituloval? Domnívám se, že je vcelku jasně zodpovězena – a nikoli snad jen v pohledu zpět, kdy jsme všichni moudřejší. Kapituloval prezident Beneš, tehdejší vláda, která mu kapitulaci schválila, možná i vojáci, kteří se tehdy ještě mohli vzbouřit, rozkaz k ústupu z hraničních opevnění neposlechnout, střílet. Rozhodnutí bylo prezidentské a vládní; národa se nikdo neptal, ale zato se vžil a dosud je běžný nářek, že v Mnichově se jednalo »o nás bez nás«.

Není možné doložit a vyčíslit, jak vysoká je cena, která se za kapitulaci platí; ale všechno nasvědčuje tomu, že v mnichovském případě je obrovská a že se za ní platí dosud. Už citovaný Patočka dokládá – a myslím, že po pravdě, že se Mnichovem propásla »jedinečná historická šance... totiž vtisknout češství opět opravdu *velkou* evropskou úlohu a tím dokončit dílo českého osvobození«. »Protože Československo,« pokračuje Patočka, »jako stát konsekventně domyšlené demokracie ve střední Evropě, také s opravdovou důsledností bráněný... bylo by mohlo dokonce při neúspěchu a vojenské katastrofě shromáždit morální energii pro budoucnost, která by mu umožnila, aby se v pozdější době nestalo pouhou hříčkou v rukou velkých sil poválečného údobí.« Všimněte si: »*shromáždit morální energii pro budoucnost*«, i kdyby – nebo právě proto – zdrojem této energie byla porážka, ovšem porážka v boji, nikoli v kapitulaci. Podle Patočky byla v Mnichově zlomena »morální páteř společnosti, která byla připravena k boji, nejen pro daný okamžik, ale na dlouhou dobu, na celou válku a na období po ní«. Patočka dovozuje, že »malé české dějiny usilovaly malými prostředky o velikost, malé prostředky se jim však staly osudnými: Češi si jimi chtěli ušetřit námahu principiálního myšlení, kritické revize svých článků víry, ale také hořkou bídu rozhodování na život a na smrt, a ve skutečnosti se stali pouhým objektem politické hry jiných«.

Ivo Ducháček, za války tajemník ministra Huberta Ripky, vzpomíná, jak se jednou v soukromém rozhovoru zeptal Jana Masaryka: »Jak myslíte, že by byl za Mnichova jednal váš otec?« »Táta by řek,« zněla odpověď, »„tož, budeme sedlat!“«

Na závěr ještě z té Patočkovy úvahy *Co jsou Češi:* »Beneš byl [ve srovnání s T. G. Masarykem] slabý člověk, dobrý jako sekretář, jinak nic. A na takového muže bylo vloženo rozhodování o budoucím morálním profilu českého národa – musel rozhodnout, a rozhodl pro malost. Nejspíš definitivně, protože v budoucím světě budou mít malí stále méně příležitosti jednat a tím eventuálně vykonat něco velikého na poli dějin.« A ještě: »Je tragikou moderního češství, že jeho touha po tom, vybojovat si houževnatou vytrvalostí v boji zblízka rovnoprávnost s velkými, byla v okamžiku, kdy se k tomu – neopakovatelně – nabízela historická příležitost, zmařena selháním průměrného člověka a slabého politika, jemuž svěřilo svůj osud – asi provždy.«

Lucie, jdeme spát.

Doporučená četba k šestému večeru

Arendt, Hannah: *The Origins of Totalitarism.* André Deutsch, London 1954.

Armstrong, Hamilton F.: *When There is no Peace.* London 1939.

Aron, Raymond: *Paix et guerre entre les nations.* Calmann – Lévy, Paris 1984.

Aron, Robert: *Démocratie et totalitarisme.* Gallimard, Paris 1965.

Bechyně, Rudolf: *Pero mi zůstalo.* Praha 1947.

Beneš, Edvard: *Mnichovské dny.* Londýn 1958, Praha 1968.

Beneš, Edvard: *Paměti. Od Mnichova k nové válce a k novému vítězství.* Orbis, Praha 1947.

Beneš, Edvard: *Šest let exilu a druhé světové války.* Družstevní práce, Praha 1946.

Buber-Neumann, Margarete: *Under Two Dictators.* New York 1951.

Celovský, Boris: *Das Münchener Abkommen von 1938.* Deutsche Verlags-Anstalt, Stuttgart 1958.

Cesta k Mnichovu (sborník statí). Praha 1958.

Conte, Arthur: *Les dictateurs du XXe siècle.* Robert Laffont, Paris 1984.

Churchill, Winston: *The Second World War,* vol. I. Houghton Mifflin Co., Boston 1948.

Clay, Lucius: *Guerre froide à Berlin.* Berger – Levrault, Paris 1960.

Černý, Václav : *Pláč koruny české.* 1. vydání. Sixty-Eight Publishers Corp., Toronto 1977.

Český a zahraniční periodický tisk z let 1936 – 1938.

Djilas, Milovan: *Conversations avec Staline.* Gallimard, Paris 1962.

Drtina, Prokop: *Československo můj osud,* svazek I, kniha 1. Sixty-Eight Publishers Corp., Toronto 1982.

Fabre-Luce, Alfred : *Histoire secrète de la conciliation de Munich.* Paris 1938.

Feierabend, Ladislav : *Soumrak československé demokracie.* Rozmluvy, Londýn 1986.

Fierlinger, Zdeněk: *Ve službách ČSR I.* Praha 1947.
FitzGibbon, Louis: *The Katyn Cover-up.* Tom Stacey, London 1972.
Fleming, D. F.: *The Cold War and its Origins 1917–1960* (two volumes). George Allen and Unwin, London 1961.
Gedye, G. R.: *Fallen Bastions. The Central European Tragedy.* London 1939.
Hassner, Pierre – Hermet, Guy – Rupnik Jacques (eds.) : *Totalitarismes.* Editions Economica, Paris 1984.
Hájek, Miloš: *Od Mnichova k 15. březnu.* Praha 1959.
Henderson, Neville: *Failure of a Mission.* New York 1940.
Holloway, David: *The Soviet Union and the Arms Race.* Yale University Press, New Haven/London 1984.
Kennan, George F.: *Memoirs 1925–1950.* Little, Brown and Company, Boston/Toronto 1967.
Krofta, Kamil: *Z dob naší první republiky.* Praha 1939.
Křen, Jan: *Mnichovská zrada.* Praha 1958.
Lisický, Karel: *Československá cesta do Mnichova,* I–IV. Londýn 1954–1958.
Litvinov, Maxim M. : *K sovremennomu meždunarodnomu položeniju.* Moskva 1938.
Litvinov, Maxim M.: *Protiv agressii.* Moskva 1938.
Litvinov, Maxim M.: *Vněšňaja politika SSSR.* Moskva 1937.
Lockhart, Robert H. B.: *Přichází zúčtování.* Praha 1948.
Lombard, P.: *Le chemin de Munich.* Paris 1938.
Lvová, Míla: *Mnichov a Edvard Beneš.* Svoboda, Praha 1968.
Nicolson, Harold: *Why Britain is at War.* London 1939.
Nové dokumenty k historii Mnichova. Státní nakladatelství politické literatury, Praha 1958.
O československé zahraniční politice v letech 1918–1939 (sborník statí). Praha 1956.
Patočka, Jan: Co jsou Češi: *150 000* slov č. 12, Paříž 1985.
Peroutka, Ferdinand: *Byl dr. Beneš vinen?* Přednáška, Londýn 1951.
Pfaff, Ivan: Jak tomu opravdu bylo se sovětskou pomocí v mnichovské krizi: *Svědectví* č. 56/57, Paříž 1977—1978.
Prečan, Vilém: Probleme der tschechischen Parteien – Systems zwischen München 1939 und dem Mai 1945: *Die Erste Tschechoslowakische Republik als multinationaler Parteienstaat.* Oldenbourg, München/Wien 1979.
Ripka, Hubert: *Munich: Before and After.* London 1939.
Schulz, Milan (ed.): *Mír, mírové hnutí, křesťanská etika.* Opus bonum, Mnichov 1984.
Seton – Watson, R. W.: *Munich and the Dictators.* London 1939.
Steiner, Jean-François: *Varsovie 44.* Flammarion. Paris 1975.
Shirer, William L.: *The Rise and Fall of the Third Reich.* Simon and Shuster, New York 1959.
Tigrid, Pavel : *Ozbrojený mír.* Universum, Praha 1947.
Týdeník *Přítomnost,* ročník XV/1938, a vůbec český, slovenský a německý periodický tisk z té doby.

7

Sedmý večer. Malá republika, malí Češi, malá domů. Údobí po pádu: říjen 1938—březen 1939.

Než jsem začal citátem z *Pamětí* Václava Černého, připomněl jsem událost, jíž nám malá republika vznikla: 1. října 1938 podle znění mnichovské »dohody« překročily útvary Wehrmachtu československé hranice a začaly s obsazováním odstoupených území. Za deset dní bylo všechno vyřízeno. Také Poláci a Maďaři dostali kousky země, víceméně jak požadovali, a s Hitlerovým požehnáním. A co ze země zbylo, nebylo k životu – ani politicky, ani hospodářsky. První samostatný československý stát se rozpadl. Nastoupil nový útvar, nazývaný také Druhá republika. Jeho životnost byla krátká: pět měsíců.

Ten citát z Černého zněl takto: »Pět měsíců Druhé republiky, chvíle v našem životě nejneuvěřitelnější, fantastickému snu podobná: jako bychom žili na Měsíci, jako bychom měli každou chvíli procitnout anebo sletět do prázdna! Plavba vytřeštěných zavržcnců, napěchovaných na rozbitý člunek bez plachet a spuštěných bez cíle na širé moře. Nebylo možné uvěřit, že tak lze natrvalo žít. (. . .) Za dob starého Rakouska pronesl se kdysi kterýsi notábl, že co Čech, to buď lokaj nebo hulvát. V časech, kdy byla vyslovena, nás tato urážka tolik pálit nemusela jako později tisíckrát: Vídeňákovi bylo lze připomenout nespočet lidských výsostí, které v dějinách nesly česká jména, takže jeho opovržení mohlo právem jen ještě zvětšovat naše národní sebevědomí. Ale spílal-li *Čechům*, měl pravdu o *Čecháčkovi*, tvoru, jenž ostatně nikdy není buď jedním, nebo druhým, ale vždy lokajem i hulvátem zároveň. Podobný typ lidského tvora, uhněteného z nízkosti a hrubosti, poťouchlosti, zbabělosti, a nemusíme-li se o ní už tajit, i kruté a nenávistné mravní otrlosti, vyměšuje sic každý malý národ, ale české země jej plodí v podobě téměř ďábelsky dokonalé: navěky se jím snad bude projevovat zlořečené dědictví vzpomínek na staletí cizího panství, a kdykoli nás stihne nová rána a dočasný pád, vždy bude v Čechách znovu libovolné množství hřbetů nahrbených k přijetí jha, a hnijících hub, dušujících se láskou k vlasti a plivajících po všem, co měla a má nejlepšího.«

A zmíněný už Rašín psal Benešovi do Londýna na podzim 1938: »Netušil jsem však, že i v době tak tragické pro náš národ a stát jest v našem politickém životě tak málo rytířskosti, odpovědnosti a odvahy, ale zato tak mnoho podlosti, zbabělosti a bezcharakternosti a tolik touhy na národní katastrofě vydělat.« Opravdu: zejména v prvních měsících po pádu se ve večerníkových plátcích šířily třeba takové kachny, že Beneš ukradl cenné národní sbírky nebo že si v Londýně velkopansky žije. Pravda, moc lidí tyhle pomluvy odmítalo, ale část společnosti jim věřila a šířila je po hospodách.

Zároveň je ovšem třeba pochopit tu dobu. Republika, kterou lid a s ním miliónová armáda chtěly bránit, padla bez boje. Stát byl okrájen k nepoznání a k neživotu. Celá jedna politika totálně zkrachovala, spojenci zklamali, vláda vzešlá z kapitulace byla očividně loutková. Roztrpčení neznalo mezí. Bylo srozumitelné a pochopitelné.

V dobách pro společenství nepříznivých, kdy jedna špatná událost stíhá horší, je mnoho rozčilení a málo rozvahy, mnoho hněvu a málo úvahy. To platí pro každou společnost. V Čechách to po Mnichovu nebylo jiné. Dávní kritikové a odpůrci Benešovy zahraniční politiky odměřovali zkázu a ukazovali prstem: na Společnost národů (zklamala), na západní demokracie (neosvědčily se), na Francii (zradila), na Sovětský svaz (nakonec nepomohl), na Malou dohodu (ani se nehnula). A dodávali: vždycky jsme říkali, že to špatně dopadne, na naše slova došlo, máme po státě i po demokracii! Politická pravice, předáci největší české strany, agrární, vedené Beranem, Národní demokracie založená Kramářem, a ovšem Stříbrný a hrstka českých fašistů (o slovenské ludové straně ani nemluvě), ti všichni tvrdili, že se Československo už dávno, rozhodně od nástupu nacismu k moci, mělo orientovat na Německo, dohodnout se s ním spíše než přispívat k jeho izolaci, vyrovnat se s ním, jako to udělalo Beckovo Polsko, Horthyho Maďarsko a jak se o to pokoušela Stojadinovičova Jugoslávie. Ale nebyla to jen konzervativní část tehdejší československé společnosti, nebo i část katolických intelektuálů, které takto uvažovaly. Ferdinand Peroutka, »hradní novinář«, jak se mu po léta předhazovalo, rovněž soudil (dokonce dlouho před Mnichovem), že největší chybou poválečných politiků bylo, že se včas nevyrovnali s československými Němci, že nepočítali s Německem jako mocným státem, který bude požadovat i silou, co mu bylo mírovou smlouvou z roku 1919 vzato. Kdyby se na tuto eventualitu pamatovalo, nebylo by teď, v roce 1938, tolik nepříjemných překvapení – taky pro Čechy a Slováky.

A jak už to v Čechách bývá, i tentokrát hbitě vypuknul hon na viníky: kdo nás do toho dostal? Kdo zavinil naše národní a státní neštěstí? Koho pověsit na stožár hanby? Honba byla na Beneše a »benešovce«, na »hradní«, na »liberály«, na Židy, na emigranty, na socialisty, na falešný humanismus a proradný internacionalismus. Dokonce se navrhovalo, aby byla zřízena komise, která by vyšetřila, kdo odpovídá za státní pohromu. Karla Čapka neudolala jen nemoc, ale hlavně štvanice, které na něho zorganizoval pravicový tisk a kdejaký neumětel jako na představitele té »hradní« politiky, která zklamala. Takových štvanic a jejich obětí bylo moc.

Zároveň se statisíce lidí daly do pohybu. Po různých arbitrážích a dohodách zbylo z předmnichovské rozlohy republiky – 140 000 kilometrů čtverečních – něco přes 100 000; a z původních patnácti miliónů obyvatel jich zůstalo něco přes deset miliónů. Z toho se náhle ocitlo v Říši, v Polsku, v Maďarsku milión a čtvrt Čechů a Slováků, a ti se pochopitelně tlačili zpět do té všestranně okleštěné a hospodářsky zchudlé mateřské země: bylo třeba je jakžtakž zajistit, jenže nebylo kde bydlet, pracovních možností bylo málo, nezaměstnanost rostla – ze 70 000 práci hledajících v říjnu jich o dva měsíce později už bylo dvakrát tolik. Navíc demokratičtí Němci, Židé, političtí emigranti se třásli o svou nejbližší budoucnost, ne-li rovnou o život; také oni chtěli přežít. Zemí šla xenofobie a antisemitismus. Byla to zoufalá situace. Jaký div, že i ten osvědčený liberál Peroutka vyhlásil: Čechům nezbývá než dělat »politiku národního egoismu«; nikdo nikde nemůže předpisovat, že »spíše má ve vlastní zemi hladovět Čech než právě přistěhovalý Němec nebo takový Žid, který byl do této chvíle odhodlán sdílet osud německého národa . . . naši lidé jsou nám bližší a máme k nim více povinností . . .« Peroutka dodal: »Hluboce lituji, že mi nezbývá než takto mluvit. Ale mluvím tragicky v tragické situaci.«

Proto také tolik, a nikoli vždy zanedbatelných polehčujících okolností, od té doby nesčíslněkrát uváděných – pro tehdejší volný pád českých mravů občanských a lidských. Ladislav Jehlička, tehdy militantní katolický novinář, soudil o Druhé republice o půl století později, že to byl »čas střídavého pominutí smyslů« (všichni jsme tenkrát blbli, radili, spásovali – od spása –, obrozovali a obnovovali, já také, bylo mi tenkrát dvacet). Snad, i když rozhodně ne všichni. A je třeba dodat, že to »pominutí smyslů« mělo své škodlivé a hlavně trvalé následky. Bacil, který po potratové vojenské mobilizaci, dvojí politické kapitulaci, zradě, ať už skutečné nebo údajné (těch druhých ovšem), a ponížení, které z ní plynulo, našel živnou tkáň v národním těle. Vždyť to znáte: nečekaný úder osudu poznamená život jednotlivce i společnosti nadlouho, často natrvalo. V životě jednotlivce to může být smrt dítěte, zaviněná vlastní opilostí u volantu, zákeřná zrada přítele, za něhož byste dala ruku do ohně, taky dobrá vůle a čestné úmysly soustavně mařené zlobou, cynismem nebo prostou lhostejností okolí. Do života společnosti může hluboce zasáhnout kolektivní šok, pád z vrcholu obecně sdíleného odhodlání do propasti kolektivní bezmoci; může to být prohraná válka, nebo naopak kapitulace bez boje; může to být přesvědčení, podložené trpkou zkušeností, že občanské ctnosti se nevyplácejí, dříve nebo později jsou podvedeny politikou, která právě v rozhodující chvíli nechá řadového občana na holičkách; proto, občánku, malá domů, starej se jen o sebe, na místo úsilí dosaď švindl, vyměň porozumění za závist, názor za přetvářku a zároveň bedlivě sleduj, kam se moc vládnoucích naklání, abys včas a úspěšně plul po proudu, ať už se ten proud valí kamkoli.

Tenhle zhoubný bacil – v jeho diagnóze by se mohlo pokračovat – se projevil rychle ve veřejném životě Druhé republiky v té čecháčkovské podobě, jak o ní píší Černý, Drtina, Rašín, Peroutka, Chalupecký a jiní. Hlodal v národním těle za německého protektorátu, za druhé světové války, po válce. A leccos svědčí o tom, že dosud přežívá v nás všech, ve mně, ve vás. Bude se vám to, Lucie, asi zdát za vlasy přitažené; ale když se zamyslíte nad důvody, které vás přivedly k úvahám o možném odchodu z Čech – jestlipak to hlavně není právě úpadek v mezilidských vztazích, pokleslost civilizovaného občanského jednání, příliš malosti a málo velkodušnosti, přemíra závisti a nedostatek důstojnosti, které vás vyhánějí ze země? Kde se tu najednou vzaly? Nelze asi prokázat, že ten bacil, ochromující některé zcela základní funkce společenství, zachvátil český národní organismus až po Mnichově, ale je možné, že mnichovský šok a všechno, co s ním souviselo, nadlouho negativně ovlivnil to, čemu se běžně říká národní podstata, charakter národa, jeho kulturnost. Krátce, obecné mravy zbídačily nebo – spravedlivěji devalvovaly, ztratily na ceně. A nějak to v různé míře přecházelo z generace na generaci.

Zarazil jsem se. Vlastně mě zarazil výraz v obličeji mé posluchačky. Zdálo se mi, že oči ztemněly smutkem a dosud nepozorovaná vráska kolem úst se náhle zvýraznila. Po chvilce jsem řekl: Jenže, Lucie, teď nevím, jestli jsem vůbec něco podstatného objasnil, nebo vás prostě jenom zmát a rozesmutněl . . .?

Dlouho žádná odpověď. Dole v městečku odbíjela jedenáctá. Pak jsem slyšel:

Ale ano, začínám vidět určité souvislosti. Asi proto na mě pa-

dá . . . co já vím . . . vy byste tomu asi řekl únava z historie, já cítím spíš únavu ze života, který nám historie připravila. Ale napijem se a . . . pokračujte.

Rozpačitě jsem se toho vybídnutí chyt, odkašlal jsem si a zamumlal omluvně, že ještě tak půlhodinky, ne víc, že ta Druhá republika trvala jen těch pět měsíců a pak taky, jestli mi je povolena krátká osobní poznámka, věci se mají takto: já totiž, Lucie, mám na Druhou republiku jen matné, nepřesné vzpomínky. Bylo mi jedenadvacet, byl jsem zapsán na právnické fakultě Karlovy univerzity, ale víc než o studia jsem se staral o avantgardní studentské divadlo v Praze na Zbořenci, které jsem založil a kde jsme kromě představení pořádali umělecké a debatní večery – po Mnichově na obranu svobodné kultury a neusměrněného umění. Na vojnu mě nevzali – nebrali prakticky už nikoho, vojáků a důstojníků byl nadbytek. Takže: byl jsem mladý a lehkovážný, rostoucí ustaranost mých židovských rodičů mi šla spíš na nervy, zdála se mi přehnaná. Vždyť život šel dál, dosud jsme chodili s Jiřím Ortenem, Zdeňkem Urbánkem, Jožkou Ledererem a dalšími adepty literatury a umění za Frantou Halasem do vinárny, a za Jiřím Frejkou do Národního, vycházely dál krásné knihy u Borových i u Topičů, četla se Peroutkova *Přítomnost* a Černého *Kritický měsíčník*, komunista E. F. Burian nádherně inscenoval *Věru Lukášovou*, cenzura se sice občas objevila, ale obyčejně jen v politické části tisku a tu my jsme beztak moc nečetli. Život tedy šel dál, holky byly krásné a nosily toho podzimu ručně dělané kozačky; někteří moji přátelé se v důsledku událostí jen ještě utvrdili ve své komunistické víře (na mne, kupodivu, nikdy nesestoupila), pár jich vstoupilo do KSČ (zanedlouho potom rozpuštěné), jiní se zas zradikalizovali směrem k pravici. Pravda, stát byl rozporcován, statisíce lidí byly v pohybu, páni politikové museli tancovat podle toho, jak se v Berlíně pískalo; ale tohle všechno a mnohé jiné šlo tehdy těch pár měsíců kolem nás jaksi bokem – nás, pražské »bednářovské generace«, jak se nám začalo říkat podle básníka Kamila Bednáře, který nás uváděl do literatury a k literátům. Krátce, šlo nám spíš o kulturu, o duchovní život, které na rozdíl od politiky mohly přece jen být i nadále nezávislé a které budou suplovat za spoutanou politiku, říkali jsme si, s nimi národ přetrvá . . . Jak vidíte, Lucie, nic nového pod sluncem, kolikrát se v českých dějinách uvažovalo stejně nebo aspoň podobně.

Tohle všechno na vysvětlenou, že v našem dnešním povídání o druhé republice se odvolávám na odbornou literaturu, ostatně nepočetnou, mnohem víc než na vlastní zážitek a zkušenost.

S odstupem půl století, které od těch dob uplynulo, jsem vcelku nic nezměnil na svém názoru na pomnichovské štvanice na lidi, kteří leželi na lopatkách a do nichž se kopalo, na honbu na viníky, na morální marasmus.

Zato jsem dost polevil ve svém kdysi příkrém odsudku českých pomnichovských politiků. Dnes se mi dokonce zdá, že si vedli líp, slušněji a odpovědněji než politizující literáti a publicisté – na pravici i na levici. Zvlášť nenávistně, nedůstojně, pomstychtivě si počínala katolická inteligence, lidé takového nadání, jako byli Durych, Deml, Zahradníček a další. Václav Černý, který českou katolickou inteligenci neměl nikdy v lásce, ve svých pamětech vášnivě, až hystericky odsuzuje to, jak se po Mnichově chovala, jak psala, co dělala tato křesťansky orientovaná inteligence, sdružená kolem časopisů *Řád* a *Obnova.* A cituje záznam Josefa Čapka z knihy, která vyšla až po jeho smrti v roce 1947: »Kde se, ve jménu Kristovu, bere tolik surovosti a krvežíznivosti mezi katolickým literátstvem?«

Zmatení a roztrpčení bylo veliké – a nejen na pravici. I Peroutka doporučoval reálnou politiku ve vztahu k Němcům a jím redigované *Lidové noviny* přinesly řadu víceméně kolaborantských úvodníků pod pseudonymem Petr Bílý (Chtěli jsme zpívat s anděli, musíme výti s vlky). A i sociální demokrat Bechyně žádal Beranovu vládu, aby byla k Německu »poctivě loajální«. Prý už nikdy nesmíme být »mečem v cizích rukách, mečem namířeným k srdci jiného národa«, čímž se proti všem faktům myslelo Německo.

Ale zpátky k těm politikům, k vládám a ministrům Druhé republiky. Jak už bylo řečeno, ti dostali do vínku zem politicky, hospodářsky a sociálně v troskách, s občanskou morálkou podlomenou, s rukama na všech stranách spoutanýma. Úkolů – a naléhavých – bylo tolik, že se nevědělo kde začít; kompromisy byly nezbytné. Řízení takto opuštěného a zpustošeného státu někdo převzít musel. Byl to nutně úkol nevděčný. Mužové, kteří to břímě na sebe vzali – Hácha, Beran, Černý, Feierabend a ostatní –, nám nemusí být sympatičtí, však také poválečná komunistická propaganda je k nepoznání zkarikovala; ale jisté je, že byli víc vedeni duchem vlastenecké povinnosti než politickou ctižádostí, spíš pohotovostí k oběti než výhledem na kariéru. Třeba takový Emil Hácha, zcela nepolitický předseda Správního soudu, který po odstoupení Benešově byl dohodou všech politických stran zvolen – skoro by se mohlo říct dohnán – do prezidentské funkce. V dopise poslaném Benešovi už do Londýna Hácha se až dojemně prostě a jistě po pravdě svěřuje, že to prezidentství »přijal zdráhavě a s největším sebezapřením, jako tvrdý příkaz povinnosti«, že se těšil na soukromý život, »na literární práci«, svou dávnou zálibu, a že žije nadějí, že jeho funkce je »jen přechodné povahy«.

Ladislav Feierabend vzpomíná, jak se sám těžce rozhodoval, zda má vstoupit do první vlády Syrového; věděl, jak píše ve svých pamětech, že »úkol nové vlády bude nadlidský. Ať bude vláda dělat cokoli, bude to Hitlerovi málo a národu příliš mnoho . . . ale stála tu nutnost řešit bezútěšnou situaci po Mnichově, která nabádala k odvaze a oběti. Bylo potřebí, abychom zapomněli na sebe a mysleli na stát a národ«. V komentáři *Přítomnosti* v prosinci 1938 stálo: »Nový president republiky i nový předseda vlády (Rudolf Beran) dali si na tom záležet, aby členy vlády byli lidé slušní, vzdělaní a počestní. To je velká věc.« Peroutka se veřejně zapřísahal: »Nikdy se nepřidám k těm, kteří špiní lidi za to, že dělají, co dělati jest nezbytno.« A i Beneš ve své abdikační řeči a pak ještě z Londýna uznal, že vláda pomnichovské republiky má nesnadnou a zodpovědnou práci, že jí nehodlá tuto práci ztěžovat a že se venku zdrží všeho, co by se tak mohlo vykládat. A byl to Hácha, který od počátku až do do doby, kdy přišel Heydrich do Prahy jako nástupce říšského protektora Neuratha (v září 1941), byl s Benešem ve styku, nebo aspoň o tomto styku protektorátní vlády věděl a kryl jej. Eduard Táborský, osobní tajemník Benešův, si v londýnském exilu zapsal někdy koncem roku 1939 o Háchovi: »Nelze hledět bez sympatií na jeho úporný boj o poslední drobty národní autonomie, na to, jak ten vetchý stařec nad hrobem . . . jistě s největším sebezapřením se sklání a ponižuje . . . aby uchoval byť jen sebemenší ždibíček vlastní správy, aby zachránil z útrob nacistických žalářů pár českých lidí.« Václav Černý dává toto vysvědčení: »Vláda Druhé republiky, nejnepopulárnější, nejproklínanější vláda v dosavadních dějinách tohoto státu! A přece vláda, které náleží ne-li dík, aspoň náš stud za nenávist, jejímž byla předmětem. Byla to vláda nešťastníků, vláda pohromy, ale nikoli zaprodanců.« A Bechyně v dopise hlavě britské Labour Party v únoru 1939: »V naší vládě zasedají živly čestné . . . Vláda má plné moci, ale ani jednou jich nezneužila. Není žádných tajných smluv. Není žádných koncentračních táborů . . . Živly demokratické nejsou v Čechách pronásledovány.«

Samozřejmě že pro ty, kdo z druhorepublikánských záchranných prací byli vyloučeni – ať už pod tlakem změn, nebo pod nátlakem Berlína, jako třeba čeští komunisté –, bylo snadné házet kamenem a po válce poplivat nebo rovnou k smrti uštvat politiky Druhé republiky. Jak připomíná Černý: kdo tyhle vlády viní z národní a státní zrady, »mstí se ze stranických důvodů na žalostné památce bědných lidí a lže«. Nelze také zapomínat, že druhorepublikánského ministerského předsedu Rudolfa Berana zatkli v květnu 1941 Němci a drželi ho v kriminále celou válku; jeho ministra a pozdějšího předsedu protektorátní vlády generála Eliáše nacisté popravili pro styky s Benešem v Londýně.

Úkoly vlád Druhé republiky byly obrovské, skoro nadlidské, vystavené několikerým tlakům a vždycky nevděčné, ať se udělalo cokoli nebo nic. Hospodářská situace země byla zoufalá; bylo třeba postavit všechno na nový základ a zároveň dbát na to, aby se příliš nezhoršila životní úroveň (o úspěchu svědčí, že nedošlo k žádným stávkám); bylo třeba zaměstnat a uživit statisíce uprchlíků z odstoupených území; demobilizovat miliónovou armádu; zredukovat státní aparát; udržet kurs koruny, obnovit dopravu; dát novou injekci rozrušenému zemědělství; dnes a denně vyhovovat požadavkům Berlína a zároveň jim vyhovovat v míře jen nejnutnější. Stát, či co z něho zbylo, se očividně rozpadal; separatisté na Slovensku připravovali jeho definitivní konec. Je pravda, že Beranova vláda zavedla cenzuru, ale je rovněž pravda, že zavírala obě oči nad tím, co tiskem vyšlo; podobně se chovala při likvidaci a pálení dokumentů a vůbec důvěrných materiálů (například rozpuštěné KSČ), které by se jinak dostaly do rukou Němců; nechala uprchnout za hranice velký počet politických prominentů první republiky, socialistů, komunistů, německých emigrantů, Benešových přátel a politicky či jinak angažovaných občanů židovského původu. Nikdo nebyl zatčen nebo souzen pro minulou politickou činnost. Situace byla ovšem jiná pro loajální československé Němce; ale i tak víc než padesáti tisícům bylo umožněno emigrovat.

Syrového vláda nedala na pořad jednání Národního shromáždění – úmyslně – ani mnichovskou »dohodu«, ani odstoupení území Německu, Maďarsku a Polsku – a dala tak najevo, že považuje stav ochromené republiky za přechodný, rozhodně za formálně neschválený. Pozdější Beranova vláda soustavně usilovala o garancii pomnichovských hranic. Uznala za předsedu strany práce starého sociálně demokratického předáka a »benešovce« Antonína Hampla. Na příkaz Říše byli sice Židé vylučováni z veřejných služeb i ze soukromého podnikání, ale nikdo nebyl přímo pronásledován. V Berlíně byly obě vlády napadány a podezřívány z toho, že nadržují Židům a »benešovcům«.

Ale teď už opravdu jen tu nejnutnější faktografii. 5. října 1938 odstoupil Edvard Beneš. O den později byla z hradního stožáru stažena prezidentská vlajka a dr. Beneš odjel na své sídlo do Sezimova Ústí. 22. října odletěl s paní Hanou do Londýna do exilu. Doma ke všem politickým, hospodářským a sociálním starostem a k nesnázím s Berlínem padly na druhorepublikánskou vládu těžké starosti se Slovenskem. Tam si zdaleka největší klerikální strana ludová, stále výrazněji autonomistická, vynutila jmenování svého předsedy, katolického kněze Jozefa Tisa, zvláštním ministrem pro Slovensko. Z toho titulu byl Tiso i ministrem ústřední vlády. V provolání strany, v tzv. Žilinském manifestu z 6. října 1938, se pravilo, že Slováci žádají právo sebeurčení po boku těch národů, které »bojují proti marxisticko-židovské ideologii rozvratu a násilí«. Věc byla tedy celkem jasná: cesta k odloučení s Čechy a českými zeměmi byla nastoupena. A aby dílo bylo dokonáno, další kusy republiky chtěli urvat Maďaři, Poláci se dožadovali prakticky celého Slezska a Berlín v pozadí štval jedny proti druhým, jak se to do jeho plánů o budoucí ovládnutí celé střední a jihovýchodní Evropy hodilo.

Vnitropoliticky došlo k radikálnímu omezení počtu politických stran. V polovině listopadu se všechny nesocialistické strany spojily do Strany národní jednoty, sociální demokraté se ustavili v mnohem menší Národní straně práce. V říjnu byla úředně zastavena činnost KSČ a jejího tisku, ale žádný komunista nebyl pronásledován nebo uvězněn. Ba ani poslanecké mandáty komunistů nebyly vypovězeny, takže ještě v listopadu při Háchově volbě prezidentem komunističtí poslanci a senátoři odevzdali prázdné lístky (272 zákonodárců z 312 hlasovalo pro tohoto jediného kandidáta na prezidentský stolec). KSČ byla úředně rozpuštěna koncem prosince. Na Slovensku byla už jen jedna strana – Slovenská národní jednota, zcela ovládaná luďáky. V Praze byl schválen zákon o autonomii Slovenska a Podkarpatské Rusi: doufalo se, že se tak předejde úplnému rozparcelování republiky.

Po zvolení Háchově podala vláda generála Syrového demisi a byla jmenována nová vláda v čele s Beranem. Ta od počátku usilovala o záruky pomnichovských hranic, přislíbené Anglii a Francii, ale i Německem a Mussoliniho Itálií. Bezvýsledně. Jednání se protahovala a výmluvy na všech stranách byly stejně průhledné jako nedůstojné. Úspěšnější byla Praha v otázce půjčky, rovněž přislíbené v Mnichově, i když to nebylo bez obtíží; už v říjnu byla v Londýně povolena záloha ve výši deseti miliónů liber. Vnitropoliticky bylo stále zřejmější, že Tiso a druzi usilují o odtržení Slovenska, že se o tom tajně jedná s nacistickými emisary a že protičeská nálada na Slovensku, dennodenně živená luďáckým tiskem, sílí. A čtyři procenta Němců, která v zemi zůstala, požadovala právo na »spoluvytváření prostoru, který po staletí poznamenalo němectví«.

V této všestranně nepříznivé situaci odjel ministr zahraničí (podle jména) Chvalkovský k Hitlerovi do Berlína – bylo to v lednu 1939. Členové ministrova průvodu vylíčili, jak Vůdce seřval Chvalkovského jako slouhu: Praha prý dělá všechno naschvál, všude se ještě rozvalují benešovci a Židi, a navíc se po Berlínu žádá záruka pomnichovských hranic – o tom nemůže být ani řeč. Hitler rovněž formuloval řadu požadavků, o nichž pražská vláda usoudila, že aspoň některé z nich bude nutno splnit. Čeští ministři se dohodli držet celou věc v tajnosti, neboť, jak zaznamenal Feierabend, »nesměli jsme svěřit, na čem jsme, ani důvěrně všem členům vlády, natož veřejnosti«. Opravdu, divná vláda, v níž všichni – říšští nacisté i domácí fašisté, luďáci, Varšava, Budapešť – měli své donašeče; neoblíbená vláda, kterou »národovci« obviňovali z kunktátorské politiky a nadržující »humanistům«, benešovcům a Židům, a kterou naopak demokratická část veřejnosti podezírala z ponížené kolaborace.

A jak čas ubíhal, hospodářská situace se zhoršovala, nezaměstnanost stoupala, rozpočet byl pasívní; byla vyhlášena nepopulární daň z výdělku; a ze Slovenska se hlásilo, že se tam aktivně a otevřeně připravuje odloučení země. Na počátku března se pražská vláda rozhodla, z popudu a na podkladě zpráv ministra generála Eliáše, pro ostrý zákrok. »Propustila« Tisovu vládu, jmenovala jinou, »spolehlivější«, nasadila vojsko (9. března), odzbrojila luďáckou gardu a jiné paravojenské útvary. Na první pohled se zásah povedl, odpor nebyl valný. Jenže radost z úspěšné akce netrvala dlouho. Už 12. března musel být Tiso propuštěn z fešácké vazby; den nato odjel do Vídně a odtud zvláštním letadlem, které zapůjčil sám Hitler, odletěl do Berlína, kde byl přijat se všemi poctami vyhrazenými hlavě státu. Na 14. březen byl svolán slovenský sněm, aby rozhodl, o čem už bylo rozhodnuto: o vyhlášení samostatného slovenského státu. Usnesení bylo jednomyslné. Téhož dne odjel Hácha v doprovodu Chvalkovského do Berlína.

O tom, co se tehdy u Hitlera odehrálo, existuje podrobný záznam, ale také různé verze, výklady a rozumování: co se mělo nebo nemělo dělat – kdo byl či nebyl zplnomocněn, to nestojí ani za zmínku, poněvadž všechno podstatné bylo jasné. Hácha, Chvalkovský, Beran a druzi byli přesvědčeni, že Hitler chce vyhlásit jakýsi český satelitní státeček po vzoru Slovenska. Ve skutečnosti v té bizarní noční audienci (v jejímž průběhu byl Hácha na pokraji mdlob a bylo nutno povolat lékaře) oznámil Vůdce, že se rozhodl přivtělit české země, vzít »český národ pod ochranu Německé říše« a vyhlásit nad ním protektorát. K zajištění tohoto rozhodnutí Wehrmacht už překročila hranice. Zbývalo, aby Hácha »dohodu« podepsal. Ne-li, hrozilo se mimo jiné leteckým rozbombardováním Prahy. Polozhroucený český prezident podepsal ve čtyři hodiny ráno 15. března 1939; pražská vláda si pak umyla ruce v prohlášení, v němž se pravilo, že jí nezbylo nic jiného než »podrobit se rozhodnutí, které přijal prezident republiky v Berlíně s vědomím, že jakýkoli odpor by znamenal zhoubu národa«.

Jak vidíte, mnichovský refrén se opakuje. Jen bych řekl, že s ohledem na postupující německé divize byla situace pro Čechy nepoměrně beznadějnější než za Mnichova. Navíc Podkarpatskou Rus a část východního Slovenska obsadili Maďaři, Poláci si taky utrhli své z těla republiky. Feierabend cituje generála Eliáše: »Němci mohli obsadit Prahu dřív, než bychom vylepili mobilizační vyhlášky.« A soudil, že »Hácha v Berlíně byl stejně bezbranný jako národ doma. Berlínský podpis je důsledkem Mnichova«. Názor, s nímž se asi sotva hne.

Ještě z Berlína dal Hácha příkaz československým branným silám, aby nekladly odpor a neničily svou výzbroj. Dopoledne 15. března pronikly už první německé jednotky do Prahy. Den byl šedivý, studená, nevlídná plískanice. Stál jsem s kamarádem na Václavském náměstí a mohu potvrdit, co zaznamenal Drtina: »Zde byl pohled na rozčilení a žal Pražanů nejdramatičtější a vskutku srdcervoucí. Ženy byly celé uplakané, ale hystericky na německé vojáky křičely, házely po nich tím, co měly v ruce, hrozily pěstmi, plivaly po nich. Některé se i pokusily strhnout německého vojáka z motocyklu, ale naši strážníci jim v tom zabránili. Dlažba byla poseta smetím, papíry, jablky, pomeranči a pomerančovou kůrou, kusy chleba, jak co lidé po Němcích házeli. Nenávist davu k nevítaným příchozím byla vášnivá a bouřlivá, jeho bolest neskrývaná a vzbuzovala lítost, že se nemohla vybít účinněji a prospěšněji.«

Nebohý prezident už neexistující republiky, vyčerpaný a zhroucený, se vrátil na Pražský hrad, aby tam ke svému překvapení zastihl mezi vysokými německými důstojníky, oslavujícími svůj levný úspěch, Vůdce všech Němců, uspokojením zářícího Adolfa Hitlera. Nastala éra Protektorátu Čechy a Morava. Trvala šest let a jednu dosud největší z válek.

Doporučená četba k sedmému večeru (kromě knih uvedených k večeru šestému)

Beer, Ferdinand: *Komunistická strana Československa v čele národně osvobozeneckého boje českého a slovenského lidu (1938 – 1945).* Praha 1956.
Český tisk z té doby.
Feierabend, Ivo K. : The Second Czechoslovak Republic, in: Rechcígl, Miloslav (ed.), *Czechoslovakia Past and Present.* Mouton, The HagueParis 1968.
Feierabend, Ladislav K.: *Ve vládách Druhé republiky.* Universum Press Co., New York 1961.
Kennan, George F.: *From Prague after Munich: diplomatic papers 1938–1940.* Princeton University Press, Princeton, N. J., 1968.
Křen, Jan: *Do emigrace. Západní zahraniční odboj 1938–1939.* Naše vojsko, Praha 1969.
Luža, Radomír – Mamatey, Victor S.: *A History of the Czechoslovak Republic 1918–1948.* Princeton University Press, Princeton, N. J., 1973.
Múdry, Michal: *Milan Hodža v Amerike.* Geringer Press Inc., Chicago, Ill., 1949.
Pavlík, B. (ed.) : *KSČ v boji za svobodu. Činnost a boj Komunistické strany Československa v době od mnichovské kapitulace až k národnímu osvobození.* Praha 1949.
Procházka, Theodore: *The Second Republic: the Disintegration of Post-Munich Czechoslovakia, October 1938 – March 1939.* East European Monographs (distributed by) Columbia University Press, New York 1981.
Přítomnost, nezávislý týdeník redigovaný Ferdinandem Peroutkou, ročníky XV a XVI. Praha 1938–1939.
Táborský, Eduard: *Presidentův sekretář vypovídá,* díl 1. Konfrontace, Curych 1978.
Vaněček, V.: *Dějiny státu a práva v Československu v letech 1938 – 1948.* Praha 1958.
Žižka, Václav (ed.): *Bojující Československo (1938 – 1945).* Praha 1945.

8

Osmý večer. Němci, Češi, Protektorát, druhá světová válka, počátky zahraničního odboje, Benešovo úsilí »odčinit Mnichov«.

Nějak se, pane, zlobíte! uvítala mě v poledne Lucie. A opravdu! Seděl jsem už hodinu v zahradní restauraci u stolu, který jsem zamluvil na oběd s Lucií a Milanem. Přišli oba z pláže, pomazaní olejem, jakoby připravení ke smažení v nějaké troubě. Lucie krásnější než kdy jindy, kluk snědý jak mulat a zřejmě hladový. Než přišli, probíral jsem se několika knihami, zaškrtával citáty na večer a – Lucie to uhodla – mrzel jsem se. Dnes bylo na programu údobí Protektorátu, německá okupace, válka, šest let domácího a zahraničního odboje – údobí pro vypravěče zvlášť nesnadné. Především, historie těchto let, to je zase jednou zvlášť rozporná záležitost: slavná pro jedny, dost ostudná pro druhé; prvořadá národní, státní, politická satisfakce v knihách jedněch pamětníků, prohloubení mravní a občanské ochablosti, zahájené Mnichovem a počátek dlouhého národního a pak i státního skluzu v úsudku jiných. Za druhé, zde v jugoslávské hospodě na kurs dějepisu se připravující sedmdesátiletý vypravěč odjel jako jedenadvacetiletý zelenáč do emigrace do Anglie. V Protektorátu byl sotva týden, podařilo se mu v prvních okupačních zmatcích získat na pražském gestapu propustku do právě vyhlášeného Slovenského štátu. Místo toho se vydal – na svém hrdém majetku, motocyklu Jawa 125 – směrem právě opačným, do nacistického Německa. A se svým přítelem Josefem Schwarzem-Červinkou projel až na holandskou hranici, kde jsme zásluhou obě oči zamhouřivšího britského imigračního úředníka dostali vstupní vízum do Anglie a ještě v březnu 1939 dojeli do Londýna. Jak tedy, téměř o půl století později, vykládat co možná objektivně události okupačních let, když memoárista v zemi nebyl a neprožíval s ní a jejím lidem tuhle zlou dobu? Nebude se mu vytýkat, že se mu to snadno mluví, když to všechno nezažil na vlastní kůži? Tím spíše, že nejednou o kůži lidí doslova šlo, často právě těch nejlepších. A až – to za třetí – bude vyprávět o tom, co zažil v Londýně za války, nepadne jiná logická námitka, že totiž tomuhle mladíkovi vůdcové odboje sotva špitali do ucha důvěrnosti nebo dokonce se svěřovali se svými úmysly, ambicemi a intrikami? Co tedy může vědět navíc než to, co už bylo zapsáno a zakódováno?

Všechno pravda. A teď, babo raď, jak dál! Přeskočit toto kritické, pro budoucnost rozhodující šestiletí by bylo stejně nemožné jako zbabělé (vždyť tu vypravěč dává na trh jen svou pověst víceméně nezaujatého pozorovatele, riziko věru zanedbatelné). Zbývala jediná možnost: ještě usilovněji čerpat z pamětí, záznamů a dokumentů o těchto šesti letech, citovat z nich a odvolávat se na ně, a co víc – úkol zvlášť nesnadný –, pokusit se udržet v rovnováze kladné i negativní, nadšené i rozhořčené, bezvýhradně pozitivní i kritické hodnocení často týchž událostí, tedy těch nespočetných pro i proti, jimiž se memoárová literatura o té době jen hemží. A zároveň si znovu připomenout – teď v půli vyprávění – co se vlastně večery s Lucií sleduje... Nezačaly snad jako pokus vysvětlit a osvětlit sociologicky i jinak složitý, leč nepopiratelný jev: proč dnes v Československu tolik lidí ve věku Lucie, kteří nepoznali jiný režim než ten, do něhož se narodili, je zklamáno, odzbrojeno, znechuceno ani ne tak vládnoucím systémem, ale životní polohou českého společenství, bezbarvou filozofií přežití, kterou zřejmě přijalo za svou a jejímž plodem jsou podmínky lidského a občanského soužití snad ještě horší a nepřijatelnější, než jaké běžně nastoluje každá diktatura? Tedy jakési mravní dějiny národa? Jenže pak sama nevědeckost pokusu implikuje, dokonce vyžaduje přístup nejen prostřednictvím historického faktu, ale také historické anekdoty! Což skýtá vypravěči asi tolik naděje přežít palbu kritiků, jakou má krmná husa před posvícením.

Tenhle příměr se Lucii zamlouval, takže když jsme zahájili večerní seanci, já už skoro zapomněl, proč jsem se v poledne tvářil tak naštvaně, že to Lucie zpozorovala. Na její dotaz, co se vlastně stalo, jsem to chtěl zahrát do autu, ale pak jsem se rozhodnul jinak. Vždyť to vlastně bylo taky k věci, i když zase jen o jednu anekdotu navíc. Takže jsem ten osmý večer začal, jak následuje.

Vzpomínáte si, Lucie, na okolnosti, které uváděli Beneš a čeští politikové jako důvody mnichovské kapitulace bez boje; úhrnem se to rovnalo závěru, že by to byl boj beznadějný, proti obrovité přesile, národ by se hnal zbytečně na krvavá jatka. A to navzdory armádě v síle přes milión mužů, prvotřídně vyzbrojeným, hlubokým a moderně (i když ne dokonale) vybaveným hraničním opevněním, lehkému a těžkému dělostřelectvu, více než patnácti stům bitevních letadel, skoro padesáti tisícům kulometů, velkým zásobám střeliva a pohonných látek, fungujícímu zbrojnímu průmyslu a – zdaleka ne na posledním místě – vůli velké části národa k vojenskému odporu. A vzpomeňte si, co jsme si řekli o Háchovi a jeho druzích: ti tohle všechno nejenom už neměli, ale navíc zdědili odzbrojenou armádu, statisíce lidí bez práce a bez přístřeší, republiku o třetinu menší s průmyslem a dopravou v troskách, s podlomeným a pasívním lidem. To všechno jako přímý důsledek kapitulace v Mnichově.

A teď si představte, že právě dnes ráno listuju v *Pamětech* Edvarda Beneše, v části nadepsané »Od Mnichova k nové válce a k novému vítězství«, a tam na straně 89 – zde, prosím, pražské vydání Orbisu z roku 1947, čtu tohle: »Dr. E. Hácha, náš nejvyšší soudce a právník, president státu, a dr. Chvalkovský, jeho zahraniční ministr, v březnu 1939 *obětovali* ve své trestuhodné politické malodušnosti a nevzdělanosti *mezinárodně i vnitřně stát, nemajíce k tomu ani práva, ani žádné legitimace a pověření.* Jsou věci práva a principy politické morálky,« pokračuje Beneš a zdůrazňuje proložením, »které se *nikdy – za žádnou cenu, ani za cenu jakýchkoli, ať předpokládaných, ať skutečných oportunistických politických výhod, ani pod nejkrutějšími hrozbami a nátlakem neobětují.* Takovým právem a principem byl a je pro nás náš jednotný národní stát. Podpis, vzdávající se svobodného státu a přijímající protektorát český a slovenský, neodůvodní, neospravedlní a *neomluví nikdo, nikdy a ničím.*«

Chápete, že se mi hnala krev do hlavy, když jsem si uvědomil, kdo je autorem těchto vysokých zásad: právě ten, kdo je v situaci po všech stránkách nepoměrně příznivější opustil, a to právě ve jménu pragmatických, politických a diplomatických okolností. Muž, který pod tíhou skutečných i předpokládaných výhod kapituloval a který tuto kapitulaci tisíckrát omlouval právě těmi »nejkrutějšími hrozbami a nátlakem«, které »mezinárodní i vnitřní obětování státu« nejen dovolovaly, ale vysloveně přikazovaly. Tento muž tedy o šest let později puncuje týž postup jako zradu. Navíc muž, který veřejně v Londýně (v lednu 1941) sám doznal: »...nové hranice byly [Mnichovem] stanoveny tak, že tento stát nebyl nadále schopen vojenského odporu.«

Benešův stín Drtina nasadil tomu všemu korunu, když se ve svých pamětech svěřuje, že Háchova »naprostá kapitulace a trpná podřízenost německým požadavkům« byla »skličující« a musela prý »všechny přesvědčené a odhodlané vlastence ... hluboce znepokojovat a urážet«. Neboť – poslouchejte dobře – »takto bez odporu a bez boje i bez jakéhokoli protestu se státní suverenita neztrácí a nesmí ztrácet«! – Ale to není všechno! Právě tito politikové, s jejichž jmény je ta původní a rozhodující »naprostá kapitulace a trpná podřízenost německým požadavkům« navždy spojena a z jejichž rukou Hácha a vláda Druhé republiky trosky státu přijali, si stěžují, že »proti faktickému zničení a ztrátě samostatnosti se v prvních okamžicích nepozdvihl ani stín aktivního odporu«! Podle Drtiny »každý voják a tím spíš důstojník, má-li k dispozici zbraně, má pouze jednu povinnost: použít jich, na nikoho a na nic se neohlížet, má povinnost ten kousek rodné země, na němž právě stojí, vydat nepříteli jen přes svou mrtvolu!«

A z této arogance mnichovských kapitulantů (a Drtina zdůrazňuje, že v tomto názoru není osamocen) vyplývá prý »zdrcující poučení o naší národní povaze«. Nasvědčuje to tomu, pokračuje pamětník, že »současná generace českého národa si zčásti nedovedla dostatečně vážit opět po staletích nabyté svobody a hlavně si dostatečně nedovedla uvědomit povinnosti z toho vyplývající. A to nejen pro postoj a jednání vládních představitelů, ale také pro chování nebo pasivitu mnohem, mnohem širších kruhů české národní pospolitosti. (...) Bohužel, bylo dost takových zjevů, které otvíraly nečekané a nevídané pohledy na naši národní povahu a na mravní stav současné národní společnosti«. Drtina s nechtěnou ironií – poněvadž zřejmě myslí nikoli na Beneše a na sebe, ale na ty druhé – konstatuje, že národ, který trpí ve svém čele kapitulantské politiky a státníky, »se vydává v nebezpečí, že bude pokládán za národ, který není své svobody hoden«.

Takže se nedivte, když mě dnes ráno při téhle lektuře trochu stoupl tlak. Dalo by se to totiž obrátit podle známého rčení, že ryba smrdí od hlavy. Co když ten nízký stav národní morálky má svůj nejpůvodnější zdroj ve vychytralé, bezpáteřné a nejednou zbabělé politice těch v čele? Copak právě oni a před nimi jiní bezúhonní vlastenci celých sto let nepřesvědčovali lid, že je národem malým a bezmocným, že je lepší se přikrčit než udeřit, spíš fixlovat než jednat na rovinu, vzdát to, švejkovat nebo fňukat? Jestliže vycházíme z mnichovských událostí jako z těch, které nalomily mravní páteř české společnosti, pak se tu začnou hromadit otázky: byl to snad lid, odhodlaný k nerovnému zápasu, kdo ji nalomil, nebo hrstka politiků, která rozhodla o kapitulaci, aniž se s tímto lidem dohodla nebo aspoň vyslechla jeho hlas? Nebylo to spíš tak, že tento lid – jemuž stačí napovědět, aby pochopil – viděl, jak se to kroutí »nahoře«, a prostě se zařídil podle toho?

Samé otazníky, vpadla Lucie a ironicky se zašklebila. *Váš názor?!*

Promiňte. Zde je. Myslím si, že když se to všechno poměří, tak v krizovém údobí 1938–39 ukázal ten lid, o němž je tu řeč, víc občanských ctností, víc zdravého rozumu, víc správných závěrů, víc odvahy než jeho vůdci. (Mimochodem, podobná situace se opakovala v srpnu 1968.) A jestliže opravdu v těch druhorepublikánských a protektorátních dobách to šlo morálně z kopce s částí českého národa, pak tento úpadek aspoň do jisté míry souvisel se selháním vůdců. Podle mého soudu by měl být vždycky posuzován z tohoto úhlu a v této návaznosti. Stačí? Děkuji.

Protektorát Čechy a Morava byl vyhlášen Němci 16. března 1939. Bylo určeno, že všechna státní moc přechází do rukou okupační správy, kterou řídí říšský protektor. Pravomoc protektorátní vlády a prezidenta podléhá říšským příkazům. Německé obyvatelstvo na území Protektorátu má právo exteritoriality a podléhá přímo německým úřadům. Úředním jazykem ve styku s německými úřady je němčina. Hospodářství bylo řízeno z Říše už s ohledem na potřeby Berlínem plánované a připravované války. V říjnu 1939 byly v Protektorátě zavedeny příděly na některé potraviny, na textil a boty, takže začal kvést černý obchod. Němci nařídili rozsáhlou konfiskaci českého majetku a arizaci majetku židovského. Výkup zemědělských výrobků byl prováděn na základě kontingentních rozpisů a tak rolníkům nakonec zbylo legálně moc málo k výživě vlastní rodiny, na krmiva a setbu. Tady taky černý trh bujel, i když tresty byly drastické. A začalo se s najímáním českých dělníků na práce v Německu. Nikdo nebyl nucen, ale podmínky byly dobré a tudíž dobrovolníků dost; jen dva měsíce po vpádu pracovalo v Říši na 25 000 Čechů, v srpnu téhož roku jich bylo už 80 000. Drtina mluví dokonce o statisících, a pranic se mu to nelíbí. Dělníci prý šli za lepším a nevadilo jim, že se tak »dali do služeb nepřítele«.

Nebezpečnější než hospodářské rabování, jak poznamenává například Feierabend (který i po zřízení Protektorátu zůstal ve vládě) bylo »ničení mravních sil českého národa«. Němci zavedli systém informátorů, uplácceli, korumpovali a samozřejmě také strašili a trestali. Udání Čechů Čechy bylo víc, než by se slušelo. Bulvární listy dennodenně ponoukaly k »upřímné spolupráci s Němci«, ale i seriózní tisk vyzýval k přežití, k zachování »holého života«; vychvaloval se »typický český realismus«, varovalo se před zbytečnými iluzemi, že se snad něco změní, »češství« bylo »zlatým pokladem národa«, i když to češství zůstávalo pojmem dost mlhavým, ne li rovnou synonymem pro kolaboraci.

Ale dřív než se pustíme do analýzy těchto a jiných úkazů, promítněme si počáteční historii Protektorátu do širších souvislostí té doby. Řeč bude také o počátcích československé zahraniční akce a o prvních politických krocích Beneše v exilu.

Nejdřív k mezinárodně politickým důsledkům vpádu Němců do zbytku kdysi nezávislé Československé republiky. Ukázalo se, že to byla událost kardinální. Jako by se svět chytil za nos. I mnozí zatvrzelí »mnichované«, které velká část britského i francouzského lidu ještě nedávno oslavovala jako zachránce míru, pochopili, jaký to byl omyl, když uvěřili, že vyřešení »sudetoněmeckého problému« bylo posledním Hitlerovým požadavkem v Evropě. Víc: že o tento problém – a o nic jiného – opravdu šlo. Vůdce byl ještě na Pražském hradě, když ministerský předseda Chamberlain odsoudil surové zardoušení svého mnichovského děcka – Druhé republiky – a londýnské Times rovnou vyhlásily, že v důsledku toho »Mnichov je mrtev . . . byl to poslední pokus zachránit evropský mír«. Britský ministr zahraničních věcí lord Halifax doznal, že britská politika se změnila »v důsledku událostí z 15. března 1939«; britská vláda odmítá uznat, aby »ve XX. století měl jeden národ právo ovládat jiné národy«. Také ve Francii se začalo chápat, že Mnichov nebyl žádné vítězství, ale naopak velký omyl. Ale to všechno byla zatím pořád jen slova, i když obě země přece jen už usilovněji zbrojily. Zároveň pán všech Němců Adolf Hitler jen týden po vpádu do Prahy přinutil malý baltský stát, Litvu, aby mu postoupil přístav Klajpedu, a zároveň vymáhal na Polsku – na té zemi, která v mnichovské krizi nejen odmítla Čechům pomoct, ale žádala a dostala kus Slezska – zřízení exteritoriální dálnice přes tzv. polský koridor k Baltickému moři a připojení Gdaňska k Říši. A netajil se tím, že co nedostane po dobrém, vymůže si silou.

O tom, že to Vůdce myslí vážně, nemohlo být po zkušenostech s ním mnoho pochyb. Proto překvapilo – a tady jsme u rozhodujícího obratu v tehdejším vývoji a u konce politiky appeasementu evropských demokracií třicátých let –, když Chamberlain oznámil na počátku dubna 1939 v Dolní sněmovně, že Británie dala varšavské vládě záruku, že bude hájit územní integritu Polska v případě cizí agrese; a je zmocněn prohlásit, že tutéž záruku poskytla vláda francouzská. Samozřejmě, mohla byste právem namítnout, že tahle smlouva (o něco později podepsaná také Rumunskem a Řeckem) měla zas jen cenu papíru, na němž byla stvrzena. A opravdu, otázkou i nadále bylo, zda Hitlera tato nová situace odradí od dalších výbojů, v opačném případě pak jestli obě západní mocnosti dodrží, k čemu se tak nečekaně zavázaly. Ještě snad připomínku, že Mussoliniho fašistická Itálie – která spolu s Hitlerovou Říší a později s Japonskem tvořila tzv. státy Osy Berlín – Řím – Tokio – obsadila v dubnu 1939 Albánii, vyhnala tamní královský dvůr a dosadila italského krále Viktora Emanuela III. na albánský trůn. Jinak se zbrojilo a čekalo.

Kdo nezahálel ani chvilku, byl tehdejší lektor v oboru vývoje demokracie a jejích problémů od konce 18. století, profesor sociologie na univerzitě v Chicagu dr. Edvard Beneš. Působil tam sotva šest týdnů, když přišel 15. březen 1939. Ještě tu noc koncipoval text telegramu, který na druhý den zaslal ministerským předsedům Chamberlainovi do Londýna, Daladierovi do Paříže, prezidentu Rooseveltovi do Washingtonu, ministru zahraničních věcí Litvinovovi do Moskvy a předsedovi Rady Společnosti národů do Ženevy. Podstatná část telegramu zněla takto: »Lid český a slovenský se právě stal obětí velikého mezinárodního zločinu. Lid československý sám nemůže protestovat a po událostech minulých měsíců nemůže se také sám bránit. Proto jako bývalý president Československé republiky vznáším tento slavnostní protest: „V září minulého roku u příležitosti sporu německo-československého mně byly předloženy francouzsko-britské návrhy a několik dní poté i mnichovské rozhodnutí. Oba tyto dokumenty obsahovaly slib, zaručující integritu a bezpečnost československého území, vyžadujíce zároveň od československého národa neslýchané oběti v zájmu evropského míru. Československý lid tyto oběti přinesl. Přesto jedna z velmocí, které podepsaly mnichovskou dohodu, rozděluje nyní naše území, obsazuje je svým vojskem a ustanovuje nad ním svůj ‚protektorát' pod hrozbami násilí a vojenské moci. Před svědomím světa a tváří v tvář dějinám jsem nucen prohlásit, že Češi a Slováci nikdy nepřijmou toto nesnesitelné potlačení svých svatých práv ... Prosím Vaši vládu, aby odmítla uznat tento zločin a aby vyvodila důsledky, jaké dnes naléhavě vyžaduje tragická situace Evropy a světa. Zasílám současně tento telegram ..."« a tak dále. Podepsán »Edvard Beneš, bývalý president Československé republiky, profesor university v Chicagu«.

Intervence správná a důstojná, i když ne zcela přesná, poněvadž, jak víme, žádná ze signatářských zemí mnichovského rozhodnutí formálně nikdy nepodepsala územní záruky, k nimž se zavázala. Zajímavé je, že Edvard Beneš sám sebe označuje za »bývalého presidenta« – ostatně poprvé a ne nadlouho. To má svou historii. Mluvili jsme myslím už o tom, že po své abdikaci se Beneš zavázal, že se v cizině bude stranit politické činnosti, aby, jak vzkázal v lednu 1939 do Prahy, nepůsobil potíže Beranovč vládě »v její nynější situaci, jejíž těžkost úplně uznává, a činnost vlády za těchto poměrů plně oceňuje«. Ve skutečnosti, jak doznává ve svých pamětech publikovaných po válce, hned po příjezdu do londýnského exilu »organizoval podzemní styk s vlastí«. Pražská vláda ostatně už tehdy v důvěrném vzkazu žádala, aby »s tím vším přestal«.

Německý březnový vpád v pojetí Benešově tuto podmínku, aspoň navenek zachovávanou, anuloval. S tím souviselo a mnohem důležitější bylo, že od té chvíle stěžejní ideou počínající zahraniční odbojové akce byla teze o právní *kontinuitě* První republiky. Ta podle ní existovala právně dále; »mnichovský diktát« nebyl nikdy prezidentem a vládou uznán, proto nikoho nezavazoval a německá invaze tohle všechno jen potvrdila. Z toho vyplývalo, že také Benešova abdikace jako hlavy státu byla neplatná, rozhodně byla jen výsledkem okolností republice vnucených; tudíž dr. Beneš a jeho političtí přátelé v exilu jsou oprávněni »vystupovat v duchu právní kontinuity státu *jako representanti a symbol boje celého národa*« (formulace je Benešova a jím zdůrazněna v *Pamětech*, v nichž autor stvrzuje »neplatnost mé resignace presidentské«). Jenže tehdy, v březnu 1939, to byl věru sporný nárok. Beneš sám později zdůvodnil svůj podpis (bývalý president) na telegramech takto: situace nebyla tehdy tak zralá, »abychom položili *hned a veřejně* požadavek právní kontinuity předmnichovské republiky« – a tedy i kontinuity prezidentského úřadu. A dodal, že »lidé zlé vůle« tohoto »abdikačního« podpisu zneužili proti němu, podobně jako už zmíněného dopisu z Londýna z 30. listopadu 1938, adresovaného Háchovi, v němž Beneš výslovně zdůrazňuje, že »všichni u nás se sjednotili na Vaší volbě« jako pravoplatné hlavě státu.

Odpovědi na protestní telegramy z 16. března 1939 byly účastné, ale rezervované. Roosevelt nadepsal svůj dopis »Milý dr. Beneši« a sděloval, že vláda Spojených států vzala na vědomí »správu německých úřadů« nad územím Čech a Moravy, ale »neuznala tuto situaci jako právní stav«. Chamberlain v úsečném telegramu odkázal na svůj projev ze 17. března, v němž německý vpád odsoudil. Litvinov neodpověděl přímo – poskytl československému vyslanci v Moskvě opis protestní nóty, kterou sovětská vláda odevzdala u ní akreditovanému německému vyslanci. (Do téhle rány Stalin později nasypal sůl, když v půli prosince bylo oznámeno Fierlingerovi, že sovětská vláda považuje jeho funkci jako československého vyslance »od 1. ledna 1940 za skončenu«. Zato uznala diplomatické zastoupení samostatné Slovenské republiky.) Daladier neodpověděl vůbec.

Reakce a zprávy tedy nijak zvlášť dobré. Jenže Edvard Beneš byl rozený optimista, muž s posláním ne snad jen politickým, ale velice osobním – odčinit tu obrovskou nespravedlnost zvanou Mnichov –, člověk, který politikou žil a dýchal, denně ji prožíval, analyzoval, vracel se k ní. Navíc se ve svých odhadech, dalo by se říct proroctvích, o pomnichovském mezinárodně politickém vývoji opravdu nemýlil. Mnohokrát je opakoval ve veřejných projevech i v důvěrných rozhovorech, ve vzkazech do vlasti, rozvíjel je v nekonečných rozhovorech. Stěžejní body těchto odhadů a proroctví znějí asi takto a všechny se datují z doby těsně pomnichovské:

1. Mnichovem se válka neoddálila, naopak přiblížila, pokud jím vůbec nezačala.

2. Válka mezi Německem a západními demokraciemi vypukne ještě v roce 1939, nejpozději v roce 1940. Konflikt začne Hitlerovým napadením Polska.

3. Francie je v mravním rozkladu a »hrozně odpyká zradu«, kterou na Československu spáchala. Přesto jí nic jiného nezbude než vstoupit do války proti Hitlerovi po boku Velké Británie.

4. Hitler půjde na všechny, na Západ i na Sovětský svaz; nakonec i Spojené státy vstoupí do válečného konfliktu. SSSR bude protinacistické Čechoslováky »v každém případě držet a podporovat«.

5. Od počátku budou Češi a Slováci stát na straně západní aliance, a to prostřednictvím domácího a zahraničního odboje, diplomacie a zahraničního vojska.

6. Obnova Československa »je dnes už věcí jistou« (vzkaz politickým přátelům do Prahy 21. srpna 1939, pár dní před vypuknutím války).

7. Válka přivodí všude, a tudíž taky v obnovené Československé republice, ohromné, revoluční změny mocenské, politické, hospodářské, sociální; Beneš s nimi počítá a řídí osvobozenecký zápas podle toho.

Obkroužím těch sedm bodů odvážnou křivkou: všechno se tak stalo do slova a do písmene. Včetně posledního bodu. Jenže ty převratné změny Beneš sice správně předpověděl, ale od počátku soustavně a sveřepě podceňoval, odmítal i jen uvažovat o jejich možném negativním dopadu na základní svobody národa a státu. Dopad nakonec věru tragický pro Beneše i pro zem, které tento nesporný patriot zasvětil svůj život. Nechtěl je vzít v úvahu ani tehdy, kdy už o nich nemohlo být pochyb.

Druhá světová válka skutečně vypukla už v září 1939 a opravdu začala Hitlerovým napadením Polska; proti očekávání mnohých Velká Británie a Francie spojeneckou smlouvu s Polskem respektovaly a vyhlásily Německu válku; rozklad Francie se opravdu projevil její kapitulací o necelý rok později; ospravedlnilo se Benešovo rozhodnutí vést odboj nikoli z Paříže, ale z Londýna; později »šel« Hitler na Sovětský svaz; Amerika vstoupila po boku spojenců do války a tím rozhodla o jejím vítězném konci; Moskva Beneše a jeho zahraniční akci po vpádu nacistů do Sovětského svazu opravdu »držela a podporovala« – ano, vím, co chcete říct – až moc a až do toho trpkého konce; Československo bylo uznáno za rovnocenného válečného spojence vítězných mocností, Mnichov byl »oduznán«, československý stát obnoven nespornou a hlavní zásluhou Edvarda Beneše, který opět stanul v jeho čele.

Jaká jasnovidnost! Jaká sláva! A: jaká pohroma!

Pomineme-li ten poslední výkřik a vrátíme-li se do roku 1939, jednu událost Edvard Beneš přece jen se stejnou jistotou nepředvídal: německo–sovětský pakt o neútočení. To by samo o sobě nebylo nic zvláštního ani zlého. Zlý a pro demokrata a Masarykova žáka Beneše málo povznášející je však způsob, s nímž se v *Pamětech* vypořádává s přímými a bezprostředními důsledky této ostudné kapitoly moderních dějin. Beneš v análech píše, že pokládal »s hlediska sovětského jako logický krok, když krátce po vypuknutí polské války a po rozdrcení Polska „Blitzkriegem" Sovětský svaz se rozhodl obsadit část východního Polska a vytvořit postupně své vojenské a strategické základny v baltických státech. Nebyla to pro mne,« pokračuje, »jen otázka nějakého obsazení území, na něž si činil Sovětský svaz nárok; šlo především o zaujmutí výhodných pozic, jež by Sovětský svaz co nejvíc zabezpečily pro případ jeho pozdější účasti na světovém zápolení.«

Sotva se nalezne v memoárech demokratických státníků, zdůrazňujících (jako to soustavně dělá Beneš) morální principy coby základ každé slušné politiky, cyničtější přístup k osudné a pro několik hrdých národů tragické události. Nejenže tu takto kalkuluje člověk, jehož země byla obětí podobné parcelace a násilné okupace, jimiž si jiná velmoc taky »zabezpečovala výhodné pozice«. A nejenže přechází mlčením surovost, s níž si do včerejška úhlavní ideologičtí nepřátelé rozdělili kořist, ale prostě pokládá čtvrté dělení Polska, sovětský zábor východní části země, likvidaci tří nezávislých baltských republik a jejich připojení k Sovětskému svazu za »daný fakt«. Pakt, který to všechno umožnil, jeho »správnost nebo oprávněnost« ho příliš nezajímaly, podobně prý jako »vášnivé polemiky, diskuse, spory, výklady a vzájemná obviňování z různých stran, jež hned /po uzavření smlouvy/ v celém světě následovaly. Byly to polemiky nekonečné, týkající se událostí pro mnohé i dnes ještě ne zcela jasných . . .« Jenže ony jasné byly, rozhodně v té době po válce, kdy Beneš své paměti redigoval; naopak, málokterá událost byla nakonec tak bohatě a průkazně dokumentována, jako právě tato nečekaná, z čistého pekla spadlá smlouva z 23. srpna 1939. Beneš byl při psaní svých vzpomínek veden taktickými ohledy, nikoli snahou o historickou pravdu; ta mohla vyvolat nevoli Kremlu, kde dosud zasedal supergeroj Velké vlastenecké války Josef Stalin, s nímž poválečné Československo mělo smlouvu o přátelství a vzájemné pomoci, a také na ně – jako na Polsko a baltské státy – dopadal hrozivý stín velkého souseda.

Počkejte, počkejte, zarazila mě Lucie v mém rozhořčení, *tu sovětsko–německou smlovu jste nějak moc rychle odbyl, skoro jako doma, když jsme ve škole na tuhle záležitost narazili. Věděli jsme, nebo tušili, že to byl nějaký podraz . . . Jenže nám řekli, když vůbec něco, že proti našemu sovětskému bratru byla vedená pomlouvačná kampaň v souvislosti s paktem SSSR– Třetí říše nebo že se Anglie a Francie domlouvaly s Hitlerem za zády Sovětského svazu a tak je Moskva prostě předběhla. Jak to teda vlastně bylo?*

Vyhovím, provedu, ale opravdu jen v hrubých konturách, přičemž se budu opírat o dokumenty předložené na poválečném norimberském soudu s německými válečnými zločinci, o Churchillovy paměti, o Deutscherovu knihu o Stalinovi a některé další publikace o tomto údobí.

Tak tedy: řekli jsme, že pár týdnů po vpádu Němců do Prahy zaručily britská a francouzská vláda územní nedotknutelnost Polska a zavázaly se, že v případě vojenské agrese mu přijdou vojensky na pomoc. Překvapení zejména v západním světě bylo značné: táž Daladierova Francie, která byla smluvně spjatá s Československem a smlouvu nedodržela, táž Chamberlainova Anglie, která dělala, co mohla, aby se mnichovská »dohoda« stala skutkem, tyto dvě vlády najednou daly záruky nepoměrně riskantnější než ty, jejichž splnění bylo ještě necelý rok předtím zavrženo. Riziko o to větší, že Hitlerovy výhrůžky Polsku byly stále divočejší a jeho válečná mašinérie stále hrozivější. Jaký div, že státníci Osy (s pozoruhodnou výjimkou Hitlera) i mnozí západní politikové odhadovali, že v okamžiku vrcholící krize se mnichovská epizoda v nějaké podobě bude opakovat. A co Stalin? Podle Deutschera to bylo brzo po Mnichově, kdy kremelský pán začal uvažovat o možném sblížení s Německem. Vždyť původní mnichovské naděje na stoletý mír se rychle rozplynuly. A bylo jasné, že Hitler se vydá na další výboje, nejspíše směrem na východ. Kde se zastaví na svém postupu? Nebo se naopak obrátí na západ proti té mocnosti, která mu především stojí v cestě, Anglii a britskému impériu?

Psal se 17. duben 1939. Toho dne Stalin odmítl jakýkoli jednostranný závazek jít v případě agrese na pomoc Polsku nebo Rumunsku. Tenhle návrh mu už dříve předložili Britové a Francouzi. Místo toho nabízel spojenectví a vojenskou alianci mezi Británií, Francií a SSSR za podmínky, že tyto tři mocnosti zároveň zaručí bezpečnost všech zemí mezi Baltským a Černým mořem. Téhož dne sovětský vyslanec v Berlíně prohodil jakoby mimochodem v rozhovoru s německým státním tajemníkem Weizsäckerem, že z hlediska Moskvy možnost dorozumění mezi oběma zeměmi nemusí být nutně jenom přelud. A jako na důkaz, že tomu tak je, Stalin propustil z věrných služeb komisaře pro zahraniční záležitosti Maxima Litvinova, jehož židovský původ a dlouhý zápas o kolektivní bezpečnost ve Společnosti národů ho nedoporučovaly jako příštího možného vyjednavače s nacisty. Na jeho místo byl jmenován Vjačeslav Molotov, člověk neskutečné trpělivosti (mluvilo se o něm později jako o muži s »železnou zadnicí«), ale hlavně důvěrník a oddaný služebník Stalinův.

Vysoká hra začala. V nacistické propagandě se najednou už nešturmovalo do boje proti bolševismu a německý vyslanec v Moskvě hrabě Schulenburg byl zplnomocněn nabídnout Sovětům výhodné úvěry. Zároveň jednání s Brity vázlo, pravda, ne výlučně vinou Sovětů. Jak připomíná Churchill, Stalin nedůvěřoval Angličanům a Chamberlain Rusům. Za londýnskou vládu vyjednávali v Moskvě sice osvědčení, ale přece jen řadoví úředníci Foreign Office. Němci naopak jednali na nejvyšší úrovni a postupovali rychle. Už 3. srpna 1939 hází Schulenburg z příkazu Berlína tučnou návnadu: Říše »hodlá respektovat sovětské zájmy v Polsku a v baltských státech«. A vyslanec žádá o schůzku říšského zahraničního ministra Ribbentropa s Molotovem. Stalin nespěchá, prodlužuje hru. Jednání s Brity pokračují, což má navíc tu výhodu, že Němci začínají být nervózní: jaké jsou skutečné úmysly gruzínského lišáka? Zároveň má Hitler naspěch, takže když v půli srpna Stalin konečně souhlasí se schůzkou Molotov – Ribbentrop (prý »asi tak za týden«), na níž se má jednat o paktu o neútočení na podkladě *sovětského* návrhu, všemocný Vůdce posílá Stalinovi osobní, naléhavé a co do tónu až hysterické poselství: prosí o pokud možno okamžitou schůzku. Stalin určuje datum a místo: 23. srpna v Moskvě.

Ve dvou nočních schůzích obě strany vypracují podmínky, podepíší pakt o neútočení a »dodatečný tajný protokol«. Ve smlouvě se určuje, že obě mocnosti zůstanou přísně neutrální, když jedna z nich se octne ve válce. Také mezi sebou budou obě mocnosti řešit případné spory »v přátelské výměně názorů«. Tajný protokol určoval, že v případě války proti Polsku zabere SSSR celé východní území země, ohraničené na západě řekami Narevem, Vislou a Sanem, až k předměstí Varšavy. Zbytek připadne Němcům. Protokol dále pamatoval na Finsko, Estonsko a Lotyšsko, které budou pokládány za »sovětskou zájmovou oblast«. Nakonec padla do sítě SSSR také Litva. Mimochodem: k přivtělení východního Polska a baltských států nedošlo tedy, jak píše Edvard Beneš, »po rozdrcení Polska«, ale bylo dohodnuto a stvrzeno právě v tomto »tajném protokolu«. Po porážce Poláků se podmínky paktu ještě vylepšily ve prospěch Moskvy: Rudá armáda prakticky obsadila Estonsko, v Litvě a v Lotyšsku se pilně vraždilo a vyváželo na Sibiř; a když v červnu 1940 padla Francie, Stalin připojil tyto tři země k SSSR. Podobný osud stihl Besarábii a severní Bukovinu. Ve Finsku to nešlo tak lehce, Finové se bránili Rusům způsobem, který vyvolal ve světě obdiv, v Moskvě zděšení. V březnu 1940 muselo nakonec Finsko postoupit kus svého území a všechny strategicky důležité základny, ale – událost hodná zamyšlení nad rozhodnutím malého národa bránit se sám náporu obrovské přesily – země nebyla nikdy přivtělena k SSSR.

Takže když se to všechno sečetlo, nebyl to pro Stalina špatný obchod: 450 000 čtverečních kilometrů s 22 milióny obyvatel, bohatá kořist, hranice posunuté daleko na západ, leningradská výspa méně zranitelná. To všechno, když nepočítáme Finsko, bez místních válek, v neutralitě a v náležitém opojení v Kremlu. Jsou záznamy o tom, jak po podepsání paktu se v kremelských síních mohutně popíjelo a připíjelo, jak Stalin a Ribbentrop mezi sebou žertovali a plácali se po zádech a jak se Vožď smál, když líčil, jak vypekl a ponížil britskou vyjednávací misi, která snad až do poslední chvíle doufala, že široká protinacistická aliance britsko–francouzsko–sovětská se přece jen prosadí.

Pak už to šlo všechno ráz na ráz. 1. září 1939 ve 4 hodiny 45 minut ráno vpadla německá Wehrmacht do Polska. V poledne 3. září Chamberlain chvějícím se hlasem oznámil v rozhlase, že Velká Británie vstoupila do války s Německem. Francie následovala. Vzpomínám si, jako kdyby to bylo dnes, jak se nad Londýnem rozezvučely sirény, jejichž kvílivý nářek jsme pak slyšeli skoro šest let a zvykli si na něj. Čekal se okamžitý německý nálet. A tak přítel Schwarz, já a další kamarádi, kteří v počtu až neuvěřitelném obývali dvě místnosti v londýnském Českém klubu, jsme napjatě vyhlíželi německé bombardéry. Nepřiletěly. Válka se odvíjela docela jinak, než jsme si mysleli my a s námi i mnohem zkušenější lidé. Poláci vedli statečný, ale zoufale nerovný boj. Po čtyřech týdnech bylo po všem. Dosud neznámá nacistická blesková pancéřová taktika »kleští« se skvěle osvědčila. Na druhém, východním konci čekala Rudá armáda na svou chvíli. 17. září překročila prakticky nechráněné polské hranice, valila se širokou frontou k západu, po osmi dnech obsadila Vilno a v Brestu Litevském se spojila se svými německými druhy ve zbrani. Noviny přinesly fotografie, na nichž se vojáci s hakenkrajcem zubí na Rusáčky s rudou hvězdou. Z varšavského rozhlasu zazněla naposled polská hymna a Hitler vstoupil do trosek města. Třicet pět miliónů Poláků – po obou stranách dělící čáry – se dostalo do spárů těch, jimž – slovy Churchillovými – šlo »nejen o výboj, ale o zotročení, ne-li rovnou o totální vyhubení polského národa«.

Stalin tedy nepřišel zkrátka, ale Velkoněmecká říše taky ne: měla krytá záda na východě, slušnou válečnou kořist, ale hlavně: sovětsko – německý pakt umožnil Hitlerovi, aby v osmi měsících, které ho dělily od ofenzívy proti Francii, přesunul prakticky všechny své divize na západ (vzrostly ze 42 na 155). Na nové východní hranici se Sovětským svazem zůstaly slabé útvary, o nichž jeden německý generál žertoval, že by stačily tak na vybírání cla. Ale jaké obavy! Koncem září podepsala Moskva další pakt s Berlínem, »smlouvu o přátelství«, v níž se rozdělení Polska potvrdilo. Navíc bylo řečeno, že budou-li Británie a Francie pokračovat ve válce, obě vlády se »poradí o dalších potřebných krocích«.

Po osmi měsících »phoney war«, podivné války, kdy Francouzi seděli bez hnutí v Maginotově linii, se stalo, co kdekdo čekal: Němci zahájili ofenzívu. Evropské země padaly jedna po druhé pod dlouho připravovanými bleskově provedenými údery německé válečné mašinérie na souši, na moři, pod mořem a ve vzduchu: Dánsko, Norsko, Lucembursko, Belgie, Holandsko a v červnu 1940 Francie. Hitler v Paříži tančil z radosti nad úspěchy, dosaženými v rekordně krátké době revoluční, dosud neznámou válečnou taktikou. Bylo to tak oslnivé, že Molotov jménem sověské vlády jako jeden z prvních blahopřál Hitlerovi k tomuto »skvělému výkonu německých branných sil«.

Anglie, kterou oddělovalo od nepřítele pár kilometrů Lamanšského průlivu, zůstala sama ve vojenském konfliktu, který se zdál už rozhodnut ve prospěch Osy. Jenže, jak jednou řekl Churchill, tihle britští ostrované jsou zvláštní lidé: čím je nebezpečí větší, tím jsou klidnější; když je bezprostřední, jsou odhodlaní; a když je smrtelné, jsou nezlomní. A opravdu: my, kteří jsme s Angličany a se Spojeným královstvím měli tu čest bezprostředně a společně prožívat válečné osudy, můžeme dosvědčit, že tento lid si počínal příkladně statečně a skromně zároveň, inteligentně, ale také s humorem – to všechno v rámci plně fungujících demokratických institucí pod vedením vlády Jeho Veličenstva, při zachování všech základních svobod a občanských práv. Představte si, Lucie, že my cizinci, pravda, spřátelení cizinci, »friendly aliens«, jsme byli na britském ouřadě za celou válku všehovšudy jednou: vydali nám průkaz časově neomezený, a nepamatuju se, že by mě i jen jedinkrát vyzval londýnský *bobby*, abych mu ho ukázal.

Po pádu Francie nastaly těžké doby. Spojené království zůstalo samo ve válce, kterou Hitler pokládal už za vyhranou. Všechno nasvědčovalo tomu, že je jen otázkou času, kdy anglická ostrovní pevnost bude námořní blokádou a leteckými nálety sražena na kolena a požádá o příměří. Hitler a jeho maršálové s tím počítali vcelku najisto. Tím spíše, že při evakuaci – mimochodem mistrně provedené – své expediční armády z Dunkerque ztratila Británie obrovské množství válečné výzbroje. V britských fabrikách se pracovalo do úpadu a dobrovolně na tři směny, aby se ztráty nahradily. Jenže co to bylo proti gigantickým německým silám, prvotřídně a po zuby vyzbrojeným, s velkými rezervami v zázemí, s italským spojencem ohrožujícím britské impérium ve Středozemí a v Egyptě, se zády krytými sovětským neutrálem, dodávajícím drahocenné suroviny – krátce, jak tehdy poznamenal Churchill: »Jestli se nám něčeho nedostávalo, tak to určitě nebyli nepřátelé.«

Invazi ostrova, kódovanou jako »Lvoun«, připravovali Němci od počátku války. Měla být provedena přes Lamanšský průliv, jakmile se dostaví výsledky systematického bombardování především jižní Anglie a Londýna a intenzívní ponorkové války na moři. Navíc u Atlantického afrického pobřeží utrpěla britská námořní flotila porážku po boku francouzských »svobodných sil« (vedených z Londýna generálem de Gaullem) v operacích, v nichž se mělo zachránit co se dalo z francouzských koloniálních držav.

»Náš osud,« vzpomíná Churchill, »závisel na vítězství ve vzduchu.« Svým rozsahem dosud nevídaná německá letecká armáda byla připravena k útoku z letišť podél celého belgického a francouzského pobřeží průlivu: 2669 letadel, z toho 1361 bombardérů. Bitva, která už přešla do válečných análů jako Bitva o Británii, začala 10. července 1940. Britská města hořela pod jejich náporem, desetitisíce civilistů zahynulo v troskách, britští stíhači měli velké ztráty, ale převyšovali Němce kvalitou svých strojů, výcvikem a odvahou. Luftwaffe nasadila do bojů podstatnou část svých sil; Londýn (bombardovaný nepřetržitě 57 nocí) přesto nepodlehl. Ponorková válka rovněž nepřinesla předpokládané výsledky, takže Führer musel několikrát odložit zahájení operace

»Lvoun«. Nakonec k ní nikdy nedošlo. V říjnu velká Bitva o Británii skončila, nálety ovšem pokračovaly, Němci pouze změnili taktiku: od soustředěného masívního náporu k leteckým útokům na výdrž – až do úplného vyčerpání. »Vyčerpání?! Ale koho?« komentoval Churchill s vyzývavostí jemu vlastní. Britský zbrojní průmysl nejenže nebyl zničen, ale pracoval dál plnou parou. Spojenecké operace v libyjské poušti byly úspěšné. A tak v tom rozhodujícím roce 1940, kdy Británie po šest měsíců sama odolávala největší válečné mašinérii všech dob a kdy vítězství nacistů se zdálo na dosah ruky, osamělý ostrovní odpůrce vydržel a vytrval.

Prvních šest měsíců roku 1941, kdy Británie zůstávala nadále sama proti mocnostem Osy, bylo údobím nástrah a velkého nebezpečí. Churchill je později v pamětech pokládá za nejtěžší údobí války. Bylo nezbytné pokračovat v zápase ve vzduchu, vést obrannou válku proti ponorkám na moři; zabránit invazi ostrova a v případě, že by k ní došlo, mít dost sil k tomu, aby byla odražena. Britský obranný potenciál byl však oslabován nutností držet frontu na Středním východě; a teď navíc čelit Němcům na novém úseku – na Balkáně. A na obzoru žádný spojenec . . . naopak, údajně neutrální Sovětský svaz nepřestával zásobovat Němce obrovskými dodávkami obilí a surovin. To už ostatně Hitler, který se domníval, že má Anglii na kolenou, dokončoval přípravy ke svému dalšímu dobrodružství, operaci kódované jako »Plán Barbarossa«. Koncem roku 1940 vydal Vůdce důvěrný rozkaz, v němž se pravilo: »Německé branné síly musí být připraveny porazit sovětské Rusko v bleskurychlém tažení ještě před ukončením války s Anglií . . . Přípravy začnou hned a musí být skončeny nejpozději 15. května 1941. Je naprosto nezbytné a rozhodující, aby veškeré přípravy k útoku zůstaly utajeny.«

Předehrou k operaci Barbarossa bylo soustřeďování německých vojsk na Balkáně, což zneklidňovalo Moskvu, která si nebyla jista Hitlerovými skutečnými úmysly. Ale Berlín soustavně a s úspěchem ujišťoval, že se tu chystá šachmat Britům v Řecku, tedy v té zemi, jejíž územní integritu Londýn brzo po Mnichově smluvně zaručil. Churchill se rozhodl k riskantnímu kroku: Anglie půjde na pomoc napadenému Řecku, což se rovnalo otevření další fronty. Na počátku března 1941 vpadla Wehrmacht do Bulharska a bylo jasné, že se tam nezastaví. Londýn přikázal přesun větší části spojeneckých vojsk na Nilu do Řecka a doplnil své letecké síly. Časně ráno 6. dubna vpadla Wehrmacht do Jugoslávie a do Řecka. Anglie nemohla ovšem riskovat v Řecku natolik, aby to ohrozilo domácí a libyjskou frontu. Došlo k evakuaci britských vojsk a po třech týdnech ústupových bojů Řecko kapitulovalo. Krátce, samé špatné zprávy, s jednou důležitou výjimkou: v březnu toho roku schválil americký kongres smlouvu o »půjčce a pronájmu«, podle níž Spojené státy, ačkoli dosud mimo konflikt, mohly Britům dodávat bez úvěru a bez placení válečný materiál. Tehdy také spadl doslova z nebe, byť s padákem, na území Skotska Rudolf Hess, vysoký nacistický funkcionář a blízký Hitlerův spolupracovník. Trpěl utkvělou myšlenkou, že sjedná s Británií separátní mír a pak že se společně půjde na bolševiky. Místo vyjednávání Angličani Hesse zavřeli, po válce byl odsouzen na doživotí a odseděl si jedenačtyřicet let ve špandavské pevnosti v Berlíně jako poslední osamělý vězeň této kategorie. Tam také zemřel. Západní spojenci opětovaně navrhovali milost pro nemocného kmeta, Sověti amnestii důsledně vetovali. Proč, ví Bůh.

V průběhu jara 1941 už nebylo pro nikoho tajemstvím, že soustřeďování obrovských německých sil na východě, zejména v jižním Polsku, nemůže být namířeno proti nikomu jinému než Sovětskému svazu. Britská tajná služba hlásila Churchillovi přesný počet nacistických divizí: bylo jich přes sto, ve chvíli útoku pak už sto dvacet s dalšími šestadvaceti v záloze. Také československá rozvědka v Londýně měla zprávy, že Německo připravuje útok na Sověty. Churchill nabádal Stalina už v dubnu, aby z této koncentrace německých branných sil na své západní hranici vyvodil závěry. Stalin nejenom neodpověděl, ale uvěřil ujištění vyslance Schulenburga, že Berlín nemá žádné útočné úmysly, tím méně plány proti SSSR. A ještě 13. června Schulenburg šifroval do Berlína, že ho Molotov osobně ujistil o »nesmyslnosti jasně propagačního manévru kruhů nepřátelských Sovětskému svazu a Německu, majících zájem na rozšíření a zostření války« a vymýšlejících si poplašné zprávy. Ve čtyři hodiny ráno 22. června nacistické divize překročily německo – sovětskou hranici, zatímco německé letouny bombardovaly přilehlá letiště: Stalin nemohl uvěřit svým očím a uším, když Schulenburg rovněž ve čtyři ráno odevzdal v Kremlu nótu o vyhlášení války. Přijal ji Molotov se zcela nebolševickým povzdechem: »To jsme si opravdu nezasloužili!« Měřeno mírou kolaborace, jíž Kreml po více než rok zahrnoval nacistické Německo, si to Stalin opravdu nezasloužil. Jak napsal Churchill: »Nic, žádné naše varování, nic z toho, co jsme dělali, neotřáslo Stalinovou zaslepeností a jeho fixní ideou, že Hitler dodrží, k čemu se zavázal.« Rudá armáda byla německým útokem zaskočena, měla obrovské ztráty, stovky sovětských letadel byly zničeny dřív, než vůbec mohly vzlétnout. Těžké porážky, které Rudá armáda utrpěla v první fázi války, byly krvavou cenou za proradný sovětsko – nacistický pakt.

Jakpak všechny tyto dramatické události přijímal, jak je interpretoval a jak se s nimi od počátku války vyrovnával dr. Edvard Beneš? Bude asi výhodné, dokonce nutné, touto otázkou přerušit plynulost našeho vyprávění a odpovědět na ni dost zevrubně. Teď totiž bude o Benešovi řeč stále častěji. Důvod je prostý: prakticky všechno, co se v těch válečných letech dělo v souvislosti s Československem, je spjato s jeho jménem. Myslím, že nikdo z nás, kdo byl za války v Londýně, nepopře, co je ostatně jasně patrné z memoárové literatury Benešových stoupenců i odpůrců: byl to on, kdo rozhodoval o všem podstatném, i tehdy – nebo právě tehdy – kdy už měl zahraniční odboj svou vládu, své ministry a dokonce svůj poradní sbor, jakýsi náhražkový parlament. Zasahoval i do života Protektorátu, nejednou způsobem, který tam radikálně změnil situaci.

Před chvílí jsme v našem vyprávění opustili tehdejšího soukromníka a profesora na univerzitě v Chicagu Edvarda Beneše v okamžiku, kdy k nám vpadli Němci a zřídili Protektorát; proti tomuto násilí protestoval »bývalý prezident Československé republiky« v telegramech, z nichž jsme citovali. V létě 1939 se dr. Beneš vrátil z Ameriky do Londýna, kde hned rozpoznal, jak připomíná ve svých *Pamětech*, že »situace je zralá k tomu, abychom . . . svůj boj o osvobození . . . s plnou rozhodností a neústupností v krátké době začali«. A když jako důsledek napadení Polska (které, jak víme, Beneš předpovídal a dokonce časově přesně odhadl) Anglie a Francie vypověděly Německu válku, bylo mu jasné, jak rovněž píše ve svých memoárech, že »je to začátek boje o nové naše osvobození a po Mnichově první krok do naší nové samostatnosti«. A hned zase v telegramech ministerským předsedům Velké Británie, Francie a Polska konstatoval, že »my českoslovenští občané soudíme, že naše země je ve válečném stavu s německými vojenskými silami. Půjdeme po boku Vašeho národa až ke konečnému vítězství a až do osvobození své vlasti«.

Ministerský předseda Chamberlain potvrdil příjem »šlechetného projevu sympatie a podpory«, Daladier (už podruhé) neodpověděl. To věštilo zlověstně do budoucnosti. Neboť v Paříži a nikoli v Londýně se po 15. březnu 1939 začalo jednat o organizačních zárodcích československé zahraniční akce; tam dala francouzská (Daladierova!) vláda souhlas k vytvoření československých vojenských jednotek na půdě Francie; a tam měla být uznána prozatímní československá vláda v zahraničí. Tedy v té

Francii, kde dr. Beneš měl ve vlivných kruzích víc odpůrců než stoupenců. Navíc jak známo odjel z Prahy jako soukromník, dr. Hácha byl řádně zvolen za hlavu státu, Beneš tuto volbu uznal a slíbil, že ji bude respektovat. Když vypukla válka a nadešla chvíle pro novou československou zahraniční akci, kandidátů na vedení odboje bylo moc a někteří byli v lepší pozici, než jakou měl mnichovským malérem a rezignací zatížený Beneš. Přes Polsko i jinudy utíkali ministři, poslanci, vysocí straničtí funkcionáři, generálové a ti všichni se hlásili do odboje. Mnozí z nich se svých funkcí, titulů a hodností nevzdali a mohli tudíž zásadu právní kontinuity předmnichovské republiky, tak drahé právě Benešovi, uplatňovat lépe a logičtěji než abdikovaný prezident. Českoslovenští vyslanci, kteří německý zábor neuznali a Němcům své úřady nevydali, byli ve zvlášť výhodné situaci: nikomu nepodléhali, úřadovali ve svých palácích, měli diplomatická privilegia, přístup k politikům a státníkům země, u níž byli akreditováni, možnost volně cestovat a disponovat fondy. Teze těchto lidí zněla, že právě oni mohou v cizině nejlépe zastupovat zájmy ujařmeného národa; a jestli bude kdy vytvořen nějaký výbor nebo dokonce prozatímní zahraniční vláda, kdo jiný než právě vyslanci mají povinnost i právo zasedat v tomto sboru a řídit jej. Tato »vyslanecká teorie« zatěžovala a mezinárodně kompromitovala počátky druhého československého zahraničního odboje. Zvlášť tvrdé boje se sváděly v Paříži na podzim roku 1939, kdy se jednalo o utvoření prozatímní československé vlády v exilu, ale také, jak vzpomíná Beneš, »o vyloučení mé osoby z vedení druhého odboje«. A opravdu to vypadalo zle, když se do francouzského hlavního města »soukromník« Edvard Beneš vypravil. Našel tam zavřené dveře k většině tehdejších francouzských vládních činitelů; ministerský předseda Daladier ho odmítl přijmout; v čelo odboje byli prosazováni Hodža, Osuský, dávní Benešovi kritikové a vůbec osobnosti mající co nejméně společného s bývalým prezidentem a jeho politikou. Překvapením bylo, když se v Paříži objevil komunistický poslanec Šverma, kterého čeští soudruzi vyslali tajně z Moskvy, aby Beneše přesvědčil, že by bylo pro všechny nejlepší, kdyby pan prezident přesídlil do Sovětského svazu a odtud vedl odboj ruku v ruce s komunisty. Nabídka byla odmítnuta. Nakonec se dohodlo, po mnoha nepříjemnostech, že bude utvořen Národní výbor se sídlem v Paříži (byl formálně uznán francouzskou a o něco později britskou vládou), jehož členy byli jak Beneš, tak i jeho rival, pařížský vyslanec Štefan Osuský. Jaký div, že bývalý prezident po čtrnácti dnech opustil Paříž »náhle a bez rozloučení« a vrátil se do Londýna.

Pevně rozhodnut, že se do Francie za války už nevrátí a že napříště ve svém zápase bude výlučně »počítat s Britskou říší a se Spojenými státy«, ale také v naději, že »později bude bojovat na naší straně i Sovětský svaz«. Jak řečeno, tak provedeno. I tentokrát události prokázaly, že odhadl situaci správně.

Pád Francie, obsazení Holandska, Belgie, Norska mimo jiné znamenaly, že jak diplomatická, tak vojenská odbojová rezistence těchto zemí se přesunula do Británie nebo jejích dominií. To mohl Beneš jen vítat. Sídlo československého Národního výboru padlo zároveň s francouzským hlavním městem, Osuský, Hodža a další Benešovi odpůrci přišli do Londýna jako řadoví emigranti, do toho Londýna, kde měl bývalý prezident své dobré styky s Chamberlainovým nástupcem Winstonem Churchillem, s Anthony Edenem, ministrem války a pozdějším ministrem zahraničí, své soukromé sídlo a své vyslanectví se spolehlivým Janem Masarykem v čele.

A jak bylo jeho zvykem a druhou přirozeností, dr. Beneš nelenil. Především se postaral o to, aby českoslovenští letci a vojáci byli z Francie přepraveni na anglický ostrov. Ve zmatku, který ve Francii tehdy vládl, to nebylo snadné, ale podařilo se, i když nikoli beze ztrát. S touto posilou v zádech začal Beneš jednat o uznání československé vlády v exilu a tím i o svém postavení v odboji. Předložil proto britskému ministru zahraničí lordu Halifaxovi návrh na »prozatímní systém státního zřízení« se sídlem v Londýně: prezident republiky – dr. Edvard Beneš; předseda vlády dr. Jan Šrámek; dvanáct členů vlády, mezi nimi Osuský (členem byl jmenován také Hodža, který se ale nikdy neobjevil, Osuský jen zpočátku a zřídka); státní rada československá, jako »jistý druh prozatímního parlamentu«. Přijetím tohoto návrhu, soudil Beneš, bude potvrzeno »politické a právní trvání Československé republiky«. V půli července 1940 Halifax odpověděl, že Londýn je ochoten uznat československou prozatímní vládu, že však »nelze předpokládati, že vláda Jeho Veličenstva nezbytně sdílí Váš závěr . . . pokud jde o právní kontinuitu Československé republiky«.

To byla rána bolestivá: znamenalo to, že britské uznání se nevztahovalo na předmnichovské hranice (vláda Jeho Veličenstva už dříve vyhlásila obecnou zásadu, že o hranicích států se bude jednat až po skončení nepřátelství); znamenalo to dále, že Benešova a Šrámkova vláda reprezentuje český a slovenský lid, nikoli Československou republiku, což je rozdíl; a pak a hlavně, chybělo právní uznání kontinuity první republiky, na němž Benešovi nejvíc záleželo právě v souvislosti s jeho osobou jako druhého (ano, teď už prostě druhého) prezidenta. Takže nebylo divu, že korespondenci s Halifaxem Beneš tajil a dal ji k dispozici vládě teprve na výslovnou žádost Osuského. Československo bylo také jedinou z Němci okupovaných zemí, které byly ve válce proti Hitlerovi (Holandsko, Belgie, Norsko a ovšem Polsko) a jejichž mluvčí se ocitli v exilu, které se dostalo ponižujícího přídomku »prozatímní vláda«; ostatní požívaly statutu definitivního. Přesto Beneš v rozhlasovém projevu 4. července tvrdil směrem domů, že »pro nás právně není mého odchodu z úřadu a vlasti, právně a politicky neexistuje pro nás nic, co provedl násilnický nacism po 15. březnu 1939«. Krátce, jak později napsal v *Pamětech*, britské uznání prozatímní vlády odpovídalo »podle našeho soudu . . . naší zásadě o právní kontinuitě státu, neplatnosti Mnichova a jeho důsledků, neplatnosti mé resignace presidentské a odchodu z vlasti . . . Hájit stanovisko jiné by s hlediska československého bylo bývalo prostě jistého druhu politickou zradou«. Tvrdá slova, a připomínám je proto, poněvadž tenhle výklad přece jen nebyl přesný, dokonce mohl být sporný, a také byl. Beneš žádal po všech vždy a všude bezpodmínečné uznání této právně kontinuitní teorie; kdo o ní pochyboval, mohl být (a také byl) obviněn z »politické zrady«; a naopak, táž teorie mohla být (a také byla) zneužita k oslabení Benešovy pozice; ostatně čeští komunisté v exilu v Moskvě ji několikrát s úspěchem užili. Když jejich pozdější jednání s Benešem byla svízelná a pan prezident nechtěl ustoupit, soudruzi připomněli Mnichov (mělo se bojovat!) a právně legalistické komplikace, které z toho vznikly (tedy i otázka Benešova prezidentství). Všem bylo jasné, na co se míří, že by totiž komunisté případně mohli zpívat taky jinou. Ne tak Sověti. Ti naopak, když se jim to hodilo, měli historickou paměť věru krátkou. Brzo po vpádu Němců do SSSR navázal Beneš styk se sovětským velvyslancem v Londýně Majským a už v červenci 1941 »Sovětský svaz . . . zasadil smrtící ránu Mnichovu« (formulace je Benešova) tím, že uzavřel smlouvu s »Československou *republikou*« a její londýnskou *vládou*, s níž si Moskva rovnou vyměnila vyslance. Stalo se to v den, kdy Londýn tutéž vládu prohlásil za definitivní, ale i nadále odmítal uznat zásadu právní kontinuity republiky a tím i její předmnichovské hranice. Zato Molotov už mohl Benešovi hlásit, že Sovětský svaz uznává republiku právě jen v těchto hranicích, že z toho, co se stalo v Mnichově a po něm, neuznává nic, a že tohle všechno může rovnou oznámit celému světu. Jaký rozdíl v jednání, a o důvod víc k podezření, že mnichovanství na Západě dosud nevymřelo; o kolik důvodů víc hledat jistoty a záruky tam, kde (už podruhé) nebyly zklamány. Taková věrnost se nezapomíná. Tím spíš, jak dr. Beneš ve svých *Pamětech* znovu připomíná, že na odčinění Mnichova myslel »doslova vstávaje lehaje . . . žil jsem tím a trpěl a každým politickým činem k tomu směřoval. Byl to opravdu už jediný cíl mého života«. A zatímco západní velmoci v té otázce kličkovaly a váhaly »integrálně« odsoudit Mnichov, sovětská velmoc neváhala ani minutu. Krátce, v povědomí prezidenta »působila tu, v Londýně, v Paříži i jinde neuvěřitelně dlouho kletba zlého činu«. A to i tehdy, když po dalších svízelných jednáních prohlásil v britské Dolní sněmovně ministr zahraničí Eden, že »mnichovská dohoda byla zničena Němci . . . a že vzhledem k tomu, že Německo záměrně tuto dohodu zničilo . . . vláda Jeho Veličenstva se pokládá za zbavenu všech závazků v tomto směru; při konečném určení československých hranic na konci této války . . . nebude ovlivňována jakýmikoli změnami, učiněnými od roku 1938«. To byl limit, kam až Angličané byli ochotni jít. Benešovi ovšem sotva mohl stačit. Napsal: »Kolik . . . ironických výkladů o politické morálce . . . dalo by se ke všemu tomu připojit.« Benešův závěr: Sovětský svaz vyšel z této zkoušky bez úhony. Je snad jasné – ve světle dalšího válečného a poválečného vývoje spojeného s politickou strategií Edvarda Beneše – , jak důležitý, ne-li rozhodující tento závěr byl. A abych nezapomněl: de Gaulle a jeho vláda »svobodných Francouzů« v Londýně zavrhla Mnichov a všechno, co s ním souviselo, v září 1941. Historicky mluveno, československý diplomatický stůl byl vyčištěn.

V Kremlu se vědělo, že když Hitler napadl Sovětský svaz a země Sovětů se volky nevolky dostala do války proti nacistům, prezident Beneš jásal. Cožpak od počátku neříkal, že mocný Sovětský svaz stane po boku západních spojenců? Cožpak vždycky netvrdil, že to rozhodne o průběhu války a povede k vítězství? »Došlo právě k jedné z nejdůležitějších událostí válečných . . .,« hlásil na vlnách BBC ve zvlášť nadšeném projevu domů. A v *Pamětech*: »Nedal jsem se jak patrno zmásti po Mnichově zdánlivým sblížením Německa se Sovětským svazem . . . bylo mi naopak zřejmo, že v podstatě jde a půjde o nepřeklenutelnou ideovou propast mezi dvěma nesmiřitelnými doktrínami, které se nakonec srazit musí, se všemi důsledky rázu revolučního, jež z toho nezadržitelně vyplynou. (. . .) Čekal jsem tudíž, až události uzrají a přivedou sovětskou politiku ke změně.« A vzpomíná, jak v ten den, 22. června, čekal »v krajním napětí« na reakci konzervativní britské vlády a zapřísáhlého antibolševika Churchilla. Byl dokonce pesimistický; Drtina zaznamenal, že »neprojevil takovou radost, jistotu a bezstarostnost jako my. On, vždy takový optimista, byl spíše rezervovaný a zchladil naše nadšení. Dělalo mu velkou starost, jak na to bude reagovat Západ...« Obavy o stanovisko britské vlády byly zbytečné. Churchill vyhlásil, že »každému muži nebo státu, který bojuje proti nacismu, dostane se naší pomoci... Pomůžeme Sovětskému svazu a jeho lidu do krajnosti... Nabídli jsme vládě Sovětského svazu veškerou technickou i hospodářskou pomoc, kterou vládneme a která by jim mohla být užitečná«. Mimochodem, odpovědí na toto rozhodnutí Britů – okamžité, jasné, bez podmínek, pozoruhodné po moři pomluv a velké materiální pomoci, kterou Sověti poskytovali Německu v jeho válce proti Anglii – bylo dlouhé mlčení v Moskvě. Byl to Churchill, kdo zahájil dialog a vyzval Stalina, aby vyslal do Londýna vojenskou misi. Vožď odpověděl až v polovině července, za nic se neomluvil a za nic nepoděkoval. Zato si postěžoval, že Němci »nečekaně porušili« pakt o neútočení, a jedním dechem žádal otevření druhé fronty v severní Francii. A jako by šlo o maličkost, nadto hravou, dodal, že takováto fronta by byla populární v britské armádě a vděčně by ji přijalo i obyvatelstvo jižní Anglie!

Asi se opakuju, ale musím znovu zdůraznit, že dr. Beneš od počátku svého pobytu v zahraničí věnoval maximální a soustavné úsilí »odčinění Mnichova«, diplomatickému uznání Československé republiky v jejích předmnichovských hranicích a na neposledním místě i uznání Edvarda Beneše za jedinou legální hlavu státu. »Odčinění Mnichova« bylo pro Beneše otázkou a úkolem číslo jedna, a to nejen jako státníka, ale i jako člověka. S touto porážkou, s tímhle ponížením, touto osobní tragédií, s touhle zradou západních demokracií, pro něž se tolik angažoval ve Společnosti národů (a tam zas pro zásadu kolektivní bezpečnosti) – s tím vším se muselo jednou provždy, veřejně, slavnostně a smluvně skoncovat. Víc: vymazat z dějin.

Benešovo zaujetí Mnichovem lze nejvýstižněji postihnout jedním slovem: posedlost. Ani jeho nejoddanější stoupenci to nepopírají. My »londýnští« jsme za války uzavírali sázky: že totiž v projevech, hovorech i pohovorech pana prezidenta, ať se bude mluvit o čemkoli – o Shakespearovi nebo o Husovi, o amerických univerzitách nebo o cestování letadlem –, dříve nebo později dr. Beneš stočí hovor na Mnichov. Kdekdo si toho všimnul, kdekdo to znal. Feierabend si zapsal, že »Mnichov je můrou, která tlačí Benešovo srdce a otravuje jeho duši. (...) Benešovo politické myšlení trpí komplexem Mnichova a... s tím musíme do budoucna počítat«.

Nepřipomínám to tu jen jako historickou anekdotu, ale proto, že tahle posedlost a z ní vyplývající soustavné, horečné, vášnivé (u Beneše!) úsilí »odčinit Mnichov« (pojem, který v dané souvislosti nevylučoval docela obyčejnou pomstu) měly zcela neúměrný vliv na náš – na váš – osud. V Benešově koncepci mělo »odčinění« Mnichova naprostou prioritu až do doby, kdy byl Mnichov všemi odvolán a zlikvidován; ale i pak tahle posedlost prakticky až do konce ovlivňovala a zčásti přímo určovala prezidentovu politiku. V Benešově povaze nebyl příliš silný prvek odpouštění: měl sloní paměť pro ty, kdo mu skutečně nebo údajně ublížili, a tím spíš pak pro ty, kteří ho ponížili. A Mnichov – to bylo strašné ponížení; on sám si to vyřídí s těmi, kdo mu je způsobili. Je pochopitelně nemožné prokázat vliv tohoto stavu mysli – nesporného – a psychologických pochodů s ním spojených na Benešovu válečnou a poválečnou politiku. Jedno je však nepochybné: Beneš chtěl stůj co stůj dokázat těm, kdo ho v Mnichově tak hanebně opustili, tedy Anglii, Francii a také Beckovu Polsku, že tahle hrozná zkušenost se už opakovat nebude (a lhostejno, zda by šlo o Anglii typu Chamberlaina nebo Churchilla, o Francii Daladiera nebo de Gaulla); záruka československé nezávislé státnosti už nikdy nebude spočívat výlučně na Západu; bude především, ne-li výlučně, zajištěna z Východu, tedy spojencem, který – jak Beneš později nesčíslněkrát zdůrazňoval – nás tehdy na podzim 1938 nejen nezradil, ale naopak byl vždy připraven a ochoten své spojenecké závazky splnit. Sovětský svaz – hlavní záruka naší bezpečnosti a naší budoucnosti v Evropě. Takto Beneš uvažoval, takto plánoval dávno předtím (stačí nahlédnout do jeho *Pamětí*), než se v Teheránu, v Moskvě či na Jaltě konal ten velký (zčásti jen údajný) velmocenský výprodej, kdy Poláci, Maďaři, my a další jsme byli začleněni do sovětské zájmové oblasti. Edvard Beneš se pod ochranu Sovětů dral, vybízel k ní a neúnavně k ní směřoval.

Povězte mi – jaký to byl člověk, tenhle Edvard Beneš, zeptala se Lucie. *Víte, ne jako politik, ale jako člověk. Jak vypadal, jak se oblíkal, jestli měl smysl pro humor, rád jed a pil, ani nevím, jestli měl děti... nám toho opravdu o něm moc neřekli, nebo takhle: já o něm vlastně nic nevím...*

Byl to člověk drobné postavy, s nenápadným knírkem pod nosem, který léty zešedivěl, pronikavé, bystré oči. Pan prezident byl vždy dobře oblečen v konzervativních tmavých šatech, často lehce proužkovaných, nepamatuji se, že bych ho i jen na fotografii viděl ve sportovním; občas, když jel k vojákům, tak ho navlékli do jezdeckých bot: v nich vypadal krapánek komicky, prostě neměl na to. Byl nekuřák, abstinent a myslím, že ani jídlo ho moc nezajímalo. Paní Hana Benešová byla příjemná a milá, taková nenápadná světlovlasá dáma, která svého muže zbožňovala a také on na ni moc dal; když se přihodilo něco dramatického, pan prezident to šel především hlásit Haničce. Děti Benešovi nikdy neměli. Skoro by se mohlo říct, že pan prezident na to neměl čas: od mládí byl všechen jeho čas vyplněn a naplněn politikou. Lépe: politika byla jeho život, jeho vášeň, jeho zábava, jeho sport, i když měl rád dlouhé procházky se psem a v doprovodu politických přátel, s nimiž při chůzi mluvil – o politice. Snad i když spal nebo odpočíval (dopřával si později odpolední siestu), bylo to proto, aby byl svěží a fit do dalšího politického kola. Řečník byl chabý a jednotvárný, nadto mluvil trochu nosem a hlavně strašně moc. Vedl dlouhé monology a nikoho hned tak nepustil ke slovu. Člen státní rady Julius Firt si ve svých zápiscích z Londýna zaznamenal: »8. března 1941. V půl třetí politický výbor u presidenta. Mluví skoro do pěti hodin sám. Tu a tam se někdo dostane ke slovu... Je to zklamaný člověk (mluví se strašným odporem o Francii a Anglii), nevěří demokraciím...« Své projevy, i ty poměrně krátké, vždycky četl. Ve všech řečech, které znal vcelku dobře, měl tvrdý český přízvuk. Jeho veřejné a rozhlasové projevy srdce nezahřály. Obsah, argumentace, logika, suchá posloupnost, případně i číslování jednotlivých bodů u něho rozhodovaly. Forma, jazyková vytříbenost, natož elegance mu byly cizí, nedbal na ně, snad i kdyby to býval uměl. Benešův tajemník Táborský dosvědčuje, že pan prezident »naprosto přehlíží otázku dokonalosti a pestrosti stylistické... nemá při psaní sebemenší tendenci k ironii nebo dokonce k satiře či sarkasmu«. A jestli řeč a styl bývají někdy dobrou pomůckou k odhadu jistých povahových rysů člověka, u Beneše je to určitě užitečný klíč. Chyběla mu srdečnost, spontánnost, vřelost, opravdový zájem o život a osud druhého, veselost, o nevázanosti ani nemluvě. Byl to studený, málo přístupný a patrně plachý pán.

Ani nejoddanější Benešovi přátelé a obdivovatelé tohle všechno nepopírají, tak to bylo očividné. Nechybí ani jistá pompéznost. Tak třeba Drtina líčí, jak po dobrodružném útěku z Protektorátu ve skrýši mezinárodního rychlíku se jemu a jeho ženě podařilo dostat se do Bělehradu a odtud klikatými cestami do Londýna za Drtinovým pánem a modlou, Edvardem Benešem. Když tedy konečně manželé Drtinovi dorazili k vile Benešových a nastalo všeobecné vítání a líbání, tak ta osoba, pro niž Drtinovi »bušilo srdce« a »vzrušení vrcholilo«, dolů do salónku nepřišla. Dr. Beneš je přijal později ve své pracovně, jak se na důstojnou, nerozčilenou, sentimentem nezatíženou oficiální osobnost sluší. Kancléř Smutný dosvědčoval, že »instinktivně lidé, kteří k němu přistupují, pociťují, že stále jest něco nedořeknuto, že Beneš jich užívá k nějakému svému plánu, že jim věří nebo nevěří, že je v duchu haní, ale neřekne to přímo«. A jeho britský přítel Bruce Lockhart: »(Beneš) neměl jediného skutečného přítele«.

Také jistě proto, že loajalita nepatřila k prezidentovým ctnostem. Dokladů je o tom mnoho, ale jeden, zvlášť dramatický, přináší zase ten jemu nejoddanější. Po únorových událostech 1948 se Drtina, zdrcený Benešovou druhou kapitulací, pokusil o sebevraždu. Když se mu náboj v revolveru vzpříčil, skočil z okna a těžce se zranil. Přesto na něj komunistická justice uvalila vazbu pro domnělé trestné činy, kterých se měl dopustit jako ministr spravedlnosti. To bylo v době, kdy Beneš dosud seděl na Hradě a měl samozřejmou povinnost pro svého dlouholetého chráněnce a spolupracovníka něco udělat. Neudělal zřejmě nic, u Gottwalda se nepřimluvil a navíc se v soukromí opovržlivě vyslovil o Drtinově zoufalém gestu. (Jan Masaryk – právě on! – se vyjádřil v tom smyslu, že »z okna skákají jen služky«.) Drtina byl komunistickou policií hrůzně mučen, skoro se pominul na mysli a odseděl si dvanáct let.

Anebo případ generála Františka Moravce, válečného šéfa československé zpravodajské služby v Londýně. Moravec tam dorazil z Prahy i se svým štábem a důležitým zpravodajským materiálem v narychlo přistaveném letadle 14. března 1939, tedy v předvečer nacistického vpádu – což sám o sobě byl pozoruhodný výkon. Rychle vybudoval prvotřídní zpravodajskou službu, oceňovanou a užívanou i Brity, a po celou dobu války měl radiotelegrafické spojení se svými lidmi v Protektorátě (většinou parašutovanými z anglických letadel). Navíc měl ve svých službách vysokého důstojníka německé protišpionážní služby, agenta A 54 (Paula Thümmela), kterého Němci odhalili a popravili až na samém sklonku války. V Londýně Moravec každé ráno jako první referoval Benešovi, posílal jeho vzkazy domů, dekódoval odpovědi. Zejména v počátcích politické emigrace tvořila Moravcova služba samotný pilíř Benešovy činnosti – prezident to několikrát připomněl a uznal. Jenže čeští komunisté v Moskvě i v Londýně Moravcovi nevěřili, neměli přístup k jeho depeším, sovětští agenti ho chtěli získat pro NKVD, ale Moravec je vyhodil. Takže když na jaře 1943 (už!) začala NKVD ve spolupráci s našimi komunisty sestavovat listiny »nespolehlivých« Čechů a Slováků, kteří měli být po skončení války vyřazeni z veřejného života, neli rovnou souzeni jako nepřátelé státu, Moravec byl na tomto seznamu uveden jako jeden z prvních. Beneš to věděl, ale svého nejlepšího, nejzasloužilejšího a naprosto oddaného důstojníka prostě nechal padnout. Moravec ve svých pamětech líčí scénu, která stojí za ocitování:

»Na jaře 1945, několik dnů před svou druhou cestou do Moskvy, Beneš povolal do své kanceláře tři generály: Ingra, Miroslava a mě ... byli jsme tedy nejen tři nejvyšší vojenští velitelé československé exilové armády, ale také tři nejvyšší vojenští představitelé, kteří zůstali Benešovi věrni (a byli tedy na komunistické listině, dodávám já). ... Mluvil asi dvě hodiny. Začal chválou naší práce, jak velkou pomocí mu byla v jeho odbojovém boji, a díky za naši loajalitu. ... Po tomto úvodu nám Beneš dal dlouhou lekci o politické situaci, jejíž základní realitou, jak vysvětlil, byl fakt, že Rusové pronikli do střední Evropy, kde po válce budou zcela jistě mít velký vliv ... Řekl, že má obavy, že postavení nás tří v osvobozené vlasti pravděpodobně nebude takové, jaké bychom měli právo očekávat, nebo jaké by si je přál mít on sám. Avšak nedá se nic dělat.« A bylo to.

Když se Moravec v létě 1945 vrátil do Prahy, skoro rok nebylo pro něho žádné umístění, nakonec po mnoha tahanicích dostal místo velitele divize v Mladé Boleslavi. Pan prezident se s ním nebavil, podobně jako s Ingrem, s Miroslavem, s Feierabendem a s tolika jinými věrnými spolupracovníky. Jiný postup byl by prostě »neúnosný«, jak se tehdy s oblibou říkalo a kradí při tom ukazovalo prstem na nové pány v zemi, na komunisty.

Jiný důkaz o Benešově malém smyslu pro loajalitu lze nalézt v záznamech o rozhovorech, které prezident vedl s českými komunisty v Moskvě v roce 1943. Pomlouval tam své londýnské spolupracovníky hlava nehlava: je prý ta londýnská emigrace hrozná společnost, které jde především o osobní moc, o prestiž a ovšem také o peníze – jen komunističtí předáci si počínají »odpovědně«, nejsou s nimi žádné těžkosti. I komunisty to trochu zaskočilo, a jak si zaznamenal jeden z nich, poválečný ministr informací Václav Kopecký, nedali se opít rohlíkem: znali dobře osvědčenou Benešovu taktiku »formulovat názory podle toho, s kým mluvil«.

A jak bylo řečeno, pan prezident mluvil moc a dlouho. Byly to téměř vždy monology, dokonce i tehdy, kdy s ním hovořili lidé jako Churchill, Eden, Roosevelt nebo resortní ministři, kteří přece jen o projednávané otázce museli vědět dost možná i víc než jejich český partner. Beneš vášnivě rád poučoval a snad ještě raději prorokoval a vzbuzoval nepříliš příznivý dojem, že ví všechno líp. Jiným naslouchal vůbec nerad, zejména když to byly nepříznivé zprávy nebo kritické připomínky k jeho politické práci. Takové lidi si zapamatoval, a i kdyby měli pravdu, neměl je nadále příliš v lásce. Dovedl se i mstít. Mnohé z těch Čechů a Slováků, kteří byli proti němu, postupně z politiky a veřejného života vyřadil nebo je naopak koupil (uplatil funkcemi), a když to nešlo jinak, přišil jim – zejména za války – nálepku zrádců, mizerných vlastenců nebo lidí prachšpatného charakteru. Byla tu také Benešova bohorovnost, skálopevná sebejistota, hraničící s narcismem. Stačí prolistovat *Šest let exilu a druhé světové války*, soubor Benešových řečí a projevů, aby bylo zřejmé, co mám na mysli. Snad na každé druhé stránce naleznete: jak jsem řekl, jak jsem správně odhadl, věděl jsem od počátku, moje rozhovory, moje cesta, všechny vás povolám, žádám vás, prohlašuji slavnostně, byl jsem veden správnou myšlenkou ... a tak dále a tak podobně.

Je tu ovšem i řada kladných stránek. Beneš se spolu s Masarykem za první světové války zasloužil o vytvoření nezávislého státu Čechů a Slováků. Byl to člověk vzdělaný, měl dlouholetou zkušenost v zahraniční politice, byl úspěšný ve Společnosti národů a čelní státníci té doby si ho vážili nebo se ho aspoň obávali. Byl bystrý, jeho píle byla legendární, jeho trpělivost nekonečná. »Dlouho do noci svítí lampa na stole presidentovy pracovny,« vzpomíná Táborský. Jeho optimismus byl rovněž příslovečný. Tak třeba po pádu Francie v červnu 1940, po sérii úspěšných německých vojenských operací, kdy mezi svobodným světem a nacistickým Německem stála už jen jedna bojující mocnost a kdy německý vpád na britské ostrovy se zdál být na spadnutí, dr. Beneš vzkazoval domů rozhlasem: »Vojenský pád Francie ukončuje první etapu této veliké války. Byl by však velký omyl si myslit, že se blíží její konec. (...) Také Sovětský svaz je si vědom toho, že i nacistické Německo, i fašistická Itálie mají své zabijácké plány proti němu.(...) Půjdeme dále se všemi těmi, kteří bojují proti německému barbarství, za všech okolností a až do konce, a kdyby to mělo trvat nevímjak dlouho.« A na vánoce téhož roku: » ... vítězství Německa je definitivně znemožněno, nacistické Německo svého cíle nedosáhne, Německo Anglii neporazí ... Československo žije a bude žít po této válce silněji a zdravěji nežli kdykoli jindy!« V březnu 1941, v roce pro výsledek války zvlášť kritickém, Edvard Beneš v rozhlasovém poselství prorokoval , že k pokusu o vpád na britské ostrovy vůbec nedojde, že Itálie je už prakticky poražena, Anglie nadále zůstává pánem Středozemního moře a na Balkáně musí Němci pomáhat »v zoufalé situaci se potácejícímu fašistickému vůdci«. A když konečně

Němci vpadli do Sovětského svazu, dr. Beneš do omrzení připomínal, že tuhle událost od počátku s jistotou předvídal a předpovídal. Beneš vlastně vždycky měl nějaký ten »svůj plán«, a když mu nevycházel, dosazoval do něho neexistující nebo přehnaně optimistické prvky tak, aby jeho odhad dával smysl. Všechno vážil a hodnotil z hlediska politické účelnosti; a jí obětoval snad všechno. Kdoví jestli právě v tom nebyl zárodek toho zlého konce, té tragédie obecné i Benešovy osobní. Ta osobní má rozměry a hloubku klasické řecké tragédie. Je tu dvojí slavný vzestup a dvojí strašlivý pád; jako by bohové čekali na naplnění proroctví. Napřed vzestup: volba prezidentem, slavné převzetí »díla Masarykova«, jehož odkazu slíbil Beneš věrnost. Vznešená morální i fyzická mobilizace národa ke střetnutí, k němuž nikdy nedošlo. Pak pád: mnichovské ponížení, kapitulace, abdikace, emigrace, zapomnění. A pak zase rychlý vzestup: ze soukromníka na vůdce zahraničně politické akce, a to na správné straně, na straně vítězů v největší z válek, »odčinění Mnichova«, uznání za hlavu státu, slavný návrat do osvobozené země a na Pražský hrad. Ale to už za jistou cenu: aplikaci údajně nové koncepce socialistické demokracie, opírající se zahraničně politicky o první zem komunismu, Sovětský svaz, vnitropoliticky o české komunisty. Benešova víra v Sovětský svaz – v jeho vývoj směrem k demokracii – byla patetická. Chtěl věřit, musel věřit Stalinovi, když mu Vožď sliboval, že se do vnitřních záležitostí Československa nebude plést, chytal se každého stébla, které snad mohlo naznačovat liberalizaci komunistického systému. »Hřbitov iluzí« říká tomu Peroutka.

Takže nakonec to byly tyto zklamané naděje, které přivodily druhý pád velkého stratéga Edvarda Beneše: druhou jeho abdikaci, zhroucení i té osekané demokracie, zhroucení osobní, smrt. Kdo viděl při Masarykově pohřbu v březnu 1948 ve špatně vytopené hale Národního muzea v Praze tu schoulenou, do kožichu zabalenou lidskou trosku, která dosud nesla jméno Edvard Beneš a titul prezidenta republiky – tomu byla na první pohled zřejmá propastná tragédie tohoto muže. A svým způsobem nás všech. Dva týdny před svou smrtí varuje bývalý prezident politické přátele, kterým se podařilo utéct na Západ: »Lžou všichni bez výjimky, to je společný rys všech komunistů, zejména ruských. Mou největší chybou bylo, že jsem do poslední chvíle odmítal věřit, že mne Stalin chladnokrevně a cynicky obelhal, jak v roce 1935, tak později, a že jeho ujišťování mně i Masarykovi bylo úmyslným a cílevědomým podvodem.«

Smutné, povzdychla si Lucie. *Ale povězte mi, jestli už nejste moc ospalý, v tom Londýně v emigraci, byla to opravdu tak hrozná společnost, jak o ní Beneš mluvil...*

Ale jistěže ne. Benešovi se tahle verze hodila do krámu tehdy v Moskvě, když nadbíhal komunistům a chtěl si získat jejich důvěru a podporu. Samozřejmě, že v té emigraci nebyli žádní svatouškové. Byli to koneckonců partajní politikové, kteří měli před očima československý odboj v zahraničí z první světové války: věděli, že když se to vyhraje a půjde se domů, budou se rozdělovat funkce, ministerstva, úřady a řády, a oni u toho chtěli samozřejmě být a v těch nejvýhodnějších pozicích. A ta dravost – a s ní spojené intriky a podrazy – narůstaly úměrně s blížícím se koncem války. Ale nemyslím si, že tohle všechno bylo o moc horší než v ostatních emigračních státních zřízeních. Rozhodně k těm nijak zvlášť růžovým poměrům přispěla jednak právě rozpornost Benešova postavení v otázce právní kontinuity republiky a její rezignované a pak samozvaně nastolené hlavy, jednak moc, kterou si prezident přisvojil a uplatňoval. Byl to všemocný pán a tak si také počínal. Existovala vláda, ale rozhodoval Beneš; existovalo ministerstvo zahraničí, ale byl to Beneš, kdo zahraniční politiku určoval a řídil; existovala Státní rada, ale to byl bezzubý sbor (a tam také bylo nejvíc hádek a rozepří – ostatně podle Benešova pojetí: ať se to v tomhle bezvýznamném shromáždění všechno vybouří a vyřádí); byli jmenováni ministři, ale ti si bez pana prezidenta netroufli ani kýchnout. Krátce, jak to opatrně přiznává Drtina, Beneš byl v Londýně »přímo pramenem politické moci«. Ale v Londýně se také udělal kus dobré a nezbytné práce ať už v armádě, v diplomacii, ve zpravodajské službě, v propagandě.

Sem snad jednu připomínku, zajímavou a závažnou zároveň. Nikdo z tehdejších politických činitelů, ať ve vládě, ve Státní radě, v ostatních emigračních institucích, a ovšem ani prezident – nikdo z nich, pokud vím, se nevyslovil pro obnovu státu v předválečné, prvorepublikánské struktuře. Přejala se tu – vědomě, podvědomě – teze komunistů, že to byla republika buržoazně liberální, vlastně asociální, vykořisťovatelská, a že je tu třeba zásadních změn. Ve směru k hybridnímu útvaru, nesmyslně pojmenovanému lidová nebo taky socialistická demokracie.

Kdo to vlastně všechno v tom Londýně platil?

V dané souvislosti případná otázka. Bylo to tak: Beneš vždycky trval na tom, aby politický odboj v zahraničí nebral peníze od cizích, zejména ne od hostitelské země, poněvadž by byl na ní závislý. Naštěstí mělo předmnichovské Československo uloženo u anglické státní banky zlato, které bylo zčásti zachráněno (Němci po něm šli). Po dohodě s Benešem Angličané užili zlata k nákupu zbraní ve Spojených státech a protihodnota byla Čechoslovákům vyplacena v librách. V prosinci 1940 dostala prozatímní vláda 7,5 miliónů liber, což bylo tehdy moc peněz, a příslib, že úvěr může být zvýšen. Dalším finančním zdrojem byla tzv. »zbrojařská akce«, složitý případ spojený s dosti nechutnými intrikami a denunciacemi. Vladimíru Outratovi, bývalému generálnímu řediteli Zbrojovky v Brně a později ministru exilové vlády, se podařilo převézt nebo zajistit v cizině velké finanční prostředky; a poněvadž Zbrojovka byla zčásti státní podnik, bylo možno argumentovat, že její fondy, které jsou venku, patří státu. Disponoval jimi Outrata a skutečně také první fázi odboje financoval. Byly tu dále smlouvy s několika anglickými firmami na výrobu zbraní, zejména společností Caswick, která vlastnila výrobní licence brněnského podniku. Takže zisk by měl vlastně jít vládě; jednání bylo bouřlivé, výsledkem byl kompromis, pro zahraniční akci vcelku výhodný.

Vláda, její komise a poradní sbory, Státní rada a vojenské úřady měly své sídlo v různých budovách v Londýně, z nichž nejrozsáhlejší byl činžovní dům zvaný Fursecroft. Pan prezident úřadoval na československém vyslanectví, v posledních letech emigrace bydlel v přestavěném opatství Aston Abbots blízko Londýna. Problémů bylo hojně. Zbytky československého vojska, které se po pádu Francie dostaly do Anglie, byly už i tak, po všech malérech, ve všestranně nedobrém stavu, byly navíc rozkládány komunistickou propagandou o imperialistické válce a později o údajně »reakčním« velení a vedení armády pod generálem Ingrem. Byly i potíže dané situací: mnoho důstojníků, kteří nikdy neprošli bojovým nasazením, málo vojáků, takže část důstojnického sboru musela přes týden sloužit jako prostí vojíni. Mezi vojáky bylo hodně Židů a tak vznikal antisemitismus, napětí vládlo mezi vojáky v táboře v Cholmondeley a »pány civilisty« v teplých londýnských kancelářích, kteří měli právo si vyžadovat své vyvolence k civilním vládním pracem. Armáda byla dobrovolnická, komunisté ji neuznávali, pokud válka zůstávala »imperialistickou«, my ostatní jsme se hlásili k odvodu na československém vyslanectví v Londýně hned na počátku konfliktu. Tehdy se ovšem výcvik konal ve Francii, kde už se zformovala francouzskou vládou uznaná první československá divize. A tak jsme my dobrovolníci z Anglie měli být převezeni do jihofrancouzského Agdu k výcviku. První várka odstartovala, ale na druhou se dostalo teprve v červnu 1940, pár dní před pádem Francie. Byl jsem v ní taky já. Nesmyslnost druhého transportu byla jasná všem, tak jsme zvolili delegaci, která se pokusila vysvětlit vojenskému přidělenci plukovníku Kallovi, že Francie v plném ústupu a na pokraji porážky bude mít malou radost z hrstky nevycvičených civilistů. Kalla měl svým způsobem pravdu, když delegaci sdělil, že odvolání transportu by se rovnalo přiznání, že Francie je už na kolenou, a to prostě není možné; zapískal na svého jezevčíka a odešel. V určený den jsme se tedy shromáždili před budovou československého vyslanectví k přepravě do Francie, ale transport byl nakonec přece jen odvolán. To se ostatně proslechlo už dřív a tak se hodně branců dostavilo sice se zavazadlem, ale prázdným.

Je nesporné, že existence československé armády v zahraničí podpořila a usnadnila politickou a diplomatickou činnost Benešovu, i když na bojištích československý příspěvek byl nutně omezený. Českoslovenští letci se však znamenitě osvědčili už v Bitvě o Británii a pak po celou dobu války; vysloužili si vysoké britské a spojenecké řády, měli poměrně velké ztráty a zasáhli tudíž do války pamětihodným způsobem.

Ještě než půjdeme spát, měl bych se snad stručně zmínit o jedné záležitosti z válečného Londýna, která – kdyby se byla povedla – mohla příznivě ovlivnit osud nás všech, i když, doznávám rovnou – vyhlídky na takový výsledek byly malé. Šlo o příští vztahy československo–polské. Benešova prozatímní vláda jim od počátku věnovala hodně pozornosti tím spíš, že Britům velmi záleželo na porozumění mezi těmito dvěma spojenci a na případné dohodě o federalizačním spojení obou zemí po válce. Poláci měli v Londýně svou vládu, plně uznanou, ministerským předsedou byl generál Władysław Sikorski, tedy voják a muž zcela jiného typu než Beneš. Jednání nebyla snadná; Beneš nemohl Polákům ani teď zapomenout proradnou politiku plukovníka Becka za mnichovské krize; byla tu otázka polské anexe Těšínska; a ovšem – v neposlední řadě – rozdílná mentalita a téměř protichůdné politické a diplomatické koncepce. Polsko bylo od sovětského vpádu v roce 1939 ve válečném stavu se SSSR. Tedy s tou zemí, s níž Beneš najisto počítal jako příštím spojencem proti Hitlerovi; prezident se proto důsledně vyhýbal všemu, co by mohlo jeho poměr k Sovětům narušit. Takže zatímco Beneš počítal se Sověty jako danými spojenci a přáteli, Poláci se jich obávali, věděli, že je po válce budou mít těsně za zády a že tudíž v konfederaci s Československem by jejich situace byla chráněnější a snazší. Tím se vysvětluje, že o případné »sdružení obou zemí« měl Sikorski větší zájem než Beneš. Ten, jak si lze snadno představit, Polákům jejich politiku za Mnichova neodpustil a dokonce českého vyjednavače Feierabenda naváděl, aby jim to »často připomínal«. Pomineme podrobnosti: Poláci Benešovy návrhy na polsko – československou konfederaci v zásadě přijímali, i když měli velké obavy z Benešovy prosovětské politiky, varovali před ní a říkali vcelku na rovinu, že bude-li Varšava sovětská, bude dřív nebo později rudá také Praha. Byli ochotni uznat předmnichovské hranice Československa a otázku Těšínska pokládali za podřadnou v rámci celého projektu.

K podrobnějším jednáním, která začala v Londýně v lednu 1941, vytvořili Čechoslováci koordinační komisi, jíž prezident Beneš dal do vínku: trvat na předmnichovských hranicích, vyřešit těšínský problém a hlavně »přesvědčovat Poláky, aby nepodnikali nic, co by ztěžovalo přátelský poměr konfederace k Rusku«. Po nějakou dobu se také hovořilo o možnosti tripartitní smlouvy Polska, SSSR, Československa. Jednání se protahovala a byla rozhodujícím způsobem ovlivněna vstupem Sovětů do války. Blíž skutečnosti, podle Feierabenda: »...ztroskotala na zákrok Sovětského svazu«.

Když se na nátlak Angličanů upravil poměr sovětsko – polský a Moskva vyhlásila pakt Molotov—Ribbentrop za neplatný — aniž uznala předválečné polské hranice, z čehož vznikla v polské londýnské vládě krize —, jednání o československo-polskou unii byla obnovena. Ale vůle k dohodě, zejména z české strany, vyprchala. Poláci se začali dovídat o masakru 10 000 polských důstojníků, jejichž společný hrob byl objeven v Katyni blízko Smolenska a o nichž Rusové tvrdili, že je zavraždili Němci; ale řada okolností svědčila o tom, že byli pobiti Rusy. To samozřejmě rusko – polské styky neposílilo; bylo zřejmé, že s Poláky bude mít Moskva moc potíží, které by jen vzrostly, kdyby Polsko v rámci konfederace s Československem bylo o to mocnější. Žádný div tedy, že čeští komunisté v Londýně byli proti smlouvě s Poláky; to se už proslýchalo, že československo – polská spolupráce není v Kremlu vítána. Beneše tahle zpráva překvapila, poněvadž Moskva prezidenta oficiálně ujišťovala, že jednání s Poláky schvaluje. Takže když z čistého nebe v létě 1944 sovětský vyslanec u československé vlády Bogomolov protestoval proti dosud probíhajícím jednáním s Poláky, Beneš byl zaskočen a žádal na vyslanci písemné vyjádření, které ovšem nikdy nedostal. Později bylo už oficiálně známo, že Sovětský svaz považuje pokus o dorozumění československo – polské a tím spíš o vytvoření společného konfederačního státu za čin Sovětům nepřátelský. Tím to všechno zhaslo a myšlenka federace byla v tichosti pohřbena.

Jistě: vyhlídky na dohodu o polsko – československé federalizaci byly od počátku špatné a nejen vinou československé strany. Ale chtěl jsem se zmínit o téhle záležitosti z jednoho prostého důvodu: kdyby se to bývalo dohodlo, kdyby v poválečné střední Evropě vznikl stát o rozloze skoro 400 000 čtverečních kilometrů a s nějakými 40 milióny obyvatel, kdyby se po válce zahájila spolupráce se sousedním Rakouskem, pak leccos mohlo vypadat jinak, včetně naší závislosti na Sovětském svazu a vlády komunistů u nás. Tohle všechno ovšem patří do té proslulé kategorie »co by se stalo, kdyby«, a o těch kdyby, jak známo, je možno debatovat celou noc. Což neučiníme a půjdeme spát.

Doporučená četba k osmému večeru (kromě knih uvedených k večeru sedmému)

Churchill, Winston S.: *The Second World War* II, III, IV. Houghton Mifflin Company, Boston 1949, 1950, 1951.

Deutscher, Isaac: *Stalin.* Oxford University Press, Oxford 1949.

Drtina, Prokop: *Československo můj osud,* III. Sixty-Eight Publishers Comp., Toronto 1982.

Feierabend, Ladislav: *Ve vládě v exilu* I, II. Vlastním nákladem, Washington, D.C., 1965, 1966.

Feierabend, Ladislav: *Z vlády doma do vlády v exilu.* Universum Press, New York 1964.

Firt, Julius: *Záznamy ze starých deníků.* Index, Kolín nad Rýnem 1985.

Hájek, Jiří: *Setkání a střety.* Index, Kolín nad Rýnem 1983.

Klimeš, M. — Lesjuk, P. – Malá, I. – Prečan, V.: *Cesta ke květnu* II. ČSAV, Praha 1965.

Kopecký, Václav: *ČSR a KSČ.* SNPL, Praha 1960.

Laštovička, Bohuslav: *V Londýně za války.* SNPL, Praha 1961. (Aneb jak obrátit historii vzhůru nohama.)

Moravec, František: *Špión, jemuž nevěřili.* Rozmluvy, Londýn 1987.

Smutný, Jaromír: Edvard Beneš a čs. odboj za druhé světové války: *Svědectví* č. 1, Paříž 1963.

Taborsky, Edward: *President Edvard Beneš: Between East and West 1938–1948.* Hoover Institution Press, Stanford, CA, 1981.

Táborský, Eduard: Beneš a náš osud: *Svědectví* č. 57, Paříž 1978.

Táborský, Eduard: *Presidentův sekretář vypovídá II.* Konfrontace, Curych 1983.

9

Devátý večer. Od porážky k vítězství. Pyrrhovu?(1) Domácí odboj, heydrichiáda, Benešova válečná diplomacie.

Také dnes večer (prší a je dost chladno, takže jsme ve vinárně usedli dřív než obvykle) jsem zase začal citátem z Černého *Pláče koruny české.* A to autorovou až patetickou výzvou, vlastně úpěnlivou prosbou k budoucím historikům českého domácího odboje za druhé světové války: »Nuže, příteli historiku, v historii odboje nalezneš slušný počet dokladů na osobní spory, námitky, třenice, tahanice. Nezapomeň, že jsi ve vlasti hašteřivců, v rodné kolébce Závisti, sám jsi Čech, tedy svárlivec. Nedbej na ně příliš, měly menší význam, než jim budeš v pokušení přisuzovat. (. . .) Ale odboj byl veliký a národně platný jen tím, k čemu se svárlivci spojovali, v čem byli zajedno a v čem byli vskutku velikými lidmi a bojovníky, i když se do samé chvilky činu dovedli česky hryzat o přednost nebo stanovisko. (. . .) A ještě o něco tě, vážený historiku, prosím: nepřeceňuj tak, abys z něho konstruoval vlastní osnovu dějin odboje, průběh a obsah ideových programů, které pro uspořádání naši vlasti odboj tvořil. (. . .) Našemu odboji nechyběl ani tento rys plánování . . . ale v odboji této skutečnosti vykaž jen místo příslušné, skutečný odboj byl především *boj.*«

Takže, milá přítelkyně Lucie, jistě se nebudete divit, když se přiznám, že po tomhle Černého varování přistupuji k dnešní části našeho vyprávění opět s váháním a nejistotou. Historie domácího odboje za druhé světové války, tak jak byla prožívána a později zpracována účastníky, pamětníky a historiky, je zas jednou rozporná. Co vidí jedni jako obětavost, posuzují jiní jako zradu – například postup Háchy a protektorátních ministrů (aspoň až do podzimu 1941); jedni přisuzují části národa roli společenské avantgardy, druzí téže třídě vyčítají vypočítavou kolaboraci; zatímco komunisté sčítají popravené a žalářované soudruhy a z množství těchto obětí si přisuzují prvenství v odboji, jiní jim je – na podkladě neméně přesvědčivých údajů – upírají. A je tu dosud sporná záležitost atentátu na Heydricha. Co jedni vidí jako slavný a vítězný zahraniční československý odboj, druzí vykládají jako počátek konce naší obnovené státnosti. Krátce, jako u tolika jiných údobí moderních českých dějin, rovněž u válečného úseku českého národního osudu byl a trvá spor o interpretaci.

V našem vyprávění o osudu Druhé republiky jsme skončili vpádem Wehrmachtu do země a vyhlášením Protektorátu Čechy a Morava pod ochranou Vůdce. Ten také jmenoval Konstantina von Neuratha říšským protektorem pro tuto oblast, jeho zástupcem a výkonným orgánem se stal bývalý henleinovský poslanec K. H. Frank. Tenhle přívěsek Německé říše si však podržel i nadále svého prezidenta, jímž zůstal Emil Hácha, a svou vládu, jejíž předsednictví po Beranovi přejal generál Alois Eliáš. Ale jak připomíná ve svých pamětech jeden z členů této loutkové vlády (Feierabend), Němci zřídili v Černínském paláci v Praze Úřad říšského protektora a ten byl skutečnou vládou, která o všem rozhodovala .

Nacisté postupně zvyšovali teror v zemi. Hned při záboru byl proveden zátah na »podezřelé«, »nespolehlivé«, »benešovce«, komunisty, většinou v řadách inteligence. Bylo zatčeno a vyšetřováno na pět tisíc osob. Po vypuknutí války Němci uvěznili nebo odvezli do koncentračních táborů dalších asi 13 000 lidí. V den československého státního svátku, 28. října 1939, šli do ulic manifestovat Pražáci, většinou vysokoškolští studenti. Frank dal německé policii rozkaz ke střelbě, byl zabit jeden horník a na následky zranění zemřel v polovině listopadu i student medicíny Jan Opletal. Jeho pohřeb za manifestační účasti vysokoškoláků proběhl bez větších incidentů. Ale už 17. listopadu obsadilo gestapo studentské koleje i univerzitní budovy, devět studentských funkcionářů bylo zabito, na 1 200 studentů deportováno do Německa (podle jiných údajů 3 000). Vysoké školy byly zavřeny údajně na tři roky. Ve skutečnosti už nikdy po dobu války nebyly otevřeny. V důsledku těchto událostí chtěla Eliášova vláda odstoupit, ale Hácha demisi nepřijal. Soukromě (podle Feierabenda) »mluvil o studentech jako o prvních padlých vojácích našeho odboje, jehož zahraniční složka nedá Němcům spát«. Navíc přišel později vzkaz z Londýna, v němž dr. Beneš (rovněž podle Feierabenda) doporučoval, aby protektorátní vláda zůstala na svém místě, že chápe její těžkou situaci, že německý tlak se bude stupňovat a vláda bude přinucena k projevům proti zahraničnímu odboji, že to ví spojenecká veřejnost, a proto »tyto projevy nepřekážejí odboji v jeho práci, která zdárně pokračuje«. Podstatu toho sdělení později potvrdil prezident přímo Feierabendovi, jen k tomu dodal: »Národní výbor venku a vláda doma musí být spojité nádoby.«

V průběhu roku 1940 byly zásahy gestapa a jiných německých represívních útvarů stále častější; nikoli už masové, ale přesně zacílené. To mělo své důvody. Od vpádu Němců a zřízení německé nadvlády nad historickými zeměmi se domácí společenské podnebí změnilo, rozhodně se lišilo od toho, které převládalo za Druhé republiky. V tom se shodují všichni pozdější kronikáři. Předmětem nenávisti už nebyl Beneš, ale Němci. Feierabend dosvědčuje, že »nacistická okupace urychlila rehabilitační proces druhého presidenta Beneše . . . a tento vývoj přispíval ke konsolidaci politických vztahů mezi Čechy . . .« Drtina píše o »vnitřním puzení« veřejnosti »něco dělat«, začíná »rašit a kvasit nová naděje do budoucna i nová aktivita«. Černý dokonce tvrdí, že v prvním období českého odboje, které datuje od března 1939 do konce roku 1941, a možná ještě o pár měsíců déle, byla obnovena »mravní síla národa«, přičemž pružinou tu byla skutečnost, že »zápas je prostě již konečně rozehrán, že se nám dostalo povolání k boji«. Kromě jiných důkazů tohoto svého, jako obvykle trochu nadneseného tvrzení uvádí Černý – dosti překvapivě – Národní souručenství, které v březnu 1939 doporučil vytvořit Hácha jako »národní výraz politické jednoty« a do něhož se v krátké době přihlásilo – bez nátlaku či úplatků – přes 98 procent dospělých občanů Protektorátu. Podle Černého bylo toto souručenství první dva roky své existence, tedy až do příchodu Heydricha do Prahy, »útočištěm národní rezistence« a »kdo to popírá, lže«, uzavírá Černý. Na rozdíl od londýnského odboje, pro které souručenství byla spíš kolaborantská záležitost.

Ať tak či onak, pár dní po vpádu Němců a vyhlášení Protektorátu založili aktivní i záložní důstojníci rozpadlé československé armády podzemní odbojovou organizaci Obranu národa (ON) pod velením generála Bílého; demokratičtí (tj. nekomunističtí) bývalí političtí funkcionáři a jiné osobnosti republikánského veřejného života ustavili ilegální organizaci Politické ústředí (PÚ); jiná skupina občanů, většinou novinářů, spisovatelů a umělců, vytvořila organizaci nakonec zvanou Petiční výbor Věrni zůstaneme. Tato tři hnutí se na počátku roku 1940 sloučila v Ústřední vedení odboje domácího (ÚVOD). O činnosti těchto skupin (o těch organizovaných komunisty za chvilku) vyšla obsáhlá literatura, jednak memoárová, jednak v podobě zachovaných dokumentů, a zčásti také ta, která vznikla po válce pod dohledem KSČ a jejíž přínos je spíš propagandistický než historický. Jejím úmyslem je znevážit odboj demokratický a naopak přikrášlit a ověnčit slávou odbojové akce komunistů. Odkazuji tedy na tyto tři složky literatury o válečném osudu Čechů a Slováků; sám se omezím na několik aspektů, které nějak přispívají k analýze, již tu provádíme, a snad i k závěrům, k nimž možná dospějeme.

Tak především: aktivním účastníkem jedné z odbojových skupin, PÚ, byl od počátku ministr protektorátní vlády Ladislav Feierabend (dokonce z popudu Beranova). Dalším spiklencem PÚ, rovněž od počátku, byla osobnost »ministerského ranku«, přednosta Nejvyššího cenového úřadu Jaromír Nečas. O existenci PÚ od začátku věděl a její činnost kryl i sám předseda protektorátní vlády generál Alois Eliáš. Eliáš spolupracoval s organizací ON, rovněž od samého počátku. Pokud jde o Háchu, ten – jak víme – byl v tajném spojení s Benešem, a to už samo o sobě byla z hlediska Němců velezrada; a když mu Feierabend svěřil dva dny před vypuknutím války, že se jako ministr zemědělství chystá na úřední cestu do Holandska, ale že pravým účelem cesty je navázat styk s Benešem, Hácha mu dal vzkaz, který Feierabend cituje doslovně: »Vyřiďte prezidentu Benešovi, že se tady pokládám za jeho zástupce a že mu hned odevzdám úřad, jakmile se vrátí.« Vzkaz byl vyřízen. Ostatně se všemi těmito spikleneckými okolnostmi, za nichž tehdy protektorátní vláda pracovala, byl Beneš podrobně seznámen, když se Feierabendovi podařil dobrodružný útěk z Protektorátu a když se nakonec dostal do Londýna. Benešova reakce v prvním rozhovoru s nově příchozím (v červnu 1940) byla, že je s Háchou i Eliášem stále ve styku a má k oběma i k jejich vládě důvěru.

Zpět k domácímu podzemnímu hnutí. Je prokázáno, že všechny tři ilegální organizace požívaly přímé nebo nepřímé ochrany Háchovy a některých členů protektorátní vlády, nastolené okupanty a požívající jejich, jakkoli omezené důvěry. To nebyla maličkost. Druhou nezanedbatelnou okolností bylo přímé napojení těchto skupin (nebo aspoň spojek touto činností pověřených) na zahraniční odboj v Londýně prostřednictvím ilegálních rádiových vysílaček. Spojení bylo vybudováno už zmíněným plukovníkem Moravcem a jeho týmem v Londýně ve spolupráci s domácím odbojem. Ten pak mohl informovat o své činnosti, o svých potřebách i o plánovaných akcích Londýn a Beneše, a ti zas referovali domácímu odboji o své práci, o mezinárodní situaci, o válečných vyhlídkách. Neobešlo se to beze ztrát, často obzvlášť bolestných: Němci díky celé síti udavačů a donašečů věděli, kde a kdy udeřit, aby to byly rány co možná smrtelné. Přesto hlavní úder přišel až v září 1941, kdy Hitler odvolal Neuratha a na jeho místo jako zastupujícího protektora jmenoval obergruppenführera SS Reinharda Heydricha s příkazem, aby s neustále konspirujícími Čechy jak se patří zatočil. Heydrich vyhlásil stanné právo, dal zatknout generála Eliáše (Němci už delší dobu věděli o jeho spojení s podzemím) a generálové Bílý a Vojta, vedoucí ON, byli popraveni. A začala vlna pronásledování a poprav (tzv. první heydrichiáda). Němci nebili hlava nehlava. Heydrich promyslel a uskutečňoval plán, o němž je třeba říct pár slov; může totiž být aspoň zčásti klíčem k té rozpornosti v analýze postoje české společnosti za války, jak jsme o ní před chvíli mluvili.

Jádrem Heydrichova plánu bylo germanizovat a zároveň připravovat fyzickou likvidaci prakticky všech Čechů, tedy genocidu. Jenže zároveň Němci potřebovali práci českých rukou, a to tím víc, čím válka trvala déle a Protektorát se stával důležitým (leteckými útoky Spojenců vcelku nedotčeným) průmyslovým a zásobovacím zázemím Říše. Heydrich šel na věc (dalo by se říct) třídně: vybíjet nebo aspoň neutralizovat inteligenci a naopak šetřit dělnictvo, nadbíhat mu, uplácet ho. Podle Václava Černého to byla myšlenka skoro geniální. Heydrich přišel do Protektorátu jako »přítel dělnictva« a neúprosný odpůrce inteligence, této »nositelky národního a sociálního vědomí a tedy inspirátorky rezistence v národě«. Němcům se opravdu podařilo nejrůznějšími výhodami získat a využít velkou část českého dělnictva. I komunistické příručky doznávají, že se nacisté »pokoušeli uklidnit dělnickou třídu sociální demagogií«. Jenže ve skutečnosti to nebyla žádná demagogie, ale promyšlená dlouhodobá politika. Hned po svém příchodu na Pražský hrad přijal Heydrich delegaci českých dělníků. Těm zvýšil s okamžitou platností příděly tuku a tabáku, pracující ve zbrojním průmyslu dostali navíc prakticky všechno včetně vyšších mezd. Takže protektorátní propaganda mohla brzo a výjimečně po pravdě hlásit, že zbrojní průmysl v Protektorátě se překonává ve výkonech, a to zas na důkaz, že kdo dobře pracuje a nekonspiruje, nemá se čeho obávat, naopak může si dobře a spokojeně žít.

Toto úplatkářství, které se s postupující válkou nezmenšilo, ale naopak rozrostlo, vyvolalo tento úsudek nezávislého českého historika Vojtěcha Mastného v jeho pozoruhodné knize *The Czechs under Nazi Rule* (překládám z angličtiny): »Kolaborace podstatné části obyvatelstva Protektorátu – politiků, byrokracie, obchodníků, dělnictva – šla mnohem dál, než bylo nutné a čestné, byla to krátkozraká politika navzdory okamžitým hmotným výhodám, s tím výsledkem, že vážně pošramotila národní sebeúctu.« Naproti tomu Mastný potvrzuje mínění Černého a jiných, že česká inteligence se osvědčila a že konečná negativní bilance válečného chování Čechů a Moravanů byla přece jen vyvážena právě zásluhou inteligence. Proti této nekolaborantské inteligenci šel také hlavní teroristický nápor nacistů. V perzekuční vlně po příchodu Heydricha do Prahy bylo popraveno 662 občanů, vesměs příslušníků inteligence a středních vrstev. Zatčených bylo nespočet. Podzemní hnutí utrpělo ztráty, muselo být znovu vybudováno a jeho kádry doplněny. Začaly první transporty Židů do terezínského lágru. Byla také jmenována nová protektorátní vláda v čele s J. Krejčím (po válce byl nad ním vynesen rozsudek trestu smrti, ale nakonec nebyl vykonán). Černý ji pokládá za kolaborantskou, za vládu »skutečné zrady«, jak píše, a hned připomíná, že »připodobňovat k této vládě vládu generála Eliáše je čiré násilí na pravdě a křivda buď nevědomecká, buď nízká«. A dodává, cituji doslova: »Už se mi hnusí hájit tohoto vynikajícího muže z obvinění zaprodance nacistů, českého orgánu německého monopolistického imperialismu, a jak jinak znějí urážlivé nálepky a prázdné ideologické floskule, jimiž byl ověšen.« Opravdu, Eliášův pomník v českých zemích nenajdete, i když, na chvilku po válce, i komunisté mu jisté zásluhy neupírali. Což nám poskytuje vhodnou příležitost si krátce připomenout historii toho druhého, oslavovaného komunistického odboje u nás od jeho počátků až do června 1941 (do napadení Sovětského svazu hitlerovským Německem).

Brzo po pomnichovském zastavení činnosti KSČ se v listopadu 1938 vytvořilo ilegální ústřední vedení KSČ, po zřízení Protektorátu pak 1. ilegální vedení KSČ, které celé, až na jednoho člena, gestapo pochytalo v únoru 1941. V létě toho roku se v Praze ustavilo 2. ilegální vedení KSČ, jehož členem byl také Julius Fučík. (Na Slovensku působilo paralelní ilegální vedení KSS.) Toto druhé vedení bylo rozdrceno rok po svém ustavení, třetí skončilo zatčením všech jeho členů v červenci 1944. Tyto periodické a vražedné zásahy Němců lze vysvětlit jednak tím, že gestapo a ostatní represívní útvary měly jako prvořadný úkol zničit organizovanou podzemní činnost komunistů (nutně prošpikovanou agenty provokatéry), jednak amatérskou organizací hnutí. Tak se také vysvětlují relativně (snad) největší ztráty, které komunisté v tomto zápase zaznamenali ve srovnání s ostatními podzemními organizacemi. Čímž nemíním zlehčovat nespornou oddanost, obětavost a nezřídka i hrdinství těchto mužů a žen.

Problém byl však ještě trochu složitější. Především byl komunistický odboj oddělen od toho tzv. občanského (i když jakýsi minimální informační styk existoval). Byl veden po stranické linii, existovala stranická hierarchie a stranická disciplína. Navíc až do přepadení Sovětského svazu šlo podle komunistů (všude na světě) o válku imperialistickou, vedenou v zájmu a v žoldu světového kapitalismu. Z toho plynulo, že také Beneš v Londýně slouží imperialistům, Češi a Slováci mají své osvobození očekávat od vítězství světového proletariátu, vítězství, které začne »revolucí pracujících mas« v Hitlerově Německu. V této první fázi války bylo hlavním cílem komunistického podzemí u nás uchránit a zachovat stranické vazby a orgány pro příští uchopení moci. Důsledkem bylo, že komunistický odboj – jak připomíná Černý – šel »mimo rámec národního a státního boje«. Komunistům šlo především o sebezáchovu – ideologickou i organizační.

To všechno se radikálně změnilo po 22. červnu 1941, kdy účast Sovětského svazu na konfliktu po boku týchž proradných západních imperialistů válku rychle proměnila v národně osvobozeneckou, ve slovníku Stalina a Sovětů dokonce ve Velkou vlasteneckou. Nemohlo být nadále uvědomělejších bojovníků na všech frontách, tedy i té domácí podzemní, než komunistů. V československém případě s tou připomínkou, jak oni sami neopomenou nikdy zdůraznit, že to byl také zápas za nové, revoluční (lidové, pokrokové, sociálně spravedlivé) poválečné uspořádání Československa. Nemusíme si dnes říkat, co tím bylo opravdu myšleno.

Zmínil jste se o Fučíkovi, přerušila mě Lucie poznámkou, kterou jsem očekával. *Jak víte, vykládají nám o něm do úpadu, že to byl hrdina a mučedník, ale taky se říká, že to byl konfident gestapa!*

K tomu, Lucie, jen stručně, Fučíka nemám v osnově, nepatří do ní. V padesátých letech opravdu koloval v české emigraci jakýsi dokument, jehož původ nebyl nikdy řádně osvětlen a v němž se tvrdilo, že Fučík spolupracoval s gestapem. Černý v *Pláči koruny české* věnuje případu několik stran, založených prý na zjištěných a obecně známých faktech. Týkají se hlavně blahovolného chování gestapáckých úředníků k Fučíkovi po jeho zatčení, vycházek v jejich doprovodu do hospůdek, které sloužily komunistickým odbojářům za místo schůzek, a podobně. Jisté je, že plná pravda o Fučíkovi dosud řečena nebyla, a *Reportáž* sama je montáž z vybraných motáků, které Fučík údajně propašoval z vězení . To všechno by nebylo tak důležité, kdyby z Julky Fučíka komunistická propaganda neudělala vzor snad všech mužných a soudružských ctností. Důvody pro ten fučíkovský kult osobnosti, které, aspoň mně, se zdají přesvědčivé, uvádí opět Černý, když je formuluje jako »politicko-utilitaristické«. Píše: »Straně běželo o to, zvítězit v boji *o mládež*, po roce 1945 získat mládež bylo vedoucí parolou. A nebylo lze nabídnout mládeži hrdinu *mládežničtějšího* než Julka Fučíka. Byl prezentován jako vzor hodný jejího kultu, lásky i obdivu, samo ztělesnění mládí romanticky statečného, nadšeného, bojovně obětavého, úchvatně lyricky tragického. Žádná jiná z osobností komunistického odboje nenesla v podobné míře rysy mladické *svůdnosti.* Více ještě než povahou, obsahem a významem své odbojové práce Fučík sváděl způsobem, jímž v Reportáži s odhodlanou radostí spěchá čelit smrti.« Snad jednou – je to ostatně pravděpodobné – pravda o případu Julius Fučík bude zjištěna na podkladě archívních a jiných materiálů.

Na obzoru se ale rýsovala jiná událost, která se měla stát mezníkem v historii domácího odboje; zároveň byla úzce spojena se zahraniční akcí. Byla to událost dramatická a tak trochu senzační; je podrobně zpracována nejen odborně, ale i beletristicky a jako hraný film.

27. května 1942 jel ve své otevřené mercedesce pražskou ulicí zvanou tehdy Kirchmayerova Reinhard Heydrich, zastupující říšský protektor. V zatáčce, kde vůz musel zpomalit, se postavil do cesty muž a pokusil se vystřelit ze samopalu, ale ten selhal; to už ale jiný muž hodil na vůz pumu, která vybuchla a jejíž střepiny těžce zranily nejmocnějšího nacistického funkcionáře v zemi, »krvavého Heydricha«. Zemřel na následky zranění 4. června.

Němci řádili jak nepříčetní. Okamžitě vyhlásili stanné právo, podle něhož každý, kdo přímo nebo nepřímo poskytne pomoc atentátníkům nebo jen o nich ví a nepodá hlášení, bude popraven s celou svou rodinou; kdo žije na území Protektorátu bez řádných papírů, bude zastřelen, podobně jako lidé, které by takové osoby přechovávali. To byl počátek masového vraždění, jaké české dějiny hned tak nepamatují. Stanné právo trvalo pět týdnů. Za tu dobu nacisté popravili 1 331 lidí (údaj z nacistických pramenů), počet byl ve skutečnosti mnohem vyšší. V té době bylo například vyvezeno z Terezína a zavražděno přes 3 000 Židů; celkový válečný počet židovských obětí nacistického teroru v Protektorátu byl 78 154 mužů, žen a dětí. Jména popravených se četla s ďábelskou pravidelností v pražském rozhlase – celá země žila v hrůze a poslouchala se zatajeným dechem, kdo zase byl na řadě . . . Celá jedna vesnice, Lidice, byla srovnána se zemí, všichni její mužští obyvatelé (bylo jich 192) na místě zastřeleni, ženy (196) odvlečeny do koncentráků, z 96 lidických dětí, které byly zavlečeny do Německa na »převýchovu«, se jich po válce vrátilo všehovšudy šestnáct. Nato byla vypálena osada Ležáky, 32 obyvatel zavražděno, z jedenácti odvlečených dětí se vrátily dvě. Podzemní hnutí, demokratické i komunistické, bylo rozmetáno. V Německu byl popraven generál Eliáš, doma pak byla znovu zvlášť těžce postižena inteligence. Zemí táhly smrt, hrůza a strach, které nemohly než hluboce poznamenat českou mentalitu – a možná, že nejen té generace, která to všechno zažila. Vždyť jak poznamenává Václav Černý a dokládají i jiní, hned po atentátu – a dodnes – je kladena otázka: »Stál vykonaný čin za ty oběti?«

18. června Němci oznámili, že v kryptě kostela Karla Boromejského v Praze se skrývá sedm parašustistů, Čechů a Slováků, vyslaných z Anglie; nechtěli se vzdát a po několikahodinovém boji s obléhajícími německými jednotkami spáchali sebevraždu. Dva z nich, rotmistři československé zahraniční armády Jan Kubiš, Čech z třebíčského kraje, a Slovák Jozef Gabčík ze Žiliny, byli označeni za atentátníky na Heydricha.

Zavraždění vysokého nacistického funkcionáře bylo jednou z nepočetných individuálních teroristických akcí, vlastně politický atentát, dirigovaný ze Západu, k nimž za války došlo. Zavraždění Heydricha mělo obrovský ohlas na celém světě. Věc Čechů a Slováků se dostala na pár týdnů do popředí zájmu (a sympatií) veřejného mínění ve spojeneckých i v neutrálních zemích, čin sám se pokládal a vykládal jako odvetný úder vlasteneckého českého podzemí, které tak dramatickým způsobem odpovědělo na krutý útisk nacistů (jemuž rovněž v této souvislosti byla vlastně poprvé věnována větší pozornost).

Zpočátku se ve světě i doma opravdu mělo za to, že atentát byl činem domácích sil podzemního odboje. Když nacisté oznámili, že to provedli vojáci k tomu účelu vycvičení v Anglii a na území Protektorátu parašutovaní britským letadlem, mohlo se o pravdivosti této zprávy pochybovat – jako o tolika jiných nacistických komuniké. Rozhodně my v Londýně, a právě v československém vysílání BBC, jsme verzi domácího, podzemně odbojového úderu na Heydricha po celou válku podporovali a propagovali. Jestli v tomto směru byla vydána nějaká důvěrná direktiva, to nevím, ale jisté je, že ani Beneš, ani členové vlády po celou dobu války nacistickou verzi atentátu výslovně nepopřeli, ale také nepotvrdili. To bylo usnadněno jednak tím, že akce byla výjimečně dobře utajena (hotový zázrak v ukecané československé emigraci v Londýně; dokonce ani členové vlády nic nevěděli a sám ministr národní obrany generál Ingr neznal pravé poslání speciálně vycvičených parašutistů). A pak tím, že nacisty rozpoutaný teror proti Čechům byl tak zběsilý, že zcela zaujal informační média, tisk, rozhlas, a zatlačil tak do pozadí čin samotný. Ovšem když se válka schylovala ke konci a čeští komunisté v Moskvě i v Londýně už hráli na »vedoucí roli« Sovětského svazu ve střední Evropě a tudíž i v Československu, začali atentát odsuzovat; napřed interně, později tato kritika vešla do oficiální stalinské historiografie. Ne že by jim byl nějak zvlášť proti mysli individuální teror, ale tvrdili, že »reakční vojáci« v Londýně si s Benešovým požehnáním atentát vymysleli a provedli s úmyslem, aby – jak tvrdí jeden z těchto »historiků«, Bohuslav Laštovička – byl v Protektorátě vyvolán vražedný teror a ten pak »byl záminkou benešovské skupině, aby dokazovala, že boj je nemožný, předčasný, že by stál zbytečné oběti . . .« Komunisté totiž byli od vstupu Sovětského svazu do války stále hlučnějšími zastánci »partyzánského boje proti okupantům«, založeného na »třídní solidaritě dělnické třídy«, vzorem byli komunisty vedení partyzáni na Ukrajině nebo v Jugoslávii. Poukazy nekomunistů na to, že pro partyzánské bojůvky v Čechách nejsou příznivé předpoklady (a nejen geografické), byly odmítány jako ideologicky motivované, úmyslné prý to »tlumení aktivity českých vlastenců« (podle Laštovičky) a vůbec jako doklad, že »kapitulantská československá buržoazie pomáhala potlačovat národně osvobozenecký boj českého lidu« (podle Kopeckého).

Skutečnost byla samozřejmě jiná, ne-li rovnou opačná. Píše o tom ve svých pamětech, zpracovaných ve spolupráci s jeho dcerou, generál František Moravec. Vyšly anglicky dlouho po válce (v roce 1975). Patří – aspoň podle mého soudu – k nejvěrohodnějším, které byly napsány, a nejen o heydrichiádě, ale o válečném českém Londýnu vůbec. V předmluvě k této – navíc dobře napsané – knize Moravec poznamenává, a myslím, že je mu možno věřit: »Nemám sebemenší důvod něco zamlčovat, zkreslovat a nemám důvodu vnucovat čtenářům svoje závěry za určitým politickým nebo osobním cílem . . . Chci psát pravdu, a to celou pravdu.« Pokud jde o atentát na Heydricha, zdůvodnění akce a rozhodnutí o jejím provedení, pravda zní podle Moravce takto – přečtu klíčové pasáže:

»Londýn pravidelně hodnotil odbojovou činnost okupovaných zemí. Ocenění záleželo na stupni škod, jež se které okupované zemi podařilo nacistickým okupantům způsobit. Činnost každého odbojového hnutí se pokládala za přínos jejich země k válečnému úsilí Spojenců. V druhé polovině roku 1941, jako důsledek Heydrichova zdecimování odbojové organizace, bylo Československo poslední na seznamu.

President Beneš tuto okolnost velmi těžce nesl. Řekl mi, že při rozhovorech se spojeneckými představiteli se poznámky o nutnosti účinného odboje začínají objevovat s ponižující naléhavostí. Angličané i Sověti, těžce zkoušení na svých vlastních frontách, začali Benešovi systematicky zdůrazňovat, jak životně důležité je pro postup války, aby každý národ, včetně Československa, vyvinul maximální válečné úsilí. Ale v té době nám nebylo nic platné posílat domů depeše vyžadující zvýšení odbojové činnosti. Zkusili jsme to. Nic se nestalo.

President věděl, že posílám do země parašutisty k udržování spojení s podzemní organizací. Na sklonku roku 1941 navrhl, abychom využili této příležitosti k nějaké okázalé akci proti nacistům – například zabití Heydricha, provedené v úplné tajnosti našimi speciálně vycvičenými parašutisty. Akce by měla dvojí účel. Za prvé by to byl mocný projev odporu proti okupaci, který by vymazal pečeť pasivity a pomohl Československu mezinárodně. Za druhé by mohla znamenat obrození odbojového hnutí tím, že akce by se stala jiskrou, jež by roznítila masový odpor mezi obyvatelstvem.

V rozhovorech o presidentově návrhu jsme hodnotili dvě osoby, jež přicházely v úvahu jako předmět atentátu: prvním byl český quisling Emanuel Moravec, bývalý plukovník československé armády, který se stal členem protektorátní vlády a jehož nechutná kolaborace s nacisty byla pro československou vládu v Londýně velmi trapná. Druhý byl sám Heydrich. (. . .)

Heydrichův život nás přijde draho. Řekl jsem to Benešovi, který pečlivě naslouchal mému zvažování všech důsledků, a potom prohlásil, že jako vrchní velitel činí rozhodnutí, že tato akce, která bude stát české životy, je přesto pro dobro země nutná. Dal mi rozkaz, abych ji provedl. (. . .)«

»Mojí první povinností bylo vybrat pro operaci vhodné muže, postarat se o jejich výcvik a připravit je pro jejich úkol. Výběr nebyl snadný. Požadavky byly vysoké. (. . .) Konečně jsem vybral dva poddůstojníky: Jana Kubiše a Josefa Gabčíka. (. . .)«

»Posledního úkolu, totiž vysvětlení, co je účelem jejich mise, jsem se ujal osobně. Mluvil jsem ke každému zvlášť a vysvětlil jim přesně úkol, který od nich budeme požadovat. Řekl jsem, že než se rozhodnou, chci jim vysvětlit, jaké jsou šance úniku, a že v případě, že se jim poštěstí pokus atentát přežít, budou mít dvě alternativy: pokusit se přežít uvnitř země, nebo se pokusit o útěk do ciziny a vrátit se na svou londýnskou základnu. Obě alternativy mají v důsledku očekávaných německých protiopatření jen velmi malou naději na úspěch. Řekl jsem, že největší pravděpodobnost je, že zahynou na místě činu. Měli právo na to, abych jim řekl plnou pravdu bez příkras, a tak jsem se jim teď snažil realisticky nastínit jejich pravděpodobný osud. Teprve potom jsem se otázal, zda jsou ochotni akci provést.

V jejich odpovědi nebyla přecitlivělost. Gabčík řekl, že se dívá na misi jako na válečnou akci a na risiko smrti jako na přirozené. Kubiš mně poděkoval za to, že jsem ho vybral k důležité akci.

Oba muži prohlásili, že by dali přednost smrti před dopadením gestapem. (. . .)

Den před odjezdem byli oba parašutisti přijati presidentem Benešem. Zdůraznil historickou důležitost jejich akce. Věděl, že operace znamená jejich smrt, a já jsem viděl, že president je pohnut – tak jako já – heroickou prostotou, s jakou přijímají svůj osud. Když jim říkal sbohem, měl slzy v očích.«

Tolik Moravec. Potvrdil bych bez váhání, že hlavní motiv k atentátu (minimální protinacistický odboj v Protektorátě v roce 1941, těžká to hypotéka na Benešově zahraniční akci) je tu vylíčen po pravdě. Sám jsem v Londýně slyšel o existenci jakéhosi odbojářského žebříčku; naše špatné umístění potvrdil ostatně Hubert Ripka v ministerské radě v Londýně na počátku roku 1942. Dále mám za to, poněvadž jsem byl svědkem Benešovy naprosté politické a operační hegemonie v Londýně za války, že atentát byl proveden s jeho vědomím a souhlasem; narážky komunistů, a po válce i Beneše, že tu vojáci něco provedli za zády svého vrchního velitele a hlavy státu, jsou nesmyslné pro každého, kdo byl jen trochu seznámen se strukturou a způsobem práce londýnského politického exilu a s všemocným rozhodujícím postavením, které v něm Beneš zaujímal. Pro úplnost je třeba dodat, že několik vůdčích osobností domácího odboje, které se z těch či oněch důvodů (a proti původním Moravcovým instrukcím) o připravované akci dověděly, opětovaně naléhalo ve svých radiotelegrafických depeších Benešovi (krycí jméno Navrátil), aby atentát na Heydricha odvolal; odůvodňovali to tím, že represe bude strašlivá a masová; navrhovali, aby byl raději zavražděn Emanuel Moravec. Londýn na tyto depeše neodpověděl, Kubiš a Gabčík jako vojáci pokládali rozkaz za stále platný a provedli ho.

Zbývá otázka, kterou Moravec ve *Špiónu, jemuž nevěřili* suše nazývá »ohodnocení Operace Heydrich«. Řekl jsem už, že ani dnes není v tomto ohledu jednomyslnosti, právě naopak. Čeští komunisté soudili a dosud mají za to, že atentát byl zbytečný, politicky motivovaný v zájmu »buržoazní části« londýnské emigrace, naprosto neúměrný obětem, které si vyžádal. Nadto přivodil rozvrácení českého podzemního odboje. V tomto úsudku nejsou komunisté sami. Historik Mastný v citované knize soudí, že »zavraždění Heydricha, jakkoli skvěle provedené, bylo politickou chybou. Rozdrtilo české podzemní hnutí v rozsahu, který asi nemá obdoby jinde v Hitlerově Evropě. Ještě závažnější je, že heydrichiáda se vtiskla hluboko do paměti lidu za vražedných týdnů po tyranově smrti a působila jako mohutná zábrana v pokusech o obnovu aktivní opozice. Svou smrtí Heydrich dovršil svůj hlavní úkol – pacifikaci Protektorátu«. Autor cituje z nacistických archívů a uzavírá, že v posledních třech válečných letech byl český odboj »bezvýznamný«.

Na druhém konci škály lze nalézt kronikáře Václava Černého. Ten píše: »Likvidace Reinharda Heydricha byla vůbec největším výkonem všech evropských národně osvobozeneckých odbojů proti nacismu a nejvýznamnějším partyzánským činem.« Podle něho »celý český odboj byl partyzánštinou«, a zároveň v něm vládla jistá a nezbytná hierarchie: »Český národní odboj poctivě vyložil Londýnu veliké riziko Heydrichovy likvidace, to bylo právo domácí armády. Londýn trval na splnění rozkazu, to bylo právo vlády. Odboj rozkaz do písmene splnil, a tím i svou povinnost.« A Černý v přímé souvislosti s atentátem připomíná, že dva měsíce po něm Foreign Office konečně a definitivně uznal předmnichovské hranice Československa. Podobně Drtina: »Ohlas atentátu a Lidic ve spojeneckém veřejném mínění byl tak nesmírný, že se rovnal pro nás vyhrané bitvě . . . bez atentátu a bez Lidic bychom podle mého mínění sotva dosáhli toho, aby spojenecká politika přijala mezi své válečné cíle náš požadavek transferu německého obyvatelstva z českých zemí. Také teprve po těchto událostech mohl president Beneš a československá emigrační vláda tento požadavek ve větší míře a intenzitě prosazovat.«

Podstatně uváženější a lidštější je poválečné mínění generála Moravce. Zní takto: »Po válce mě také navštívili pozůstalí, hlavně matky, ženy a dcery obětí represálií, a vznesli otázky, na které byla těžká odpověď. S těmi jsem mluvil dlouho a do všech bolestných podrobností a vždy budu považovat tyto rozhovory za nejtěžší úkol mého života.

Možná že jsem, jak mi Beneš často říkal, příliš sentimentální a že správné stanovisko v záležitosti lidských životů vůči vysoké státní politice je stanovisko přísně logické. Ale nejsem politik a nemohu se ubránit, abych nebyl citově otřesen hroznou smrtí tolika lidí, z nichž mnozí byli mými přáteli a kolegy. V tomto ohledu je pro mě těžké oddělit profesionální stránku operace od vědomí, že jejím vykonáním jsem byl nepřímo zodpovědný za smrt tolika lidských bytostí.

Těžké je také morální ospravedlnění atentátu jako takového. Vyvstává otázka, zda atentát může být vůbec kdy morálně ospravedlněn. Myslím, že ne, pokud jde o společnost, jež žije podle určitých morálních zákonů a pravidel, ať už v míru, nebo za války. Ale když je národ zotročen hordou fanatických šílenců, kteří neuznávají žádné právní normy a jsou hnáni nejnižšími lidskými pudy, muži, kteří nejsou přístupni racionálním myšlenkovým procesům a zabijí každého, kdo s nimi nesouhlasí, pak vyvstává otázka, zda a jak čelit zlému. Velký ruský spisovatel a filosof Tolstoj na sklonku svého života razil princip „neodporovat zlému". Náš velký státník a filosof Tomáš G. Masaryk s touto zásadou naprosto nesouhlasil a tvrdil, že zlu se musí vždycky čelit.

Když aplikujeme Masarykův princip potírání zlého na princip politického atentátu, pak myslím, že dojdeme k názoru, že atentát jako prostředek potírání zla je oprávněn v případě, že všechny ostatní prostředky selhaly. Jsem přesvědčen, že atentát na Heydricha toto oprávnění měl. (. . .)

Já však věřím, že přijde čas, kdy historie ocení operaci Heydrich tak, jak si toho zasluhuje, jako velkou válečnou operaci, jež svou důležitostí daleko zastínila skromné výsledky dosažené našimi malými symbolickými jednotkami na Západě i na Východě.« Konec citátu.

Zeptáte se asi, proč jsem případu Heydrich věnoval tolik našeho společného a přísně vyměřeného času. Ano, proč vlastně? Čím může přispět k našemu zkoumání soudobého českého osudu a jeho příčin? Napadá mě – ale je to opravdu jen myšlenka, která mi teď probleskla hlavou –, že tu zase jednou máme jako na dlani historické české dilema a způsob jeho řešení. Nepřítel je v zemi jako důsledek kapitulace bez boje; na národ se zvenčí naléhá, aby proti okupantovi bojoval; v zahraničí v mezinárodních kruzích se spočte, že se bojuje málo, případně vůbec ne; v odbojářství jsme »poslední na seznamu«; je to »ponižující« pro reprezentanty zahraniční osvobozovací akce; něco se musí stát; a když se tedy nehne národ doma, vyšle se mu zvenku skupina profesionálů, aby s tím zahýbala; výsledek posvětí prostředky; československá věc ve světě si hned stojí lépe, Čechům a Slovákům se zaručí poválečné hranice a posílí šance na odsun Němců; navíc se *předstírá*, že heydrichiáda je dílem národa a výrazem jeho vůle se vlastními silami osvobodit. Na důkaz posledního tvrzení citát – pečlivě promyšlená dvojsmyslná formulace Benešova v rozhlasovém projevu pár dní po atentátu: »V obsazené Praze *byl zabit naším nezměrně týraným lidem* představitel cizí moci, která se zločinně pokusila náš stát a národ a jeho svobodnou existenci zničit.«

Já vím, zní to všechno hrozně, sám se toho děsím, sám hned hledám polehčující okolnosti, ale zároveň cítím, že v tom, co jsem tu tak vychrlil, je kus pravdy – pohazujte si s ní jakkoli, vždycky se vám vrátí, i když v jiné, snad méně zjednodušené podobě. Samozřejmě, že jinde a v jiných zemích taky došlo k hrůzným represáliím nacistů, po tisících se popravovalo, celé osady byly srovnány se zemí, stovky dobrovolníků se parašutovaly do německého zázemí v Evropě s přesnými sabotážními úkoly, a ty zas vyvolaly represi . . . Jenže neznám jiný případ z druhé světové války, který by byl tak specificky a výslovně politicko-propagačně motivován, jako právě atentát na Heydricha. Navíc podpořený úmyslem udělat něco spektakulárního, aby byl svět přesvědčen o existenci něčeho, co není, ale mělo by být.

Pak si také myslím, ale nemohu to samozřejmě prokázat, že heydrichiáda je další trauma Čechů, ovšem už hluboko zasuté a zapomenuté. Vždyť za války každá třetí česká rodina někoho ztratila, moc obětí bylo právě za heydrichiády; vím, že taky vaše rodina byla postižena a nemám odvahu se zeptat, kolik z těch hrůz, o nichž vám vyprávěli, ve vás zbylo . . . asi byste stejně nedovedla odpovědět. Proto raději hned přeskočím na jistější půdu – co se dělo v Protektorátě, když se nacistická postheydrichovská pomsta vyřádila. Mezi seriózními historiky není vcelku sporu o tom, že od atentátu se změnila struktura, ráz i rozsah domácího odboje. Zhruba je možno říct, že se tento odboj – prakticky až do konce války – nikdy neobnovil ve své původní podobě tří nebo čtyř center, napojených na Londýn a z Londýna často dirigovaných. Jak už bylo řečeno, nacistům se podařilo rozbít je všechny. Jistě, jiné skupiny, menší a dislokovanější (například za ÚVOD nastoupil nepoměrně skromnější Revoluční národní výbor, na Českomoravské vysočině Rada tří).

Na tomto obrazu nezměnilo nic ani Slovenské národní povstání (srpen až říjen 1944), které bylo převážně dílem slovenské armády; to jen komunistická historiografie je později zpracovala do podoby všelidového revolučního hnutí. Pravda, s postupující válkou a frontou se opravdu začaly tvořit partyzánské skupiny a sílila, jakkoli rozptýlená, partyzánská aktivita. V této souvislosti komunističtí historikové vylíčili všechno ve víc než nadživotní velikosti. Neboť, jak vzpomíná Černý, »ti, jimž se u nás počalo říkat . . . partyzáni, byli namnoze uprchlí zajatci spojeneckých armád, většinou Rusové, záhy rozmnožení o domácí uprchlíky politické nebo z pracovního nasazení v Říši; ruští parašutisté partyzáni se u nás objevili teprve na podzim 1944 . . . Na samém konci války u nás bojovalo asi 8 000 reálných partyzánů, většinou stáli pod sovětským vlivem«. Slovenského povstání a partyzánštiny využili slovenští komunisté a skupina funkcionářů KSČ vyslaná z Moskvy k rozsáhlé politicko-organizační činnosti (i když původní plán komunistů na sovětské Slovensko a jeho připojení k SSSR byl už opuštěn); tato činnost pak ovlivnila pozdější jednání mezi komunisty a demokraty o vnitřní uspořádání republiky – ve prospěch komunistických idejí, samozřejmě.

Vcelku možno říct, že domácí odboj byl v druhé polovině války politicky definitivně odsunut na vedlejší kolej; Protektorát byl zase na poslední příčce žebříčku podzemní a sabotážní aktivity v nacisty porobené Evropě. Nikoho to už nerozčilovalo – i když povstání na Slovensku bylo pro Londýn propagačně nezanedbatelnou injekcí a pro Gottwalda, Slánského a jeho druhy v Moskvě propagačním a ideologickým trumfem, dokladem revolučního kvasu mas a vítězné »národně demokratické revoluce«. Krátce, už nic podstatného se v posledních dvou a půl letech války nerozhodovalo ani v odbojové Praze, ani v povstalecké Banské Bystrici, ale v politické emigraci v Londýně a v Moskvě. Historie tohoto vývoje je známa, pokusím se zachytit jen ty prvky a momenty, které na tento osud měly asi největší vliv, a určit míru podílu – odpovědnosti? – hlavních aktérů v událostech, které měly skončit 9. května 1945 slavným vítězstvím všeho českého a slovenského lidu.

»Od konce roku 1942,« vzpomíná Feierabend, »president Beneš posuzoval velmi optimisticky vývoj mezinárodní situace. Ve své řeči ke Státní radě 12. listopadu 1942 vyslovil naději, že zahajuje její poslední zasedání. Byl přesvědčen, že se válka chýlí ke konci.« Odhad byl nepřesný, pan prezident přednášel ještě několikrát v tom státněradovském sboru, ale zas tak špatný odhad to taky nebyl. O šest, osm měsíců později to na frontách pro mocnosti Osy vypadalo zle. Spojenecké armády přistály po dobytí severní Afriky na Sicílii a zakrátko se vylodily v Itálii (ta mezitím přešla na stranu Spojenců). Vlastními lidmi sesazeného Mussoliniho musel Hitler vysvobodit ze zajetí a znovu ho v severní Itálii dosadit k moci, která už ale nestála za řeč. Na východní frontě přešli Rusové do ofenzívy, na podzim 1943 postoupili na Ukrajinu a dobyli Kyjev. Takže dr. Beneš neměl tak docela nepravdu, když na sklonku roku 1942 hlásil ve vládním československém vysílání BBC, že na bojištích nastal rozhodný obrat ve prospěch Spojenců, a že rok 1943 bude rokem »ohromných rozhodujících událostí válečných, jež nám vítězství zcela jistě přinesou!«.

Za těchto předpokladů a výhledů nebylo divu, že prezident začal intenzívně připravovat poválečné mezinárodní, politické i hospodářské zabezpečení Československa – krátce jeho budoucnost. Mnichov, jak jsme si řekli, byl všestranně a všemi odčiněn. Bylo třeba zasáhnout aktivně do světové politiky. A jednat – pokud možno s těmi nejmocnějšími, se Spojenými státy a se

Sovětským svazem (jehož prestiž a sympatie i v kruzích komunistům nijak zvlášť nakloněných lidí pronikavě vzrostla po legendární bitvě u Stalingradu).

O cestě do Moskvy hovořil Beneš se svými poradci rovněž už na sklonku roku 1942. V té době také přivezl do Londýna československý vyslanec u americké vlády pozvání prezidenta Roosevelta k návštěvě Ameriky. Beneš neváhal ani chvilku a v květnu se vydal do Washingtonu. Dostalo se mu přijetí, jaké se sluší na hlavu spojenecké země. Hovořil k oběma sněmovnám amerického Kongresu a měl několik důvěrných rozhovorů s prezidentem Spojených států. Z referátu, který Beneš po svém návratu podal ve Státní radě, vyplývá, že hlavním tématem rozprav byl Sovětský svaz, který sotva mohl nalézt lepšího a výmluvnějšího zastánce než dr. Beneše. Ten ujišťoval Roosevelta, že sovětská velmoc po válce nejen nechce pohltit Polsko a ostatní středoevropské státy, ale naopak »bude podporovat jejich nezávislost«. Sověti si přejí silné a demokratické Československo, nehodlají se míchat do jeho vnitřních záležitostí, a podobně by tomu mohlo být i s Polskem, za předpokladu, že tam nebudou vládnout »feudálové« a jednou provždy bude pohřben »duch Beckův«. Benešovo expozé o dobrých úmyslech Sovětského svazu nebylo marné, soudě podle komentářů amerického tisku; nejednomu pozorovateli se proto zdálo, co snad jen Feierabend měl kuráž dát na papír, totiž že »největší užitek /z Benešovy cesty do Ameriky/ měly Sověty, a nikoli Československá republika«. Beneš sám svou druhou americkou cestu zhodnotil v tom smyslu (v rozhlasovém projevu 24. června 1943), že si pokládá »za velkou čest«, že mohl přispět »pokud to bylo v mých silách« k tomu, že »nerušenou spolupráci mezi Spojenými státy a Sovětským svazem za války a po válce možno pokládat za naprosto jistou a pevnou«.

Ve Washingtoně se jednalo i o jiných věcech: o plánovaném odsunu Němců z Československa (Beneš hlásil vládě ještě z Ameriky, že »počet Němců v Československu je třeba po této válce co nejvíce redukovat transferem«; na výslovný dotaz Benešův, zda Spojené státy budou s odsunem souhlasit, Roosevelt »prohlásil jasně, že ano«); o Slovensku se nemluvilo, ale Beneš se v Americe přesvědčil, »do jak strašného nebezpečí vedla Slovensko zrada Tisova, Tukova, Sidorova . . . vedli válku nejen proti Sovětskému svazu, nýbrž i proti Velké Británii, a hlavně proti Spojeným státům . . . což zájmy slovenského lidu co nejvážněji ohrožovalo«; ale hlavně Beneš (jak píše v *Pamětech*) Rooseveltovi vyložil, že »nemůžeme připustit v budoucnosti nový Mnichov, což nás nutí už nyní počítat s dohodou se Sovětským svazem.

Stejně jsem mu vyložil, že budeme se Sovětským svazem sousedit, a to že bude mít jistě vliv také na naši vnitřní politiku i ve smyslu našeho vývoje sociálního a hospodářského. Řekl jsem konečně, že po návratu z Ameriky mám v úmyslu se hned odebrat do Moskvy a se Sovětským svazem se definitivně dohodnout. A že věřím, že by i Polsko mělo dělat podobnou politiku . . .« Podle depeše, kterou Beneš tehdy telegrafoval Janu Masarykovi do Londýna, americký prezident »to vzal na vědomí se zjevným uspokojením a uznával, že k Rusku (sic!) postupujeme správně«. A tak, uzavírá Beneš kapitolu, »odcházel jsem z Washingtonu znovu s přesvědčením, že je nutno, abych návštěvou Moskvy dovršil své dosavadní jednání v Londýně a Washingtoně a abych tuto návštěvu vykonal ihned po svém návratu ze Spojených států«.

Ukázalo se, že věc nebyla tak snadná a že zdaleka nešlo všechno tak rychle, jak by si prezident přál. Tím víc naléhal na vládu a na Státní radu, aby si pospíšily a vypracovaly zákonné předlohy a dekrety, které chtěl vzít s sebou do Moskvy k projednání jak se Stalinem, tak s tamními československými komunisty. Na prvním místě bylo poválečné řešení národnostní otázky v Československu – konkrétněji odsun Němců (a Maďarů) z osvobozené země. Byla to otázka kapitální a Beneš se jí zabýval už dávno: vstup Sovětského svazu do války, rychlé uznání československé zahraniční akce Moskvou, vyhlášená ochota Rusů uzavřít spojeneckou smlouvu s Československem ještě za války, a s Benešovým podpisem – to všechno svědčilo o tom, že Sověti schválí a podpoří plán odsunu Němců z Československa bez velkých těžkostí. Což nebylo možno tvrdit o spojencích západních. Plán zrál v Londýně dlouho a měl ovšem svůj vývoj a svoje peripetie. Jsou zachyceny v obsáhlé literatuře (také německé protinacistické a ovšem v poválečné sudetoněmecké); tady a teď jen to nejpodstatnější.

Ve svých *Pamětech* věnuje Beneš celou jednu kapitolu odsunu a podrobně líčí londýnská jednání »s našimi Němci« na počátku války v Londýně, tedy hlavně s bývalými poslanci nebo funkcionáři německé sociálně demokratické strany a strany komunistické z doby první republiky, nyní v emigraci. Porady začaly už v létě 1939 s německým sociálně demokratickým poslancem Wenzlem Jakschem, ale byly to z obou stran rozhovory informativního rázu. Po pádu Francie Beneš ujistil Jaksche, že sice on a jeho vláda jsou »zásadně a rozhodně pro spolupráci s těmi československými Němci, kteří prokázali republice věrnost a s nacismem si nezadali«, ale nutno vzít v úvahu sílící »nacionální radikalismus v naší vlasti«: ten je nikoli snad jen protinacistický, ale prostě protiněmecký. I tak tehdy ještě Beneš uvažoval o německých zástupcích ve Státní radě (nakonec v ní zasedal jeden předválečný komunistický senátor). Promýšlel kompromisní alternativy, které by prý vyžadovaly jisté oběti na straně německé, ale i československé (myslel tu například na menší korektury předmnichovských čs. hranic, kam by se Němci zčásti odsunuli). Ale s postupem války, jak bylo stále zřejmější, že Spojenci vyhrají, a to rozhodným způsobem, Beneš se cítil pevnější v kramflecích. Opustil myšlenku dorozumění s německými antinacisty, přikláněl se k radikálnějším řešením a nakonec ho zcela ovládla představa vyhostění československých Němců. Víc: před selektivním dal přednost masovému, globálnímu řešení v tomto transferu německého obyvatelstva (tří miliónů lidí) z území obnovené republiky. Vyložil to Jakschovi na počátku ledna 1942 (kdy už, jak sám připomíná, jeho postavení bylo v Londýně, ve Washingtoně a v Moskvě pevné, mohl si víc dovolit), vyložil tedy svůj názor na osud československých Němců takto (cituji podle Benešových *Pamětí*). Napřed poukázal na »hrozivou touhu po pomstě«, která prý doma existuje, a tvrdil, že »minimum, které *všichni* žádají, je nejen *veliká revoluční odveta* na konci války, v níž se kdekdo chystá zbavit se násilím všech našich Němců z Čech a z Moravy *bez rozdílu a bez výjimky*, nýbrž i definitivní náš rozchod s Němci, jejich transfer do Říše, prostě — konec!« Schválně jsem zdůraznil některá slova, aby byly zřejmější pochyby o správnosti předpokladů k rozhodnutí tak vážnému. Především: opravdu »všichni doma«, dokonce »bez rozdílu a bez výjimky«, žádali »revoluční odvetu«, tedy zbavit se všech Němců, a to násilným odsunem? Lze o tom důvodně pochybovat. Ale i kdyby tomu tak bylo — to za druhé —, pak se věru není čím chlubit a moudrá hlava státu by takové kolektivní vášně, jako je touha po odvetě a násilí, měla spíš tlumit než rozdmychávat. A za třetí je to formulace schvalující mstu, navíc masovou, bez spravedlnosti, lhostejno zda jsi se provinil nebo ne, jestli jsi byl nacista nebo antifašista, gestapácký principál nebo bezmocný pěšák. To se rovná aplikaci naprosto nepřijatelné teze o »kolektivní vině«, tedy že za skutečné či údajné zločiny vůdců, skupiny nebo i části společnosti odpovídá celá společnost, národ, rasa a podobně. Beneš si dokonce přál, aby »co nejvíc těch [československých Němců], kteří se budou jako nacisté brániti a klásti odpor, bylo v revoluci [rozumí se po osvobození Československa] *pobito*«. Tak aspoň tlumočil názor Drtina ve své zprávě odbojovým skupinám doma v červenci 1944.

Taková tedy byla podoba té »revoluční odvety«, o níž mluví Beneš. A aby nebylo pochyb, prezident ji už dříve upřesnil – dokonce v marxistických pojmech, cituji: »... v sociální revoluci, k níž určitě [u nás po válce] dojde, bude třeba zbavit naše země veškeré německé buržoasie, pangermánské inteligence a fašismu propadnuvšího dělnictva. To bude naše konečné a pro nás vůbec uskutečnitelné řešení: spojení revoluce sociální s revolucí nacionální. (...) Je v tomto plánu i kus marxismu a jeho dialektiky v revolučním procesu, který se za této nezbytné změny sociální struktury národa ... musí nezadržitelně dostavit.« Tvrdá formulace. Dokonce i Moskva – ještě na jaře 1943 – v této otázce (na naléhání Benešovo) váhala; její stanovisko k transferu nebylo sice negativní, ale mělo se formulovat definitivně »až později«. Ani českoslovenští komunisté tu nemínili původně postupovat tak drasticky. Jisté je, že Benešova jednání s Jakschem se brzy vytratila z londýnské emigrantské scény, o osudu československých Němců bylo v zásadě už rozhodnuto. Nakonec to dopadlo trochu jinak, než jak předpovídal Beneš: ta »revoluční odveta« se nedostavila »nezadržitelně«, ale byla pečlivě promyšlena, rozpracována a importována z Moskvy novými poválečnými vládci a nadekretována *shora* nikým nezvolenou mocenskou špičkou, která se nikoho na nic neptala, rozhodně ne toho českého lidu, jehož na každém kroku vzývala a oslavovala. A ten si nakonec řekl – když tak páni pískají, proč bychom si nezatančili. Byl to často *danse macabre*, mordovalo se leckde moc ošklivě.

Těch pár desítek tisíc Němců, kteří spíše náhodou než řádným, právně zakotveným postupem prošli sítem prověrek, byli prohlášeni za antifašisty a mohli zůstat v zemi jako rovnoprávní občané, nemohlo vyvrátit základní pravdu, jakkoli popíranou: že totiž odsun německého obyvatelstva vycházel z principu kolektivní viny. Bylo by jistě možné argumentovat v tom smyslu, že jiné řešení nebylo, když podle některých odhadů přes 80 procent československých Němců bylo pro Hitlera a proti republice; navíc se nacisté dopustili v Protektorátě takových zločinů, že po osvobození bylo možno se obávat strašného masakru na Němcích – jak jinak mu zabránit než »definitivním rozchodem«; a konečně, představitelé jiných zemí, rovněž okupovaných, už za války v Londýně připravovali transfer Němců – Poláci především, ovšem v rozsahu daném obrovským teritoriálním posunem hranic nového Polska. Odsuny obyvatelstva – také ten československý – byly nakonec v červenci 1945 schváleny Velkou trojkou v Postupimi.

Ale už na jaře 1943 měl dr. Beneš v kapse zásadní souhlas

k transferu od Britů, Sovětů a nakonec i Američanů. Právo na sebeurčení národů, půl století vášnivě hájené na mezinárodním fóru Edvardem Benešem, bylo opuštěno. Právě Mnichov, argumentoval teď československý prezident, zasadil této zásadě smrtelnou ránu v našich zemích – poněvadž, jak se zjišťuje ve vládním prohlášení z června 1942, »takovéto pojetí sebeurčení *a priori* likviduje sebeurčení deseti miliónů Čechoslováků a naprosto vylučuje existenci nezávislého československého státu... Události posledních dvaceti let prokázaly naprostou neudržitelnost této zásady ve své původní podobě; zásada sebeurčení je tedy mrtva, pokud jde o budoucnost, a výsledek války zcela určitě vytvoří nové a rozdílné její pojetí«. A tak, uzavírá Beneš v *Pamětech*, tato »veliká a osudová kapitola našich národních dějin, která tolikrát v nich rozhodovala o celém našem osudu – a byla by v našich dějinách aspoň dvakrát zavinila naši národní smrt – byla tím konečně uzavřena«.

S touto jistotou v zádech připravoval prezident svůj vrcholný akt – cestu do Moskvy a podepsání spojenecké smlouvy československo–sovětské. Bude vás zajímat, že byl důrazně a dost dlouho varován, aby tak nečinil. Záležitost se vyvíjela zhruba takto: britská vláda a zejména ministerstvo zahraničí byly zásadně proti tomu, aby exilové vlády v emigraci v Londýně (tzv. »malí spojenci«) uzavíraly mezinárodní smlouvy, dotýkající se poválečného uspořádání Evropy. Doporučovalo se, aby vyčkaly údobí po válce nebo si počkaly na mírová jednání. Už v roce 1942 Angličané uzavřeli se Sověty oboustrannou dohodu v tom smyslu. Sovětsko–československá smlouva by byla nejen nevítaným precedentem, ale ztížila by jednání s Moskvou o otázkách hranic i polské vládě v Londýně. A vůbec – zněl argument –, proč se tak rychle a dokonce smluvně svazovat s komunistickou velmocí, když to nikdo po Benešovi a jeho vládě nechce; a i kdyby, britsko–sovětská dohoda se nabízela jako vynikající výmluva. Pravda, Beneš také nabízel spojeneckou smlovu Britům – trochu velikášsky, poněvadž by to snad přece jen mělo být naopak – ale neuspěl.

O tom, jestli má být ještě za války uzavřena smlouva mezi Moskvou a československou emigrační vládou, se v Londýně jednalo celý půlrok; a i když na britské straně byly jisté názorové výkyvy, v zásadě byli Angličané proti. Beneš odmítal i jen odklad. V *Pamětech* vzpomíná na své tehdejší tvrzení, že smlouva by nejlépe dokázala, »jaká patrně bude a mohla by býti skutečná politika Sovětského svazu po válce, že je v zájmu nás i všech ostatních ukázat celému světu« – všimněte si, Lucie, zase chceme něco ukázat a hned celému světu – »co Sovětský svaz chce a jakou politiku míní dělat...« A ještě: »Na všechny dotazy jsem s důrazem opakoval, že to, co nám Sovětský svaz slibuje, přijímám jako opravdovou skutečnost a že podle své dosavadní zkušenosti nemám zatím vůbec příčiny jeho slovu nevěřit.« Po válce právě k této větě prezident přičinil – pro něho neobvyklou – otázku: »Mýlil jsem se tehdy ve svém úsudku a očekávání či nikoliv? Jen budoucnost sama může na tuto otázku odpovědět. Ať tak či onak, moje víra a upřímnost byla tehdy nanejvýš opravdová.«

Nesporně. Beneš požádal sovětského velvyslance u československé vlády Bogomolova, aby mu potvrdil, co říkají Britové o té dohodě s Moskvou, že se s jednáním o poválečném uspořádání Evropy počká až na konec války. Bogomolov řekl, že o takové dohodě nic neví, později doznal, že se o ní opravdu mluvilo, ale už prý neplatí, protože Britové sami dosud její znění neupřesnili. Britové naopak na dohodě trvali, chtěli svou poválečnou politiku opřít spíš o zásadu kolektivní bezpečnosti než o dvoustranné smlouvy. Beneš si dal potvrdit vládou i Státní radou (u něho nezvyklý postup), že jeho cesta do Moskvy a jeho úmysl dojednat se Sověty smlouvu jsou správné a nezbytné. Konference ministrů zahraničních věcí Velké trojky (Spojených států, Velké Británie, Sovětského svazu) v říjnu 1943 dala Benešovi zelenou. Prezident ovšem ještě před schůzkou Tří vyhlásil, že do Moskvy pojede »v každém případě« – cituji z *Pamětí*: »Podepsání smlouvy mezi námi a Sovětským svazem schválím a provedu.« Nezůstalo jen při tom. Československá vláda jednomyslně schválila smlouvu ve znění, v jakém měla být v Moskvě předložena. Obě smluvní strany se mimo jiné zavazovaly ke vzájemné vojenské pomoci v případě nové německé agrese, uznávaly zásadu nevměšování se do vnitřních záležitostí a dohodly se neuzavírat spojenectví, která by byla namířena proti druhé smluvní straně. Vládou schválený text Beneše zavazoval; rovněž tak vládní usnesení, určující platnost smlouvy na pět let, a hlavně že má být ratifikována československým parlamentem až po skončení války. Prezident o své újmě a bez předchozí porady s kýmkoli v Londýně podepsal smlouvu na dvacet let a souhlasil s její okamžitou ratifikací. Toto neoprávněné a osudové rozhodnutí odbývá Beneš v *Pamětech* třemi větami v poznámce pod čarou. Zní takto: »V mém návrhu (sic!) bylo například, že smlouva bude po skončení války ratifikována domácím parlamentem v Praze. Její trvání bylo mnou navrženo na dobu pěti let s možností prodloužení. V Moskvě tyto dispozice byly změněny ještě před mým příjezdem. Nechtěje tyto diskuse prodlužovat přijal jsem moskevské návrhy.« Podle Feierabenda podal Beneš po návratu Státní radě obšírnou zprávu – tak prý obšírnou, že nezbyl čas na debatu –, v níž obě změny svedl na »okolnosti«, byla to prostě hotová věc. A dodal, že vlastně »smlouvu jen posílily«.

Pamětníci potvrzují, že Beneš byl svým výkonem v Moskvě a výsledky svého jednání nadšen. Nadšen byl také Stalinem: »O všem jsme se dohodli, ale o všem,« hlásil radostně Beneš svému moskevskému doprovodu v ten večer, kdy jednal s Vožděm. Však také Rusům prezident nehorázně nadbíhal, jak dosvědčují záznamy Benešova kancléře Smutného. Tak třeba Stalinovi slíbil, že jak v zahraniční politice, tak v záležitostech vnitropolitických (!) neudělá napříště žádný závažnější krok bez vědomí a souhlasu Moskvy. A i hrdlořez Stalin byl prý víc než zdrženlivý, když Beneš vykládal, jak po válce nemilosrdně zatočí zejména se slovenskými kolaboranty a zrádci – dokonce jmenoval ty, které pošle na šibenici.

Prezident byl ohromen takřka vším, co viděl na cestě vlakem širou Rusí (se zastávkou v rozstříleném Stalingradu). Táborský cituje Beneše: »Bylo to snad nejkrásnější údobí mého života.« Ostatně Beneš sám se svěřil ještě v Moskvě ve vysílání do vlasti: »Pro mne bylo [přijetí v SSSR] jeden z nejkrásnějších okamžiků mé politické činnosti a mého politického života.«

Netvrdím, Lucie — a tím snad budeme dnes končit —, že tato smlouva, jejíž platnost byla Benešem — jakoby posedlým historickou důležitostí činu – prodloužena a okamžitě ratifikována, zpečetila osud poválečné Československé republiky. A že vývoj se pak nutně musel ubírat směrem, kterým šel k roku 1948. Koneckonců byla jen obnovením podobné smlouvy, rovněž sjednané Benešem a podepsané v Praze v roce 1935. Ostatně Beneš od počátku pojímal smlouvu jako prvořadou záruku, že se Moskva nebude vměšovat do vnitřních záležitostí poválečného Československa. Marxistický historik Jan Křen dokonce tvrdí, že Beneš »považoval přátelské spojenecké vztahy se Sovětským svazem za ochranu před revolučním vlivem«, tedy domácími komunisty. Věřil, že právě v rámci tohoto spojenectví to budou Sověti, kteří revoluční situaci v osvobozené republice nejen nebudou podněcovat, ale naopak hasit. Osudné spíš bylo, co tuto smlouvu provázelo, její přímé i nepřímé důsledky, a k jakým ústupkům na úkor svobody, demokracie a nezávislosti vedla v poválečném Československu. Nemohu tu uvést všechny okolnosti, které tento závěr potvrzují, tak aspoň ty hlavní.

Za své návštěvy v Moskvě nejednal totiž Beneš jen se Stalinem, ale i s československými komunisty, kteří tam žili v exilu. V rozhovorech s nimi, jak jsme si už připomněli, nepěkně pomluvil své nekomunistické spolupracovníky v Londýně. A pak nabídl Gottwaldovi a jeho druhům zastoupení v exilové vládě. Nabídka byla odmítnuta, a mělo to svůj dobrý důvod: zásadní nesouhlas komunistů s původním Benešovým plánem, aby se londýnská vláda vrátila domů jako vláda legální – dokonce ani ne ve stavu demise. Počítali totiž s novou vládou, v níž by sami obsadili klíčové pozice (stalo se). Hájili zásadu »národní fronty« demokratických stran v tom smyslu, jak oni demokracii rozuměli, tedy takovou, v níž by měli rozhodující vliv (stalo se). Horovali pro systém »národních výborů«, jakousi obdobu sovětů, vznikajících v ilegalitě už na sklonku války údajně spontánně, ve skutečnosti z iniciativy a pod dohledem komunistů, případně sovětských partyzánů (stalo se a navíc londýnská vláda v květnu 1944 rozhlasem vyzvala lid k ustavování výborů). Těmto nikým nezvoleným skupinám byla nakonec svěřena všechna správa v zemi a jejich kompetence – původně jen prozatímní – měla být později zákonem potvrzena (stalo se). Komunisté rovněž odmítali obnovu agrární strany – nejsilnější v první republice – jakož i jiných občanských stran (stalo se). A zvlášť důrazně trvali na principu »jednoty« – navrhovali jednotné odbory, jednotné organizace mládeže, protifašistických bojovníků a vůbec všech »společenských organizací« (stalo se, rozhodující slovo v nich měli ovšem komunisté). Byli pro odsun Němců, nakonec pro odsun masový (stalo se). Vášnivě hájili myšlenku »příkladného a neúprosného« potrestání všech kolaborantů s Němci, zejména pak »domácích zrádců« počínaje členy protektorátních vlád (stalo se).

Všechna tato a jiná rozhodnutí – některá z nich ještě za války prezidentem dekretovaná – zvonila umíráčkem demokracii dlouho předtím, než se vůbec demokracie mohla ustavit. Přesto dr. Beneš tehdy v Moskvě s komunisty v zásadě souhlasil, i když – podle některých pamětníků – si byl »vědom nebezpečí, jež s tím vším bylo spojeno«. Dokonce moskevským komunistům předložil k uvážení svou starou myšlenku poválečného vnitropolitického uspořádání: jednotnou »socialistickou stranu«, případně blok »tří socialistických stran« (komunisté, sociální demokraté a národní socialisté), který by rozhodoval prakticky o všem a měl jasnou většinu v parlamentě. To bylo i pro Gottwalda trochu moc najednou a nápad zamítl. A třeba dodat, že tohle všechno dojednával Beneš o své újmě, nebyl k tomu pověřen ani vládou, ani Státní radou. Feierabend cituje ministra Huberta Ripku, zasloužilého benešovce, který po prezidentově návratu z Moskvy »pokládal za velkou chybu«, že se Beneš pouštěl do jednání s českými a slovenskými komunisty. Podle Ripky »byl v Moskvě proto, aby tam sjednal smlouvu se Sovětským svazem . . . a nikoli, aby jednání zatěžoval stykem s jednou politickou stranou«, jednání, které Ripka charakterizoval už tehdy jako »nešťastné«. Když Benešovi jemu politicky nejbližší národní socialisté jemně naznačili, že snad přece jen s komunisty na vlastní pěst jednat neměl, prezident se vymluvil, že prý s nimi »nic konkrétního« nedojednal, jen jim tlumočil své názory. I kdyby to byla celá pravda, nebylo by to málo. Neboť jestliže nekomunistický prezident republiky, nadto osobnost v emigraci v československých záležitostech výlučně rozhodující a doma požívající obrovské prestiže, nabízí tolik, proč žádat méně? Jestliže prezident, přesvědčený demokrat, sám tolik ukrajuje z demokracie a nabízí systém »pokrokovější«, socialističtější, lidovější, který v poválečné republice má nastoupit za ten starý, buržoazně republikánský – proč by právě komunisté měli oponovat?

A tak je vcelku nesporné, že od Benešovy první moskevské cesty z prosince 1943 vede přímá linka ke Košickému vládnímu programu, této magně chartě poválečného Československa. Byl to program připravený a vypracovaný čs. komunisty v sovětském hlavním městě a schválený o osmnáct měsíců později.

Neboť byla ještě druhá Benešova cesta do Moskvy, nebo přesněji přes Moskvu, na jaře 1945 při návratu československého politického týmu z Anglie i z Ruska domů do vlasti. To už za okolností pro Beneše a demokraty nepoměrně nepříznivějších než při první cestě a plných temných předzvěstí. A jestliže tu první cestu si vymohl Beneš, tu druhou si vymohli čeští komunisté v Moskvě. Obě úzce souvisely: co se dohodlo v Moskvě v březnu 1945, přímo nebo nepřímo navazovalo na to, co hlava příštího obnoveného a údajně nezávislého státu plánovala, navrhovala nebo rovnou přislíbila za své první návštěvy v Sovětském svazu. Zároveň lze nátlak či diktát Moskvy, pokud vůbec jaký byl, hodnotit jako zanedbatelný (s možnou výjimkou záležitosti s Podkarpatskou Rusí). Bylo to věru, žel, »naše dílo«, náš národní program, náš nefalšovaný dar do vínku poválečné republiky. Ale o tom opravdu až zítra.

Doporučená četba k devátému večeru (kromě knih uvedených k večeru osmému)

Brügel, J. W.: *Tschechen und Deutsche 1939–1940.* Nymphenburger Verlag, Mnichov 1974.
Červinková, Milada – Otáhalová, Lída (ed.): *Dokumenty k historii čs. politiky 1939–1943, Acta occupationis Bohemiae et Moraviae.* Academia, Praha 1966.
Feierabend, Ladislav K.: *Ve vládě Protektorátu.* Universum Press Company, New York 1962.
Hamšík, Dušan – Pražák, Jiří: Bomba pro Heydricha: *Plamen,* Praha 1962/63. (Vyšlo také knižně.)
Ivanov, Miroslav: *Atentát na Reinharda Heydricha.* Panorama, Praha 1979.
Ivanov, Miroslav: *Nejen černé uniformy.* Naše vojsko, Praha 1965.
Luža, Radomír: *The Transfer of the Sudeten Germans. A Study of Czech–German Relations, 1933–1962.* New York University Press, New York 1964.
Mastný, Vojtěch: *The Czechs under Nazi Rule.* Columbia University Press, New York–London 1971.
Moravec, František: *Špión, jemuž nevěřili.* Sixty-Eight Publishers Corp., Toronto 1977. (Anglicky *Master of Spies,* Bodley Head, Ltd., London 1975.)
Ripka, Hubert: *Munich and After.* Golancz, London 1939.
Willars, Christian: *Die Böhmische Zitadelle – ČSR – Schicksal einer Staatsidee.* Verlag Fritz Molden, Wien 1965.

10

Desátý večer. Od porážky k vítězství. Pyrrhovu? (2) Beneš podruhé v Moskvě, kde dohodnut »Košický« vládní program. Slavný návrat domů, neslavná retribuce, žalostné konce.

Nebyl to večer, ale dopoledne, dosti dlouhé, až do oběda, s jehož podáním se tu v hospodě tradičně čeká dobrou hodinu. Lucie je totiž nachlazená, kašle a chrchlá, ale jinak je v dobré formě, chce dál poslouchat při nějakém tom grogu. A tak jsme Milana svěřili jedné české rodině, která se ještě pár dní hodlá škvařit na pláži, my dva jsme usedli v devět ráno ve zcela opuštěné jídelně a já jsem rovnou navázal na včerejšek poznámkou, že někteří kronikáři těch dob tvrdí, že se Benešovi do druhé cesty do SSSR moc nechtělo. Podle Drtiny například prezident váhal, kladl Moskvě všelijaké podmínky a vůbec odjezd oddaloval.

Bylo tomu opravdu tak. Na druhé straně není pravda, co rovněž někteří dokládají, že totiž to byla sovětská vláda, kdo ho do Moskvy zval a lákal. Ve skutečnosti šlo o manévr Gottwalda a druhů, v úzké spolupráci s jejich oddaným pomahačem, vyslancem Fierlingrem. Ten sdělil do Londýna v depeši z 28. prosince 1944, že – cituji text z knihy dokumentů *Cesta ke květnu* – »při jednom jednání komisař zahraničních věcí SSSR [Molotov] zdůraznil, že „by bylo dobré, kdyby president a vláda byli blíže osvobozenému území". Tázal jsem se ho,« pokračuje Fierlinger, »kde si myslí, že by president a vláda měli být. Odpověděl, že je mnoho míst, kde by se president a vláda mohli usadit, tak například Lvov. Odpověděl jsem [tedy Fierligner], že jeho myšlenka je velmi zajímavá, že ji budu tlumočit presidentovi. Snad by to mohlo být též osvobozené území, například Košice. Molotov s tím živě souhlasil.« Tolik Fierlinger.

Prezidentovi se nabízelo několik možností. Krajní možnost – odmítnout – Beneš patrně rovnou zavrhl. Jiná alternativa byla návrh přijmout, ale trvat na předchozích podmínkách – vojenského, správního, komunikačního a jiného rázu, zejména pak na tom, že k návratu do Prahy může dojít jen ze Slovenska, a kdyby to nebylo možné, pak rovnou z Londýna. V tomhle punktu mohl prezident dokonce argumentovat Gottwaldovým názorem, vysloveným v rozhovoru s Drtinou a členem Státní rady Uhlířem v Moskvě v listopadu 1944: že totiž by »president a vláda neměli přesídlit dřív, než bude osvobozena Praha«. Beneš nakonec a jako obvykle zvolil kompromisní řešení. Telegrafoval Fierlingerovi, že »vítá«, jak to formuloval, »nepřímou výzvu sovětské vlády« – věru volný výklad Molotovova nápadu –, že ji čekal, že činí okamžité přípravy k odjezdu, ale nechce do Lvova ani do jiného sovětského města: chce rovnou »na území naše (například Košice)«. O Lvově, natož o Moskvě nebyla tehdy, koncem roku 1944, vůbec řeč.

Benešův záměr byl jasný: odjet s londýnskou vládou na osvobozené československé území, tam by se s moskevskými komunisty jednalo o složení nové vlády a vyhlásil se její program. Záměr jasný, ale pro soudruhy příliš průhledný. Ti vždycky, jak jsme si už připomněli, hájili stanovisko, že na půdu obnovené republiky má vstoupit nová vláda, v níž komunisté už budou zastoupeni, a že příští politika této vlády musí být předem a do podrobností dohodnuta a pak už jen vyhlášena. Tedy dvě koncepce, které se vzájemně nevylučovaly; bylo možné se domluvit, patrně na nějakém kompromisu, který by byl pro demokraty výhodnější než návrhy komunistů.

Jenže o pouhé tři týdny později všechno bylo náhle jinak. Na první pohled zničehonic 22. ledna 1945 prezident Beneš zahájil jakési »předběžné politické rozmluvy« s londýnskými komunisty – o utvoření první domácí vlády a jejím programu! Překvapený šéf londýnských soudruhů, příští ministr vnitra Václav Nosek, telegrafoval Gottwaldovi o instrukce a svůj raport uzavřel takto: »Zdůraznili jsme, a *president je také toho názoru*, že vše má být dohodnuto s konečnou platností teprve po *osobních* rozmluvách s vámi a se Slovenskou národní radou. Vyslovte se i k tomuto: je zde možnost, aby s presidentem přijelo *do Moskvy několik zdejších politických činitelů* – včetně našich – k jednání.«

Všimněte si formulace mnou zdůrazněných bodů: všechno se má dohodnout v osobních rozmluvách, prezident je téhož názoru, a pak je tu možnost (návrh, čí?), aby několik politických činitelů (tedy nikoli už vláda) přijelo do Moskvy k závěrečnému jednání.

Co vedlo Beneše k překvapujícímu rozhodnutí, zřejmě nekonzultovanému ani s nejbližšími politickými přáteli, řídit předporady o složení vlády a jejím programu nejdřív s komunistickými a pak s ostatními špičkovými straníky v Londýně? Co bylo příčinou tohoto – cituju Laštovičku – »pronikavého odklonu« od předchozích plánů a představ? Stále podle Laštovičky to bylo proto, poněvadž v půli ledna se pronikavě změnila situace na sovětské frontě: německé linie na Visle se zhroutily, Rudá armáda vtáhla do Košic a do jiných východoslovenských měst a rychle postupovala na západ. Naproti tomu postup anglo-amerických armád byl zpomalen nečekanou německou ofenzívou v Ardenách, takže na takříkajíc včasné osvobození Čech ze Západu byly tehdy mizivé vyhlídky. Vítězství, svoboda a nezávislost měly v případě Československa zřejmě přijít výlučně z Východu. Částečné, neuspokojující vysvětlení – vždyť s touto možností a jejími politickými důsledky Beneš vždycky počítal. Spíše se zdá, že prezident tu užil metody »útěku dopředu«, totiž jednat napřed s londýnskou částí komunistů, které přece jen dobře znal a které šestiletý pobyt v demokratické a liberální Anglii aspoň trochu kladně ovlivnil. Chtěl tak předhonit, možná rovnou zaskočit nepoměrně divočejší soudruhy v Moskvě.

Přepočítal se. Vzápětí poslal Gottwald do Londýna dva v podstatě identické telegramy, jeden Benešovi, druhý Noskovi. To hlavní bylo hned na počátku vysloveno nekompromisním způsobem, totiž: Benešovy rozhovory s politickými partnery v Londýně »mohou mít jen ráz předběžný«; k projednání všech programových a osobních otázek, týkajících se nové vlády, má prezident přijet »ihned do Moskvy« a rozhovorům předsedat. Následuje temná výhrůžka: »Účelnost takového postupu je věcně i politicky nesporná.« Na druhé straně, patrně aby trochu zmírnil tón, Gottwald dodal: »Kdyby se snad Moskva někomu zdála nepříhodná – ačkoli nenahlížíme, proč by se k tomu hodil sice Londýn, ale Moskva nikoli –, pak je jednání možno přenést ihned přímo na domácí půdu.«

Neuvěřitelné, ale fakt: prezident Beneš se této nabídky nechytil. Nejen to, přijal návrh, myšlený zřejmě jako ústupek ze strany komunistů, že dosavadní vláda nemusí odstoupit, zůstane prostě v Londýně »v úřadě« až do vyhlášení vlády nové. »Beneš návrh přijal!!«, a to integrálně, podivuje se i Laštovička a opatřuje tohle zvolání ve své knize dvojím vykřičníkem. Právem. Neboť past na demokraty byla očividná. Především komunisté nebudou jednat s vládou, ale s náhodně vybranými »politickými delegáty«, nejednou nezkušenými nebo naopak komunistům už zaprodanými. A ještě k tomu v sestavě pro demokraty nevýhodné i početně. Bylo dohodnuto, že komunisté budou zastoupeni pěti vyjednavači, sociální demokraté čtyřmi (z nichž tři byli komunističtí souputníci v čele s Fierlingrem, který zčistajasna vyhlásil, že diplomacie ho už nezajímá a že vstupuje do vnitřní politiky); národním socialistům byli přiděleni čtyři zástupci a lidovci dostali dva (z nichž Šrámek se pozdějšího jednání v Moskvě téměř vůbec neúčastnil a páter Hála byl sotva víc než politický amatér, nadto vystrašený). Slováci byli neutralizováni: Slovenská národní rada měla být o výsledcích informována, ovšem její zástupci se mohli porad účastnit, jen když se projednávaly otázky týkající se Slovenska. Sotva bylo také možno přecenit jinou výhodu – a opět pro Gottwalda a druhy: jednat ve stínu Kremlu a teď už doslova bájeslovného generalissima Stalina, který nám vyhrál válku, osvobodil všechny Slovany, a jehož přání bylo tudíž právem pokládáno za rozkaz; on také škrtem pera mohl nadiktovat, čeho by se snad českým komunistům nepovedlo dosáhnout na jejich cestě k moci. Laštovička opět uhodil hřebík na hlavičku, když v této souvislosti ve svých záznamech uzavírá: »Beneš a jeho věrní vnitřně kapitulovali.«

Odlet do Moskvy – prezidenta a stranických delegátů – byl stanoven na 9. března 1945. Ale než k němu došlo, musel se Edvard Beneš potýkat s řadou problémů; všechny byly nepříjemné, některé byly očividně *made in USSR*, a všechny bez výjimky věštily nedobře pro příští čekoslovenský stát. Tak už v létě 1944, kdy postup Rudé armády na západ úspěšně pokračoval, došly do Londýna zprávy Benešových důvěrníků o tom, že Sověti začali tajně – a tedy za Benešovými zády – jednat s generálem Čatlošem, ministrem Tisovy slovenské vlády, o možném protiněmeckém povstání na Slovensku a o zřízení vojenské junty, která by spolupracovala s postupující Rudou armádou. Beneš byl právem touto záležitostí rozrušen, cítil se zaskočen. Tím spíše, že se tu rýsovalo nebezpečí, kterého se vždy obával (a k jehož neutralizaci byl ochoten leccos obětovat ve svém jednání se Stalinem): totiž odloučení Slovenska od republiky, ať už za přímé nebo nepřímé pomoci Sovětů. Beneš se prostřednictvím sovětského velvyslance u československé vlády v Londýně dotazoval, co že to Moskva s Čatlošem (v Bratislavě) dojednává a proč se vůbec jedná s tímto zrádcem, který měl být souzen jako válečný zločinec. Velvyslanec samozřejmě tvrdil, že o ničem neví, že se poptá; za pár dní tlumočil Benešovi ústně a bez udání pramene toto: šlo o akci komunistů (kterých?), sovětská vláda s tím nemá nic společného. Táborský, který se hovoru účastnil, si vzpomíná, jak se velvyslanec Lebeděv při tom »mírně červenal«. O něco později Slovenská národní rada, ovládaná komunisty (z nichž někteří si pohrávali s myšlenkou připojit Slovensko k Sovětskému svazu), Čatlošův plán odmítla z hlediska politického, nikoli však vojenského, na němž prý přece jen bylo něco pozitivního.

A hned po této podivné aféře začaly docházet zprávy, rovněž ze Slovenska, které Beneše ještě více zneklidnily: svědčily o tom, že na sovětské sliby a závazky není valné spolehnutí. Už za první Benešovy návštěvy v Moskvě si jak Stalin, tak Molotov stěžovali na nám už známou bolest: nedostatek odbojové činnosti v okupovaném Protektorátu a ovšem i na Slovensku, málo průmyslové sabotáže a prakticky žádná partyzánská činnost. A Stalin rovnou slíbil, že poskytne veškerou pomoc, jakmile právě ve východní části země se něco hne. Když ale koncem srpna 1944 vypuklo slovenské povstání, které nutně potřebovalo leteckou ochranu, parašutovaný přísun materiálu, napojení na Rudou armádu, která už byla rozložena podél slovenských hranic – nestalo se nic, nebo velmi málo. Ze štábu maršála Koněva byli k povstalcům vysláni dva spojovací důstojníci, do týlu slovenských pozic bylo shozeno několik kulometů – a bylo po všem. Teprve po četných intervencích Sověti koncem září umožnili přepravu aspoň části 2. československé paradezantní brigády na osvobozené území Slovenska. Koncem července vysadili Sověti partyzánskou skupinu, zvanou později »organizátorská«, a tudíž s jasně politicko-propagačním posláním. Následovaly další výsadky těchto instruktorů a politruků. Jinak Sověti nepomohli a navíc nepostupovali, letectvo účinně nezasáhlo proti německým tankům vyslaným k rozdrcení povstání. Takže dny tohoto povstání, které si komunisté neprávem přivlastnili, byly spočteny.

V průběhu povstání – o němž bych teď měl mluvit podrobněji, byla to pozoruhodná událost, i když spíš dílo vojáků a politiků než slovenského národa, odkazuji tedy jako obvykle k příslušné literatuře – se Beneš obrátil s naléhavou žádostí o pomoc na vrchní velení anglo-amerických armád. A opravdu, americká letadla až z italských základen začala trochu pomáhat, mj. dodávkami zbraní na povstalecké letiště Tri Duby. Lety však brzo ustaly – na nátlak Moskvy; Slovensko totiž patřilo do sovětského operačního pásma.

A do Londýna přicházely další zlověstné zprávy, svědčící o tom, že Sověti nehrají rovnou hru. Bylo to tak: v květnu 1944 byla uzavřena dohoda mezi československou a sovětskou vládou o správě československého území osvobozeného sovětskou armádou. Klíčový článek dohody určoval, že ve chvíli, kdy některá část osvobozeného území přestane být pásmem válečných operací, londýnská vláda – prostřednictvím k tomu jmenovaného delegáta – »převezme plný výkon veřejné moci«. Vládním delegátem byl jmenován sociální demokrat František Němec. Ten v doprovodu početné delegace odletěl v druhé polovině srpna 1944 z Londýna; první zastávka byla Moskva. Tam delegace dlouho čekala na sovětskou »bumážku«, aby mohla pokračovat dál.

A když konečně Němec 7. října přistál na Trech Dubech, zjistil například, že Sověti už hezkou chvíli předtím umožnili přepravu novopečených partyzánů z Gottwaldovy moskevské ekipy – jejichž jména byla Rudolf Slánský a Jan Šverma (který po likvidaci povstání zahynul na pochodu v horách). Vůbec všechno bylo na Slovensku jinak, než jak si londýnští představovali. Už v prosinci 1943, tedy víc než půl roku před povstáním, se ustavil podzemní »jednotný« odbojový orgán, Slovenská národní rada, vedená a posléze zcela ovládaná komunisty, zejména mladým slovenským advokátem Gustávem Husákem. Rada měsíc po vypuknutí povstání vyhlásila, že přejímá všechnu moc na povstaleckém území, a sama se pasovala na vládu systémem tzv. povereníků. Když londýnská vláda vzkázala, že neuznává zejména zákonodárnou pravomoc SNR a že vládní moc na osvobozeném území vykonává Němec a jeho delegace, Husák a druzi trvali na svém a Němce a jeho funkci prostě neuznali. To se rovnalo vzpouře proti Benešovi a jeho vládě. Nakonec to skončilo – jako snad všechno v té době – všestrannými ústupky ve prospěch komunistů. Zároveň se povstání chýlilo ke konci a Rudé armádě se jako z udělání nepodařilo spojit se s povstalci, které Laštovička častuje nadávkou »slovenští darlanovci«, jinými slovy kapitulanti, zaprodanci buržoazie, kteří »strhují masy« z revoluční cesty, neboť vzdali ztracený boj, v němž prý měli pokračovat. Koncem října 1944 německá vojska obsadila Banskou Bystrici, z Londýna vyslaný generál Viest jako velitel 1. československé armády na Slovensku byl Němci zajat a popraven. Stejný osud stihl »domácího« povstaleckého důstojníka, generála Goliána. Dva měsíce »povstaleckého Slovenska« skončily.

Ale to nejhorší pro Němce (a pro Beneše) mělo teprve přijít. Když rovněž koncem října toho roku dobyla Rudá armáda Užhorod, pokusil se vládní delegát znovu splnit své poslání, se Sověty – jak řečeno – smluvně dohodnutého. Nestačila prý mu, jak připomíná jízlivě Laštovička, »lekce, kterou dostal na Slovensku«; přijel do osvobozeného Chustu a usiloval o to, aby na území první republiky rozhodovala prostřednictvím svého pověřence všemi spojenci uznaná československá vláda. Jenže sovětské velení nejen neodevzdalo správu osvobozeného území Němcovi, ale vlastně celou vládní delegaci internovalo. Londýn byl takřka beze zpráv a ty, které prošly sítem sovětské vojenské cenzury, byly všechny zlé. »Týlová« československá armáda, která měla být na místě vybudována, nikdy nevznikla; naopak Rusíni, hlásící se k československému občanství, byli násilím odváděni do Rudé armády. Sovětskými politickými emisary řízená agitace pro připojení Podkarpatské Rusi k SSSR nabývala rychle na síle a rozsahu. Pro anexi se vyslovila ukrajinská Národní rada, zvolená na nějakém obskurním sjezdu národních výborů v Mukačevě; a tento Rusy podporovaný spolek prostě přikázal Němcovi, aby »do tří dnů« opustil (nyní už) Zakarpatskou Ukrajinu. Vyhnaný delegát odjel v polovině prosince do Moskvy, na »Zakarpatsko« se už nevrátil a zmizel v politickém propadlišti, které mu ostatně Beneš předpovídal. Podlehl hluboké depresi a nakonec uvěřil tomu, co sám vždycky popíral. Hlásil prezidentovi z Moskvy, že hnutí pro odtržení Podkarpatské Rusi od republiky a připojení k SSSR je živelné, nesporné a třeba z toho vyvodit důsledky.

V lednu 1945 se do věci vložil sám Stalin osobním poselstvím Benešovi. V něm Vožď prostě poukázal na to, že sovětská vláda »nemohla zakázat obyvatelstvu Zakarpatské Ukrajiny, aby vyjádřilo svou národní vůli« – tedy připojení k SSSR. A pokračoval: »Vy sám jste mi v Moskvě říkal, že jste ochoten odevzdat Zakarpatskou Ukrajinu Sovětskému svazu.« Mačka bola z vrecka vonku, jak říkají Slováci. Prezident opravdu v tomto myslu se Stalinem mluvil za své první moskevské návštěvy; kromě toho už v dřívějších rozhovorech se sovětskými diplomaty, zejména s velvyslancem Majským, prezident tvrdil, že Podkarpatská Rus nemůže zůstat v maďarských rukou, může připadnout jen Československu nebo Sovětskému svazu. Prezident nemohl ovšem popřít vlastni slova, naopak, měl asi špatné svědomí, které diktovalo jeho zvlášť podlízavou odpověď na Stalinovo poselství. Beneš v ní děkuje za »jasně a jednoznačně« formulované sovětské stanovisko, zdůrazňuje, že se nikdy nedomníval, že by »sovětská vláda zamýšlela jednostranně řešit otázku Zakarpatské Ukrajiny«, a přijímá Stalinovu nabídku, aby problém byl řešen dohodou, pokud možno až po skončení války s Německem. »Není druhého státu,« dušuje se Beneš, »který by choval tak upřímné city opravdového přátelství k Sovětskému svazu, jako je to u Republiky československé.« A tak dále a tak podobně.

Právem poznamenává Táborský, že »tón tohoto Benešova dopisu je snad nejvýmluvnějším historickým dokladem drastické změny, k níž došlo v sovětsko – československých vztazích . . . od ledna 1945 možno říci, že Benešův vztah k Stalinovi nabyl povahy satelitní«.

Když se to domyslí do konce, Edvard Beneš tu vzdal, o co od roku 1939 zápasil, co si vymohl, vydobyl a vydupal na západních spojencích – totiž bezpodmínečné uznání Československa v jeho prvorepublikánských hranicích, v prezidentově mysli základní podmínka a předpoklad k »oduznání« Mnichova a všeho, co s ním souviselo. Koncem června 1945 byla v Moskvě podepsána smlouva, kterou Československo postupuje Sovětskému svazu »Karpatskou Ukrajinu«, což se via facti už dávno stalo.

Satelitní vztah, o němž hovoří Táborský, se výrazně projevil v Moskvě, když tam 17. března 1945 Beneš a vláda dorazili. Stalin se k Benešovi choval »blahosklonně«, jak vzpomíná Táborský. Uspořádal sice velkolepý banket, ale »bylo vidět, že už neměl s Benešem vlastně o ničem podstatném co jednat«. Hovory s prezidentem vedl pouze Molotov, občas dost příkře. Dokonce si hlavu československého státu povolal k sobě uprostřed noci, aby jí předložil záznamy o rozmluvách, které měl Beneš se sovětskými činiteli ve věci Podkarpatské Rusi. A přestože Rudá armáda měla už Zakarpatskou Ukrajinu v hrsti a anexe byla hotovou věcí, Molotov žádal písemný závazek, že Beneš splní svůj slib a toto území postoupí Sovětům i formálně. Lidsky i protokolárně ponížený prezident Rusům vyhověl. Podle svědectví všech českých kronikářů té doby (s výjimkou komunistických) prý proto, aby zabránil jednomu velkému nebezpečí: že totiž Sověti v dohodě s Husákem a soudruhy provedou na Slovensku přesně to, co se stalo na Podkarpatské Rusi. Opravdu by asi nebylo příliš složité vyvolat ve vojensky okupované zemi »spontánní projevy národní vůle« za vytvoření »slovanské« Slovenské republiky a její připojení k SSSR.

To bylo jedno nebezpečí, jistě nezanedbatelné. Ovšem – jak známo – kdo se bojí, obyčejně prohraje. Jenže Beneš četl ještě jedno písmo na zdi, nám v Londýně známé jako »lublinský syndrom«. Abych ho vysvětlil, musím trochu odbočit.

Existuje rozsáhlá literatura o válečných a poválečných vztazích mezi Sověty a jejich anglosaskými spojenci. A o tom, jestli Stalin byl prohnaný a zároveň důmyslný stratég, nebo naopak pragmatik, který využíval událostí, tak jak se vyvíjely, k prospěchu první země socialismu na její cestě ke statutu supervelmoci. Z této literatury se vynořují některé základní rysy Stalinovy politiky od chvíle, kdy Rudá amráda začala nad Němci vítězit a nakonec je dobíjet v troskách Berlína.

Základní devízou Stalina bylo posunout poválečné sovětské hranice co nejdále na západ a zajistit si je jako definitivní. Z důvodů, které byly jak obranné, tak výbojné; ty agresívní tajil, s těmi obrannými naopak brilantně licitoval v jednáních se spojenci z války – především s Američany a Brity. Jako logický a sovětskými oběťmi ve válce plně oprávněný předkládal požadavek trvalého zabezpečení SSSR před novou německou agresí. S tím souvisel další cíl, totiž všemi způsoby včetně vojenských zajistit vládní moc v zemích střední a jihovýchodní Evropy buď rovnou komunistům, nebo aspoň koalicím a různým »národním frontám«, v nichž by komunisté měli hlavní slovo a mocenské předpoklady k úplnému převzetí moci. Postup Rudé armády hluboko do srdce Evropy zajišťoval příznivé, vlastně rozhodující podmínky pro úspěch této strategie. Tváří v tvář této skutečnosti západním spojencům často nezbylo nic jiného než ji uznat stejně jako mocensko-diplomatické důsledky, které z ní s železnou logikou vyplývaly. Stalinovým plánům velice posloužila konference v Teheránu, kde se v listopadu 1943 sešla tzv. Velká trojka (Roosevelt, Stalin, Churchill) a kde byla uzavřena dohoda o operačních zónách – právě proto, že Rudá armáda postupovala do srdce Evropy rychleji, než se očekávalo. Polsko, Rumunsko, Maďarsko, Jugoslávie a Československo byly přiřčeny Sovětům jako jejich výlučná vojensko-operační oblast. To byl kapitální zisk pro Stalinovu strategii, poněvadž ty operační zóny se nutně staly zónami zájmovými, tedy všestranného vlivu sovětského. S prováděním těchto plánů neměl Stalin vcelku potíže, tím spíš, že některé z jmenovaných zemí patřily k poraženému táboru mocností Osy a jejich osud byl předem zpečetěn.

Velkou a ostatně předvídatelnou překážkou se ukázalo být Polsko. A to z řady důvodů. Pro Moskvu a Stalina bylo Polsko klíčovou zemí – strategicky, politicky, historicky. Neméně tak pro demokratický Západ. Vždyť pro Polsko začala druhá světová válka, Polsko bylo od počátku věrný spojenec Anglie i Ameriky (kde navíc žily milióny občanů polského původu a ti z nich, kteří mohli nosit zbraň, bojovali v branných silách USA). Polská zahraniční armáda, vytvořená za nepředstavitelných obtíží, čítala přes 200 000 mužů a vyznamenala se hrdinskými činy na všech bojištích od Afriky až po Murmaňsk. Odměnou za tento přínos ke spojeneckému vítězství (šest miliónů mrtvých vojáků a civilistů) měla být nic méně a nic více než parcelace Polska, další rozdrobení nepřízní historického osudu tolikrát stihané země. Neboť Stalin žádal anexi východního Polska k SSSR, tedy polovinu země, a od svého požadavku neustoupil ani o píď. Dokonce měly hranice probíhat zhruba po čáře, kterou dohodl Molotov s nacisty v tajném protokolu v roce 1939! Aby to tak nevypadalo, začalo se této čáře říkat Curzonova linie, pojmenované podle britského diplomata, který ji po první světové válce navrhoval jako hranici polsko-sovětskou. Pro Roosevelta a Churchilla to byl obrovský problém. A opravdu, »polská otázka« obcházela jak Bankův duch z Macbetha spojenecké porady na vyšší úrovni prakticky od vstupu SSSR do války. Neboť to nebyl jen spor o hranice, ale o příští vnitřní uspořádání země. A v tomto ohledu západní spojenci a ovšem ani polská vláda v Londýně (kterou Kreml vždycky pokládal za reakční, fašistickou) nehodlali trpně přihlížet zkomunizování země. Stalin neváhal užít všech způsobů – od diplomatických a vojenských až k vydírání a masovému mordování –, aby svůj záměr uskutečnil. A jestliže všemi spojenci (načas také Sověty) uznaná polská vláda v Londýně nebyla ochotna ani pod předsednictvím Sikorského, ani později Mikołajczyka přistoupit na Curzonovu linii, proč nevyhledat jinou skupinu Poláků, tentokrát v exilu v Sovětském svazu a Sovětům poplatnou, a vyhlásit ji za představitelku a mluvčí »skutečných zájmů« Polska?! Krátce, v Moskvě se hledal »Polák, s nímž by byla řeč«, jak to jednou vyjádřil v rozmluvě s Benešem Stalin. Byl brzo nalezen v podobě sovětské občanky polského původu, zasedající v Nejvyšším sovětu, Wandy Wasilewské. Její obskurní Svaz polských vlastenců (Z.P.P.) se spojil se zárodkem nové polské komunistické strany »dělnické« (PPR) – vedení té staré totiž fyzicky zlikvidoval Stalin. Byl vytvořen Výbor národního osvobození, který v červenci 1944 Sověti letecky přepravili do Lublinu a pověřili správou osvobozeného území – tedy území na západ od Curzonovy linie. I když komunistou Bierutem vedený Výbor nebyl ještě povýšen na prozatímní polskou vládu, věc byla prostá: když se londýnští Poláci nedohodnou s lublinským výborem, budou dříve nebo později vyřazeni ze hry úplně a nevrátí se ani k moci a možná ani domů. Na frontě se Rudá armáda už blížila k Varšavě a z hlediska diplomatického, ve světle dohody z Teheránu o zájmových zónách, neexistovala už síla, která by mohla zabránit, aby příští osudy Polska neurčoval Sovětský svaz.

Nabízela se jedna možnost, věru krajní, jak nezměnitelnou situaci aspoň trochu vylepšit pro polskou demokracii. Domácí podzemní Zemská armáda, Armia Krajowa (AK), podléhající polské vládě v Londýně a vedená generálem Bór-Komorowským, čítala tehdy jen ve Varšavě 150 000 mužů. Skrývána a podporována divoce vlasteneckým obyvatelstvem města, byla pochopitelně nedočkavá boje. Bór-Komorowski vážil rozhodnutí, které Norman Davies ve své pozoruhodné knize *Heart of Europe. A Short History od Poland* kvalifikuje jako »nejtragičtější polské rozhodnutí celé války«.

Nebylo snad polského patriota, který by si nepřál, aby Varšava byla osvobozena vlastními silami. Z toho by vyplývalo, že správa hlavního města by přešla do rukou lidí věrných londýnské vládě. Tím by bylo postavení této vlády neobyčejně posíleno pro jednání se Sověty a jejich polskými politickými satelity. Bór-Komorowski také věděl, že když nedá povel svým vojskům, obyvatelstvo Varšavy se vzbouří a půjde samo do útoku proti Němcům a tedy do hrozného masakru. Zbývala otázka načasování. Kdyby Armia Krajowa povstala příliš brzo, spojení s postupujícími sovětskými jednotkami by nebylo možno uskutečnit a Němci by měli dost sil povstání rozprášit. Kdyby rozkaz přišel pozdě, Rudá armáda by obsadila Varšavu a odevzdala správu města lublinskému výboru. Takže jediná chvíle pro úspěšnou akci byla ta, kdy sovětský postup by donutil německou posádku k vyklizení města, ale zároveň by do varšavských ulic vstoupily jen malé jednotky Rudé armády.

Psal se 20. červenec 1944, když přišla senzační zpráva, že na Hitlera byl spáchán atentát. Týž den ve Varšavě pálili úředníci německé civilní administrativy důvěrné papíry a opouštěli město; den předtím moskevský rozhlas vyzval obyvatelstvo Varšavy k povstání; sovětská obrněná divize překročila Vislu a v posledním červencovém dnu byl předvoj sovětských tanků na dohled východního předměstí Varšavy. Bór-Komorowski vydal rozkaz k povstání. Jenže Němcům se podařilo posílit varšavskou posádku elitními zabijáckými útvary SS. A na druhé straně Stalin odsoudil vedení Armie Krajowé jako »hrstku mocichtivých zločinců« a bojující Varšavě odepřel pomoc. Boje běsnily s bezpříkladnou a vražednou zuřivostí šedesát a tři dny. Po celou tu dobu Rudá armáda stála nehybně necelé dva kilometry za řekou a její důstojníci pozorovali v dalekohledech ten hrůzný masakr: čtvrt miliónu zabitých civilistů, 20 000 padlých mužů Zemské armády, statisíce zraněných. A Varšava srovnaná se zemí na příkaz Hitlerův. Bór-Komorowski kapituloval 2. října. Churchill i Roosevelt apelovali na Stalina, aby Polákům pomohl – marně. Bylo jasné, že oba západní státníci jsou bezmocní, ale neméně zřejmé bylo, že se chtějí vyhnout konfliktu se sovětským spojencem, který s nimi měl ještě vstoupit, jakkoli opožděně, do války s Japonskem.

Politická dohra: na Silvestra 1944 se lublinský výbor prohlásil za prozatímní polskou vládu a obratem byl uznán vládou sovětskou. Polsko (v nových hranicích) bylo v průběhu ledna 1945 osvobozeno Rudou armádou a prozatímní vláda přesídlila do Varšavy. V únoru na konferenci v Jaltě Velká trojka potvrdila platnost Curzonovy linie, dohodnuté předtím v Teheránu jako poválečná polsko – sovětská hranice. Zároveň bylo rozhodnuto, že náhradou za ztracená území na východě má Polsko dostat některé části Německa na západě. Stojí za zmínku, že se tu Stalin ukázal jako zvlášť štědrý strýček: nabízel z cizího víc, než kdo vůbec chtěl. Nakonec byla za západní hranici Polska určena linie probíhající podél řek Odra a Nisa. Rozhodnutí si vynutilo odsun pěti miliónů Němců, vyžádalo si osídlení anektovaných území převážně Poláky ze zabrané poloviny země, změnilo pronikavě demografickou, hospodářskou i kulturní strukturu Polska, odřízlo zem od Západu, zpečetilo satelitní statut poválečného Polska.

Ale zpátky k nebohému předsedovi polské vlády v Londýně, Stanisławu Mikołajczykovi, a tím také k tomu »lublinskému syndromu«, jímž náš krátký výlet do válečné historie Polska začal.

Mikołajczyk, podobně jako Beneš, byl za války v Moskvě dvakrát, dvakrát jednal se Stalinem a dvakrát bezvýsledně. Věru že se do Moskvy nehnal. Jel tam na naléhání Roosevelta a Churchilla poprvé v červenci 1944, tedy právě v době, kdy byl vytvořen lublinský výbor. Stalin si s polským politikem hrál jako kočka s myší; vyhrožoval mu, ale taky mu podkuřoval, radil mu, aby se dohodl s lublinskými a tak si zajistil vliv na polskou budoucnost. Podruhé si Mikołajczyka povolal do Moskvy Churchill. To bylo v říjnu téhož roku. Britský premiér se tam zrovna dohadoval se Stalinem (dosti cynickým způsobem, jak se později ukázalo) o příštím osudu Evropy. Tentokrát oba státníci tvrdě tlačili Mikołajczyka do rohu, do kompromisu o hranicích a do kolaborace s Lublinem. Mikołajczyk vzdoroval a odmítal, ale podle názoru své vlády ne dost a ne dost energicky. Po návratu do Londýna byl obviněn ze zrady polských zájmů a přinucen k abdikaci. Takže zatímco lublinští byli povýšeni na prozatímní vládu, londýnští se divoce hádali mezi sebou. To zas posloužilo západním spojencům jako výmluva: jak jednat s lidmi, kteří se nedohodnou ani mezi sebou!

Vývoj měl pak už rychlý spád. Mikołajczyk se rozhodl vrátit se do Polska jako hlava selské strany a spolu s několika svými politickými přáteli vstoupit do (nerovné) koalice s lublinskými. Tak vznikla Prozatímní vláda národní jednoty. Trvala od června 1945 do ledna 1947. V únoru se úřadu ujala vláda vyšlá z parlamentních voleb; byla k obrazu těchto voleb, komunisty zmanipulovaných a zfixlovaných. Západní spojenci se svými protesty proti porušeným dohodám z Jalty a z Postupimi přišli ovšem s křížkem po funuse – a věděli to. A jak dopadl Mikołajczyk? Komunisté proti němu vedli ostouzečskou osobní kampaň a dokonce ho obvinili ze špionáže. Musel se skrývat a nakonec ze země utéct.

O tomto neblahém poválečném konci polského demokratického státníka Beneš tehdy, před svým druhým odjezdem do Moskvy, nemohl ovšem vědět. Ale co v této souvislosti viděl ještě před koncem války, mu vrchovatě stačilo. Odtud »lublinský syndrom«, odtud jeho pevné rozhodnutí: Beneš nebude druhý Mikołajczyk, Šrámkova vláda se nikdy nedostane do situace polské vlády v Londýně. Beneš nebude Stalinovi oponovat, Beneš se s ním o všem řádně a předem dohodne, stůj co stůj. Myslím, že mnoho, ne-li většina Benešových rozhodnutí, zejména v druhé půli válečného konfliktu, byla určována touto devízou. A rovněž si myslím, že to byla víc než obava – byla to až panická hrůza, tenhle »lublinský syndrom«, kterou ostatně čeští komunisté a jejich souputníci důmyslně přikrmovali. Tak třeba Fierlinger referoval do Londýna o rostoucí prestiži Zdeňka Nejedlého v Sovětském svazu a nepokrytě naznačoval, že by si ho v Kremlu mohli vyhlédnout jako kandidáta na prezidentský stolec po válce v Praze... Existuje záznam o tom, že Nejedlý si po návratu do Prahy v důvěrném kruhu lidí stěžoval, že mu v Moskvě Gottwald slíbil prezidentství a pak ho bez porady s ním prostě přešel. Jan Masaryk ve vládním jednání o uznání »lublinských« (které československá vláda – opět z iniciativy Benešovy – uznala koncem ledna 1945) mluvil otevřeně o možnosti, že by se i Čechoslováci mohli octnout v situaci Poláků, že by v Moskvě mohl vzniknout »lublinský komitét« a ten pak »ohrozit celistvost« – rozumělo se vlády a republiky. – A co teprv události, k nimž došlo na osvobozeném území Slovenska a na Podkarpatské Rusi, o nichž jsme právě mluvili! Copak tam nebyl často jen krůček k »lublinskému« vývoji? Copak za slovenského povstání nevznikla podobná, i když nepoměrně méně tragická situace jako za varšavské revolty, kdy sovětská vojska, která rovněž byla na dosah ruky, se ani nehnula a povstalcům nepomohla? Copak Stalin, kdyby se tak rozhodl, by nedovedl zatočit s Benešem stejně, jako to sehrál s Mikołajczykem? Všechno, jen to ne! byla Benešova devíza. Proto také, když Kreml už od listopadu 1944 na prezidenta naléhal, aby uznal lublinskou vládu, Beneš se nevzpíral; požadoval jen prohlášení, že lublinští uznávají předmnichovské hranice včetně území, které Polsko v září 1938 zabralo. Lublin odmítal, Moskva ho podporovala, prezident to vzdal.

Krátce, dá se říct, že kvůli zahnání lublinského strašidla byl prezident připraven ke krajním ústupkům Sovětům a komunistům. Druhá cesta do Moskvy k nim nepochybně patřila.

A do jisté míry také dekrety, které prezident ještě narychlo před odjezdem z Londýna podepsal. Co to bylo? Tady by byl zas jednou nutný krátký výlet, tentokrát do ústavního práva – nebojte se, bude to bleskové. V Londýně (a později doma až do konce října 1945) bylo třeba vydávat zákonné normy; to přináleželo parlamentu, který neexistoval. Situace byla mimořádná.

A tak právníci vyhrabali článek československé ústavy z roku 1920, v němž se praví, že v nezbytných případech může prezident k návrhu vlády vydávat dekrety, které nabývají moci zákona až do doby, kdy volené Národní shromáždění obnoví svou činnost. Dále se tu praví výslovně, že tyto dekrety jsou opatření mimořádná a hlavně prozatímní. Pro demokraty bylo proto samozřejmé, že tyto mimořádné zásahy do právních norem budou v řádně zvoleném Národním shromáždění podrobeny novému zkoumání a dekrety buď schváleny, modifikovány nebo zrušeny (už proto, že aspoň některé z nich byly z ústavně právního hlediska vadné, jiné zas z politicko-taktických důvodů narychlo upečené, ačkoli nijak nezbytné, a mohly být v klidu projednávány až doma po osvobození). Ne tak komunisté. Ti pokládali od počátku prezidentské válečné dekrety za nástroj k posílení své moci, za základ »revolučních vymožeností« a pozdějšího nástupu KSČ k výlučné vládě. V literatuře věnované tomuto období se tím ostatně vůbec netají. Však také komunisté v Londýně, v Moskvě a nakonec v Praze měli často rozhodující vliv na konečné znění dekretů. Prezident jich podepsal celkem asi 150, z nich některé dokonce narychlo a na nátlak komunistů, v předvečer prvního dne zasedání prozatímního Národního shromáždění v Praze. Spěch podezřelý, bude o něm ještě řeč.

Všimneme si tu jen dvou dekretů, o něž se sváděl ještě za války poměrně houževnatý zápas mezi komunisty a těmi ostatními. První byl o již zmíněných národních výborech, jejich pravomoci, o délce působení těchto sborů a o způsobu voleb do nich. Jednání mezi Londýnem a Moskvou, handrkování ve vládě, ve Státní radě, v politických seskupeních (už v roce 1944 se vytvořil v Londýně tzv. »blok« socialistických stran – komunisté, sociální demokraté a národní socialisté) trvala skoro rok. Konečné znění podrželo většinu návrhů komunistů – zejména článek první, stanovící úmyslně nepřesně, že na osvobozeném území »buďtež na základě voleb ustaveny národní výbory«, a článek druhý, že nikoli z všeobecných voleb, ale »z národních výborů na základě voleb vzejde (?!) prozatímní Národní shromáždění«. Prezident dekret podepsal v prosinci 1944.

Ještě delší zápas, pokud se to tak dá nazvat, opět demokraty prohraný, se sváděl o takzvaný retribuční dekret. Tady je zajímavé to, že iniciativa nevyšla od komunistů, ale od Beneše a demokratů, kteří také vypracovali první znění textu. Už jsem se o něm několikrát zmínil – šlo o normy, podle nichž měli být souzeni a trestáni váleční zločinci, zrádci a kolaboranti s Němci. Prací na osnově retribučního dekretu byl pověřen válečný ministr spravedlnosti, příslušník národně socialistické strany Jaroslav Stránský. Už první osnova, kterou Stránský předložil Benešovi v létě 1943, byla vágní a – neváhal bych říci, dost ostudná. Z hlediska etického i právního. Beneš postoupil osnovu Státní radě, ta ji projednávala ve dvanácti bouřlivých schůzích až do konce června 1944. Hrstka demokratů, především slovenští členové Státní rady, v ní oprávněně viděli potenciální legální zástěrku pro všemožné udavačství, kolektivní mstu a jiné podrazy, tedy pravý opak spravedlnosti, a hlasovali nakonec proti. Komunistům to naopak nebylo dost. Tak třeba podle soudruha Noska měl retribuční dekret především »vyvolat strach a hrůzu« mezi těmi, kdo se dali do služeb nacistů – a o tom, kdo se takto zaprodal, neměly rozhodovat řádné, nýbrž mimořádné soudy, »třídně motivované«; »soudci z lidu« tu měli soudit na podkladě – jak později ukázala praxe – často nedoložených udání a pochybných svědectví. Nosek také už předem pasoval na národní hrdiny ty, kteří doma si už popravili »několik zrádců a provokatérů« a prokázali tak, že »už dnes jsou v naprostém souhlase s cítěním nejen lidu doma, ale i československého zahraničí . . .« (ve Státní radě 20. prosince 1943). Jak v této klíčové otázce postupoval dr. Beneš? K oběma osnovám, o národních výborech i o retribuci, měl několik kritických připomínek, k nimž se nakonec nepřihlédlo; jednou dokonce – po úspěšné invazi západních spojenců do Francie a vytvoření druhé fronty – vzkázal prezident Státní radě, že dekret nepodepíše. Nakonec ovšem podepsal – v předvečer odjezdu do Moskvy. (O přesném datu jsou spory.) Vláda odhlasovala retribuční dekret 6. října, s dvěma hlasy proti – Feierabendovým a Lichnerovým. Laštovička výjimečně není dalek pravdy, když píše, že v případě obou dekretů »vykonala tu zázračný účinek opět změna válečné situace. Rudá armáda byla již přímo na našich hranicích . . . [Beneš se navíc bál], aby nevznikl nějaký československý lublinský komitét . . .« Osudný a ostudný dekret, společné dílo demokratů a komunistů. Ještě si povíme, co všechno se v jeho jménu a duchu dělo.

Po podepsání posledních londýnských dekretů se čekalo už jen na odjezd prezidenta a vlády do Moskvy. Ještě něco se však stalo, pověrčiví by asi řekli, že to bylo varování, zlá předzvěst. Pár hodin před odletem, v noci na 9. března 1945, utrpěl dr. Beneš záchvat mozkové mrtvice. Byl přechodný, řečová i zraková závada brzo zmizela. Sem snad patří dosti patetické, ale příznačné svědectví Feierabendovo. Tento věrný »pravicový« prezidentův spolupracovník neměl na vybranou než odstoupit z funkce ministra financí, když byl na nátlak komunistů vyškrtnut ze seznamu politické delegace, která by v Moskvě jednala za stranu agrární; původní intrikánský nápad nekomunistů delegovat tam jakéhosi obskurního souputníka zklamal, takže nakonec k jednání zástupci zemědělské strany prostě nebyli připuštěni. Beneš si povolal Feierabenda ke svému loži nedlouho po záchvatu; vypadal špatně, jedna strana tváře byla pokleslá a spodní víčko oka odchlípené. Feierabend si dodal odvahu, odkašlal si a – jak píše ve svých pamětech – takto promluvil: »Pane presidente, nevím, zda věříte v Prozřetelnost. Na procházkách v Aston Abbots, na něž budu vzpomínat celý život, mluvili jsme o všem možném, jenom ne o Bohu. Já věřím v Boha a jsem přesvědčen, že vaše nevolnost je pokyn Prozřetelnosti. Prosím vás znovu, nejezděte do Moskvy a zůstaňte v Londýně. Máte vážný zdravotní důvod, jímž můžete odůvodnit změnu svého rozhodnutí, a nikdo v tom nemůže hledat politické motivy. Pane presidente, nejezděte do Moskvy!« – »Mluvil jsem pomalu,« pokračuje Feierabend, »na mne nezvykle pomalu a s vroucím důrazem, abych dal najevo, jak mi mimořádně záleží na splnění této žádosti. President to pochopil, podíval se na mne zvláštním pohledem a řekl: „Kolego, teď už je pozdě. Já do Moskvy musím, a chtěl bych tam být co nejdříve, abych mohl sledovat jednání.“«

Zdržen tímto záchvatem, odletěl dr. Beneš o den později, než bylo plánováno, přes Káhiru (kde na něho čekali členové stranických delegací, kteří odjeli z Londýna podle plánu) a dál přes Teherán a Baku do Moskvy. 22. března začaly na Fierlingrově ambasádě rozhovory o vládním programu a složení příští vlády. Průběh jednání zapisovali Laštovička a Drtina; zápisy se ve všem podstatném shodují, vyšly tiskem a byly později účastníky i kronikáři bohatě komentovány. Za sebe bych řekl, že to celé vypadá, s prominutím, jako záznamy ze Zvonokos nebo rovnou z Kocourkova. Kdybychom měli čas, myslím, že bych své hodnocení mohl prokázat. Neuvěřitelné se tu střídá s groteskním, reálné se surreálným. K neuvěřitelnému patří, že nekomunisté přijeli do Moskvy nejen bez předchozí dohody, ale vůbec bez papírů, bez programu, bez konceptu. K reálnému patří, že komunisté měli vzorně připravený, promyšlený, do důsledků takticky i dlouhodobě propracovaný program. Do kategorie grotesky patří skutečnost, že když komunista Kopecký hned na počátku výslovně zdůraznil, že »předložený návrh je návrhem Komunistické strany Československa«, ale myšlený jako »závazný program vlády«, nekomunisté vlastní lenivou netečnost přikryli chválou energické iniciativy Gottwalda a druhů. Jeden z nich dokonce dal k dobru a k všeobecnému veselí v sále poznámku, že »je to už v charakteru komunistů dívat se dopředu«, jiný řekl, že »vládní program jedné strany je vhodný podklad pro program všech«. A tak se i stalo. Reálným úmyslům komunistů vyhovovalo, aby se program dohodnutý v Moskvě nazýval »košický«, surreálné bylo, že tenhle podvod nekomunisté přijali. »Slováci« byli, jak už řečeno, »přibráni k jednání« o věcech slovenských v podobě mluvčích Slovenské národní rady (mezi nimi Husáka), ale hlavní trumf vynesli čeští komunisté; tvrdili, že Slováci mají nárok na samostatnou komunistickou stranu. Demokraté to přijali bez hlesu, takže až do prvních voleb v roce 1946 měli komunisté v prozatímním Národním shromáždění 100 členů, zatímco ostatní strany každá těch paritních padesát. Povedení demokraté, kteří se v týchž jednáních jednomyslně a definitivně shodli na zákazu jiných politických stran, zejména strany agrární, živnostenské a národně demokratické. Jen tak, škrtem pera a vcelku bez velkého nátlaku komunistů. Drtina to omlouvá a trochu zalhává ještě třicet let po činu a po všech trpkých zkušenostech, když píše v pamětech: »Dnes se nám vytýká, že jsme tyto strany, v naší politické tradici přirozeně vyrostlé, zakázali obnovit ve čtyřicátém pátém roce, zejména stranu agrární jako nejsilnější, ale my jsme neměli sílu její obnovení vymoci. Ustoupili jsme tomuto nátlaku jen u vědomí, že i zemědělcům a českému venkovu vůbec zbývá dost prostoru v ostatních třech demokratických stranách . . . aby mohl svou sílu napřít tam, kde mohly pak být chráněny uspokojivě i jeho specifické zájmy. Jestliže to zemědělský lid, selský stav i jeho bývalí představitelé v pozadí nepochopili a jestliže pak celé velké oblasti venkovské, které byly vždy doménou republikánské strany československého venkova, volily ve volbách v roce 1946 kompaktně komunisty, pak za toto neštěstí se necítím být odpověden.« Jistě ne, jenže Drtinova argumentace kulhá: pro odstavené a umlčené představitele těchto stran bylo nesnadné vyzývat své bývalé stoupence, aby volili ty, kteří je zlikvidovali; tím spíš, že se funkcionářům těchto stran zakazovala nebo aspoň znesnadňovala činnost ve stranách povolených. Ale hlavně: ty specifické zájmy venkova, o nichž píše Drtina, nemohly být »uspokojivě hájeny« prostě proto, že byly už předem a v zárodku udušeny radikální pozemkovou reformou – udušeny rukou společnou právě na moskevských jednáních. Pro úplnost i spravedlnost nutno dodat, že to byli slovenští demokraté, kteří několikrát apelovali na své české kolegy, zejména na národní socialisty, aby se usilovalo o obnovení agrární strany. Byli odmítnuti.

Krátce, projednávání Košického vládního programu tehdy v Moskvě probíhalo hladce, bylo mnohem víc shody než nepohody mezi komunisty a nekomunisty, a tak to šlo rychle. Tak třeba rozprava o odsunu Němců a Maďarů trvala pět minut. Stejně krátká byla rozprava o retribuci. Retribuční dekret vyhovoval všem, jen komunisté přišli s návrhem, aby kromě lidových soudů byl ještě zřízen Národní soud »pro stíhání zvlášť odpovědných provinilců«, tedy Háchy a členů protektorátních vlád. Jaroslav Stránský, v Moskvě hlavní oponent komunistů, se dotazoval po důvodech této dvojkolejnosti, ale brzo to vzdal, »když se na tom trvá, prosím!«, řekl. Jiné kapitoly vládního programu »byly schváleny v rychlém sledu, již bez zásadních námitek« – cituji z Laštovičky. Trochu se to zadrhlo při projednávání páté kapitoly, věnované novým vnitropolitickým strukturám, ale – jak dodává zapisovatel Laštovička – »nápor národních socialistů proti stěžejnímu ustanovení páté kapitoly (šlo o pravomoc národních výborů) skončil s velmi hubeným výsledkem«: všichni schválili formulaci navrženou Gottwaldem.

Ale víte, kde se to opravdu zarazilo, schůzování muselo být přerušeno a běželo se o radu k prezidentovi? Zase kabaret: šlo o to, zda kromě už přijaté zásady, pro Slovenskou národní radu bezpodmínečné, že existují dva národy, Češi a Slováci, se mohou tolerovat i stoupenci československství! Tuhle už fiktivní myšlenku dvou větví »československého národa« hájil důsledně snad už jen Beneš, i národní socialisté měli o ní pochyby, ale nechtěli prezidenta desavuovat. Tak k němu honem vyslali Drtinu. Ten v pamětech zachycuje Benešovu lakonickou odpověď: »Musíte se dohodnout.« Větička spíše pythická, ale Drtina si ji vyložil jako »zcela jednoznačnou« a zavelel k ústupu, opět jednou »naprostému«. Snad je tu třeba připomenout, že prezident tentokrát do jednání politických delegátů nezasahoval, ani z pozadí nedirigoval a své politické přátele nepodpořil – podle vlastní občasně užívané zásady, že hlava státu je nad stranami a nezabývá se jejich hašteřením a žabomyší vojnou (pár měsíců předtím v Londýně, jak jsme viděli, mu to vůbec nevadilo). Jindy zas, například když obhajoval před kritiky své rozhodnutí vrátit se domů přes Moskvu, užil opačného tvrzení: musí jet do Moskvy, aby tam mohl politická jednání stran sledovat a ovlivňovat. Ale jedno i druhé bylo už lhostejné: všechno podstatné o poválečné republice, její podobě i struktuře, její vnitřní i mezinárodní politice bylo prezidentskými dekrety už určeno a uzákoněno, Benešem v rozhovorech se Stalinem a Gottwaldem dohodnuto – tak ať se jen straničtí předáci handrkují o detaily, například o složení nové vlády a kdo co dostane v podobě ministerských křesel! (Ačkoli i v tomto směru to hlavní Beneš už dávno rozhodl, že totiž komunistům, jako straně velmi pravděpodobně (!) v republice nejsilnější, připadne funkce předsedy vlády a několik klíčových ministerstev.) Naproti tomu neudiví, že když se došlo k téhle kapitole, moskevská jednání oživla. Oba kronikáři, Drtina i Laštovička, shodně líčí, jak starý Šrámek, který až dosud na schůze nechodil, se náhle objevil a vybojoval pro lidovce jedno podřadné ministerstvo navíc; nebo jak komunisté k všeobecnému překvapení navrhli jako kandidáta na místo předsedy vlády nikoli komunistu, ale »levého« sociálního demokrata Fierlingra. Zato trvali na svém požadavku, že ministerský předseda bude mít k ruce pět náměstků, tvořících spolu s ním tzv. předsednictvo, jedno za každou stranu. Poválečná praxe ukázala, že tato šestka rozhodovala o všech důležitých politických otázkách a měla větší moc než sama vláda a ovšem i parlament. Komunisté také stáli na svém v tom, že ministerstvo vnitra a zemědělství musí být obsazeno komunisty. K maškarnímu rázu jednání přispěla i naivní radost demokratů, když ministerstvo národní obrany bylo přiklepnuto odborníku, generálu Svobodovi, zatímco pod stolem si komunisté radostí mnuli ruce, jak svého v tajnosti udržovaného souputníka propašovali do vlády coby nestraníka.

Ale to nebylo všechno. Po léta dr. Beneš tvrdil, že v první vládě osvobozené republiky budou výrazně zastoupeni představitelé domácího odboje. Nakonec z nich na české straně nebyl ani jeden, přesně tak, jak to zamýšleli gottwaldovci z důvodů, o nichž ještě bude řeč. V případě Slováků se tohle udělat nedalo, už vzhledem k povstání, ale hlavně proto, že tu měli komunisté hned řadu slovenských soudruhů k ruce na díle, které mělo následovat.

Takže když se 29. března 1945 navržení členové vlády zlatým perem podepsali na čistopis vládního programu, nebylo možné než zase aspoň zčásti souhlasit s Laštovičkou, který uzavíral: »Podepsaný program vešel do politických dějin našich národů jako tzv. Košický vládní program. Zrodil se v Moskvě z politického myšlení štábu revoluční strany českého a slovenského proletariátu, Komunistické strany Československa ... Pětiletý zápas v zahraničí se skončil plným úspěchem Komunistické strany Československa ... A teď jsme se chystali odrazit od břehů současnosti na nové lodi, na níž u kormidla stálo vedení KSČ ... v pevném kursu k světlým zítřkům lidové moci, k socialistickým horizontům. Na ozářené noční obloze se leskly pěticípé hvězdy kremelských věží, symbol jistoty v tmách, mlhách, vichřicích a bouřích.«

Ta zářná plavba nezačala na lodi, ale na kolejích, v luxusně vybaveném sovětském zvláštním vlaku 31. března. V salónní části byl prezident s rodinnými příslušníky; členové vlády, jejich rodiny, sekretáři, se museli spokojit s lůžkovými vozy. V tomto vlaku, ještě na území SSSR, podala Šrámkova vláda demisi. Tak byla splněna podmínka – abych citoval komentář z pražské publikace *Cesta ke květnu* –, že »londýnská vláda se nesmí vrátit do Československa jako fungující vláda«. Vlak vstoupil na československé území 3. dubna, o den později v Košicích složila do rukou prezidenta slib vláda Fierlingrova.

Košice byly slavnostně vyzdobeny, obyvatelstvo připravilo Benešovi ovace, které se Drtinovi zdály nepříliš spontánní a srdečné, Laštovičkovi naopak podezřele demonstrativní: prý se slovenským nacionalistům, agrárníkům a ostatním reakcionářům Beneš »jevil především jako představitel buržoazní koncepce státu, a to u nich rozhodovalo. A jestliže Beneš« – pokračuje Laštovička – »nadto ještě uznal národnostní požadavky slovenské, pak tu byl dvojnásobný důvod k jásotu«. Drtina zas popisuje rozčilení a obavy komunistů ve vládním transportu, když docházely zprávy o nečekaně rychlém pronikání americké armády do Bavorska a dál k československé hranici; a když se proslechlo, to už v Košicích, že Američané dorazili do Plzně, moskevští soudruzi byli k smrti vyděšeni – co kdyby proti očekávání a plánům byla Praha osvobozena západními spojenci?! Kopecký dokonce píše ve svých pamětech, že kdyby se to opravdu stalo, pak by komunisté do Prahy nemohli, »vláda by musila zůstat v Bratislavě nebo v Brně a ... Československá republika zůstala rozpůlena asi jako později Německo nebo Rakousko«. Ale žádný strach, hlavní město osvobodila, jak známo a proklamováno, jedině a jediná bratrská Rudá armáda. Stalo se tak 9. května, vláda a prezident byli dosud v Bratislavě, komunisté bujaře oslavovali; na demokraty, jak vzpomíná Drtina, z toho padla »určitá stísněnost«. Nálada prý nebyla taková, jak by to vítězná situace předpokládala, na všem ležel »stín komunistické převahy«. Jen pan prezident, který přechodně sídlil v paláci dosavadního slovenského prezidenta Tisa, »byl v dobré náladě, zdál se být šťasten, nadějný a svěží«, vzpomíná Drtina.

Vláda se vrátila do Prahy 10. května. Na kbelském letišti se na přivítanou hrála československá i sovětská hymna, ve vládním doprovodu byl sovětský maršál Malinovskij, za diplomaty Sověty jmenovaný velvyslanec v Praze Zorin. »A po triumfální cestě Prahou jsme jeli na Pražský hrad,« vzpomíná Kopecký, »abychom ihned zasedali a ujali se vlády v osvobozené Československé republice.«

Mezitím prezident a jeho průvod projížděli osvobozenými krajinami republiky směrem na západ. Podle Drtiny snad nejslavnější uvítání bylo v Brně, »vymykalo se všemu očekávání a všem představám... pestrý obraz všech možných barev, ozářený silným slunečním svitem, který se vlnil a pestřil spoustou mávajících rukou, šátečků i praporků. A do toho jásot, volání, smích a pláč... Když jsme dojeli tím vzedmutým mořem nadšení na radnici a když bylo po uvítacích projevech, viděl jsem, že dr. Beneš sám je nadmíru vzrušen tím, čeho byl svědkem. Zřejmě takové uvítání nečekal... Když jsme se na radnici setkali po tomto uvítání, nemohli jsme v první chvíli dojetím ani mluvit.« Tolik Drtina.

Po další triumfální cestě řadou moravských a českých měst dorazil prezident 16. května 1945 do Prahy.

V Londýně zatím v předepsané karanténě Hubert Ripka, v Moskvě vyhlédnutý za ministra zahraničního obchodu, dále Juraj Slávik, komunistům nepřijatelný slovenský »reakční agrárník«, týmiž zatracení generálové, politicky prašivý Feierabend a na konci řady my, Ripkovi hoši z vládního vysílání BBC, jsme se nepřestávali divit, rozčilovat se a debatovat. Vidím to před sebou, jak kdyby to bylo včera. Na počátku dubna jsme dostali k nahlédnutí program první domácí vlády Čechů a Slováků, zvaný Košický; my mladí jsme se zhrozili. Bylo nám okamžitě jasné, že zahraničně politicky bude Československo totálně pod kuratelou Moskvy, vnitropoliticky pak bude rozhodující moc v rukou centralizované administrativy bezostyšně střihnuté podle sovětského vzoru, tedy nevolených »revolučních« národních výborů a »jednotných« organizací, podléhajících na všech stupních komunistům, kteří navíc obsadili klíčové vládní pozice včetně policie a armády.

»A do tohohle se chcete vracet?!« ptal se nás Karel Brušák, náš kolega v BBC, a prorokoval: »Za tři roky jste v Londýně zpátky a zase jako emigranti, tentokrát z komunismu, pokud vás ovšem dřív nezavřou nebo neodkráglují.« S tou emigrací to odhadl až zázračně přesně a — jak se ukázalo — s tím rizikem fyzické likvidace to taky nepřehnal. Debata se tedy točila kolem základní otázky: vrátit se, nebo zůstat?

Argumentace »navrátilců« byla zhruba tato: vypadá to špatně, ale zase ne úplně bezvýchodně; koneckonců jakýs takýs parlamentní systém bude zachován, v českých zemích a na Moravě bude činná lidová strana, na Slovensku strana demokratická, tedy vládní strany, které nejsou částí socialistického bloku a mají naději na dobré výsledky v prvních všeobecných volbách; ty budou sice trochu zmanipulované, ale v podstatě přece jen rovné a tajné. A i když nebude úplná svoboda mínění a projevu, leccos se, zejména v tisku, bude moct uhrát. Ve vládě jsou Jan Masaryk, Drtina a Stránský – jejichž popularita jako válečných komentátorů, jak jsme věděli, byla obrovská – a na Pražském hradě nemáme ani Nejedlého, ani Gottwalda nebo Zápotockého, ale Beneše; a s ním, nebo spíše pod ním, jsme celou válku pracovali, vysílali jeho politické myšlenky a plány, komentovali a bez výhrad přijímali (i když s občasným udiveným pozdvižením obočí). A pak: vždyť jsme sami vyzývali k ostřejšímu domácímu odboji, oslavovali Stalina a Stalingrad, s londýnskými komunisty jsme vcelku dobře vycházeli, někteří z nich se stali našimi přáteli. Závěr: bylo by neomluvitelné, především z hlediska etického, teď opustit loď, možná loď potápějící se, ale přece jen dosud plující pod naší, československou vlajkou. Tak jsme uvažovali, snad trochu naivně, byli jsme mladí a nezkušení. Navíc návrat do vlasti po šesti letech gigantického ozbrojeného střetnutí a nepředstavitelných obětech, které si vyžádalo, byl i naším »válečným cílem: jak by to bylo s naší úctou k památce našich rodičů, příbuzných, kamarádů, kteří zahynuli ve stejném zápase, kdybychom se teď, když nacismus byl poražen, nevrátili; co by nám řekli kamarádi, kteří přežili, kteří doma zůstanou a v zápase o demokracii potřebují naši pomoc, naši účast?! K rozhodnutí k návratu přispěla také okolnost, že mezi těmi, kteří prohlásili, že zůstanou, a začali se politicky sdružovat (ustavili tzv. Český národní výbor s protibenešovským generálem Lvem Prchalou jako předsedou, také slovenští separatisté se seskupovali), byli drobní fašounci, periferní politikové s neukojenými ambicemi – zkrátka společnost, která se nám nelíbila.

Šli jsme za Ripkou. Ten se netajil ostrou kritikou vládního programu, moskevských jednání a méně otevřeně i Beneše samotného. Nic nebude vyčítat těm, kteří se rozhodnou proti návratu. On sám se samozřejmě vrátí, totéž předpokládá o Ingrovi, Moravcovi, Slávikovi, Feierabendovi. Pak uvedl důvody, které v našem případě mluvily pro návrat, v podstatě shodné s těmi, k nimž jsme dospěli sami. Někteří z nás odcházeli ze schůzky přesvědčeni, jiní nikoli. Jak vidíte, ta otázka, s níž se dnes potýkáte – zůstat venku, nebo naopak přijmout osud, v němž sotva prosvítá konec tunelu –, se vrací: ve vašem případě (zdaleka ne ojedinělém) o dobré čtyři desítky let později.

A tak někdy na počátku června nebo snad v květnu 1945, už se přesně nepamatuji, jsme zasedli k poslednímu vysílání československé vlády z Londýna na vlnách BBC. Na zelené sukno, které pokrývalo stůl s mikrofony, jsme rozložili československou vlajku, připravili si pár poznámek a pak jeden po druhém – bylo nás asi patnáct – jsme poděkovali všem těm doma, kteří nás v tak velkém počtu, tak dlouho a tak věrně přes všechna rizika poslouchali, věřili nám a snad i čerpali naději na lepší časy. Zelené světlo ve studiu zhaslo, konec šestileté práce, kterou jsme dělali rádi, ve dne v noci, za náletů, v dobré shodě s britskými představenými a se stovkami kolegů z jiných nacisty a fašisty ovládaných zemí. Byli jsme dojati, ti odjíždějící i ti zůstávající. Té rozhlasové rozlučce předcházelo jednání s naším šéfem Ripkou, anekdotické, ale přece jen snad zaznamenání hodné. Jako hlasatelé a komentátoři jsme vysílali kryti pseudonymy nebo vůbec anonymně; teď na konci jsme se chtěli posluchačům představit pod svými pravými jmény – trochu z ješitnosti, ale taky proto, poněvadž jsme mysleli, že si to zasloužíme, naše hlasy byly dobře známé, proč je neidentifikovat... Ripka nás vyslechl a pak řekl zhruba toto: »Mládenci, nic proti tomu, když chcete, udělejte to. Ale uvažte taky tohle... znáte mě dobře, víte, že nejsem žádný antisemita, ale to asi nelze tvrdit o lidech doma, přes to všechno, čím židé za nacistů prošli. No, co si budem povídat, vy jste skoro všichni kluci židovský, s výrazně semitskými jmény, to by na posluchače nemuselo vždy dobře působit, oni třeba nevědí, co víme my, že židé v Evropě měli jen dvojí volbu, utéct nebo zahynout. Rozmyslete si to.«

Rozmysleli jsme si to a svá jména jsme v posledním vysílání z Londýna neodhalili. Pseudonymy nám dokonce zůstaly, v životě i na dokladech, z Langsteina se stal Hronek, z Fürtha Firt a z Schönfelda Tigrid. Žádná velká sláva, milá Lucie, přesto to zapijme a pojďme se projít k moři. Už jen v závorce: posledně jmenovaný se vrátil domů v britské vojenské Dakotě 13. června 1945. Když letěl nad Kanálem, nedůstojně si zaslzel; a slíbil si, že proti této zemi, zvané Spojené království, neřekne ani neprovede nikdy nic ošklivého, nic pod pás, poněvadž mu umožnila poznat, co to je lidská i občanská svoboda, parlamentní demokracie, smysl pro fair play i pro humor. Zpětný pohled naznačuje, že slib byl dodržen.

Doporučená četba k desátému večeru (kromě knih už citovaných v seznamu k devátému večeru)

Belda, J. – Bouček, M. – Deyl, Z. – Klimeš M.: *Na rozhraní dvou epoch.* Svoboda, Praha 1968.
Fierlinger, Zdeněk: *Ve službách ČSR.* Svoboda, Praha 1948.
Gottwald, Klement : *Spisy,* IX – XII. Státní nakladatelství politické literatury, Praha 1954/1955.
Prečan, Vilém (ed.): *Slovenské národné povstanie.* Vydavateľstvo politickej literatúry, Bratislava 1965.
Zinner, Paul E.: *Communist Strategy and Tactics in Czechoslovakia 1918– 1948.* Columbia University Press, London 1963.

11

Jedenáctý večer. Třetí republika, aneb Hra s proměnnými pravidly. Údobí 1945—1948. »Vítězný únor«.

Milá Lucie, začal jsem, jdeme pomalu do finiše. Nejenom v našem vyprávění, ale taky v čase přítomném. Vaše dovolená končí, moje taky. Zbývá jeden pracovní večer a jeden navíc na shrnutí, jestli nějaké bude, a na rozloučení. Dnes máme v osnově tříletí, které skončilo v roce 1948 únorovým vítězstvím komunistů.

Konec války, jak proběhl v Praze, byl dost zmatený, ale je zaznamenání hodný. Tím, že se bojovalo, že se střílelo, i když jenom čtyři dny. Tentokrát lid obecný, no dobře, jeho zlomek, vzal věc osvobození do svých rukou, jakkoli na poslední chvíli. Jednal »živelně«, jak se dodnes vyčítavě připomíná v komunistických dějepisech, což srozumitelně přeloženo znamená, že se rozhodl k činu na vlastní pěst a nikoli z příkazu komunistů a pod jejich dozorem. Pražské povstání z května 1945 bylo prý také předčasné. Ještě 5. května, kdy už boje začaly, tvrdil mluvčí ilegálního vedení KSČ, že »podmínky pro povstání tu ještě nejsou«, a varoval, že nepřítel má v Praze a okolí silné vojenské jednotky.

Opravdu? přerušila mě překvapená Lucie. *My jsme se učili, že povstání vyvolali komunisté, že na barikádách byli hlavně dělníci a že o výsledku povstání rozhodla Rudá armáda, která neuvěřitelně rychlým postupem 9. května osvobodila Prahu.*

Vezmem to popořadě. Všechno začalo ráno 5. května, zřejmě pod dojmem zpráv západních vysílaček, že válka je u konce; už se vědělo, že Hitler spáchal sebevraždu a německé vojenské velení přijímá bezpodmínečnou kapitulaci. A tak toho rána Pražané v několika čtvrtích vyvěsili československé státní vlajky, často narychlo sešité, strhávali pouliční německé nápisy. Ulice se plnily lidmi, kteří odzbrojovali nacisty, vyděšení němečtí vojáci leckde začali střílet. Důležité bylo, že česká policie přešla k manifestantům, povstalci dobyli budovu státního rozhlasu a měli pod kontrolou i rozhlas městský.

Je třeba připomenout, že v té době odbojová podzemní činnost neměla jednotné vedení, spojení s vládou v Košicích veškeré žádné (o to se postarali sovětští velitelé na Slovensku), dosud mocná německá vojska ustupovala zemí v plné zbroji dál na západ k americké armádě, která se podle dohody vrchních spojeneckých štábů zastavila na čáře Karlovy Vary – Plzeň – Budějovice. Teprve několik málo týdnů před povstáním se začala tvořit společná odbojová ústředna (tedy i s komunisty) pod jménem Česká národní rada (ČNR). Už tehdy bylo členství v ní rozděleno podle stranického či zájmového klíče, ale od počátku v ní rozhodující slovo měli komunisté, jejichž mluvčím byl Josef Smrkovský. Proč? Inu poněvadž – a zase tak trochu jako o tři roky později v únorovém střetnutí – komunisté měli plán, věděli, co chtějí; byli lepší taktikové a rozhodnější političtí hráči než jejich demokratičtí partneři. K těm patřil zcela nepolitický a nerozhodný profesor Albert Pražák, který byl zvolen předsedou Rady (komunistům vyhovoval právě pro své dobrácké slabošství), dále plukovník generálního štábu Oskar Pejša, profesoři Otakar Machotka, Josef Kotrlý a jiní. Pravda je, že ještě před ustavením Rady vojáci (nekomunisté) připravovali vlastní bojovou akci, měli k dispozici státní rozhlas, ale čekali na zbraně a na parašutisty – marně. Takže, jak vzpomíná Machotka, když Pražané toho 5. května šli spontánně do ulic, »Česká národní rada se snažila, aby se dostala v čelo a aby se v čele udržela«, krátce, přidala se, »stala se mluvčím Pražského povstání jen shodou několika okolností«. »Využili jsme to,« cituji Machotku z knihy, kterou vydal s několika dalšími předními činiteli Rady až v americkém exilu, »že rozhlas byl dobyt, [první] prohlášení Rady bylo vysíláno, posloucháno obyvatelstvem a zachyceno Londýnem i Košicemi. Ježto nikdo neprotestoval a nikdo jiný nevystoupil, byli jsme jediní, kteří měli vůli vésti povstání a vládnouti.« Tahle vůle vládnout, o níž píše Machotka, byla hned na počátku posílena vyhlášením Fierlingrovy vlády v Košicích, že Česká národní rada je až na další mluvčím a zmocněncem této vlády. Prohlášení vysílal londýnský rozhlas opětovaně česky a slovensky.

Než se pustíme do spletité sítě politikaření a manévrování o pozice, které se po tomto oficiálním pověření Rady kolem ní rozvíjelo, řekněme si to podstatné o povstání samotném. Není lehké oddělit nános legend, polopravd a nepravd, který se na tuto událost navršil zásluhou hlavně komunistických historiků. Jednou z nich je, že Pražské povstání vedli dělníci, rozumí se především dělníci komunisté. Ti se povstání samozřejmě účastnili také, po boku všech ostatních, ale je sotva vhodné vypočítávat, koho bylo na barikádách víc, jestli živnostníků nebo úředníků, tramvajáků nebo učitelů. Byl mezi nimi ostatně, a zdaleka ne v poslední řadě, i jeden český šlechtic, kníže František Schwarzenberg v uniformě záložního důstojníka. A jestli snad těch dělníků bylo méně než ostatních, mělo to svůj dobrý důvod: vůdčí komunisté jak v Praze, tak v Košicích povstání nepřáli, křížilo jim plány hned v několika ohledech. Především měla hlavní město republiky osvobodit a tamní německou posádku postřílet nebo zajmout Rudá armáda a nikdo jiný, z důvodů, které jsou nasnadě; pražští dělníci dostali rozkaz zůstat ve fabrikách, obsadit je pod vedením komunistů a organizovat v nich závodní milice; ty se zas měly ozbrojit pro případ ještě jiného zápasu – třídního, proti »reakci«, která prý už vystrkovala růžky. Potvrzuje to komunistický leták, vydaný 5. května, jehož text je citován v knize komunistických historiků *Cesta ke květnu.* Zdůrazňuje »nevhodný okamžik« povstání, když už přece »kapitulace nacistů je otázkou dní či hodin«, a klade sugestivní poraženeckou otázku, zda »toto vystoupení bylo v souladu se strategií Rudé armády, nebo jen podníceno ctižádostí jednotlivců«. Leták varuje, že tentokrát »se zmásti nedáme«, »aby naše reakce omámila dělníka a pracujícího inteligenta... pokusila se uchvátit vládu, a aby se za ní skrývala ta zločinecká chátra minulosti«. Na 1. května ilegální *Rudé právo* vyhlásilo velkými písmeny a s nemenším cynismem – »V Praze se nebude opakovat Varšava«.

Tady máte v kostce, jak situaci viděla ilegální KSČ v předvečer pražského povstání: nepřála mu. Proto velení Rudé armády, přes všechno volání pražského rozhlasu o pomoc, nehnulo ani prstem; opravdu se tu opakovalo v míře nepoměrně méně tragické, co se stalo Polákům za povstání ve Varšavě a Slovákům v průběhu jejich povstání v létě 1944; Stalin neměl zájem na lidových revoltách, pokud nebyly plně v rukou komunistů nebo sovětských partyzánů politruků. Proto také Moskva dvakrát diplomatickou cestou protestovala u Fierlingrovy vlády proti »zradě« ČNR, která se jí měla dopustit tím, že vyjednávala s Němci o kapitulaci. Proto nesměly být odbojářům shozeny zbraně v Benešem vyžádané a britským spojencem schválené operaci: letadla na italské základně v Bari byla už naložena zbraněmi a municí a měla shodit svůj náklad nad Prahou; v poslední chvíli, na naléhavou žádost Sovětů, se od operace upustilo. Proto nesměli českoslovenští letci vzlétnout z britských základen na pomoc povstalcům – Sověti si to nepřáli. A když vrchní velitel spojeneckých vojsk v Evropě generál Eisenhower telegrafoval sovětskému vrchnímu velitelství už 4. května, že americká armáda »je připravena pokračovat ve svém postupu do Československa k Labi a Vltavě« a tedy až do Prahy, šéf sovětského generálního štábu Antonov odpověděl (až na druhý den) takto: »Sovětské velení žádá generála Eisenhowera, aby upustil od postupu spojeneckých vojsk v Československu přes dříve dohodnutou linii Karlovy Vary – Plzeň – Budějovice, aby bylo zabráněno možnému zmatku vojenských sil.« Přestože Churchill i nový americký prezident Truman, právě vzhledem k nerovnému boji, který se sváděl v Praze, Eisenhowerovu iniciativu schválili, bylo jasné, že dohoda mezi velkými spojenci nebude jednostranně porušena. Eisenhower ještě jednou (6. května) v depeši Antonovovi zvlášť zdůraznil, že odmítnutí amerického postupu »předpokládá, že sovětská vojska jsou s to postupovat tak, aby vyjasnila situaci ve středu země; bylo to diplomaticky formulované vybídnutí k rychlé pomoci povstalecké Praze. Sovětské velení, z vyšších příkazů, mělo zájem právě opačný: nechat povstání vykrvácet v nerovném zápase s německými brannými silami a pak Prahu »osvobodit« v plné slávě a lesku rudoarmějců.

Nepůjdu tu do podrobností – možno je vyčíst z příslušné literatury. Myslím, že z ní v podstatě – a zas po eliminaci z různých stran narůžovo přibarvených interpretací – vyplývá toto: povstání, nebo snad přesněji krátkodobý bojový příspěvek Pražanů ke konečnému osvobození jejich města, proběhlo v těch několika dnech lépe a s výsledky pozitivnějšími, než by bylo možno od této spontánní a předem nepřipravené akce očekávat. Bylo to jistě především zásluhou nebojácných lidí, ale také profesionálních vojáků, kteří aspoň v některých čtvrtích dali zápasu trochu organizovaný ráz, využili barikád a bojů v ulicích jako pádného argumentu v jednání s Němci o kapitulaci, dali do provozu a řídili dobře fungující komunikační (telefonní) systém, v řadě případů zabránili násilí na německých civilistech i řadových vojácích a podobně. Vojensky byl význam povstání nulový – k rozhodnutému výsledku války nemohlo už ničím přispět. Ale bylo to povzbudivé gesto z hlediska morálního zdraví národa: sedm let po mnichovské kapitulaci tu prokázal český lid, jakkoli jen ve svém zlomku a v hodině dvanácté, že na tom není tak špatně, aby už tradičně a trpně ponechával péči o vlastní osud docela a beze zbytku v rukou těch druhých. Koneckonců za to zaplatil z vlastní vůle třemi tisíci mrtvých a dvakrát tolika raněnými. Stavění barikád (bylo jich nakonec na dva tisíce) a bojů na nich se účastnilo asi 40 000 mužů a žen.

Byli a jsou ovšem kritikové, kteří povstání upírají i tyto zásluhy. Oběti na životech byly prý zbytečné, na celkovém obraze chování národa za války, v němž převažovala složka kolaborantská, se tím údajně nic nezměnilo. Podle komunistů povstání vyvolala a manipulovala »reakce«, podle jiných se zas vlastně na nepřítele ani tak moc nestřílelo, spíš se s ním vyjednávalo, ale hlavně se handrkovalo, intrikovalo a tak. Kalendář potvrzuje, že pražské nepokoje začaly čtyřiadvacet hodin poté, co generál Eisenhower ve francouzské Remeši zahájil jednání o bezpodmínečné kapitulaci Němců. Povstání vypuklo 5. května, 7. května byla podepsána kapitulace a ta vešla v platnost o den později o půlnoci (takže v Praze se bojovalo ještě skoro dva dny po dojednaném příměří. S touto skutečností také vojenské velení operovalo v ulicích města, když žádalo německé posádky, aby se vzdaly). Takže tu máme zcela protichůdná hodnocení: »Významná událost českých dějin« (Machotka). »Bezohledný, zbytečný a surový masakr« (Willars).

Ale to není všechno. Jestliže vlastní vojenská a akční část události je brána v potaz, její politická stránka je ještě spornější.

Situace byla tato: válku Němci definitivně prohráli a jejich vojenští i civilní představitelé v Praze, ale i zbytky protektorátní vlády, chtěli zachránit, co se dalo, především sebe. Všichni – státní ministr pro Čechy a Moravu Frank, pražský velící generál Toussaint, dokonce i SS Gruppenführer Weimann a gestapák kriminální komisař Leimer – všichni chtěli jednat o kapitulaci a o volný průchod dál na západ: jednat, ale s kým? S protektorátní vládou? S československou vládou v Košicích v čele s arcinepřítelem Benešem? S Českou národní radou? S představiteli domácího odboje, které Frank soustředil v zámečku na Generálce u Prahy? S komunisty?

Záležitost se ukázala být složitější, než se zprvu zdálo. Němci, vojáci i civilisté, pokládali Českou národní radu za možného a hlavního partnera ve vyjednávání, a to ze dvou důvodů. První byl, že nemocný, téměř už nepříčetný Hácha nevykonával funkci hlavy státu; zastupoval ho předseda protektorátní vlády, ostatně už neexistující, Bienert. Toho si 5. května v želízkách přivedl Smrkovský do sídla Rady a tam ho přinutili k rezignaci. Bienert podepsal prohlášení, jímž uznal ČNR jako »jediného oprávněného vládního činitele, pověřeného československou vládou v čele s presidentem Edvardem Benešem«. Tato zpráva byla vysílána rozhlasem, jehož se mezitím povstalci zmocnili a z něhož se téhož dne ozvalo provolání k českému lidu s výzvou, aby obyvatelstvo »v bojové pohotovosti« čekalo na další pokyny Rady. To byl další důvod, proč se Frank mohl domnívat, že to je ČNR, s níž nutno vyjednávat. Rovněž 5. května večer nabídli Němci jednání prostřednictvím Mezinárodního červeného kříže, jehož zástupci úřadovali v Praze. Předložili však několik nepřijatelných podmínek. – Viděno z české strany, bylo možné se tázat – proč vůbec vyjednávat? Především proto, že pražské povstání se už den po svém vypuknutí ocitlo v nesnázích; 7. května byla situace kritická, Němci zorganizovali obranu a přesunuli k Praze silné vojenské útvary, v ulicích se střílelo, blížila se statisícová armáda polního maršála Schörnera, nad Prahou se objevila německá letadla. Městu hrozila zkáza a jeho obyvatelům velké krveprolití v nerovném boji; němečtí vojáci se nechtěli vzdávat civilistům na barikádách – obávali se lynčování.

V této situaci se Česká národní rada jednomyslně rozhodla přijmout nabídku K. H. Franka a jednat s Němci prostřednictvím Mezinárodního červeného kříže. Ke dni 6. května vystavila ČNR glejt tohoto znění: »Česká národní rada zplnomocňuje tímto svého místopředsedu pana JUDr. Josefa Kotrlého a pana generála Karla Kutlvašra k jednání s německými zplnomocněnci.« Na prvním místě byl podepsán komunista Josef Smrkovský. Však mu to soudruzi nikdy nezapomněli; upřeli mu dokonce i to, že jako starý bolševik důsledně pracoval k tomu, aby se lidové povstání proměnilo v »revolučně socialistické«, že po odchodu Němců z Prahy nejen odmítl odzbrojení závodních milic (jako všech ostatních složek obyvatelstva), ale přinutil ČNR k podpisu na vyhlášce, že ten, kdo se o to pokusí, bude popraven: nepřiznali mu ani jako polehčující okolnost, že odmítal vojenskou pomoc vlasovců; vyčítali mu, podobně jako ostatním členům ČNR, že »umožnil« odchod více než půlmiliónové německé armády do zajetí k Američanům a že vůbec s nacisty vyjednával. Pravým důvodem této soudružské nevůle daleko spíš bylo, že Smrkovský svou vedoucí účastí na povstání přispěl k nesporné skutečnosti: německá posádka se vzdala Pražanům, kapitulovala o den dřív, než sovětské tanky dojely do hlavního města. Sovětská a komunistická verze o osvobození Prahy Rudou armádou byla tak zle pošramocena.

Řekl jsem vlasovci. To byla armáda, která vznikla v průběhu války ze sovětských zajatců (těch byly nakonec milióny, ačkoli Stalin tvrdil, že nic takového neexistuje, a když, tak jsou to zběhové, na které čekají popravčí čety). Jistý počet těchto zajatců se pod velením generála Vlasova rozhodl bojovat po boku nacistů. První divize této armády v síle asi 20 000 mužů, jejímž velitelem byl generál Buňačenko, byla nasazena ke konci války, v době plného německého ústupu na východní frontě, do bojů na řece Odře. Divize ustupovala do Čech ze severu, v posledním dubnovém týdnu překročila hranice, vznikly spory s německým velením, které chtělo zasadit vlasovce do očividně sebevražedných bojů. Buňačenko odporoval a nakonec se s nacisty rozešel. Koncem dubna a začátkem května došlo mezi ním a několika blíže neurčenými mluvčími českých odbojových skupin (patrně vojáků) k prvnímu styku a vyjednávání. Vlasov, Buňačenko a jeho druzi byli vedeni jedinou myšlenkou: aby jejich vojska nepadla do rukou Rudé armády. V případě 1. divize bylo třeba dostat se k Američanům v západních Čechách; kdyby aspoň rámcová dohoda mezi vedením československého odboje a vlasovci byla možná a vlasovci by se postavili na stranu českých vlastenců, bylo by to oboustranně prospěšné. 4. května byla už divize nedaleko Prahy, 5. května vypuklo povstání; vojenská složka odboje skutečně požádala vlasovce o pomoc, 6. května apelovala rozhlasem na »vajska Vlasova«. Buňačenko vydal rozkaz k pochodu na Prahu na pomoc povstalcům; téhož dne zasáhli vlasovci do bojů v pražských ulicích. Bojovali statečně, na tři sta jich padlo, povstání bylo zachráněno, a tak i Praha a mnoho životů barikádníků. To uznal i Smrkovský, ovšem až v roce 1968, kdy veřejně prohlásil, že »historickým faktem zůstává, že vlasovci Praze pomohli . . . a pomohli jí vydatně«. Jenže tehdy, 7. května 1945, když zástupce vlasovců navštívil ČNR s prosbou, aby bojová účast vlasovců na straně Čechů byla písemně potvrzena, Smrkovský byl rozhodně proti. Byl sice přehlasován, ale Rada přece jen odmítla vydat písemné potvrzení. Ale právě to vlasovci potřebovali jako politickou rehabilitaci u Američanů. Jejich zklamání bylo obrovské. Buňačenko dal rozkaz k zastavení bojů (kromě sebeobranných) a k ústupu z města směrem na západ (8. května). Konec všech vlasovců (a dvou miliónů sovětských zajatců) byl tragický: západní spojenci je na naléhání Stalina vydali Sovětům a ti je jako dezertéry a zrádce masově popravovali. Kapitola, která patří ke stinným stránkám západní poválečné historie, byla později objektivně zpracována (například britským lordem Bethellem).

Mezitím po celou dobu Pražského povstání probíhalo jednání mezi ČNR a nacistickými vojenskými i civilními představiteli moci v Protektorátě o skončení bojů a odchodu Němců z Prahy. Na české straně byli vyjednavači vybaveni zmíněným pověřením ČNR. Nebudu vás zdržovat četnými zákruty tohoto dohadování. Podstatné je, že k jednání došlo a bylo 8. května odpoledne uzavřeno protokolem o »formě kapitulace německých branných sil«. V něm se mimo jiné určovalo: Němci okamžitě zastaví boje; bude jim dán volný průchod na západ; všechny německé zbraně a munice budou odevzdány Čechům; nic nebude úmyslně poškozeno; letadla zůstanou na letištích v Ruzyni a ve Kbelích; spojenečtí váleční zajatci budou ihned propuštěni; německé ženy a děti budou požívat ochrany Mezinárodního červeného kříže;

protokol neovlivňuje podmínky, které byly dány těmto jednotkám už dříve spojeneckým velitelstvím. Podepsáni za německou stranu generál Rudolf Toussaint, za českou Albert Pražák, Josef Smrkovský, Josef Kotrlý, kpt. Jaromír Nechanský, generál Karel Kutlvašr, pplk. František Bürger, pplk. Jaromír Kadaňka. Pro Čechy nikoli nevýhodná a vcelku důstojná úmluva, která ostatně jen potvrzovala stav, který v té době existoval i jinde – bezpodmínečná kapitulace Němců (podepsaná den předtím), zastavení zbytečných bojů a tím i ztrát na životech a majetku v povstaleckém městě.

Zcela jinak to viděli komunisté. Tyto činy – podle Václava Kopeckého a jeho pamětí – se »ve světle historického soudu jeví strašnými«. Proč? Poněvadž se vytvořila situace, kdy »by se mohlo tvrdit, že není již zapotřebí, aby Sovětská armáda přišla pražský lid osvobodit«. Úděsný cynismus, ale pravda: Rudá armáda dorazila do Prahy 9. května, kdy »už« nebylo co osvobozovat. Podle formulace Václava Černého Rusové přišli do Prahy »již vlastní silou a diplomacií osvobozené a téměř Němců prázdné«. Ale i kdyby platil skromnější závěr československého důstojníka Stanislava Auského, že Praha »vlastně nebyla nikým osvobozena« a že 8. května večer tu prakticky »nebyl nikdo, od koho by město muselo být osvobozeno«, jisté je, že legenda o osvobození hlavního města hrdinnou Rudou armádou má hliněné nohy, které by se ostatně dávno podlomily, nebýt toho, že jsou dodnes podpírány komunistickou propagandou.

Když jednou po válce se Machotka zeptal Beneše, proč tuto legendu nevyvrátí, prezident prý zaujal »filozofické a celkem naivní stanovisko«. Řekl, že »historická pravda musí zatím ustoupit pravdě politické . . .« Jisté je, že tuhle epizodu komunisté odbojářům z ČNR nikdy nezapomněli. Když Fierlingerova vláda přistála 10. května ve Kbelích, slavnostně vítána místopředsedou ČNR Smrkovským (nikoli předsedou Pražákem), tvářili se její komunističtí členové zarputile, »nedbale chladně« podle Černého, »rezervovaně« podle jiných. A hned na druhý den vládní představitelé navštívili ČNR s příkazem odevzdat »veškerou moc« v zemi. Povídavého Kopeckého verze tohoto neslavného konce je jiná: »Viděli jsme zarputilé tváře lidí, kteří si myslili, že budou členy [oné] buržoasní vlády . . . mohli vzteky puknout, když jsme jim oznámili, že se Národní rada v Praze rozpouští . . .«

Tahle údajná zrada pražských odbojářů, z nichž někteří po »Vítězném únoru« skončili na popravišti a jiní v kriminálech, v nemilosti nebo v exilu, se Gottwaldovi a druhům ohromně hodila do krámu. Stala se totiž jednou ze záminek, proč první poválečná československá vláda nebyla rozšířena o představitele domácího českého odboje. Aféra s Českou národní radou a se Smrkovským umožnila moskevským navrátilcům tvrdit, že na »živly« z ilegality není spolehnutí. Ale i londýnští demokraté slupli jako malinu Kopeckého formulku, že politické strany se už v Moskvě dohodly na složení vlády a že se na ní »nesmí nic změnit ani při jejím přetvoření«; pokud by k takové přestavbě došlo, musí se tak stát v naprosté jednomyslnosti »čtyř stran národní jednoty«. A bylo to. A byl to opět Machotka, který se při jiné příležitosti optal pana prezidenta, proč se ve vládě na domácí odboj nedostalo. Beneš se prý na něho »podíval dlouhým pohledem a neřekl ani slova odpovědi«.

A tak jsme 10. května 1945 měli v Praze vládu přišlou (až na Slováky) stoprocentně zvenčí, vládu, která byla ve všem podstatném ovládána Komunistickou stranou Československa. Jaká to byla strana, co opravdu chtěla a jakými způsoby hodlala dosáhnout svých cílů, o tom dobře svědčí její provolání z 9. května, z něhož mi dovolte citovat trochu obšírněji.

»Pracující lidé ... prapory vašeho vítězství vlají Prahou,« praví se v manifestu. »Vy jste byli první na barikádách a neopustili je ani v nejtěžších chvílích, vy jste přinesli největší oběti. (...) Dělníci na stráži! Do továren! Tvořte dělnickou milici, vlastní jednotky jako nejbezpečnější ochranu svobody, jako nejbedlivější stráže. Boj totiž není skončen. Jen okupanti byli poraženi a vyhnáni. Ale dosud jsou tu jejich přisluhovači v řadách našeho národa a dokonce mnozí ozdobeni trikolorou. (...) Vy je musíte popohnat před spravedlivý soud, vámi vytvořený – před lidový revoluční soud! (Oni sami tam nepůjdou.) Neodkládejte zbraně, formujte se v milici ... Byly učiněny pokusy z hrstky reakčních důstojníků ... vystupovat proti vám, proti vašim právům. Každý takový pokus je svévolný projev shnilé buržoasie ... zničte [jej] v zárodku! (...) Pracující lidé, vy jste tvůrci osudu našeho národa, našeho zítřka, neodkládejte zbraně, tvořte v závodech národní výbory a vlastní milici k dovršení vítězství, proti přisluhovačům nacismu, proti upírům ve vlastním národě. (...) Pryč s reakcí, spolupracující s nacismem, pryč s fašismem ve vlastním národě, pryč s nepřítelem, převlíknutým do nových barev!«

Výzva k revoluci? Proti vládě ovládané komunisty, která právě nastupovala k moci? Nebo snad jen pěna z přehřátého kotle prvních zmatených poválečných dní? Sotva, poněvadž místopředseda téže vlády Klement Gottwald hovořil stejnou řečí jen pár týdnů předtím v Košicích na aktivu komunistických funkcionářů. O svých partnerech ve vládě mluvil ironicky jako o »pánech z Londýna«, kteří si dosud neuvědomují, že »jsme vstoupili do revoluční situace« s jejími »principy široké demokracie«, tedy orgány lidové moci, které komunisté mají zcela v ruce a které jsou »buržoasii« trnem v těle; je to ovšem buržoazie »zastrašená a zahnaná do kouta«; to dokazují úspěchy komunistů jednak při konfiskaci půdy bez náhrady a už prováděném rozdělování, jednak při aplikaci retribuce; ta sama o sobě je »nesmírně ostrá zbraň, kterou můžeme podetnout samy kořeny buržoasie« a zároveň »provést ohromný majetkový přesun a vzít těžkému kapitálu jeho ekonomickou bázi pod nohama«. Pravda, my komunisté »jsme nuceni s nimi [rozumí se s nekomunistickými partnery ve vládě] spolupracovat... ale (také budeme) tu reakční kliku... v masách odhalovat, diskreditovat, a když přijde čas, zatočíme s ní i jinak«. A k tomu všemu, dodal Gottwald, »můžeme připočítat, že tu máme Rudou armádu, která také neposiluje pozici buržoasie«.

Řeč nemohla být jasnější a vlastně je tu namístě otázka, proč si tu Rudou armádou osvobozenou republiku komunisté nesebrali rovnou a nevyhlásili ji za sovětskou a Stalinovu. I to tehdy v Košicích vysvětlil Gottwald (v intencích Moskvy ovšem), když po svém výkladu o rozhodující pozici komunistů ve státě hodil do publika: »Znamená to, že už dnes je čas, kdy jako nejbližší cíl si stanovíme sovětskou republiku, socialistický stát? Ne! Bylo by to naopak velkou strategickou chybou, kdyby strana měla takové bezprostřední perspektivy.«

Tahle zdržovací taktika byla ovšem diktována politikou Moskvy, která nechtěla hned po skončení války hnát věci na ostří nože a dát zelenou k sovětizaci »shora«, příliš očividné a případně i násilné. Ne snad proto, že Stalin Benešovi tolikrát slíbil nevměšování se do vnitřních záležitostí nové republiky, ale poněvadž nechtěl pobouřit a proti SSSR obrátit své dosavadní spojence a západní veřejné mínění, už i tak zneklidněné sovětským postupem v Polsku. Stačilo, že v Československu byla půda dobře připravena, pohnojena »shnilými troskami předmnichovské buržoasní republiky« a neméně prohnilými zmetky »buržoasně koncipovaného« právního státu. O tři roky později to všechno uzrálo a vydalo svůj plod – Únor.

Postup z hlediska únorových vítězů srozumitelný. Už jsme si několikrát řekli, že komunisté vždycky věděli, co chtějí (ve sledování svého cíle byli vynalézaví a odhodlaní), vyhráli zaslouženě. To samo o sobě by mohl být národní malér, důsledek války, mezinárodně politické konstelace nebo i jen nevýhodné geografické polohy malého národa tísněného velmocenským kolosem. Jenže ono to bylo tohle všechno a ještě něco podstatného navíc. Tři poválečné roky, o nichž mám dnes večer vyprávět a které jsem jako novinář aktivně prožil na straně poražených, patří – žel – zas jednou k těm neslavným, zčásti úděsným údobím v historii Čechů (jich především). Už bych věru rád o tomto národě řekl něco nesporně pozitivního. Jenže když se zamyslím nad údobím 1945–48, nemohu nevidět, že polehčujících okolností, které bylo možno uvést k vysvětlení a případně omluvě morální ochablosti české společnosti za druhé republiky nebo za Protektorátu, je tentokrát zvlášť poskrovnu. Jedna taková okolnost by tu byla, má cenu trumfu v tom trapném politickém mariáši těch let. Lid čekal, co bude, co mu páni z Londýna a z Moskvy přivezli jako řád a systém; a poněvadž to je lid bystrý, se zvlášť dobře vyvinutým smyslem pro to, odkud vítr vane, rychle pochopil, že komunisté i demokraté rukou společnou a nedílnou vypracovali, schválili a uplatňovali dekrety a zákonné normy, legalizující nebo aspoň umožňující kdejakou lidskou i občanskou, individuální i kolektivní špatnost. Moc lidí se podle toho zařídilo. Čili jak se do lesa volá, tak se z lesa ozývá – polehčující okolnost je na straně lidu, přitěžující na straně samozvaného zákonodárce. Ale nepředbíhejme událostem.

Prezident se svým průvodem přijel do Prahy 16. května, kdy už situace v hlavním městě byla bezpečnostně nezávadná. Byl to triumfální návrat zvláštním vlakem, s jásajícími davy na nádražích v Přelouči, Pečkách, Českém Brodě a dalších městech, a pak ovšem v Praze na Václavském náměstí, obsypaném i na střechách domů a lucernách občany, kteří v záplavě červenomodrobílých praporů vítali muže, jehož nejeden z dnešních nadšenců před šesti lety proklínal. Nemožné stalo se skutečným – od totálního pádu k vrcholu slávy. Drtina si zaznamenal: »Manželé Benešovi spali té noci z 16. na 17. května 1945 opět na Pražském hradě, sídle českých králů, poprvé od noci z 5. na 6. říjen 1938! Jaký to rozdíl! Jaká to strašná léta mezitím prožili, a my a celý národ s nimi! Jaká to veliká dějinná spravedlnost se tu uplatnila, Pražský hrad byl opět v rukou toho, komu jedině patří – svobodnému českému národu! Díky Bohu!«

Vy jste taky jásal a vítal? zeptala se Lucie, jevící známky netrpělivosti – moje povídání zřejmě ztrácelo spád.

Ne, byl jsem tehdy ještě v Londýně, odkud jsem se vrátil vojenským letadlem 13. června. Relativně brzo, rozhodně první z londýnské ekipy BBC, a samozřejmě omylem, takže mám pro vás o anekdotu navíc. Povolal mě telegramem nikdo jiný než nejbojovnější komunista ze všech moskevských ostrých hochů, teď už ministr informací Kopecký. Tomu bylo řečeno, nevím kým, že jsem novinář slušně seznámený s rozhlasovou prací, ale hlavně levicový sociální demokrat, který za války s komunisty dobře vycházel, přátelil se s Clementisem (ten už nastoupil v Černínském paláci jako komunisty jmenovaný státní tajemník v ministerstvu zahraničních věcí), vydával nezávislý časopis, věnovaný spoutanému, ale přece jen pozoruhodnému kulturnímu životu doma za války. Kopecký potřeboval v rozhlase, jehož klíčová místa byla téměř výlučně obsazena komunisty, taky nějakého toho »levicového socialistu« – nebojte se, ještě než jsem dojel do Prahy, se všechno vysvětlilo, z rozhlasu mě chladně vypoklonkovali s tím, že to byl omyl, že pro mě žádné místo není. Zato jsem byl slavnostně uvítán na letišti v Plzni, kde byl ke dvířkům naší Dakoty vyrolován rudý běhoun, nastoupený hudební útvar zanotoval pochod a pak nás zmrazil do pozoru státní hymnou. Ještě jednou jsem se kradmo ujistil, že mezi námi není žádný prominent (pokud by to nebyly dvě dcery generála Moravce, které sice byly krásné a zlatovlasé, ale přece jen nedospělé). Tehdy se prostě vyhrávalo každému, kdo přiletěl z Londýna: byli jsme vítězové, osvoboditelé, všestranní pašáci; brzo jsme si na to zvykli.

A co teprv novopečení páni ministři, poslanci, předsedové a funkcionáři národních výborů, »masových organizací«, samozvaní znárodňovatelé, zlodějíčci s páskami revolučních gardistů, lidoví soudci, gramatiky neznalí šéfredaktoři i šéfšejdíři všeho druhu, kteří střelhbitě pochopili, že přišla jejich chvíle. Zejména komunisté; ti zabrali palácové úřadovny, usadili se za mahagonovými stoly (pokud je rovnou neukradli), nastěhovali se do vil a bytů po Němcích a skutečných i údajných kolaborantech, vyměnili čepice s kšiltem za borsalina od Čekana, dali si ušít oblečky buržoazního střihu, jezdili na víkendy v úředních limuzínách do zabraných chat a mlýnů, milenky se jim do peřin jen hrnuly.

Tohle všechno by byl jen humoristický kolorit doby, kdy se kácí poválečný les a tak lítají třísky, v daném případě zlaté, kdo mohl a chtěl, nasbíral si. Jenže se zároveň děly v masovém měřítku věci hrozné, které nebylo možno omluvit šestiletým národním ponížením nebo spontánním revolučním elánem. Celý rok po 9. květnu 1945 táhly zemí nespravedlnost, surovost, malost a msta. Všechny schváleny a nejednou i chváleny zmíněnými ministry, poslanci, předsedy a šéfy, komunisty stejně jako demokraty, hlavu státu nevyjímaje. Ve jménu »slovanského vlastenectví«, lidové či také socialistické nebo regulované demokracie, k větší slávě Národní fronty, revolučních vymožeností a tolika jiných nesmyslných nebo rovnou podvodných nálepek a hesel – a ty si nevymysleli jenom komunisté, my všichni patentovaní demokraté jsme jich užívali a operovali s nimi beze studu. Zřejmě nám nevadilo, že lidová demokracie byl trapný pleonasmus, naopak, dali jsme si to do čela deníku Šrámkovy (jediné povolené nesocialistické) strany, sám jsem do toho listu pilně psal. Národní fronta nebyla ovšem ani národní, poněvadž z národa vyloučila jeho prvorepublikánskou politicky nejsilnější složku, a nebyla to ani fronta, ale uzavřený klub mluvčích vzájemně povolených stran, v němž se kupecky dohodovalo, co dodatečně muselo být schváleno vládou a parlamentem. Lidová bezpečnost byla od počátku a pak čím dál tím víc pravým opakem úkolů a poslání, které má tradičně v zemích »jen« demokratických. Národní výbory byly samozvané a často nikomu neodpovídající, ve většině případů ovládané komunisty, všemocné administrativní složky, proklamovaný nástroj příštího uchopení totální moci.

S honbou na Němce a kolaboranty, oficiálně přímo nebo nepřímo schvalovanou, se začalo už za Pražského povstání. Pominu zvěrstva, k nimž v těch dnech nesporně došlo (lepší mrtvý Němec než živý). Němci, ale také Češi ze smíšených manželství a jejich děti byli soustředěni v internačních táborech. Těch bylo v celé republice přes 1 200, navíc tu byly tábory pracovní a kárné (přes 800). Vždyť šlo o odsun tří miliónů lidí. Kdo byl Němec, kdo český kolaborant nebo rovnou zrádce, o tom rozhodovali národní výbory, revoluční gardisti, udavači nebo i opravdoví kolaboranti, kteří narychlo vstupovali do KSČ a chtěli být zasloužilí. Nebo také, jak napsal komunistický historik Václav Král, »sami dělníci na závodech. Od 5. května 1945 měli ve svých rukou i zbraně a mohli svá rozhodnutí také okamžitě uvádět ve skutek«. Masarykovec, národní socialista Prokop Drtina neváhal rovněž v květnu toho roku veřejně vyzvat k honbě na Němce a přilít tak olej do ohně rozpoutaných nectností: »Musíme začít s vyháněním Němců z našich zemí ihned, okamžitě, všemi způsoby, před ničím se nesmíme zarazit a zaváhat.« Má kolegyně novinářka z poválečných *Obzorů*, týdeníku křesťanské strany lidové, vydala v roce 1945 brožuru, v níž se říká: »Máme oprávněný důvod nepovažovat Němce za lidi . . . slyšíme-li němčinu, máme rudé kruhy před očima.« Však také se tehdy s oblibou třeba v národně socialistickém tisku psalo důsledně »němci« s malým »n«, Beethoven se nesměl hrát, protože byl Germán. Jaký div, že v této atmosféře nenávisti, rozdmychávané politiky a publicisty všech směrů, došlo k hrozným nelidským činům. Už ve sběrných táborech byly hygienické a stravovací poměry strašné (přesvědčil jsem se o tom na vlastní oči), i když se přihlédlo k celkové nevalné zásobovací situaci v zemi. V následujícím divokém odsunu do Německa a do Rakouska – trval od května do listopadu 1945 – došlo k bestialitám a zvěrstvům, individuálním i kolektivním, jejichž popisu, i jen rámcovému, vás ušetřím. Modality organizovaného a tudíž trochu lidštějšího transferu byly dohodnuty na konferenci Spojenců v Postupimi v červenci 1945, a k těm bylo, i když jen zčásti, přihlédnuto v pozdějších transportech z Československa.

Jak vidíte, všímám si jen způsobu odsunu a ponechávám stranou sám princip násilných hromadných transferů obyvatelstva. Mám k tomu dva důvody. Jednak by tu teď musel následovat výklad tohoto principu, jeho mezinárodně právního opodstatnění nebo naopak neopodstatnění, byly o tom sepsány celé svazky a ani ty by nám asi moc nepomohly. A pak je tu důvod zcela osobní. Řekl jsem už, že princip kolektivní viny, který byl v případě vyhnání československých Němců v zásadě aplikován, je nepřijatelný; ale nemohu po pravdě tvrdit, že jsem se proti němu zvlášť výrazně bil nebo i jen angažoval; takže mi nepřináleží teď křičet hanba. Naproti tomu k jeho nelidskému provedení jsem se – spolu s hrstkou kolegů novinářů – postavil kriticky a veřejně, i když s rezervou, kterou diktovaly tehdejší cenzurní a autocenzurní poměry. Mnohem později, už zase v exilu, jsem otiskl ve *Svědectví* obžalobu tehdy ještě doma žijícího slovenského historika Jána Mlynárika, který pod pseudonymem Danubius sepsal »Téze o vysídleniu československých Nemcov«. Bylo tak prolomeno dlouholeté mlčení, také našich demokratů, o jedné temné stránce české moderní historie. Teze vyvolaly doma i venku rozsáhlou rozpravu a ostrou kontroverzi. Ale mimo debatu a zcela nesporné je, že na Němcích určených k odsunu – jak zajatcích, tak i civilistech, ať už šlo o muže, ženy či děti – byly, zejména zpočátku, spáchány děsivé surovosti, jejichž oběti se čítají na statisíce. Mlynárikovo dokumentované »Žaluji!« je otřesné v podrobnostech i v závěrech. »Proti československým Nemcom všetkých vrstiev, tried,« píše Mlynárik, »bolo postupované tak, ako postupovali nemeckí fašisti a gestapáci proti Židom: včítane verejného označenia (pásky na rukách), zvláštnych potravinových lístkov, objemu osobných zavazadiel, ktoré si mohli vziať, transporty v nákladných vagónoch (‚dobytčiakoch'), sústreďovanie v zberných táboroch. Postupovalo sa proti ním tak, ako proti väzňom v koncentračných táboroch fašistického Nemecka na sklonku vojny, včítane pochodov smrti.«

Na důkaz – je jich bohužel moc – dopis ženy z Velkého Meziříčí, který jsem v listopadu 1945 uveřejnil v *Obzorech*: »Prosím vás, tlumočníky strany katolické, jíž Kristus je symbolem božství a nejkrásnějšího lidství, neboť umíral umučen a přece se za své nepřátele modlil, nerozviřujte pokud možno národnostní nenávist, neohřívejte ji znovu a znovu. Volám k vám jako věřící katolička –. kazí se tím vším národní charakter. Už dítě chce vraždit, nadává své bábě, která nosí pásku jako Němka, sviní atd. (Promiňte mi ten výraz, ale byl skutečně použit kromě toho ještě horšího.) Jiné dítě volá: „Pojď si, Mirku, také do ní (Němky) kopnout!" (. . .) Jiný otřásající případ se udál právě včera. Oběsila se tu ve vyšetřovací vazbě nenáviděná Němka. Její mrtvolu položili do márnice. Inu, jedinečné divadlo pro kulturního člověka v polovině dvacátého století – vyhublá mrtvola oběšené ženy. I děti se přišly podívat. A také si koply do ní a plivly si! A co řeknete pánovi ze Žižkova, který se ve vlaku honosil, že jako zatímní velitel sběrného tábora prosil své podřízené, aby internované dovedli zpět z práce aspoň živé, že za ně ručí. Když jednou do krve rozedráni přišli zpět a jeden si zoufale držel rozpárané břicho, aby mu střeva nevyhřezla, kopl jej a pak mu milostivě dovolil, aby si „ty střeva držel".« – Jak napsal ve svých románových pamětech Hrabal, »nemůže bejt nic krásnějšího pro člověka, než když se rozezlí, když může dělat zlo ve jménu tý velký historie . . .«

Lze shrnout, slovy historiků Kaplana a Hejla, že »bestiality spáchané na Němcích – zajatcích, civilistech, ženách i dětech po květnu 1945 – jsou neoddělitelnou součástí obrazu právního a morálního stavu poválečného Československa a předznamenáním vývoje v příštích létech a desetiletích«. A přijmout uvážený a smírný závěr Erazima Koháka z už citované knihy *Na vlastní kůži*: »Nejde [mi] o oprávněnost odsunu, ale o jeho význam pro naši vnitřní politiku. Odsun představoval dalekosáhlý mimoprávní zásah proti skoro třem miliónům lidí, usídlených na našem území po několik století. Bylo by něco docela jiného, kdybychom po válce posuzovali předválečnou a válečnou činnost československých Němců stejně jako činnost Čechů a Slováků a na základě prokázaných trestných činů odsuzovali toho či onoho ke ztrátě občanství a k deportaci. Náš přístup byl jiný, ne soudně, ale administrativně jsme odsoudili německou menšinu k odsunu, včetně dětí v době Mnichova prokazatelně nezletilých. Bylo na obviněném, aby dokázal, že si mimořádně loajálním a statečným chováním zasloužil, aby byl vyňat z obžaloby a rozsudku. (. . .) Pasívním přijetím odsunu Němců . . . přijala demokratická opozice [Kohák tu má na mysli nekomunisty] princip *dělitelnosti svobody*, který kriticky ochromil její účinnost.«

Debata není skončena, vlastně teprve začala, do kyselého historického jablka jsme kousli my v exilu a nemáme se za co stydět ani proč schovávat. Jsou historikové, doma i venku, kteří náš postup odsoudili, jsou jiní, jako v Praze Jan Křen, který připomněl, že odsun třeba vidět v jeho historických a dobových souvislostech a ne jen v izolovaně nahlížených česko-německých vztazích. Píše: »Jako celá evoluce [těchto vztahů] byla propletena s veškerou středoevropskou a možná širší problematikou, tak také jejich dobová katarze ve formě nacistických plánů na vyhlazení Čechů a české odpovědi v podobě transferu je nepochopitelná bez těchto souvislostí, zejména bez oné atmosféry ve světě, z níž vyrostly doktríny o bezpodmínečné kapitulaci, rozdělení Německa, kolektivní vině německého národa atd.« Což neznamená, zdůrazňuje Křen, že »vyrovnání se s touto otázkou není závažnou a nedoceňovanou *potřebou* našeho vlastního národního vývoje«. Prominentní henleinovci byli ovšem zvláštními soudy souzeni a odsouzeni, pokud nezemřeli přirozenou smrtí nebo sebevraždou. Z patnácti obžalovaných poslanců a senátorů bylo šest odsouzeno k smrti. Všichni v Protektorátě působící gestapáci, pokud byli dopadeni, byli popraveni.

Jestliže jsme takto naložili s Němci, co jsme udělali s vlastními, zaručeně z českých, moravských, slovenských kořenů pocházejícími občany, kteří byli označeni za kolaboranty, za zrádce národních zájmů, za námezdné přisluhovače okupantů? Hráli jsme aspoň na domácím terénu s »našimi lidmi« regulérní hru s neměnnými pravidly? Postarali jsme se o právní postupy, které by zaručovaly práva obžalovaných, běžná a uznávaná ve všech dobách v civilizovaných společnostech? Odpověď je, žel, opět negativní, víc než neutěšená, je ostudná. Pro koho? Zase ani ne tak pro lid obecný, jako pro ty, kdo mu tu rmutnou hru umožnili a její ohebné regule vypracovali a uzákonili. Známe také její hlavní zákonnou předlohu – retribuční dekret (na Slovensku se soudilo podle paralelního výnosu Slovenské národní rady), původně vypracovaný demokratem Stránským v Londýně, v konečné verzi (vyhovující komunistům natolik, že proti němu neměli v Moskvě námitek) podepsaný Edvardem Benešem v červnu 1945 a aplikovaný napřed Stránským jako ministrem spravedlnosti a pak v téže funkci jeho národně socialistickým bratrem Prokopem Drtinou. Těch dekretů, týkajících se retribuce a jejího provedení, byly nakonec desítky, poslední z nich – o »národní cti« (tzv. malý retribuční dekret) – podepsal prezident v předvečer prvního zasedání prozatímního Národního shromáždění 27. října 1945; zřejmě na nátlak komunistů, ale to neomlouvá čin sám, diktovaný obavou KSČ, že parlament by třeba zákon neschválil dost rychle nebo jej vůbec nepřipustil. Parlament se tedy prostě obešel za minutu dvanáct a nebyl to jediný případ nedemokratického postupu.

Dekret o národní cti byl navíc děravý jako cedník – a zároveň záludný pro nic netušícího občana. Ten mohl být postižen vězením do jednoho roku, jestliže v době »zvýšeného ohrožení republiky ... nepřístojným chováním (!) ... urážejícím národní cítění českého a slovenského lidu (!)... vzbudil veřejné pohoršení (!)«. O vině a výši trestu tu rozhodovaly národní výbory, orgány, jak víme, nevolené, nekontrolované, obsazené lidmi neškolenými a často nevalného chrakteru, které do funkce vynesla údajná revoluce. Lidové soudy mohly odsoudit kteréhokoli Čecha označeného za donašeče nebo udavače (za války) a potrestat ho nejméně pětiletým žalářem nebo rovnou trestem smrti. Pak ovšem tu ještě byl Národní soud (pro Čechy), v Praze pak ještě »mimořádný lidový soud« (pro nacisty), nepřehledná, narychlo stlučená, za nepřípustně spěšných podmínek pracující justice, operující pod politickým heslem »národní očisty«.

Jaké do nebe volající křivdy se tu napáchaly na nevinných lidech, o tom jsem si nedávno osvěžil paměť, když mi jeden sběratel nabídnul k prolistování poválečné ročníky Peroutkova týdeníku *Dnešek*, a *Obzorů*, které jsem redigoval spolu s Ivo Ducháčkem. V *Dnešku* vycházely reportáže Michala Mareše o aplikaci této pervertované justice na českých lidech, často v odboji zasloužilých a nacisty perzekvovaných, o »procesech«, v nichž bývalí gestapáci, teď ve vazbě, křivě svědčili proti českým občanům za příslib propuštění nebo možnosti útěku, o bití a mučení lidí ve vazbě – však taky komunisté po převzetí moci nebohého Mareše léta věznili a dohnali k smrti. V *Obzorech* jsme se vcelku drželi dobře; kritizovali jsme tyhle nepravosti, od počátku jsme odsuzovali vražedný způsob odsunu Němců a zvrácenou justici – takže jaký div, že vydávání tohoto listu koaliční strany chtělo Kopeckého ministerstvo informací několikrát zastavit. A jestli mohu být trochu osobní – policajti mě přišli zatknout jako redaktora tohoto »reakčního plátku« snad vůbec jako prvního ještě dva dny předtím, než vypukl Vítězný únor. Náhodou jsem byl zrovna na reportážní cestě v britské okupační zóně Německa a tak si estébáci odvedli do vazby mou ženu, kde ji měsíce drželi v naději, že mě to přiměje k návratu. Ale o tom snad jindy.

V *Obzorech* jsme také uveřejnili jakousi morální bilanci retribuce z pera sociálně demokratického poslance Vojty Beneše, prezidentova bratra; ten vypočítal na podkladě počtu lidí osvobozených různými »lidovými tribunály«, že za necelý rok po »květnové revoluci« křivě udalo své spoluobčany 240 000 Čechů. Skoro čtvrt miliónu udavačů a tudíž přinejmenším stejný počet nevinně vězněných, občansky a často i existenčně zničených lidí bez práva na zadostiučinění. Neboť žádný dekret nepamatoval na to, aby udavači a falešní svědkové mohli být pohnáni k odpovědnosti. »Malý dekret« navíc zvýhodňoval komunisty v květnových volbách (1946): kdo dostal i jen obsílku, že bude souzen, nesměl prostě volit. Tak jen v Praze čtyřiadvacet hodin před volbami rozeslal komunisty ovládaný bezpečnostní referát na 15 000 takových obsílek. Malý podvod, ale charakteristický.

Byla to justice záhadně selektivní, až na to, že moc záhadného na ní nebylo. Ti z větších i drobnějších kolaborantů, kteří se po »májové revoluci« dali ke komunistům (mnozí z nich byli zneužiti k temným, nejednou doslova vražedným službám právě proto, že se na ně kdykoli v případě potřeby mohla vytáhnout jejich spolupráce s nacisty), ti se před lidové soudy nedostali. Tak například dva vysocí funkcionáři NOÚZu, tedy »Národní odborové ústředny zaměstnanecké«, která po celou válku ochotně a účinně pomáhala nacistům zejména v jejich náboru dělnických kádrů na práce v Německu i doma (a prakticky organizovala už zmíněnou Heydrichovu dělnickou akci), pánové Evžen Erban a František Kolář, nejen nebyli souzeni, ale KSČ jim propůjčila řády a funkce. To přesto, že jiní funkcionáři této organizace souzeni a odsouzeni byli a přestože Erban i Kolář byli ve vedení NOÚZu od roku 1943 dokonce až do května 1945 (!).

Taková to byla justice! Mohlo by se předpokládat, že k Židům, kteří přežili koncentrační tábory, plynové komory, pochody smrti a vrátili se domů zubožení na těle i na duchu (v historických zemích se ze 130 000 Židů jich vrátilo necelých 20 000), se poválečný režim zachová ne–li spravedlivě, tedy přinejmenším lidsky a civilizovaně. A zase: ti Židé, kteří se dali ke komunistům, mohli aspoň zpočátku spoléhat na ochranu a oporu; ti, co nic neměli nebo nic nechtěli, nic nedostali, četní emigrovali; a pak tu ovšem – jak se čte například v *Dnešku* z té doby – byli Židé, kteří žádnou protekci neměli, prostě se »vrátili domů – tak si alespoň mysleli, a žít se musí, když to osud určí, i když by někdy byl opak pohodlnější a snazší a i když se někdy ani moc žíti už nechce. Ale život jde dál. A tak si i ten židovský bývalý úředník, obchodník a živnostník, a čím vším byl, shledává zbytky té své bývalé, Němci ukradené existence. Starý, mladý, musí začít znovu«. Jenže to, co Němci z židovského majetku ukradli, nejednou přešlo do rukou Čechů a ti to neradi odevzdávali původním majitelům (o nichž ostatně předpokládali, že se nevrátí), podobně jako ti, jimž Židé před transportem cennosti ze svého majetku dali do úschovy. Ale to samo o sobě bylo ještě snesitelné, poněvadž pochopitelné, dalo se nad tím mávnout rukou. Horší bylo, že krádeže příliš často kryly národní výbory a ostatní »revoluční« instituce, oháněly se předpisy a paragrafy, dožadovaly se nemožných a nesmyslných dokladů (po ubohém navrátilci z nacistických mordýren žádaly třeba osvědčení »národní spolehlivosti« vlastní i rodičů, kteří navíc v lágrech zahynuli, jako nezbytný předpoklad restituce). A odvolání nebylo, nebo jen ve výjimečných a příliš křiklavých případech.

Snad ještě dvě poznámky k těmto trudným záležitostem. První je pozitivní: nekomunistický tisk (rozhlas už tehdy ovládal totálně aparát KSČ) věnoval soustavnou pozornost případům poválečné zvlčilosti, surovostem páchaným na Češích (ale jen zcela výjimečně také těm, které postihly československé Němce), pervertované justici, zvlášť otřesným křivdám. Tento fakt sice nic nemění na podstatě věci a jejích morálních důsledcích, ale přispívá k tomu, že celkový temný obraz má přece jen světlejší místa. Druhá zaznamenání hodná okolnost, s touto skutečností související, je tato: komunistickým ministrům, poslancům a celému mohutnému komunistickému propagačnímu a tiskovému aparátu se nepodařilo obvinit kritiky ze lži – rozhodně jim nikdy neprokázali, že i jen přehánějí. Zato jim hlučně a nepřetržitě po celou dobu trvání Třetí republiky vytýkali, že vynášejí na světlo negativní, výjimečné případy, generalizují je, zveličují »přehmaty«, honí se za senzacemi a naopak zanedbávají to převažující, co je v socialistické společnosti pozitivní, ne-li rovnou nádherné a slavné. Znevažují tak tyto hodnoty, poškozují dobrou pověst národů Československa, pokud se vůbec nedopouštějí zrady na vysokých ideálech odboje, »květnové revoluce«, socialismu, Národní fronty a všeho ostatního. Za takto napadané a občas i ohrožované (a nejen existenčně) kritiky odpověděl Peroutka v *Dnešku* pod titulkem »Proč« (»bouříme svědomí veřejnosti . . . jestliže se u nás děly takové věci, že čeští lidé nutili syna, aby bil otce, a otce, aby bil syna, jestliže v České Kamenici dívka byla nucena, aby jedla své výkaly«), proč tedy o tom všem píšeme: »Protože nechceme, abychom vypadali před světem jako lháři, protože nechceme, aby boj českého národa proti nacismu vypadal jako komedie, jak by jistě vyhlížel, kdybychom po porážce nacismu si osvojovali jeho kruté a hnusné methody. Český národ to myslil vážně, říkal-li, že si hnusí sám obsah nacismu. Nesmíme dovolit, aby tento čistý obraz byl zakalen počínáním některých jedinců, jimž vzkypěl jed v krvi. Národ musí se tak zřetelně, jak možno, oddělit od této neodpovědné menšiny, jaká se všude konec konců vyskytne. Není hanba, že se vyskytla; až dosud ještě každá revoluce vzbouřila hlubiny; hanba by byla, kdybychom se rozpakovali hanebné činy odsoudit.« Peroutka, jak bylo jeho zvykem, trochu nadsadil, aby pak mohl lépe vybalancovat základní argument; i kdyby byla pravda, že jen »neodpovědné menšině vzkypěl jed v krvi«, pak jistotně ta nečistota zachvátila příliš velký počet lidí, než aby se po pravdě mohlo mluvit o »některých jedincích«; nadto působila ta sedlina podezřele příliš dlouho po revoluci (která sama byla pseudorevolucí). A lze prokázat, že odpovědnost tu nebyla ani neurčitelná, ani zanedbatelná, ani lumpenproletářského původu, ale prostě institucionalizovaná. Ty hrůzy byly možné, poněvadž odpovědní státní a političtí činitelé pro ně připravili půdu: byly dekrety, zákonnými předlohami a běžnou praxí umožněny a chráněny.

Jak to v tomto nepříliš vznosném prostředí dopadlo s lidmi už dávno puncovanými na hlavní domácí zrádce a kolaboranty, tedy s Háchou, Beranem, s členy protektorátních vlád? Souhrnně lépe, než se dalo čekat. Hácha měl štěstí: osvobození ho zastihlo na zámku v Lánech už zcela pomateného, nechápal, co se děje a jestli vůbec něco; přesto ho ještě v noci revolucionáři odvezli do kriminálu, do vězeňské nemocnice. Když o tom, »co udělali s Háchou«, informoval Drtina v půli května Beneše, pan prezident reagoval prý neobyčejně ostře. Řekl: »To je chyba. To se nemělo stát, to jste neměl připustit. Měli ho nechat v Lánech dožít.« Ale tím to taky skončilo. Hácha zemřel ve vězeňské nemocnici o pět týdnů později. Ale ani dr. Benešovi nepřišla Háchova smrt nevhod. Kdyby byl totiž Hácha souzen a právníkům umožněna obhajoba, bylo by nesnadné vyhnout se spletité legální otázce kontinuity Benešovy prezidentské funkce. Vláda v Londýně to už někdy koncem roku 1942 vyřešila prohlášením, v němž se konstatovalo, že Benešova abdikace byla »mnichovským násilím« vynucena a je tudíž ústavoprávně neplatná; proto neplatná je i volba Háchova, neboť »presidentský stolec nebyl uprázdněn«. Krkolomná formulace. Pak tu také byla Benešova korespondence s Háchou, v níž se jeho funkce uznává; dále Feierabendovo svědectví o tom, jak Hácha kryl činnost odbojářů a jak o tom Beneše informoval; a Benešův rozhlasový projev po atentátu na Heydricha, v němž prezident řekl doslova: »Já vím, že pro dr. Háchu je dnešní jeho postavení také jeho osobním neštěstím a že to, co se stalo po 15. březnu 1939 v Berlíně, bylo především pustým násilím a sprostou ničemností nad ním, slabým a chorým starcem ... Stal se do jisté míry také obětí.« To ovšem oslabovalo Háchovi přičítané provinění, totiž že se dopustil »zrady národního zájmu«, když tehdy v Berlíně přijal protektorát. Vcelku pro Háchu závažné polehčující okolnosti. A i když už bylo pozdě, přece jen po Benešově triumfálním vjezdu do Prahy uplynula dost dlouhá doba, aby tu bylo řečeno z úst povolaných, tedy prezidentových, pár lidských slov k nezáviděníhodnému osudu umírajícího starce. Nenašel jsem nic, co by potvrzovalo, že se něco takového stalo; tehdy ani později.

V této souvislosti vzpomeňme kuriózní historky, kterou zaznamenal Drtina na počátku léta 1945. Beneš pověřil Drtinu (tehdy ještě úředníka prezidentské kanceláře), aby ze zpráv a depeší z válečného Londýna vybral ty, které si prezident s Háchou a generálem Eliášem za války vyměnil. Drtina provedl, report v podobě dopisu dal Benešovi podepsat a odevzdal jej tehdejšímu ministru spravedlnosti Stránskému s tím, že je to dokument důvěrný, určený k informaci vlády, ale jen když to bude »naprosto nezbytné«. A tak tento list, který mohl svým obsahem posloužit jako polehčující okolnosti právě v procesech s členy protektorátní vlády, zůstal v trezoru ministerstva spravedlnosti hodně přes rok, když už tomuto úřadu šéfoval právě Drtina. Ten ve svých pamětech píše, jak byl rád, že existence dopisu zůstala utajena – vždyť si »z Hradu přinášel dojem, že dr. Beneš by dával přednost tomu, aby se to nestalo předmětem diskuse ve vládě«. Jenže Beneš sám se před Fierlingrem nějak prořekl, že takový list napsal, Fierlinger to řekl Gottwaldovi a ten zas správně čichal člověčinu: tohle by mohla být účinná vydíračka na Beneše (zastává se kolaborantů!), nikdy se neví, kdy by se to mohlo hodit. Udeřil tedy ve vládě na Drtinu, zcela zaskočeného: vždyť prezident žádal v téhle záležitosti krajní diskrétnost; přiznat to by znamenalo Beneše desavuovat, ale také nebylo možné popřít, že takový dopis existuje. Drtina si vymyslel nějakou výmluvu, ale slíbil, že dopis určený vládě tedy přece jen předloží. Cítil se právem podveden a ponížen, a při jedné příležitosti se prezidenta dotázal, proč se té indiskrece dopustil – a zrovna s komunistickým souputníkem Fierlingrem. »Pan president« (vzpomíná Drtina) »se dosti výrazně začervenal a vyhrkl: „Jéjej, já na to úplně zapomněl. To mě mrzí, to byla chyba."«

Proces s členy protektorátní vlády začal před Národním soudem koncem dubna a skončil posledního července 1946. Když uvážíme, že nakonec bylo souzeno jen pět bývalých ministrů, tak to opravdu trvalo dlouho, než mohli být odsouzeni. Obžalovaní se totiž hájili víc než dobře, dokazovali pravý opak toho, co se jim kladlo za vinu: že setrváním ve vládě po vpádu Němců spáchali zločin »obstaráváním práce okupantů« a tím »rozvraceli národní a státní vědomí československého lidu«. Naopak prokazovali, že setrváním v protektorátní vládě chránili lid před ještě horší perzekucí, že pomáhali českým lidem kde a jak mohli, německé rozkazy plnili jen v nezbytné míře. Rudolf Beran, rovněž souzený Národním soudem, ale z neznámého důvodu až v březnu 1947, prokázal mimo jiné, že Outratovi umožnil převoz peněz, z něhož se pak financovala emigrace, že pomáhal finančně i jinak také domácímu odboji a že za tuto činnost ho nacisté na jaře 1941 zavřeli. Ale jestliže členové protektorátní vlády vyvázli s poměrně nízkými tresty, lze to připsat k dobru také soudcům a přísedícím Národního soudu, kteří přece jen – na rozdíl od jejich často samozvaných kolegů u lidových soudů – museli přihlížet k jistým právním normám. Nejvyšší trest byl doživotí, jeden z ministrů (Kalfus) byl uznán vinným, ale bez trestu, Feierabend vůbec nebyl souzen, ačkoli se toho po svém návratu domů dožadoval. Beran dostal zcela neúměrných dvacet let, zemřel v leopoldovské věznici v roce 1954. Oběť spíše politické msty než spravedlnosti.

KSČ okamžitě zahájila kampaň proti »skandálně nízkým« trestům vyměřeným Národním soudem. Už v průběhu procesu se děly věci v civilizovaných společnostech nevídané: výše trestů se projednávala ve vládě (Drtina líčí, jak jeden sovětský a jeden český komunista mu přímo vnucovali, aby trval aspoň na třech rozsudcích smrti), v komunistickém tisku se vedla kampaň za »nejtěžší tresty zrádcům«, svědci obhajoby byli napadáni, zesměšňováni, zastrašováni. A když nad protektorátními ministry byli rozsudky vyneseny, spustila KSČ dlouho připravovanou akci za anulaci procesu a obnovu řízení. Aféra se projednávala ve vládě, přestože z hlediska právního (které se přece jen občas muselo respektovat) nebylo odvolání (neměli ho především odsouzení). Gottwald (teď už ministerský předseda) naléhal na ministra spravedlnosti, aby »použil všech prostředků« ke zrušení a revizi rozsudků. Tentokrát výjimečně se nekomunisté drželi, a i když nakonec prohlášení vlády v této věci bylo víc než úhybné, k revizi procesu nedošlo.

Horší už to bylo v Bratislavě, kde Tisa odsoudili k trestu smrti. To se čekalo. Ale také se čekalo, že mu bude udělena milost. První prezident »nezávislého Slovenska« z milosti Hitlerovy mohl být důvodně obžalován jako válečný zločinec – koneckonců vyslal na fronty proti Spojencům slovenské vojáky, vydal jisté záhubě desetitisíce slovenských Židů a fašista to byl programový.

Ale Tiso byl také katolický kněz v katolickém Slovensku, předsedou Národního soudu byl komunista, i když slovenský, jehož nedvislosti nevěřil nikdo. Soud však dostal přes pět tisíc výhrůžných dopisů pro případ, že Tiso dostane provaz. A Tisova poprava by z tohoto nehodného kněze, k němuž měl Vatikán po celou válku velmi rezervovaný, jasně odmítavý vztah, mohla udělat národního mučedníka i u těch Slováků, kteří s ním netáhli. Tyto a další důvody mluvily pro to, aby Tiso byl odsouzen k nejvyššímu trestu, ale omilostněn, a strávil zbytek svého života v kriminále.

Byl tu ovšem vážný politický háček. Proces s Tisem (a jeho ministrem vnitra Šaňo Machem, v nepřítomnosti pak s ministrem Ferdinandem Durčanským, jemuž se podařilo utéct) – tenhle proces tedy začal už po prvních poválečných volbách v Československu – došlo k nim v květnu 1946, budeme o nich mluvit za chvilku. A v těchto volbách dostala (nesocialistická) Slovenská demokratická strana skoro dvě třetiny hlasů, slovenští komunisté zůstali daleko pozadu se zbývající slabou třetinkou. Však také hned po této porážce začaly útoky a intriky KSČ i KSS proti slovenským demokratům, které se stupňovaly až do finálního krachu v únoru 1948. Zpočátku šlo o to, aby demokratická strana byla oslabena, rozpolcena. Proces s Tisem byl vhodnou příležitostí.

Nepůjdu do podrobností. Co se stalo s Tisem, není pro naše vyprávění důležité, neopomenutelné je, *jak* se to stalo; je to, jak jste jistě uhodla, další kamínek do mozaiky zahnívajících mravů a způsobů československé poválečné politické garnitury.

15. dubna 1947 vynesl soud rozsudek smrti v případě Tisa a Durčanského, Šaňo Mach se nemohl účastnit přelíčení údajně ze zdravotních důvodů. (Ve skutečnosti to bylo tak, že tento tisovský ministr vnitra držel za války ochrannou ruku nad několika slovenskými komunisty, zejména básníkem Laco Novomeským, a ti se mu teď příslušně odměnili příznivým svědectvím: Mach unikl oprátce.) Po vynesení rozsudku začala hra podobná tenisové partii v tom, jak jedna strana vracela míč milosti pro Tisa straně druhé. Byl to krátce a dobře horký brambor, nikdo si ho nechtěl podržet moc dlouho, aby se politicky nepopálil. Národní soud sám milost pro Tisa nedoporučil. Pak se radilo vedení slovenských stran; demokraté byli pro udělení milosti, komunisté proti. Takže když se sešlo předsednictvo Slovenské národní rady, v níž byli i demokraté i komunisté, dohoda nebyla možná, a tak míček letěl do Prahy, kde se měla záležitost projednat v ústřední vládě. Abyste rozuměla: podle ústavy uděluje milost

prezident republiky, který se obvykle řídí doporučením vlády – udělit nebo zamítnout. Pražská vláda projednávala případ Tiso 16. dubna, slovenští ministři a ministři strany lidové byli pro milost, sociální demokraté a komunisté byli proti. (Gottwald: »Tenhle chlap musí viset.«) Zvlášť nepěkně se chovali národní socialisté, kteří se původně chtěli zdržet hlasování, poněvadž si spočetli, že komunisté a sociální demokraté mají ve vládě většinu, Tiso tedy bude tak jako tak popraven, tak proč si špinit ruce . . . Drtina chtěl ještě v poslední chvíli situaci zachránit návrhem, aby se celá věc vrátila do Bratislavy. Návrh byl zamítnut a pak už i národně socialističtí ministři (včetně Drtiny) hlasovali proti udělení milosti (poměr byl 17 hlasů proti, 6 pro).

Mezitím docházely do prezidentské kanceláře telegramy přimlouvající se za milost Tisovi; byla mezi nimi i petice všech slovenských biskupů, synodu církve evangelické a několika slovenských demokratických politiků. Pan prezident mohl užít svého výsostného práva. Místo toho ještě před hlasováním ve vládě sepsal a Gottwaldovi poslal dopis, v němž shrnul různá hlediska pro i proti, aniž vyslovil stanovisko vlastní. Jen snad to, že se bude plně řídit doporučením vlády. Míček byl tedy teoreticky vrácen z Hradu vládě, ale nakonec nezbylo prezidentovi než dát ten smeč. Tiso byl popraven 18. dubna, tři dny po vynesení rozsudku. Je pravda, že slovenská veřejnost zůstala aspoň navenek klidná. Patrně si už nic neslibovala, když otázka milosti šla z Bratislavy do Prahy a rozhodovali o ní – Čehúni. Na doklad, že oprátka dopomohla Tisovi k mučednické legendě, bych tu citoval jeden za četné jiné. Půl století po jeho smrti lze číst v jednom slovenském emigrantském (a nikoli nějak výrazně luďáckém) časopise toto: »Po vojne postavili Tisu pred súd a odsúdili ho na smrť. Zvíťazila tu pomsta, nie vina. Ukázalo sa, že tí, ktorí pripravili tento politicky najnezodpovednejší rozsudok, povedú národ do strašnej katastrófy. Slováci majú právo spomínať na Tisu. Jeho zásluhy boli veľké. Jeho politika vyplývala z polohy národa a danej situácie. Tisu treba vidieť v správnom a objektívnom svetle.«

Myslím, že hlavní rysy poválečné retribuce u nás nejlépe a zároveň stručně vystihli Kaplan a Hejl ve vzorně doložené *Zprávě o organizovaném násilí* – dovolte mi přečíst výňatky, které nám ušetří mnoho výkladů a příkladů:

»Retribuce [však] neusilovala o spravedlnost; cílem byla odplata, pomsta . . . Soudce retribučních mimořádných soudů navrhovaly národní výbory. Jak byl tento výběr prováděn, ukázala pak praxe. Ostatně už slovenské retribuční nařízení požadovalo po přísedícím tamního Národního soudu, pouze aby to byl čs. občan starší 21 let, mravně zachovalý a ,politicky bezúhonný' a aby uměl číst a psát. (...) Retribuce ještě zesílila atmosféru právní nejistoty; vytvořila velkou ,legální' příležitost pro komunisty i jiné neskrupulózní osoby, jež mohly uspokojit svoji touhu po mstě, obohacení a moci. (...) Retribuce měla nejblíž k systému stanného práva. Proti rozsudku mimořádných soudů nebylo možno se odvolat – ustanovení v míru zajisté unikátní. ,Žádost o milost kýmkoli podaná' neměla odkladný účinek. Trest smrti byl vykonáván dvě hodiny po vynesení rozsudku, na žádost odsouzence bylo možno popravu odložit o další hodinu. Iluzorní byla tudíž žádost o milost; během dvou hodin ji nemohl nikdo připravit, doručit prezidentovi a dočkat se výsledku. Zato ale – asi po osmdesáti letech – se mohlo opět popravovat veřejně. Aby se zajistila veřejnost výkonu trestu, umožnil zákon prodloužit dvouhodinovou lhůtu až na 24 hodiny. Nekomunističtí politici si mohli o retribuci namlouvat a věřit cokoli, Gottwald zase jednou viděl věci jasně: ,To je nesmírně ostrá zbraň, kterou můžeme podetnout samé kořeny buržoazie, a to ve jménu národa, státu a republiky... zbraň, kterou můžeme buržoazii odsekat tolik výhonků, že z ní zůstane pahýl.' (Citováno z *Dějin KSČ*, vyšly v Praze v roce 1961.) Retribuce byla od začátku komunisty používána jako prostředek k odstraňování nebo alespoň skandalizování politických protivníků. Před mimořádnými lidovými soudy vystupovali jako svědci gestapáci a kolaboranti, získaní slibem polehčujících okolností nebo přímou beztrestností pro svědectví proti občanům – včetně účastníků odboje – které KSČ potřebovala vyřadit z veřejného života.«

Stačí?! Bilanci retribuce vyjímám z téže knihy: 132 549 trestních oznámení. V 713 případech vynesen trest smrti, 741 obviněných odsouzeno na doživotí, dalších 19 888 do vězení na celkem 206 334 roků. Zároveň to národní a lidové soudnictví spočívalo legálně na vratkém základě. Delikty vycházely ze zásady, že protektorátní vlády byly vládami nelegálními, jediná legální byla londýnská, Benešova. Jenže tahle legitimita – jak víme – byla sporná. Proto taky prezidentský retribuční dekret přikazoval stíhat určité činy nikoli jako porušení práva, ale jako činy, které se příčí základním mravním zásadám (podle tohoto principu se také v Norimberku soudili vysocí nacističtí funkcionáři). Šlo tedy o justici výrazně politickou, o potrestání z ruky válečného vítěze těch, kteří prohráli.

Vítězové u nás (tedy ti dočasní, sociální demokraté, lidovci, předáci národně socialistické strany) byli s retribucí vcelku spokojeni. Pozdější definitivní (únoroví) vítězové, tedy komunisté, naopak tvrdili, že nebyla důsledně provedena, tresty byly příliš mírné. Naproti tomu Drtina, tehdejší nekomunistický ministr spravedlnosti, píše v pamětech, že právě jeho zásluhou nedošlo k revizi procesu s členy protektorátní vlády, že činnost retribučního soudnictví skončila k původně určenému datu (květen 1947) a že vůbec »pro mne splnění retribučního úkolu a absolutorium, jež jsem od parlamentu dostal [také nakonec hlasy komunistů, dodávám já], bylo velkou úlevou a zadostiučiněním«. Pro Drtinu to byl úspěšný konec jedné éry, splnění nesnadného úkolu; ale hlavně doufal, jak to řekl ve sněmovně, že »je to naposled v historii tohoto národa, aby musil jeho zákonodárný sbor jednat o souzení válečných vin a válečných viníků, zrádců a kolaborantů«. Doufal marně, dopadlo to dokonce hůř, než mohl vůbec tušit.

Víme už, že Drtina, po nezdařeném pokusu o sebevraždu po Vítězném únoru, byl držen ve vazbě skoro šest let, pak v tajném přelíčení odsouzen na patnáct let do kriminálu, kde se setkal nejen s vězni, kteří si dosud odpykávali tresty vynesené »drtinovskou retribucí«, ale i s pozdějšími oběťmi už komunistické justice. Taky s těmi věrnými soudruhy, s nimiž se Drtina potýkal a na které pak řádově došlo, mezi nimi i s Gustávem Husákem. Teprve jako řádný vězeň a pak už po svém propuštění se Drtina dozvěděl hroznou věc o dr. Benešovi, svém idolu, tedy o muži, který podle téhož Drtiny se o Československou republiku »zasloužil víc než kdokoli jiný v našich dějinách«. Dočetl se totiž v sérii dokumentů »Doklady a rozpravy«, redigované bývalým Benešovým (a později načas i Gottwaldovým) kancléřem Smutným, autorem vydané v Londýně v roce 1957, že prezident těsně před svou abdikací činnost retribučního soudnictví obnovil! Tedy toho soudnictví, které v jeho intencích Drtina prováděl, s jehož průběhem a výsledky souhlasil (nebo aspoň nikdy nic nenamítal), které bylo parlamentem řádně uzavřeno a jehož konec byl vládou potvrzen . . . Podle výpovědi Smutného mu Beneš 1. května 1948, tedy pár týdnů po pádu, ale stále v prezidentské funkci, vysvětloval, že dospěl k názoru, že »nebyla souzena řada případů, které podle dekretu souzeny býti měly«. A podepsal osnovu o obnoveném »uvedení v činnost« retribučního dekretu. A tak se stalo – a i tato historka patří do kategorie trapných análů poválečného českého osudu – že bývalý ministr spravedlnosti se setká jako spoluvězeň s těmi, kteří byli za jeho ministrování retribučními soudy buď osvobozeni, nebo bylo proti nim pro nedostatek důkazů trestní řízení zastaveno. Tihle lidé byli tedy znovu stíháni a odsouzeni (už to!) podle téhož legálně proděravělého prezidentského dekretu z roku 1945, jehož platnost týž prezident v předvečer své druhé abdikace zcela protiústavně prodloužil a stvrdil svým jménem. Drtina se s těmito podruhé postiženými lidmi setkal v roce 1955 v Leopoldově, kde jako oběti této obnovené »justice« seděli už dobrých šest nebo sedm let... O pozdním rozhořčení Drtinově svědčí pasáže v závěru jeho pamětí, v nichž tento hlas svého pána označuje Beneše za lháře a uzavírá, že »není v silách nikoho« sejmout z Beneše »spoluzodpovědnost za potlačení svobody v Československé republice«.

Viděli jsme my, nekomunističtí novináři, trochu dál a prohlédli jsme dřív než tento »český demokrat 20. století«, jak Drtina sám sebe nazývá? Četba novin z těch dob by tomu nasvědčovala. Tak v *Obzorech* v bilanci dvou poválečných let »lidové demokracie« se například může číst z pera mladého publicisty Jana Kolára: »... ještě za války byl se strany emigrace dán oběma našim národům slib, že po osvobození vlasti bude vláda vložena do rukou osvobozeného lidu ‚doma', jemu jedinému přísluší právo rozhodnout o další cestě ... ten slib splněn nebyl.« Mezi důkazy uvedl Kolár manifestace, organizované komunisty a vydávané za »vůli lidu«, privilegované stranictví, které »dovedlo přikrýt i zločiny«, přezírání sněmovny, dokonce i prezidentem, který podepsal desítky dekretů čtyřiadvacet hodin před ustavující schůzí Prozatímního národního shromáždění, mezi nimi kromě dekretu retribučního i dekret o znárodnění neméně než šedesáti procent všech průmyslových podniků (bez náhrady), což bylo víc, než sami komunisté očekávali, a posílilo to jejich moc v zemi. O tom, proč to prezident udělal, šly různé pověsti, které jsme ovšem i my raději ponechali ve stínu. Vždyť jsme přece bojovali proti komunistům – rozšířit frontu také proti Benešovi se nám zdálo nemožné. Říkalo se, že hlava státu podlomila pravomoc nastupující sněmovny – té prozatímní, partajně politicky paritní, jak víme – aby si v prezidentských volbách zajistila hlasy komunistů; Feierabendovi se Beneš svěřil, že znárodňovacím dekretem chtěl vzít komunistům »z plachet vítr, jímž chtěli mezi lidem udržovat revoluční náladu«, a že »Prozatímní národní shromáždění by ostatně nejednalo jinak«.

Trapné vytáčky, promítneme-li je na pozadí tehdejší každodenní reality – snad to mohu tvrdit s odvoláním na to, co jsem napsal před více než čtyřiceti lety, že totiž »jedním z nejsmutnějších poválečných zjevů je neobyčejný vzrůst lhostejnosti lidí k osudu druhých, ba dokonce k bezpráví, které je jim činěno ... tragické osudy štvaných lidí ... kteří nemají ani podporu strany, vlivných lidí, všemocných úřadů, ba často ani zákona: křivě obžalovaní, kteří nemohou už nikdy smýti hanbu této potupy; odborníci, kteří se celý život dřeli, aby nakonec byli vypuzeni ze svých závodů, bezdůvodně, zbytečně; muži, ženy a děti ze smíšených manželství, kteří nevědí co a jak a zda vůbec; sedláci, kteří si zoufají doslova k smrti, poněvadž nemohou sami zastat všechny práce a nikdo jim nepomůže; úředníčci, placení v ‚sociálně spravedlivé republice' stejně nuzně, ne-li hůře, než v ‚prohnilé' republice první; matky hospodyně, které nemohou vystačit s tím, co dostávají na domácnost, ať počítají jak počítají; pensisti, kteří třou bídu s nouzí; soudci, kteří se řídili zákonem a upadli v nemilost partají. Krátce, nikoli dav nespokojenců a příživníků společnosti, ale dlouhá řada zoufajících, bezradných a také bezbranných. V tom je obžaloba i prokletí státní mašinerie: nepočítá s člověkem a zoufalství, nespravedlnost, ba i smrt se neprojevují na barometru jejích úspěchů«.

Ne všichni nekomunističtí novináři byli tak kritičtí, zejména na počátku té oslavované poválečné revoluce. Tak třeba Peroutka v téže době v *Dnešku* vyložil nejen, co to je reakce a reakcionář, ale varoval, že reakce u nás opravdu »existuje a čeká připravena, aby jednoho dne využila příležitosti a své síly, nebo kořistila ze slabosti a chyb druhých«. Měl tu na mysli nikoli snad už tolikrát prokázané reakcionářství komunistů, ale naopak údajné zpátečnictví jejich kritiků. Socialismus, podle něho, »tak velice a tak intimně shoduje se se silami přítomnosti a budoucnosti, hmotnými i psychologickými, že vše, co se zásadně staví proti němu, nemůže být pokládáno za nic jiného než za reakci . . . Mimoto se shoduje socialismus s mravním stavem většiny lidstva . . .« Peroutka jistě tohoto svého proroctví litoval, když po třiceti letech exilu, do něhož ho vyhnal právě tento »s mravním stavem většiny lidstva se shodující« systém, v roce 1978 umíral v New Yorku. Ale tehdy, třeba v novoroční bilanci nadepsané »Chvála roku 1946«, tento nesporně demokratický český novinář soudil, že zatímco rok 1945 byl divoký, výjimečný, kdy »ještě vše se vařilo jako v kotli«, rok 1946 byl už ve znamení »návratu k normálním poměrům«. Nikoli ovšem v tom smyslu, že by ten rok »byl zahájil odbourávání socialismu« – to by se rovnalo situaci »ztracené stráže, zbylé po vojsku, jež odtáhlo«, ale signálem »k synthesi nového hospodářského pořádku se starými evropskými kulturními a mravními ideály«. Nástup k této syntéze viděl Peroutka v upevnění v Československu »tři nebo čtyř demokratických institucí«: v obnově »tradice svobodných demokratických voleb«; v obnově ústavodárného Národního shromáždění, které už žije »plným parlamentním životem« (ve skutečnosti ovšem mechanicky schvalujícím rozhodnutí Národní fronty a socialistického bloku); dále, že sociální demokracie si uvědomila »plné znění svého titulu, v němž demokracie zabírá místo stejně velké jako socialismus« (ve skutečnosti v té době a od počátku hlasovali sociální demokraté ve vládě a v Národní frontě vždycky s komunisty); a konečně »v jednomyslné obnově prezidentské funkce v osobě Edvarda Beneše« (ta ovšem sotva mohla být jiná, poněvadž předem všemi stranami dohodnutá a stvrzená Národním shromážděním prostou aklamací).

Zbývají tedy volby jako doklad demokratizace politického klimatu Třetí republiky. Opravdu proběhly, jak jsme tehdy všichni víceméně byli zajedno, »demokraticky, poctivě a klidně«; potvrdili jsme, že i »přes některé přestřelky a nešvary byly svobodné, tajné a rovné«. Jestliže tomu tak bylo, pak nezbývá než konstatovat, že v těchto posledních regulérních volbách (od té doby už žádné takové nebyly) více než polovina českého, moravského a slovenského lidu se rozhodla dát svou důvěru komunistům a krajní levici. Jen kandidáti KSČ a KSS na sebe soustředili dva a tři čtvrtě miliónu hlasů.

Ani my, ale ani komunisté nečekali tak přesvědčivé skóre. V KSČ zavládlo nadšení a hned se plánovalo, jak volebního triumfu mocensky využít. V ostatních stranách to byl šok. Z četby tisku té doby je to ohromení zřetelně patrné, i když často jen mezi řádky. Naplno se říká, že nejsilnější strana ve státě má také největší odpovědnost za jeho vedení, za jeho budoucnost a že — jak jsem tehdy napsal — teprve budoucnost ukáže, zda volební výsledky z 26. května 1946 »byly ku prospěchu či úpadku československého světa«. Z toho, co jsem publikoval tehdy i potom, sotva bylo možno pochybovat, kterému výsledku dávám větší šanci.

Ale kde se vzala, odkud přišla ta záplava hlasů pro komunisty — i kdyby se předpokládalo, že průmyslové dělnictvo ve své zdrcující většině volilo KSČ? Zase jsme se my nekomunisté snadno dohodli: o velkém volebním vítězství komunistů rozhodla česká a moravská vesnice. Jak to tehdy formuloval jeden z nás: »... přepočítali jsme se s venkovem. Domnívali jsme se, že přece není možné, aby bývalí agrárníci volili komunisty. Ti že musí bezpodmínečně volit ty druhé strany ... ve volbách se ukázalo, že ti takzvaní reakcionářští agrárníci volili — komunisty.«

Dalo by se říct — no dobrá, může být, byla to překotná poválečná doba a ta šla doleva ... Malér je ovšem v tom — a proto tady o tom vůbec mluvím —, že to nebyla volba z přesvědčení, ale z oportunismu, dokonce bych dodal, že nízkého. A komunisté už v Moskvě jej správně odhadli a hned spočetli mocensko-politické úroky, které z toho poplynou. Proto se rozhodli — a zase správně — že si na svých koaličních partnerech ministerstvo zemědělství pro sebe udrží – stůj co stůj! Tohle rozhodnutí zas vyplynulo z neméně přesné úvahy: po válce, po vypuzení Němců z pohraničí, po převzetí obrovského arzenálu zabraného nebo zespolečenštěného majetku bude z čeho rozdávat právě na venkově. Komunisté znali z prvorepublikánské zkušenosti, že ta údajně reakční agrární strana vždycky těm svým něco navíc dávala, a že venkov byl zvyklý přijímat. Komunistický ministr zemědělství Julius Ďuriš se osvědčil jako vzorný žák. Od počátku rozdával – půdu, dekrety, statky, stroje; parceloval i sceloval a na množství ba ani na bývalou stranickou příslušnost nehleděl, bujaře se účastnil dožínek a jiných venkovských trachtací, právních či jiných nodorem nedbal, takže i celoživotní antikomunistický sedlák, domkář či zbožný vesničan viděl teď v KSČ stranu, která nastoupila na místo strany agrární a venkovskému lidu bohatě dává. Na jak dlouho a co je za tím, to, zdá se, lidi moc nezajímalo. A jestli to snad někoho mravně rozhořčovalo nebo i jen rozčilovalo – argumentovalo se například v *Dnešku* –, pak takový člověk byl neznalý psychologie našeho venkovského lidu, který »více než na ideu dívá se na to, jak mu kdo pomáhá, co mu dává, ať jest to v parcelaci anebo v brigádách při opravách strojů. Ostatní [tedy nekomunisté] měli pro všechno to jen kritiku, často posměch, ale na venkovský lid ty pozitivní činy působily. Krátce, jak si kdo ustele, tak si lehne«.

Vůbec tehdejší česká liberální levice, představovaná Peroutkou, a s ní většina nekomunistických intelektuálů nepovažovaly výsledek voleb za porážku demokracie, nýbrž naopak za její posílení – za předpokladu, že komunisté budou i nadále hrát regulérní hru v rámci Národní fronty. Nepostřehli ještě – ke své škodě –, že komunisté v průběhu hry mění její pravidla podle toho, jak jim nahrávají na výhru. Tak Peroutka pár dní po volbách domlouval nám všem, kdo jsme volební triumf komunistů pokládali za počátek konce spíše než za čirou vodu přilitou do vázy s rozkvétajícími květy občanských svobod, abychom nebyli smutní. Není třeba truchlit prostě proto, že vítězové už nejsou »tou bývalou komunistickou stranou, která trpně prováděla pokyny komunistické internacionály . . . žilami této strany proudí nová krev, krev drobného, normálního českého člověka . . . Dva milióny hlasů, které získala [KSČ], byly odevzdány pro Košický program, pro politiku Národní fronty, která už nehlásá revoluci, nýbrž hlásí se k vlasti, svobodě, demokracii a humanitě...«

Těmto prorokům zářných nebo aspoň ukočírovatelných lidově demokratických zítřků uniklo, na co jsme v *Obzorech* snad každý týden upozorňovali: že totiž hned po volbách šla KSČ do nové ofenzívy, tentokrát zcela logicky proti slovenské Demokratické straně, ve skutečnosti proti Slovensku jako celku, s cílem změnit ve svůj prospěch politické podnebí v zemi. (Demokratická strana vyšla z voleb jako daleko nejsilnější, dostala skoro milión hlasů, což se rovnalo 61 procentům, takže měla v SNR absolutní většinu.) Komunistický tisk a komunisté, kteří až do voleb všem skutečným i údajným slovenským nacionalistům, tisovcům a separatistům nadbíhali v úsilí získat jejich hlasy, zahájili teď proti vítězné demokratické straně ostouzečskou kampaň: že podporuje fašismus, že její stoupenci se rekrutují z bývalých hlinkovců, gardistů a jiných zrádců s cílem rozbít republiku. Kampaň nikdy neustala, až na podzim 1947 bylo na Slovensku »odhaleno« (komunistickou Bezpečností organizované) protistátní spiknutí. Byly z toho debaty a potahovačky, zkrátím to: komunisté dosáhli svého - likvidovat Slovensko jako mocensko-politickou složku v konečném zápase o moc ve státě.

Výsledek voleb z května 1946 byl tedy pro nekomunisty a nesocialisty zdrcující. Rána totiž přišla ani ne tak od politických odpůrců, ale od »našich«, od poloviny národa, které navíc nikdo nezkroutil ruku. Jako demokraté jsme projevenou vůli lidu museli respektovat a – rovněž jako demokraté – hluboce jí litovat a zařídit se podle toho. Jenže co zbývalo, k čemu nebo ke komu bylo možno upnout jakous takous naději? Nelze tajit, že mnozí z nás, kteří odmítali vsadit si na ten Peroutkův údajný demokratický instinkt komunistů, se začali dívat jedním směrem – k prezidentovi. Ten už byl teď řádně zvolen – jednomyslně – ústavodárným Národním shromážděním; byl zvolen na sedm roků, jenže jak se ukázalo, odsloužil si z nich jen necelé dva, podruhé dohnán k abdikaci událostmi, které zčásti sám přivodil, zčásti nemohl zadržet. I on, zdá se, byl volebními výsledky zaskočen. Podle svědectví Feierabendova řekl prý doslova: »Nemohl jsem poznat český lid,« ale hned ve svém příslovečném optimismu dodal, že je nutné přijmout skutečnost, jaká je, a »nebrat ji tragicky«. Psali jsme tehdy o Benešovi jako o muži, který byl »symbolem životaschopnosti, bojovnosti a demokratické věrnosti v dobách ponížení... V jednomyslném votu důvěry a oddanosti... je obsažen arci také vděk za nadlidskou práci, korunovanou triumfálním úspěchem...« Předháněli jsme se v devótnosti, předstírali loajalitu, nebo jsme prostě byli dvorní šaškové? Nic z toho. Měli jsme ty nejhorší obavy a Beneš byl prostě to proslulé poslední stéblo, jehož se tonoucí chytali ... že snad on ... že snad přece jen ... že není myslitelné, abychom tři roky po osvobození skončili opět v nesvobodě.

Posloužím příkladem. Někdy v lednu 1948, kdy už mi bylo jasné, že vše je ztraceno, že nás komunisté mají, že nám brzo v přeneseném i doslovném smyslu zakroutí krkem, jak nám to vždycky slibovali – tak tehdy v lednu jsem vyšel z pražské kavárny Slávie (kde jsme zas jednou donekonečna diskutovali, co bude a co se nestane) na mrazivé, už večerně osvětlené vltavské nábřeží. Byl jsem sklíčený, bezradný a trochu vystrašený: až nás soudruzi dostanou, nepodají si nás v rukavičkách, a když, tak notně zkrvavených. A vtom jsem vzhlédl nahoru k Hradu v jeho vždy strhujícím majestátu; nahoře na žerdi vlála vlajka demokratické, zasloužilé a velkou většinou národa uznávané hlavy státu. Při tom pohledu se mě zmocnil uklidňující, až povznášející pocit: ne, tenhle prezident to tak nenechá, musí vědět, jak to s námi dopadá, že je zle, on přece *musí mít* nějaký plán (!), nějaký nám neznámý klíč k situaci, s nímž se třeba až v hodině dvanácté vytasí a vyseká nás z toho. A hned jsem pružněji vykročil a vypočítával jistá pozitiva na našem, demokratickém kontě. To nejhorší máme už vlastně za sebou – první vlnu divoké, divošské politiky bezprostředně poválečné; poměry se přece jen konsolidují, volby nebyly pro nás slavné, ale leccos nasvědčuje tomu, že z těch příštích vyjdeme líp; komunisté se dostávají do znatelné izolace, všechno, co nejde, co se nepovedlo, špatnou úrodu i nudný rozhlas přičítají lidé na vrub komunistům – mezi nimi i ti, kdo je sovolili; socialistická solidarita v Národní frontě se rozpadla, i sociální demokraté jdou občas s námi; pravda, komunisté si mohou nějakým švindlem obstarat těch 51 procent v příštích volbách, nebo ty volby rovnou nějakým pučem zmařit. Ale tohle všechno ten pán tam nahoře na Hradě přece ví, a hlavně: má dost moci a pravomoci, aby tyhle komunistické machinace zneškodnil, je vrchním velitelem branných sil a ty mu jsou věrné ... ne, ještě sedí Beneš na Hradě, ještě není vše ztraceno ...

Tehdy jsem ovšem nic nevěděl o novém záchvatu mrtvice, který prezidenta postihl v červenci 1947 – jeho zdravotní stav se tajil –, a ten byl podle pozdějších svědectví zasvěcených vážný. Další záchvat na sebe nedal dlouho čekat. Arterioskleróza vysokého stupně, způsobující mimo jiné zapomnětlivost, prudké výkyvy mezi neodůvodnitelným optimismem a stejně nevysvětlitelným pesimismem, vyčerpávající návaly únavy a také rychlé střídání rozhodnosti a naopak až bezvládné povolnosti. Připomínám to proto, poněvadž na takto smrtelnou nemocí postiženou hlavu státu si nekomunističtí ministři vsadili v nadcházející únorové krizi, tedy na jeho fyzickou i psychickou odolnost, na jeho »pevné rozhodnutí« komunistům neustoupit, na jeho slib, že demisi demokratických členů vlády nepřijme. To přesto, jak vzpomíná Drtina, že ministři o prezidentově špatném zdravotním stavu věděli a byli jím »hluboce otřeseni«. Je to skoro neuvěřitelné, ale bylo tomu tak. Přitom Benešův rozhlasový projev k vánocům 1947 byl přednesen unaveným hlasem a vyzněl nezvykle pesimisticky. Nebylo se čemu divit. V tom sedmačtyřicátém došlo k řadě událostí, které pro věc československé demokracie věštily zle. Aniž to kdo tehdy najisto věděl, šlo se do rozhodující půle vysoké hry o republiku, její příští tvář, její budoucnost. Blížil se Vítězný únor. Mnozí se domnívali, nebo aspoň doufali, že by nemusel být vítězný jen pro ně... Mohu ještě pokračovat, nebo...

Když by byla ještě jedna lahvinka, podmínila Lucie, *docela ráda bych ještě poslouchala, dneska je to napínavý a má to spád...*

Poděkoval jsem za tu dvojsmyslnou pochvalu (jindy to spád nemělo!), objednal víno, nalil a pokračoval podle přání.

Historikové obvykle rozdělují události, které vedly k únorovému převzetí moci v Československu, do čtyř kategorií. Nejdřív se sledují mezinárodně politické souvislosti Února; pak je na řadě vnitropolitický vývoj, rozložení mocenských, politických, hospodářských a sociálních sil v tomto systému; následuje rozbor událostí a souvislostí, které vedly k únorovému střetnutí; a nakonec ústavnost »Února« a závěry, zejména otázka, zda jiný vývoj byl tehdy možný. Pokusím se postupovat stejně a budu se přidržovat své studie o »elegantním převzetí moci«, publikované v roce 1971, která se už opírala o články zveřejněné v Československu v údobí Pražského jara, a jejichž autoři jsou marxističtí, ale tehdy už reformisticky orientovaní historikové. Ti měli dočasný přístup k některým dotud nedostupným archívům a podstatně přispěli k lepšímu poznání únorových událostí a všeho, co s nimi souviselo.

Nejdřív tedy k zahraničně politické situaci. Jak vypadal svět necelé tři roky po válce, a jak tato situace ovlivnila vývoj věcí v Československu. Vztahy mezi spojenci v největší z válek, přesněji mezi Sovětským svazem na jedné straně a Spojenými státy a Velkou Británií na straně druhé, se rychle zhoršovaly; než se kdo nadál, byl tu mocenský předěl, který přetínal Evropu a který ji nakonec úplně rozdělil na tzv. »východní« (s vojenskou a politickou převahou Sovětského svazu) a »západní«, zvanou též demokratickou.

K tomu připomínku. Mateřská země komunismu získala za druhé světové války mohutně na prestiži; a to i u tak zavilých antibolševiků, jako byl třeba Churchill. Válečné úsilí národů SSSR, obrovské oběti na životech a statcích (dvacet miliónů mrtvých), hladomor v Leningradě, bitva o Stalingrad, nápor na Berlín – to všechno se zapsalo do dějin a do paměti lidí všude ve světě. Spojenectví západních, tradičně demokratických zemí s totalitární mocností sovětskou bylo zpečetěno vítězstvím.

Na Západě se věřilo, že toto spojenectví potrvá i v míru. Brzo se ukázalo, že tomu tak nebude. Sotva skončila horká válka proti Hitlerovi, začala studená válka mezi vítězi nad ním. Jestliže na sovětské straně to byl úmysl a plán, na straně západních mocností to byl šok. A obavy, kam až spojenec z války jménem Josef Visarionovič Stalin chce ještě jít, když jeho Rudá armáda došla už tak daleko: obsadila (nebo osvobodila, jak kde) Rumunsko, Bulharsko, Maďarsko, východní polovinu Rakouska, projela Polskem, dobyla Berlína, vtáhla do Prahy a zastavila se až na čáře přes dvě stě kilometrů západně od hlavního města již neexistující německé říše. Takže bezprostřední vliv komunistické velmoci, až dosud s výrazně asijskou základnou, pronikl hluboko do srdce Evropy po linii Štětín – Praha – Jadran. I s pozdějšími menšími modifikacemi to byla událost bez přehánění historická – vždyť dodnes určuje nejen osudy této oblasti, ale pronikavě ovlivňuje vztahy mezi Východem a Západem, a ty zas rozhodují o budoucnosti světa.

Navíc se stalo, co se stát muselo: sovětský spojenec z války a nyní pán nad polovinou Evropy se v nově dobytých zemích nechoval tak, jak slíbil – například na Jaltské konferenci na sklonku války. Tam bylo dohodnuto, že Sověti budou všude v osvobozených zemích, zejména v Polsku, dbát na to, aby byla obnovena demokracie, aby se konaly řádné, rovné a tajné volby, aby místní komunisté (pod ochranou Rudé armády) si neosobovali víc práv, než která jim náleží (mimochodem, zakořeněná legenda o této krymské konferenci tvrdí pravý opak. Ten omyl vznikl zčásti z toho, co dnes už ví každé děcko školou povinné, že totiž Sověti mají zcela jiné představy o demokracii, o svobodě, o právu než opravdoví demokraté, že je jinak vykládají a jinak uplatňují). Ne snad že by Roosevelt a Churchill (ten zejména) Stalinovi ve všem všudy věřili; ale Stalin zásluhou svých zbraní se stal pánem nad polovinou Evropy a západním státníkům nezbylo než s ním jednat, dohodnout se a držet si palce, že to nedopadne příliš špatně. Roosevelt se domníval, že po skončení války s Německem se ještě dlouho potáhne vojenský konflikt s Japonskem (mýlil se, atomová puma svržená na Hirošimu přivodila okamžitou kapitulaci), a proto potřeboval Sovětský svaz a Stalinovo vyhlášení války imperiálnímu Japonsku. Byl tedy ochotný za tuto cenu hodně zaplatit – v Evropě. Tam Stalin dosud držel ve zbrani pět miliónů mužů a jim v týlu padesát tisíc tanků a dvacet tisíc letadel, zatímco Američané se chystali Evropu opustit a demobilizovat. Zřejmě jim nebylo známo, s čím se už v roce 1944 svěřil Stalin Djilasovi: kde jednou stane noha rudoarmějce, tak se už nehne – v tom smyslu, že osvoboditel (okupant) vnutí zemi spojenectví, komunistickou ideologii, sovětský systém vlády.

V polovině roku 1945 bylo zcela jasné, že spory o poválečné uspořádání Evropy nejen existují, ale navíc jsou vážné. Na konferenci v berlínské Postupimi za účasti Stalina, Churchilla a Trumana, který nastoupil na místo zemřelého Roosevelta, západní delegáti předložili doklady o tom, že Sověti jaltské dohody nedodržují, že ve východní Evropě libovolně likvidují nebo dosazují vlády a režimy, že v těchto zemích neexistují podmínky pro »svobodné a neokleštěné« volby – krátce, jak to na konferenci shrnul Truman, »Rusové to nemyslí s mírem vážně«, »rozumějí jen síle« a jde jim »o moc nad celým světem«. Sotva rok po skončení války proslovil Churchill svou proslulou řeč ve Fultonu v americkém státě Missouri, řeč, která tehdy šla světem jako málokterý jiný projev. Nikdo neví, pravil Churchill, co Sovětský svaz a »jeho mezinárodní organizace« mají v úmyslu, ani »kde jsou hranice – jsou-li vůbec jaké – jejich výbojných plánů«. Od Štětína až po Terst padá železná opona a všechno, co je za ní, ovládá a kontroluje Moskva. Tohle věru není, uzavřel Churchil, osvobozená Evropa, o kterou jsme bojovali, tím méně Evropa zaručující trvalý mír.

Bylo jasné, že Západ musí něco udělat. Začalo to v březnu 1947 vyhlášením tzv. Trumanovy doktríny. To byla v podstatě americká hospodářská pomoc Řecku a Turecku, tehdy v optice Američanů dvou zemí bezprostředně ohrožených komunismem. Plán americké hospodářské pomoci byl pak brzo rozšířen na dvaadvacet evropských zemí, také na státy, v nichž už výlučně vládli komunisté, zejména – jak zvlášť zdůraznil autor plánu, tehdejší americký státní tajemník pro zahraniční záležitosti George Marshall – na Sovětský svaz. Marshallův plán pamatoval na finanční a hospodářskou pomoc evropským státům bez rozdílu, dokonce ponechával jednotlivým vládám, aby samy formulovaly své požadavky a chopily se iniciativy. Evropa, zpustošená a zbídačená válkou (vítězné mocnosti jako Anglie a Francie v to počítaje), takovou rozsáhlou pomoc (skoro 16,5 miliard dolarů) nezbytně potřebovala. Marshall zdůraznil, že to je nový důkaz toho, že americká politika není namířena proti žádné zemi nebo ideologii, ale »proti hladu, zoufalství a chaosu«. Americká nabídka byla naprosto rozhodující pro regeneraci Evropy a tím i pro její politickou stabilitu. Jenže – nebo právě proto – na sovětské straně rychle zvítězily úvahy mocensko-ideologického rázu nad výhledem rychlé hospodářské obnovy z rukou – amerických kapitalistů! Stalin usoudil, že Marshallův plán by ohrozil sotva nastolenou hegemonii Sovětského svazu v Evropě, posílil východoevropské demokratické tendence a jako magnet vtahoval tuto oblast do orbitu západního. SSSR odmítl i jen uvažovat o možné účasti na Marshallově plánu a všem sobě poddaným »lidovým demokraciím« případné přijetí americké pomoci zakázal. Také Československu, tehdy ještě benešovskému, jehož vláda včetně hlasů komunistů se jednoho dne rozhodla účastnit se jednání o Marshallově plánu, jen aby druhého dne na zvlášť tvrdý zásah Stalinův své rozhodnutí stejně jednomyslně odvolala. Měli jsme tedy o jednu minikapitulaci víc – ještě se k téhle historce vrátím. Vzpomínám si, že jsem tehdy v Praze napsal do novin, že tímto odmítnutím – v případě Polska a Československa jasně nedobrovolným – podílet se na hospodářské obnově Evropy byl svět definitivně rozdělen do dvou bloků, mocensky, politicky i hospodářsky. Bylo tomu opravdu tak.

V září 1947 bylo ustaveno Informbyro jako vrcholný mezinárodní orgán komunistických stran. Hned na první schůzi ve Szklarské Porębě v polském Slezsku byla politika KSČ podrobena ostré kritice. Slánskému a Bašťovanskému, delegátům KSČ, bylo dáno na srozuměnou, že si neuvědomili důsledky nové situace, formulované ve Szklarské Porębě Ždanovem takto: »Svět je rozdělen do dvou táborů, protidemokratického a imperialistického tábora na straně jedné, a protiimperialistického, demokratického tábora na straně druhé.« Zároveň byly pozitivně zhodnoceny »obrovské a převratné změny«, k nimž došlo po druhé světové válce. Poměr sil mezi kapitalismem a socialismem se v důsledku vítězství Sovětského svazu nad Německem »pronikavě změnil ve prospěch socialismu«. V žebříčku mocenských a politických důsledků tohoto sovětského triumfu bylo na prvním místě »úplné vítězství dělnické třídy nad buržoazií ve všech východoevropských zemích – *s výjimkou Československa*, kde otázka kdo s koho zůstávala ještě nevyřešena«, jak tu kritiku citoval ve své analýze, publikované v roce 1963, marxistický historik Miroslav Bouček. Účastníky porady také dost zneklidnilo vyřazení komunistů z poválečných vlád Francie a Itálie. Byla tu obava, aby se nějakou nešťastnou náhodou nebo nedostatečnou bdělostí nestalo totéž v Československu. Krátce, jak napsal jeden z pražských historiků na podzim 1947, bylo naprosto zřejmé, že o otázce moci musí být rozhodnuto také v ČSR. Zbývalo jen, kdy bude zvolen rozhodující okamžik, kdo jej zvolí a jakým způsobem k tomu rozhodnutí dojde.

Ve všech zemích sovětského bloku »přituhlo« a události dostaly rychlý spád. V SSSR samotném byl nastolen tvrdý kurs. V Polsku, v Bulharsku a Rumunsku byli komunisté už pevně u vesla. V červnu 1947 se maďarská komunistická strana bleskovým manévrem zmocnila moci v zemi. A v únoru 1948 se komunistická strana stala jediným rozhodujícím mocenským činitelem v Československu.

Co se mezitím – tedy od roku 1947 až do toho února 1948 – v Československu dělo? Globálně viděno, komunisté šli do ofenzívy proti svým partnerům v Národní frontě – viděli totiž, že už s nimi nemohou počítat jako s partnery spolehlivými (pro ně) v *každé* situaci. Proto KSČ radikalizovala vývoj událostí vytyčováním požadavků či předkládáním zákonných předloh, které byly politicky nebo hospodářsky nereálné a obsahovaly četné prvky sociální demagogie. Když tyto návrhy byly ve vládě nebo v parlamentě zamítnuty, KSČ zahájila obrovskou propagační kampaň, v níž se nekomunistům vytýkalo, že rozbíjejí Národní frontu a nadržují bohatým. Zároveň se vytvářela hysterie o zvýšeném vnějším i vnitřním ohrožení státu blíže neurčenou reakcí a jejími agenty; hovořilo se o protistátních spiknutích, intrikách a atentátech. Toto všechno zneklidňovalo nekomunistické strany a jejich předáky, kteří si uvědomovali, že nemá-li houstnoucí krizi řešit ulice, je třeba uspíšit volby a zjistit, jaká je skutečná síla KSČ. Různé sondáže se zdály nasvědčovat tomu, že v řádných volbách by KSČ byla ve srovnání s volebními výsledky z roku 1946 podstatně oslabena. To si ale taky uvědomovalo vedení KSČ, které už v listopadu dalo povel k přípravě voleb »nového typu«. Už jen návrh na takovéto »volby«, v nichž by kandidovaly »osobnosti« komunistům poplatné, kromě kandidátů jmenovaných přímo KSČ, by normálně vyvolal rozpad vládní koalice a krizi. A Gottwald a druzi opravdu počítali spíš s krizí *kolem* navrhovaného způsobu voleb než s volbami samotnými.

Situace v zemi nebyla dobrá už v druhé polovině roku 1947. Úroda byla mizerná (o 40% nižší než v letech 1934/38), příděly musely být pronikavě sníženy, černý trh se rozrůstal. Snížení potravinových dávek dolehlo nejtíživěji právě na vrstvy sociálně nejslabší. Došlo k četným projevům nespokojenosti, k demonstracím a manifestacím: takřka všechny byly namířeny proti komunistické straně a její hospodářské politice. Na Slovensku kolovala mezi věřícími zvěst, že Bůh se konečně rozhněval na komunisty, už se nemůže dívat na tolikeré bezpráví. Formulováno marxistickým historikem v roce 1968 to znělo asi tak, že ve vědomí národa nesli komunisté hlavní díl odpovědnosti za hospodářský vývoj.

Aby vedení KSČ odvrátilo pozornost od této nepříznivé situace, přišlo koncem srpna 1947 s požadavkem tzv. milionářské dávky. Znělo to dobře v uších lidí, kteří nikdy neměli daleko k dosti rozšířené lidské vlastnosti: závisti. Ale tentokrát sociální demokraté byli proti, a tak na počátku září byli komunisté ve vládě přehlasováni a tedy poraženi – poprvé od konce války. Porážka se opakovala ještě dvakrát (dokonce i v parlamentě), 10. a 12. února 1948 při jednání o úpravě platů státních zaměstnanců a o novou pozemkovou reformu. Bylo jasné vcelku všem, že s jednotou a spoluprací v Národní frontě je konec.

Tyto své neúspěchy vyvážila KSČ mocenskou, v podstatě policejní likvidací pro ni nepříznivé situace na Slovensku. KSČ a její centristicky orientované vedení v Praze systematicky oklešťovalo práva slovenských autonomních orgánů, zakotvená v Košickém vládním programu, a všelijak brzdilo i práci své sesterské strany KSS. Ta byla ostatně od počátku podezírána z »buržoazního nacionalismu«. Na podzim roku 1947 bylo proto z Prahy osnováno zmíněné »protistátní spiknutí«, chystané prý právě vedením té slovenské Demokratické strany, která komunistům připravila tak pronikavou volební porážku v roce 1946.

V listopadu 1947 přišel další varovný signál, že poměr sil se mění – a opět v neprospěch KSČ. Na sjezdu sociálně demokratické strany byli předseda Fierlinger a jeho levé křídlo poraženi. Do čela strany byl zvolen Bohumil Laušman, který po léta spolupracoval s komunisty, ale v poslední době občas hlasoval s ostatními stranami a zároveň tajně vyjednával s jedněmi i s druhými. Po únoru emigroval na Západ, byl odvlečen agenty čs. tajné policie z Rakouska do Prahy a za dosud nevysvětlitelných okolností zemřel, ale spíš byl ve vězení zavražděn.

Důsledkem brněnského sjezdu bylo, že aparát strany se dostal do rukou funkcionářů, kteří na rozdíl od Fierlingera nebo Erbana nebyli komunistickými souběžci. Jenomže to nakonec v únoru 1948 nebylo nic platné: sociální demokraté se rozhodli jako strana zůstat ve vládě Klementa Gottwalda a pak i v obrozené Národní frontě – s Laušmanem v čele. Gottwald totiž jednal nejen s osvědčenými souběžci (Fierlingerem, Erbanem, Tymešem), ale i s »centristou« Laušmanem. A tak se stalo, že 20. února, v den demise nekomunistických ministrů, když se Fierlingerovo křídlo sociálních demokratů obrátilo na Laušmana s návrhem vytvořit »levicově orientovanou většinu« na základě součinnosti komunistů a sociálních demokratů, Laušman tuto nabídku rozhodně odmítl. A musel se jistě smát do fousů, když ještě 24. února levice v sociální demokracii opustila jednání na protest proti tomu, že sociálně demokratické vedení odmítlo návrhy komunistů: neboť zatímco fierlingerovci vydali prohlášení, že nesouhlasí s dosavadním postojem sociální demokracie, Laušman se už dohodl s Gottwaldem o účasti celé sociální demokracie na vládě.

Politika československé sociálně demokratické strany v letech 1945–48 není opravdu povznášející, poněvadž je oportunistická. Někteří předáci nekomunistických stran ji kvalifikují jako politiku zrady na československé demokracii (měli by ovšem nejdřív zamést před vlastním prahem). Ostatně sociální demokracie za to zaplatila existenčním harakiri hned po Únoru; v »socialistickém« Československu nemá už čtyřicet let místo (když nepočítáme krátkodechý pokus o její obnovu za Pražského jara). Karel Kaplan věnoval několik studií a jednu knihu této straně, která v poválečném tříletí byla nejednou jazýčkem na mocenských vahách, jakousi třetí silou v zápase o moc v zemi. Komunisté to věděli, a proto od počátku podporovali ve vedení strany lidi jim poplatné, jako byl Fierlinger, nebo rovnou úplatné. Kuriózní pozice sociálních demokratů neušla ovšem ani ostatním stranám, které o podporu sociální demokracie rovněž usilovaly prostřednictvím přesvědčeně demokratických předáků (například Václava Majera). To přispívalo k vnitřnímu rozštěpení strany, které se právě v roce 1947 prohloubilo a nakonec způsobilo, že ani pro komunisty, ani pro ty ostatní nebyla sociální demokracie partnerem, na něhož by se bylo možno spolehnout.

Je nesporné, že až do voleb a ještě i chvíli potom šli sociální demokraté solidárně s komunisty, hlasovali s nimi jako jeden blok na všech úrovních vlády a správy. Byl to právě zmíněný ministr průmyslu Bohumil Laušman, který vypracoval znárodňovací dekrety, jež svým rozsahem překonaly i očekávání komunistů. Ale jak se pozvolna lidé na levici vzpamatovávali z poválečného třeštění, tak i v sociální demokracii, v jejím členstvu a voličstvu, se začaly prosazovat tradiční tendence umírněného socialismu; tím spíše, že nakonec řadoví členové strany byli rovněž postiženi nedemokratickými postupy svého silnějšího partnera, ať to bylo v závodech, nebo v úřadech, v odborech, nebo v justici. A tak časem docházelo v nižších a středních kádrech čs. sociální demokracie k posunu doprava, jak se říkalo, zatímco ve vedení levicové tendence (nadále s komunisty!) převládaly; ale už i tady docházelo ke střetnutím, která hrozila rozpolcením strany. Zářijová dohoda s komunisty tento vývoj urychlila, takže už v listopadu 1947 sjezd strany zbavil Fierlingera předsednictví, které přešlo na Laušmana. Vypadalo to jako přechod z bláta do louže, a taky to bylo, jak ukázaly únorové události jen o pár měsíců později. Ale – podle Kaplana – sjezd symbolizoval dvě věci: vůli členstva k obnově opravdu nezávislé strany a »posun v politickém myšlení těch funkcionářů, kteří byli v roce 1945 nadšenými příznivci jednotné fronty s komunisty«.

Vedení KSČ nezanedbalo nic. Ještě dva měsíce před převzetím moci vyvíjelo intenzívní činnost ve třech směrech: připravovalo na jaro již zmíněné volby »nového typu« s jednotnou kandidátní listinou a s cílem dosáhnout absolutní většiny, tedy aspoň 51 procent hlasů; pronikalo do ostatních stran a získávalo v nich souputníky; a konečně si zajišťovalo policii a armádu a chystalo »mobilizaci mas« pro případ přímého střetnutí. Gottwald to viděl v listopadu 1947 tak, že i kdyby náhodou KSČ v »jednotných« volbách nedosáhla svého, i pak, jak řekl, »naše strana, pracující lid má v rukou dostatečné prostředky, zbraně a způsob, jak korigovat prosté mechanické hlasování, při kterém by rozhodovaly živly reakční a sabotérské. My potom ještě vždycky máme v rukou tolik prostředků a moci, abychom si vynutili pro dělnickou třídu příznivé výsledky.«

Zároveň ÚV KSČ »orientoval komunisty«, aby navazovali úzkou spolupráci s opozičními a levicovými silami v ostatních politických stranách a zajistili si jejich spolupráci. Za Pražského jara vyšly o této »spolupráci« najevo značně pikantní a dosud neznámé podrobnosti. Při ústředním výboru KSČ bylo zřízeno zvláštní »oddělení pro práci v nekomunistických stranách«. V podstatě šlo o zradu a o korupci: vedení KSČ slíbilo úplatným a mocichtivým politikům v nekomunistických stranách ministerská křesla, dají-li se ve vhodné chvíli k dispozici komunistům pro »jednotnou kandidátku« a budou-li je informovat o tom, co se v ostatních stranách děje a připravuje. Tak se prostřednictvím těchto donašečů stalo, že KSČ byla v průběhu únorové krize nejen přesně zpravena o plánech svých odpůrců, ale mohla pohotově prezidentu republiky, zaskočenému nebo aspoň překvapenému demisí nekomunistických ministrů, předložit listinu členů *doplněné* Gottwaldovy vlády, doplněné právě o prodejné politiky národně socialistické, lidovecké a ovšem i sociálně demokratické strany.

Vedení nekomunistických stran této diverzi KSČ ve svých řadách přílišný význam nepřikládala – k vlastní škodě. Domnívala se, že jde spíše o běžný druh podplaceného donašečství než o skutečnou přípravu nového mocenského a politického seskupení.

Pro »konečné řešení« únorové krize byly neobyčejně důležité složité intriky spojené s budováním pozic KSČ v československých branných silách. Jejich počátek sahal ovšem daleko do minulosti – k jednáním v Moskvě za války (mluvili jsme o nich) o resortním obsazení v první poválečné československé vládě a k formulaci i aplikaci zásady, že do čela některých ministerstev budou postaveny »nadstranické« osobnosti. Za takovou osobnost byl komunisty označen a ostatními partnery uznán generál Ludvík Svoboda, jenž byl jmenován ministrem národní obrany. Ačkoli nekomunisté neměli nikdy přehnaných iluzí o Svobodově mravní integritě, teprve v roce 1969 Svoboda sám odhalil perfiditu svého počínání v únorové krizi. Na důvěrném zasedání ÚV KSČ v září 1969 (tedy rok po vpádu Pěti) Svoboda cynickým způsobem vysvětlil, jak svou nadstranickost v dohodě s Gottwaldem předstíral, jakým byl sice tajným, ale »věrným a ukázněným členem strany« a jak v únorové krizi vzal na hůl vrchního velitele čs. branných sil a prezidenta republiky dr. Edvarda Beneše.

Situace představitelů demokratických stran počátkem února 1948 byla tedy na první pohled špatná. Otázkou zůstává, zda si to tito předáci dostatečně uvědomovali. Mezinárodní vývoj, jak jsme viděli, byl pro ně nepříznivý, a sotvakdo se kojil nadějí na jakoukoli pomoc »zvenčí«, ze Západu. Vnitropoliticky nekomunistické strany měly na krku komunisty vyhlášené další znárodnění, další pozemkovou reformu, kterou si komunisté chtěli vynutit masovou nátlakovou akcí v podobě sjezdu »rolnických komisí«, jakož i stejně vyděračským sjezdem závodních rad a odborových organizací. Nezbytná podpora sociálních demokratů byla sporná, zejména v otázkách hospodářských a sociálních. Aktivní přípravy KSČ na »jednotnou« kandidátní listinu byly v plném proudu a »frakční činnost« KSČ v nekomunistických stranách vcelku úspěšná a slibná.

Přesto, nebo spíše právě proto se vedení strany národně socialistické (z iniciativy jejího politicky nejbystřejšího předáka Huberta Ripky) a později i vedení strany lidové a slovenské demokratické rozhodla krizi uspíšit a dovést až do konce. Vedení KSČ bylo postupem svých odpůrců (a jeho načasováním) překvapeno. Jakmile však k němu došlo, chopilo se věci energicky, neboť se mu tak dostalo příležitosti, kterou by bylo bývalo samo muselo o něco později nějak naaranžovat.

Svolání sjezdu závodních rad ÚRO a sjezdu rolnických komisí bylo prvním krokem k vytvoření mimoparlamentních nátlakových skupin. Ulice měla donutit vládu a prezidenta řešit krizi v duchu komunistických požadavků. Vytvořením »akčních výborů« se této ilegální činnosti dostalo organizačního a mocenského rámce v celé zemi. Výroba »spontánních« rezolucí, vysílání »dělnických delegací« k jednání vlády byly dalšími mimoparlamentními akcemi komunistů. Na Slovensku se 20. února »ustavil« ilegální »hlavní štáb slovenských partyzánů« jako »řídící orgán« pomocných oddílů SNB. Podobně byly v některých velkých závodech rozšířeny závodní milice. A začalo se s rozdělováním zbraní.

U toho ilegálního ozbrojování napřed závodních milicí a pak nově vytvořených Lidových milicí bych se rád trochu zastavil – bylo to takové . . . jak bych to řekl – typicky naše, české provedení.

Josef Pavel, za Pražského jara Dubčekův ministr vnitra, ovšem tehdy v únoru 1948 velitel Lidových milicí, vylíčil o dvacet let později, jak to bylo. Napsal v *Mladé frontě* (citoval jsem to v jedné své knize, kterou mám při ruce): »Když už vládní krize trvala čtyři dny, přivezli z brněnské Zbrojovky přes Šlinga na sedmi kamiónech deset tisíc pušek a dva tisíce samopalů. Byl to strach, anebo rozvaha, co nás vlastně vedlo k tomu, že jsme ty samopaly, které chrlí kule v rychlých dávkách za sebou na jedno zmáčknutí, nechali v bednách? A že jsme pušky rozdělili dělníkům až poslední den vládní krize, prakticky bez nábojů? A že milice vyšla ven, do ulic, když už byla v podstatě nová vláda ustavena?« Ale napřed bylo třeba svolení nejvyššího vedení strany. To si počínalo opatrně, na revolucionáře až cudně. Pavel to svérázně líčí takto: »Dobrých pět minut jsem chodil bez jediné myšlenky před Slánského kanceláří, přešlapoval před těžkými dveřmi jako malý kluk, který se bojí výprasku, a Slánský po tom návrhu běhal s rukama v kapsách kolem dlouhého stolu, a ne, ne, ne, za nic na světě. Pak zavolal Gottwaldovi. A zase ne. Vlastně ano, jde o bezpečnost Beneše a my jsme povinni – ano, ale bez nábojů. Bez nábojů to přece nemá cenu, oni mají zbraně, aspoň někteří. Zbraně a také horké hlavy. Tak tedy ano, povídá Gottwald, já jeho slova slyšel na vlastní uši. Slánský mi přidržel sluchátko u ucha, tak tedy ano, povídá Kléma, ale každému jen deset patron – a do kapsy. A střílet se může jedině na oplátku, jedině až velitel milice J. Pavel osobně přijde na místo, posoudí situaci a na jeho rozkaz.« Krásné, ne?

Sem snad také patří historie odmítnutí americké pomoci v podobě Marshallova plánu. Tehdy v létě 1947 Gottwald a komunističtí členové vlády původně hlasovali pro účast Československa na tomto plánu. Důvody tohoto překvapujícího rozhodnutí byly nejasné. Teprve za Pražského jara bylo možno uveřejnit rozhovor s Drtinou, členem vládní delegace, jež tehdy se Stalinem v Moskvě jednala. Drtina připomíná, že při hlasování ve vládě byl Gottwald pro účast na Marshallově plánu; komunisté si uvědomovali hospodářskou výhodnost takového stanoviska pro ČSR. Kromě toho se Gottwald už několik dní před zasedáním vlády dotázal Moskvy na její názor »stranickou cestou«, a to dokonce dvakrát; Moskva mlčela, což si Gottwald patrně vykládal jako souhlas, a je opravdu možné, že v sovětském vedení nevládla zprvu jednomyslnost. Drtina pak líčí, jak Stalin kategoricky prohlásil, že plán je namířen proti SSSR. Každého, kdo se připojí k této akci, by SSSR musel považovat za účastníka akce Sovětům nepřátelské. Stalin svou argumentaci zesílil tím, že Československo je jediný lidově demokratický stát, který prohlásil, že k plánu přistoupí. Gottwald hned na počátku řekl, že ČSR srovná krok s ostatními lidovými demokraciemi. Zřejmě teď pochopil, že sovětská přítomnost v srdci Evropy si vynucuje rozhodnutí, jež z hlediska československých komunistů nemusí být vždy nejvýhodnější. Zároveň bylo jasné, že KSČ musela, právě pod vlivem zostřené mezinárodní situace, stůj co stůj upevnit lidově demokratické zřízení a rozhodnout otázku moci ve svůj prospěch.

V aféře s Marshallovým plánem je pro naše uvažování nezanedbatelný způsob, jímž pražská vláda, tehdy ještě koaliční, byla donucena své původní rozhodnutí v průběhu několika dnů na přímý příkaz Moskvy změnit. Byl tak už tenkrát dosti neomaleně podán důkaz o »omezené suverenitě« československého státu. Byl to diktát neskrývaný, každému srozumitelný, ponižující. A přece nikdo, ani prezident republiky, k tomu neměl co říct. Pamatuji se, jak jsem běžel do Strakovy akademie, kde zasedala vláda, vyvolal jsem si »svého« lidoveckého ministra (zdravotnictví) a naléhal na něho, aby na protest proti tomuto diktátu podal demisi. »Bratře ministře,« (my jsme se v lidové straně takhle oslovovali, vždycky mi to bylo trochu trapné, ale přizpůsobil jsem se, jsem přece taky Čech) – »bratře ministře,« žadonil jsem, »rezignujte, řeknete tím nahlas, co si kdekdo myslí, že totiž už nejsme svéprávný a nezávislý stát, národ to pochopí, svět to uslyší, ztratíte sice ministerské křeslo, ale vstoupíte do historie, bude se na to dlouho vzpomínat jako na mužné, politicky i morálně velké gesto!« Bratr ministr se na mne díval jako na posla ďáblova, rozhodně jako na člověka smyslů zbaveného: »Já?! Odstoupit?! Proč? Jen proto, že jsme jako vláda byli špatně informováni, že jsme mysleli, že Marshallův plán přijali taky Poláci . . . jsem solidární s vládou a nejsem žádný Don Quijote. Vraťte se, mladý muži, ke svým novinám a nám ponechte starost o politiku.« Tak jsem šel. Bylo jasné, že i našim bratrům přirostlo ministerské křeslo k zadku a moc se jim v něm zalíbilo. O deset měsíců později si to bratr ministr mazal na lyžích do Bavorska, sešli jsme se v Mnichově. Ale i tam, už v exilu, trval na svém: že to tehdy jinak nešlo, že by to bývala zbytečná provokace, která by sled nepříznivých událostí jenom urychlila.

Snad by se v této souvislosti měla připomenout jiná západní hospodářská pomoc, která od konce války až do ledna 1947 zásobovala vysílenou Evropu a taky Československo nedostatkovým zbožím: od kolejnic až po kuřata, od mlátiček až po mléko, od benzínu až po léky. Pod záštitou Spojených národů (United Nations Relief and Rehabilitation Agency, UNRRA), ale hlavně z amerických peněz a zdrojů plynul do Evropy a na Dálný východ obrovský proud potřeb všeho druhu – zadarmo. V poválečném Československu nebylo rodiny, která by si v hladové době neobstarala nejpotřebnější právě z UNRRY, která této zemi dodala potravin za skoro sto miliónů dolarů, šatstva a textilií za padesát miliónů, léčiv za třiadvacet miliónů . . . celkem Československo dostalo zboží za více než 241 miliónů dolarů. Politicky a propagačně se tato opravdu nezištná pomoc komunistům nehodila do krámu, tím spíš, že byla ohromně populární a v obecném povědomí jednoznačně americká. Proto vláda byla skoupá na slova díků, komunistické noviny nešetřily sarkasmem na její účet, když UNRRA skončila. Zato lidé na »unřičku« dlouho vděčně vzpomínali – našel jsem v *Obzorech* dopis hospodyně z Českých Budějovic, která s dojemným »zaplať Bůh« se loučila s touto mezinárodní pomocí, bez níž, jak napsala, »bychom se byli potáceli v nedostatku, a neváhám říci, v krajích válkou krutěji postižených i o hladu; smrt i nemoci by byly měly bohatší žeň«.

Špatné, hrozivé zprávy přicházely ze Slovenska, kde – jak jsme si už řekli – KSČ a KSS všemi prostředky radikalizovaly kampaň za destabilizaci situace, která vznikla v květnu 1946 volební porážkou komunistů. Cílem neutuchající kampaně bylo demokratickou stranu oslabit, rozštěpit nebo rovnou zlikvidovat (na podkladě už zmíněných, Noskovým ministerstvem vnitra vyráběných »důkazů« o protistátní činnosti předáků této strany). Současně »odhalilo« ministerstvo protistátní spiknutí také v severních Čechách. V širším měřítku, ovšem v souvislosti s těmito intrikami, šli komunisté do demagogického tažení za »milionářskou daň«; v září 1947 došly do sekretariátu ministrů Zenkla, Drtiny a Masaryka balíčky s podomácku vyrobenými pekelnými stroji, které sestrojili soudruzi v Krčmáni u Olomouce na objednávku jednoho komunistického poslance, který zas jednal z příkazu tehdejšího předsedy krajského výboru KSČ Čepičky, pozdějšího ministra spravedlnosti (!). Vedení KSČ a Gottwald osobně dělali, co mohli, aby k soudnímu projednání tohoto u nás zcela nezvyklého pokusu o politický atentát nedošlo, což se podařilo. Po Únoru Čepička nejen vydal rozkaz k okamžitému propuštění soudruhů zatčených v krčmáňské aféře, ale nechal naproti tomu zatknout všechny, kdo původní vyšetřování vedli nebo k odhalení celé akce přispěli; byli hrozně mučeni, jeden z nich ubit k smrti.

Zároveň začíná být zřejmý jistý paradox: čím víc v tom pro demokraty posledním dokončeném kalendářním roce, kdy byli ještě u moci, komunisté hnali věci na ostří nože, tím hlouběji se KSČ dostávala do izolace ve vládě a v Národní frontě. Takže ty pro demokraty špatné zprávy, ať to byly intriky na Slovensku, atentátnické hrátky, kampaň za zdanění (neexistujících) milionářů, dohoda s fierlingrovským křídlem v sociální demokracii – všechny tyto pokusy o radikalizaci situace v zemi působily jako bumerang. Lidé, a mezi nimi i hodně řadových komunistů, chtěli klid a aspoň trochu sociální jistoty. A věděli, že za tento stav nejistoty a neklidu zodpovídá KSČ. Zpětně to ovšem byla právě prohlubující se izolace v dosud pro KSČ výhodně fungujících vrcholných orgánech moci, co komunisty zneklidňovalo a vedlo je k radikalizaci. Nekomunistické strany, včetně posjezdové sociální demokracie, naopak vycítily a vítaly toto ... jak bych to řekl ... občanské zmoudření. Proto přišly s požadavkem nových voleb, které se měly konat nejpozději na jaře 1948. Ale kdyby se v Národní frontě nebylo možné dohodnout ani o základních problémech, pak raději volby hned. Straničtí předáci doufali, a nikoli bezdůvodně, že výsledek bude pro ně příznivější než v roce 1946.

To ovšem nebylo tajemství pro vedení KSČ. To také vědělo, že na většinu v Národní frontě už spoléhat nemůže (a proto také na spolupráci v ní ztratilo zájem), a že tedy komunisté sami musí ve volbách dosáhnout nadpoloviční, absolutní většiny. A takové skóre bylo víc než nejisté ve volbách řádných, tajných a rovných. Bylo třeba připravit takovou situaci, aby uchopení moci bylo zajištěno i jinak. Času nebylo nazbyt. Pařížský dopisovatel Lidové demokracie se jakousi indiskrecí dozvěděl a svému listu hlásil, že na druhé schůzi Informbyra v lednu 1948 v Miláně českoslovenští delegáti referovali o přípravách KSČ na »upevnění stranicko-mocenských pozic« v zemi a zavázali se, že s jeho prováděním začnou hned. Drtina potvrzuje, že představitelé nekomunistických stran této zprávě uvěřili; působila sice »otřesně a hrozivě«, ale zároveň prý přispěla k posílení jejich soudržnosti, »k ucelenosti a jednotě demokratického tábora i k odhodlanějšímu odporu . . . měla v konečném výsledku pro demokratický tábor v Československu funkci spíše pozitivní, zpevňující«.

Opravdu, v posledních měsících před koncem, nekomunistické strany postupovaly ve všech složkách cílevědoměji než dosud. O vánocích došlo k jednání na nejvyšší úrovni mezi národními socialisty a sociálními demokraty a byl dohodnut jednotný postup v tak zásadních otázkách jako obrana politických svobod a parlamentní demokracie a boj proti zneužívání bezpečnostních složek k účelům stranicko-mocenským. S těmito požadavky chtěly také tyto strany jít do voleb. Demokraté výlučně spoléhali na to, že k nim dojde, že jejich výsledek bude příznivý a že komunisté volební verdikt přijmou, jak se v parlamentní demokracii sluší – bez protestů i bez násilí – a vyvodí z toho v téže demokracii běžné důsledky. Jako by nevěděli, nebo vědět nechtěli, že sami takovouto demokracii nikdy nevytvořili, ale naopak ve shodě a spolupráci s komunisty položili základy k systému »lidové demokracie«, který ve své právní podobě a tím spíš v praxi byl paskvilem demokratického a právního státu. Navíc Gottwald a druzi několikrát vcelku otevřeně přiznali, že jejich konečným cílem je dostat se k absolutní moci stůj co stůj, všemi prostředky. Na přelomu roku 1947 usoudili, že ta chvíle přišla. K tomuto cíli bylo pak už všechno zamířeno – provokativní neústupnost v Národní frontě a ve vládě, mobilizace »masových« organizací v podobě sjezdů komunisty ovládaných závodních rad a rolnických komisí, ozbrojení závodních milic, bezpečnostní teror proti složkám demokratických stran. Bylo třeba vytvořit krizovou situaci a její »řešení« převést z jednacích síní do ulice, kterou komunisté ovládali a kde byli neporazitelní. Demise nekomunistických ministrů byla v této fázi pro KSČ opravdový dar z nebes – proto také podle vlastního vyjádření se Gottwald »modlil, aby je [demokraty] ta blbost s demisí neopustila a nerozmysleli si to«.

Ale teď už jen stručně, z čeho únorová krize bezprostředně vznikla. Byla to spíš záminka než důvod; spor byl ostatně řešitelný. Jenže ani na jedné, ani na druhé straně nebyla už vůle jej řešit, právě naopak: předáci demokratických stran i KSČ se rozhodli hnát krizi na ostří nože. Komunisté tuto výzvu přijali – už proto, že na ni byli připraveni a na tohle »kdo s koho« čekali.

Co se stalo: KSČ už delší dobu upevňovala své pozice a svůj vliv v policejních útvarech a v armádě. Dosazovala na velitelská místa »své« lidi, soudruhy oddané spíš KSČ než státu a prezidentu republiky. Byly tu dobré předpoklady, poněvadž ministrem vnitra byl komunista a ministrem národní obrany údajný nestraník (generál, později prezident Svoboda), ve skutečnosti, jak víme, taky komunista. V polovině měsíce se demokratičtí ministři neoficiálně dověděli, že zemský velitel SNB odvolal osm obvodních velitelů a na jejich místa, z příkazu nebo aspoň se souhlasem ministra vnitra, dosadil komunisty. Nekomunističtí členové vlády včetně sociálně demokratických žádali, aby rozkaz byl odvolán nebo dodatečně nejdřív předložen vládě, za jejímiž zády se tohle všechno dělo. Gottwald kličkoval, demokratičtí ministři nechtěli ve vládě o ničem jiném jednat, dokud toto většinové rozhodnutí nebude provedeno. A když Gottwald několik dní odmítal dát věc na pořad jednání, ministři tří stran (národních socialistů, lidovců a slovenských demokratů) podali demisi. Očekávali, že prezident demisi nepřijme a že buď se věc dohodne v Národní frontě, nebo bude rozpuštěn parlament a vypsány volby, od nichž si demokraté slibovali dobré výsledky.

V těch pěti dnech, kdy únorové události vrcholily, nekomunistické strany vsadily všechno na jednu kartu, vlastně jedinou, kterou demokraté znali a uznávali: na legální, parlamentní nebo aspoň prezidentské řešení krize. Tedy na trojúhelník – politické strany – vláda – prezident republiky, v případě nemožnosti dohody pak na vypsání parlamentních voleb a regulérní, demokratické respektování výsledku. O jiném způsobu neuvažovali, neměli žádnou alternativu pro případ, že komunisté půjdou právě opačným směrem, to jest k mimoparlamentnímu řešení (které ostatně dlouho a systematicky připravovali); navíc si předáci těch tří stran předem nezajistili, aby odstoupili všichni nebo aspoň většina nekomunistických členů vlády. To ovšem umožnilo komunistům vyvinout na Beneše tlak, poněvadž poměr ministrů byl 14 : 12, většina ve vládě zůstala a byla tu tedy zcela ústavní možnost vládu prostě doplnit novými členy, nominálně dokonce z týchž nekomunistických stran, jejichž ministři se pro demisi rozhodli (KSČ v nich měla, jak víme, své trojské koně); to se taky stalo, prezident nakonec demisi přijal a jmenoval novou Gottwaldovu vládu »obrozené Národní fronty«. Je až nepochopitelné, že předáci demokratických stran si před demisí nezajistili většinu. Kaplan k tomu správně poznamenává, že nekomunistická opozice příliš spoléhala na prezidenta, ale právě během krize se ukázalo, že ho zná hůř než komunisté; ti například si byli jisti, že Beneš nepovolá ani armádu, ani sokoly, ani legionáře či studenty do mimoparlamentního boje, takový postup nebyl ani v jeho myšlení, ani v jeho povaze. Demokratičtí předáci podcenili taktický a organizační talent komunistů, kromě jiného schopnost bleskurychle ustavit v celé zemi tzv. akční výbory Národní fronty; zároveň a neméně rychle provést »očistu veřejného života«, to jest vyřadit jedním úderem své odpůrce z funkcí, a to na všech úrovních, za pomoci »masových organizací«, především odborů, mobilizovaných v kritických dnech v podobě sjezdu závodních rad a rolnických komisí. A byli to komunisté, kteří provedli řadu bezpečnostních opatření (například potovost útvarů SNB), zatímco nekomunističtí politikové řečňovali na svých (ostatně posledních) schůzích. Představitelé nekomunistických stran, uzavírá Kaplan, byli tváří v tvář tomu všemu bezmocní a do poslední chvíle nepochopili, oč jde, totiž že jde o všecko, o moc ve státě a o zbytky demokracie v něm.

Teď snad ještě slovo o sovětském vměšování se do únorové krize. Hovořilo se o ní hodně svého času, zejména v souvislosti s náhlou návštěvou (19. února 1948) tehdejšího náměstka ministra zahraničních věcí SSSR Valeriana Zorina v Praze. Kaplan a jiní historikové zjistili v archívech KSČ, že Zorin tlumočil Gottwaldovi sovětské obavy o vývoj v Československu a také Stalinův vzkaz, aby českoslovenští komunisté neváhali využít situace ke konečnému střetnutí o moc v zemi. Stalin dále vzkazoval, aby Gottwald neváhal požádat sovětskou vládu o vojenskou pomoc – je prý připravena na maďarských hranicích. Pražští komunisté Zorina ujistili, že taková pomoc není a skoro jistě nebude nutná; vedení KSČ má situaci pevně v rukou, má obsazeny klíčové pozice v policii i v armádě a spoléhá na svou taktickou i organizační převahu. Nemýlili se. O dvacet let později »zdravé jádro« ve vedení KSČ tyto předpoklady a záruky nemělo a o pomoc do Moskvy se tudíž – podle vlastního doznání – obrátilo. Taky se nemýlilo.

Hodně se – když už bylo po všem – debatovalo o tom, jestli se v únoru 1948 komunisté dostali k moci legální, nebo násilnou cestou, tedy pučem. Nebudu vás tím nudit. Stalinští historikové trvají na tom, že šlo o ústavní převzetí moci; reformně orientovaní komunističtí kronikáři později nemohli zcela přehlédnout pučistické elementy v téže aféře. Mně se dost líbí taková trochu pokroucená formulace marxistického historika Beldy z roku 1968, který napsal, že Únor byl »ústavním řešením vládní krize a zároveň revolučním řešením mocenským, tedy přesunem moci . . . v mimovolebním střetnutí«. Ještě víc se mi líbí – hned se cítím jako doma – definice Václava Kopeckého, která zněla asi takto: Únor byl náš polo-Říjen, malý, ale náš! Já bych spíš řekl: Únor byl náš polo-puč, malý, ale s obrovskými důsledky. Neboť z těch občasných nedemokratických postupů, těch malých intrik a podrazů, pěstovaných v různé míře komunisty i demokraty, z těchto spletitých politických výhonků vyrostl totiž rychle hrůzný strom stalinismu dvacetiletí, které následovalo. Marxističtí historikové tuší nebo rovnou doznávají spojitost mezi Únorem 1948 a pohnutou historií Pražského jara a jeho špatným koncem v srpnu 1968. Naznačují dokonce, že Velký Únor byl počátkem Velké Porážky: demokratů a demokracie, i komunistů a jejich původních vizí spravedlivější společnosti.

Mimochodem, ještě k únoru 1948. Tahle událost nemá vlastně dodnes své ustálené a obecně přijaté pojmenování. Hovoří a píše se o únorovém převratu, únorovém puči, ústavním nebo prezidentském řešení krize, oddaní komunisté užívají vznosnějšího pojmu – Vítězný únor, případně jen Únor, s velkým Ú ovšem. V jejich pojetí, které v průběhu let dostalo nostalgický nádech, hovoří tak právem. Bylo to totiž první a zároveň poslední *nesporné* vítězství, slazené mírně dávkovanou revolučností, vydobyté bez pomoci kohokoli, Rudou armádu nevyjímaje. Navíc to komunisté vyhráli nad svými národněfrontovními druhy způsobem pozoruhodným a nepopiratelným zároveň, a to jak z hlediska dlouho připravované strategie, tak z hlediska bleskově aplikované taktiky. Tuto skutečnost jim neupírají ani nekomunističtí kronikáři, dokonce ani přímí účastníci, kteří prohráli. Z obou stran o tom všem vyšlo mnoho knih, doma i v emigraci. Jsou nestejné úrovně, ale všechny svým způsobem poučné. Dokonce se mi zdá, že i tehdejší komunističtí historikové (ne všichni) lhali a přeháněli o únorových událostech méně, než jindy v jiných souvislostech; asi proto, že o vítězství, uznávaném i poraženými, se prostě píše líp než o úspěchu sporném.

Únorová dohra byla krátká. Jana Masaryka, syna prvního československého prezidenta a válečného i poválečného ministra zahraničních věcí, našli 13. března mrtvého pod oknem jeho úředního bytu v Černínském paláci. Dodnes není jasné, jestli z okna vyskočil, nebo byl vyhozen. Jen pár dní předtím prohlásil, že si s novou vládou Gottwaldovou rád zavládne, ale také – podle některých zpráv – si připravoval útěk na Západ (což by se komunistům tehdy moc nehodilo, Masarykova účast ve vládě zmátla mnoho pozorovatelů doma i ve světě: když je v ní Masaryk, nemůže to být tak zlé, něco z demokracie snad přece jen zůstane). Masarykovi vypravili státní pohřeb. Už jsem vylíčil, jak v první řadě špatně vytopeného sálu muzea na Václavském náměstí, kde se konal smuteční obřad, seděl očividně zlomený stařeček: Edvard Beneš. Ten se už sice na pražský Hrad nevrátil, ale neabdikoval, jak původně zamýšlel a slíbil. Působil dál jako hlava státu na svém sídle v Sezimově Ústí (k nemalé spokojenosti komunistů). A působil věru neblaze: podepsal několik sporných zákonů a zákonných osnov včetně už zmíněné obnovy retribuce a volebního zákona, který umožnil jednotnou kandidátní listinu. Přihlížel nečinně k tomu, jak byli pronásledováni a žalářováni nevinní lidé, nejednou prezidentovi blízcí spolupracovníci, jejich majetek zabavován a rozkrádán, nekomunističtí státní úředníci bez náhrady vyhazováni ze svých míst. Prezident abdikoval 7. června 1948 a zemřel v září téhož roku.

Ministr spravedlnosti Prokop Drtina se na protest proti »Benešově kapitulaci« pokusil o sebevraždu, dokonce dvakrát a neúspěšně – vzpomínáte si! Až neuvěřitelně tragický příběh tohoto »českého demokrata 20. století«, jak sám sebe nazval ve svých Pamětech, které se nám v roce 1976 podařilo propašovat na Západ a vydat knižně. V Londýně jsme mu říkali »Benešův stín« – tak byl od počátku Benešovi oddán, doslova na život a na smrt, a tak mizerně se k němu dr. Beneš nakonec zachoval; nezastal se ho, ačkoli mohl. Zmrzačeného Drtinu drželi ve vazbě skoro šest let, pak byl Nejvyšším soudem v tajném líčení odsouzen pro »velezradu« na patnáct let, z nichž si odseděl dvanáct; v roce 1960 byl amnestován, o devět let později byl rozsudek zrušen. Jenže v roce 1975 Nejvyšší soud Drtinovu vinu »překlasifikoval« na »přípravu kontrarevolučního puče« a vysolil mu dalších šest let. Ty si však odsouzený už odseděl, dokonce měl k dobru ještě šest z těch dvanácti původně odkroucených. Drtina zemřel v Praze v říjnu 1980.

Jinak to hned po Únoru šlo ráz na ráz. Všechno bylo v pohybu. Vítězové nastoupili do ministerstev, do vysokých funkcí, do úřadů, do luxusních vil, vybavených starožitným nábytkem, služkami a limuzínami. Gottwald se usadil na Hradě, právem, měl přece »pod čepicí«, jak se tehdy říkalo, rozhodně v únorové krizi postupoval mistrně. Moc chutnala sladce. Poražení putovali do kriminálů, někteří na popraviště, mnozí bývalí ministři, poslanci, vojáci, novináři, studenti a řadoví občané do exilu (bylo nás nakonec skoro sto tisíc, ano, já mezi nimi). Nelze zatajit, že někteří poražení se nechovali zvlášť důstojně. Václav Kopecký ve své knize ČSR a KSČ zaznamenal, jak po Únoru všichni nekomunističtí poslanci hlasovali jako jeden muž pro komunistické dekrety a jiná »revoluční opatření«, zejména pro novou zcela nedemokratickou ústavu z 9. května 1948. Bylo to – podle Kopeckého – až nepříjemné, poněvadž taková jednomyslnost budila dojem přinucení, glajchšaltování; a tak komunisté »přímo prosili« některé poslance, donedávna zuřivé antikomunisty, aby hlasovali proti nebo se aspoň hlasování zdrželi, dali jim záruky, že se jim nic nestane – marně. Hlasovali jednomyslně pro.

Na druhé straně třeba uznat, že tehdejší mezinárodní a domácí vývoj nebyl demokratům příznivý, dokonce jejich porážku předurčil. Jenže tíž českoslovenští demokraté si aspoň zčásti tu nepříznivou zahraničněpolitickou a ovšem taky tu domácí situaci sami připravili.

Československý únor 1948 pronikavě ovlivnil mezinárodní situaci. Signalizoval definitivní konec pokusů o dohodu a spolupráci mezi spojenci z války. Prezident Truman žádal a později prosadil zavedení všeobecné branné povinnosti. Šestnáct evropských zemí přijalo Marshallův plán a tak si zaručilo poměrně rychlý přechod z poválečné nuzoty do všestranně saturované konzumní fáze svých národních pospolitostí. Urychleně probíhala i jednání o Severoatlantickém obranném paktu a už v dubnu 1949 vešlo v život největší poválečné západní vojenské spojenectví. Stalin vytvořil jeho protipól – východní vojenskou alianci, později známou jako Varšavská smlouva.

Nečekaně rychlý rozpad válečné koalice a tak i rozpad světa do dvou antagonistických bloků naléhavě vyžadoval jednak teoretickou analýzu vývoje, jednak vypracování dlouhodobější politické a diplomatické strategie, která by umožnila západním velmocím, především Spojeným státům, se s ním vyrovnat. Amerika nebyla bohatá na znalce komunismu a sovětského systému, spíš naopak. Ale jeden z nich, brilantní a tehdy ještě mladý diplomat George F. Kennan, vypracoval na počátku roku 1946 pro Státní department memorandum, jehož podstatné části vyšly o rok později v jednom americkém odborném čtvrtletníku. Ukázalo se, že to byla důležitá událost. Určila totiž aspoň v hlavních rysech a na řadu let americkou a západní politiku vůbec vůči Sovětskému svazu. Šlo (už tehdy!) o nesnadné, občas napjaté vztahy mezi Západem a Východem. Kennan provedl nejprve přísně věcnou analýzu sovětského systému po druhé světové válce: autokratický, centralistický, byrokratický režim, v němž ideologie je jenom fíkový list sotva zakrývající cynismus a surovost moci, která je v rukou úzké samozvané elity. Systém nepřátelský k okolnímu světu a zároveň obávající se jeho síly a proto stále usilující o oslabení a případné zničení tohoto vnějšího světa, který ho obklopuje a vlastně obléhá. Zároveň však v tomto svém úsilí vládnoucí moc v Sovětském svazu není dobrodružná, neriskuje bezhlavě, právě naopak, respektuje sílu protivníka a nepřeceňuje ani sílu vlastní. Už proto, že je sama vystavena krizím (například nástupnickým ve svých špičkách), a taky tím, že země nově zapojené do sovětského bloku zdaleka nejsou zajištěny jako spolehliví spojenci a partneři. Vrcholná zkouška stability režimu, předpovídal Kennan, přijde po Stalinově smrti, mnohé se může změnit. Pro Západ a pro Spojené státy jde o to: za prvé pochopit bez emocí a hysterie tyto »sovětské skutečnosti«, za druhé vyvodit z tohoto poznání hlavní linii politiky vůči Sovětskému svazu. Kennan ji definoval jako »politiku zadržování« (*containment*), tedy »dlouhodobé, trpělivé, ale pevné a bdělé zadržování sovětských výbojných aspirací«, zadržování v těch částech světa, které si komunismus nepodmanil. Tuto generální linii Spojené státy vcelku důsledně sledovaly až do nástupu republikánské administrativy v čele s prezidentem Eisenhowerem v lednu 1953.

Rychle se zhoršující vztahy mezi vítězi v druhé světové válce měly přímý a patrně i rozhodující vliv na to, že k uchopení moci KSČ došlo, muselo dojít nejpozději v roce 1948. Za zlom ve vztazích mezi vítěznými velmocemi se pokládá shodně rok 1947: vyhlášení Trumanovy doktríny (v březnu), fiasko jednání čtyř zahraničních ministrů v Moskvě (v dubnu), vyloučení komunistů z vlády ve Francii a v Itálii (rovněž na jaře), americká formulace politiky »zadržování komunismu« (květen), vyhlášení Marshallova plánu (červen). Podle jednomyslného svědectví českých historiků Moskva tehdy soudila, že hrozí nový válečný konflikt. V obsáhlém dokumentu, který vypracovala zvláštní komise KSČ z příkazu Ústředního výboru v dubnu 1968, se praví, že se počítalo s válkou v Evropě v polovině padesátých let. Tady je zajímavé připomenout, že i když nový pohled českých historiků z roku 1968 i nadále vidí Spojené státy jako hlavního iniciátora studené války, poprvé se veřejně zdůrazňuje, že Sovětský svaz má na této válce také svůj podíl viny. Tak ve zprávě ÚV KSČ se výslovně zjišťuje, že »zostřování mezinárodního napětí se dělo nejen činy kapitalistického světa, zejména USA, ale také akty zahraniční politiky socialistického tábora«. Jiný pražský historik v roce 1968 soudil, že na tuto situaci musela sovětská zahraniční politika reagovat, a to »adekvátními prostředky«. Jedním z těchto prostředků bylo úsilí o definitivní a totální začlenění Československa do sovětského bloku.

Co následovalo, znáte, a taky můj jakkoli osobní závěr. Totiž že z únorového střetnutí vyšli komunisté vítězně zaslouženě, byli strategicky a takticky lepší než jejich konkurenti v zápase o moc ve státě, rozhodnější, důslednější a ovšem bezohlednější, v marxistickém žargonu revoluční. Je dobře možné, že demokraté v dané vnitropolitické i mezinárodní situaci měli na vybranou jen mezi dvěma porážkami, na štítě nebo pod ním.

Není to tak dlouho, co jsem listoval nekomunistickým tiskem ze dnů konečné fáze tohoto střetnutí. I když občas mezi řádky probleskuje podezření, že by KSČ mohla sáhnout k neústavním postupům, a i když jsme ve *Vývoji*, jehož poslední číslo vyšlo na vrcholu krize, uveřejnili až patetickou výzvu sociálně demokratické straně, aby v této hodině dvanácté nezradila svou lepší minulost – přece jen člověka napadne, jak demokraté až do konce nepochopili vážnost situace. Jezdili si po schůzích jako by se nechumelilo, tancovali na bálech, v *Dnešku* datovaném 19. února se četlo, že sjezd závodních rad je pokus o protestní demonstraci namířenou proti Gottwaldově vládě (!), v žádném případě to není »počin nezákonný. Sjezd se sejde a rozejde«. No, sešel se a rozešel, ale na tom už opravdu nezáleželo. Nastoupil pohřební průvod a každý věděl, koho vezou v rakvi.

Jsem to ale upovídaný fotr, vám se už zavírají oči a já tady . . ..

Ani ne, zareagovala nepřesvědčivě má trpělivá posluchačka. *Ještě mi povězte, jak jste se vy tehdy v únoru dostal ven a tak vlastně už podruhý do emigrace?*

Když vás to opravdu zajímá, prosím. Bylo to takhle. K těm nespočetným ostouzečským kampaním, které KSČ v předúnorových týdnech organizovala, byly také útoky proti západním spojencům z války, zejména Američanům a Angličanům. Myslím, že to bylo Rudé právo, které obvinilo britskou vládu, že se zastává demokracie a spravedlnosti, u těch druhých ovšem, zatímco sama si v okupační zóně v poraženém Německu počíná pánovitě a pansky, v táborech pro tzv. bezdomovce týrá hladem a surovým zacházením za ostnatými dráty. Tiskový přidělenec na britské ambasádě v Praze a osobní přítel Parrott mě požádal v lednu 1948, abych se spolu se skupinou jiných novinářů vypravil do Německa, navštívil ty lágry (byla to většinou bývalá kasárna, jak jsem později zjistil, dobře spravovaná a zásobovaná nadnárodní organizací IRO – International Refugee Organisation); a po návratu napsal, co jsem viděl a zjistil. Datum odjezdu bylo stanoveno na půli ledna, já jsem v poslední chvíli Parrottovi odřekl, protože situace doma se mi zdála zvlášť kritická, klec byla na spadnutí, a já chtěl být u toho . . . opravdu, Lucie, tedy fakt . . . Ambasáda stanovila nové datum mého teď už sólo odjezdu, vybavila mě potřebnými papíry, mou první zastávkou mělo být tiskové středisko v Mnichově. Nechtělo se mi, ale bylo mi trapné odmítnout podruhé. Radil jsem se s několika ministry, mám – nemám, co když to vypukne a já tu nebudu – pamatuji se, že na národně socialistickém plese v pražském Obecním domě někdy v polovině února jsem vyzvídal na Ripkovi, jak vidí situaci a jestli podle jeho informací my nekomunisté ještě sedm dní vydržíme. Ripka o tom nepochyboval, naopak soudil, že bezprostředně nic zlého nehrozí, mluvil prý před chvílí s Janem Masarykem a ten mu svěřil, že Stalin má zrovna jiné starosti než se zabývat Československem, povolal si na koberec bulharského Dimitrova, který veřejně cosi blábolil o »vlastní cestě k socialismu«, jež nemusí nutně být paralelní se sovětskou, a že dal našim komunistům pokyn, aby teď žádnou otevřenou krizi nevyvolávali. Moc mě to nepřesvědčilo, ale jisté je, že jsem brzo ráno 19. února vyrazil v obstarožní citroence s jedním kolegou z lidovecké mládeže směrem k hranicím.

Svou reportáž jsem nenapsal a do Prahy jsem se nevrátil a už nikdy nevrátím (přišili mi tam ještě za Novotného v roce 1966 čtrnáct let kriminálu pro jakousi blíže neurčenou velezradu). Jako už několikrát ve svém životě měl jsem víc štěstí než rozumu: čtyři dny po odjezdu mě přišli zatknout dva páni v kožených kabátech a moc se divili, když mě nenašli – tehdy ještě jednotlivé složky Bezpečnosti nebyly tak důmyslně propojené jako dnes a můj legální přejezd hranic jim unikl. Horší bylo, že si odvedli mou ženu zcela po gangsterském způsobu jako rukojmí; když a až se vrátím, propustí ji a zavřou mě. Žena odolávala statečně a pro mne v Mnichově to byly strašné dny. Jednu chvíli jsem se rozhodl k návratu, pak zase jsem podlehl vcelku logické argumentaci novinářských kolegů, že se tím nic nevyřeší, budeme v kriminále oba a já už jistotně z něho nevyjdu – soudě i jen podle hysterických útoků, které mezitím v Praze komunisté rozpoutali proti nám, teď už definitivně poraženým. Navíc novináři a zástupci západních tiskových agentur na mne naléhali, abych konečně něco veřejně řekl k československým událostem, co by mohlo jít do světa, který se o ně jako o horkou aktualitu moc zajímal – a já byl v té chvíli jediný veřejně činný Čech nekomunista –, který se dostal za hranice. Dalších příchozích nebylo, poněvadž nová vláda v Praze okamžitě vydala nařízení o povinné pasové doložce pro všechny cesty do ciziny. Když bylo jasné, že ženě výjezd nepovolí – posílal jsem do Prahy telegramy, že jsem v Mnichově v nemocnici, že mi je zle, ne-li rovnou na umření, a že přítomnost Ivanky u mého lože je víc než naléhavá –

rozhodl jsem se po dlouhém váhání vystoupit veřejně. Svolal jsem tiskovou konferenci a osvětlil okolnosti a průběh komunistického převzetí moci. Mělo to světový ohlas, doma pak Bezpečnost pochopila, že jsem za sebou spálil všechny mosty a že se nevrátím. Takže po dvanácti týdnech vazby a nejrůznějších potahovačkách ženu propustili. S pomocí dobrých lidí se ji podařilo v pozdním létě převést přes kopečky do Bavorska. A víte, že ještě dlouho po mé anabázi byli nevěřící Tomáši mezi Čechy, doma i venku, přesvědčeni, že jsem si svůj – teď už útěk – dokonale načasoval, že jsem na den přesně věděl, kdy to komunisté zmáčknou, a sobecky nikoho nevaroval. Marně jsem se odvolával na svědectví Parrottovo a na to, že jsem nechal doma všechny osobní doklady, peníze a hlavně ženu, která mě vypravila, jak se na krátkou cestu a tvrdou zimu slušelo – v lyžařském úboru, jehož nezbytnou částí byly velice neslušivé spodky, dlouhé až ke kotníkům, rozhodně nic »lepšího« na šatstvu nebo na botách. Krátce, v mínění obecném jsem měl za ušima.

A na dobrou noc kraťoučký dovětek. Historie si občas libuje v absurditách, v ironii, v zamíchání karet tu s tragickým, tu zase spíš s komickým koncem. Tak například, kdo by si byl v únoru 1948 pomyslel, že tehdejší vítězové, tedy mnozí z nich, ideologicky zakalení a věci komunismu oddaní soudruzi, se o dvacet let později octnou mezi těmi, nad nimiž tak přesvědčivě vyhráli? Kdo mohl předvídat, že tito vítězové z roku 1948 o dvacet let později budou zatraceni a vyhnáni z vysokých funkcí, které jim zajistil právě únorový triumf? Že se stanou druhořadými občany, že skončí v domácím ghettu zapomnění nebo v emigraci? Koho by napadlo, kdo by přišel na nápad, na nějž jsme přišli my, někdejší poražení a žijící v exilu – totiž svolat pohovor a pozvat k účasti na něm tehdejší vítěze, kteří odešli po Pražském jaru do exilu už také jako poražení? Ten seminář, v historii emigrací dost ojedinělý, se uskutečnil tři desítky let po Únoru v bavorském Frankenu.

Sešlo se nás tam sto, sto dvacet lidí. Zírali jsme jeden na druhého . . . tak takhle vypadáš, znám tě jen z papíru, z toho, co jsi o nás, spíš proti nám psal, copak ty jsi vlastně za ptáčka? Zdeněk Mlynář, o němž jsme už mluvili, řekl rovnou, že přijel do Frankenu především proto, aby se setkal s lidmi, které znal jen jako pojmy, politická schémata, třídní nepřátele. A přiznal, že byl příjemně překvapen zjištěním, že není marné poslouchat, co říkají, zamyslet se nad tím, a hlavně – pro komunistu asi objev –, že nesouhlas se nemusí rovnat nenávisti, nepřátelství, zatracení. Ale zírali jsme i jinak. Na tom semináři jsme totiž my poražení po dvaceti letech hovořili s příslušníky a často funkcionáři hnutí, které nám tu porážku připravilo. Lecčemu, co jsme se dověděli, jsme se podivili, ale ještě víc se divili naši bývalí odpůrci. Třeba naší očividné politické naivitě, že jsme za války i po ní komunistům důvěřovali jako partnerům, kteří se opravdu s námi demokraty chtěli dělit o moc tak, jak to ústava, parlamentní a demokratické zvyklosti určovaly, a že jsme na to všechno spoléhali a žádné alternativy nepřipravovali. Tak jsme to ve Frankenu po pravdě líčili my poražení, nebylo už co tajit nebo i jen přikrašlovat; vítězové z Února nevěřili svým uším . . . Vydali jsme o semináři záznam pod názvem *Únor 1948 očima vítězů i poražených o třicet let později*, kdybyste o tu knížku někde zakopla, přečtěte si ji, nebudete litovat.

Ale teď už na zdraví a na dobrou noc!

Doporučená četba k jedenáctému večeru

Auský, Stanislav A.: *Vojska generála Vlasova v Čechách.* Sixty-Eight Publishers Corp., Toronto 1980.

Bartošek, Karel: *Pražské povstanie 1945.* Osveta, Bratislava 1960.

Bethell, Nicolas W.: *The Last Secret: the Delivery to Stalin of over 2 million Russians by Britain and the U.S.A.* Basic Books, New York 1974.

Bibliografie knih a článků k únoru 1948: *Svědectví* č. 55, Paříž 1978.

Bouček, M. – Klimeš, M.: Únor v československé revoluci: *Nová mysl* č. 2, Praha 1968.

Červinková, M. – Otáhalová, L.: *Dokumenty z historie československé politiky.* ČSAV, Praha 1966.

Československá revoluce v letech 1944 – 1948. Sborník příspěvků z konference historiků k 20. výročí osvobození ČSSR. ČSAV, Praha 1966.

Danubius (Ján Mlynárik): Téze o vysídleniu československých Nemcov: *Svědectví* č. 57, Paříž 1978.

(Rozsáhlá debata o »Tézích« je zčásti zachycena ve *Svědectví* č. 58, Paříž 1979.)

Denní a periodický tisk let 1945 – 1948.

Deyl, Z.: Jednání Národní fronty Čechů a Slováků v únoru 1948: *Dějiny a současnost* č. 1, Praha 1968.

Drtina, Prokop: *Československo můj osud,* kniha II, díl 1, a kniha II, díl 2. Sixty-Eight Publishers Corp., Toronto 1982.

Ducháček, Ivo: *The Strategy of Communist Infiltration: the Case of Czechoslovakia.* Yale Institute of International Studies, New Haven 1949.

Feierabend, L. K.: *Pod vládou Národní fronty.* Universum Press Company, New York 1963.

Fejtö, François: *Le coup de Prague.* Seuil, Paříž 1976.

Hejl, Vilém – Kaplan, Karel: *Zpráva o organizovaném násilí.* Sixty-Eight Publishers Corp., Toronto 1986.

Hora, Ota: *Svědectví o puči.* Sixty-Eight Publishers Corp., Toronto 1978.
Kaplan, Karel: Úvahy o nevyhnutelnosti Února: *Svědectví* č. 55, Paříž 1978.
Kaplan, Karel: *Das verhängnisvolle Bündnis. Unterwanderung. Gleichschaltung und Vernichtung der Tschechoslowakischen Sozialdemokratie 1944– 1954.* POL Verlag, Wuppertal 1984.
Kaplan, Karel: *Nekrvavá revoluce.* Sixty-Eight Publishers Corp., Toronto 1985.
Kaplan, Karel: *Poválečné Československo. 1945– 1948. Národy a hranice.* Národní politika, Mnichov 1985.
Kaplan, Morton A. : *The Communist Coup in Czechoslovakia.* Princeton University Press, Boston, 1960.
Kotrlý, J. – Krajina, V. – Machotka, O. – Pejša, O. – Schwarzenberg, F.: *Pražské povstání 1945.* Vydala Rada svobodného Československa, Washington 1965.
Král, Václav: Cestou k Únoru: *Svobodné slovo,* Praha 1963.
Laušman, Bohumil: *Kdo byl vinen?* Vl. nákl., Vídeň 1953.
Netík, Jaroslav: *Revoluce na objednávku.* Konfrontace, Curych 1982.
Opat, Jaroslav: *O novou demokracii.* Academia, Praha 1966.
Pavlíček, Václav: Únor 1948: *Právník* č. 3, Praha, 1968.
Pešek, Jiří: *The Revolution in Prague.* Orbis, Praha 1946.
Pfaff, Ivan: Die Demokraten haben den Kommunisten die Macht preisgegeben: *Frankfurter Allgemeine Zeitung,* 17.2.1978.
Rageau, Jean-Pierre: *Prague 48.* Editions Complexe, Brusel 1981.
Ripka, Hubert: *Le coup de Prague.* Plon, Paříž 1949.
Smutný, Jaromír: *Únorový převrat.* Ústav dr. E. Beneše, Londýn 1954.
Tigrid, Pavel (ed.): *Únor 1948 očima vítězů i poražených o třicet let později.* Index, Kolín nad Rýnem 1979.
Tigrid, Pavel: The Prague Coup of 1948: The Elegant Takeover, in: *The Anatomy of Communist Takeovers* (Thomas T. Hammon, ed.). Yale University Press, New Haven and London 1975. Česky ve *Svědectví* č. 41, Paříž 1971.
Vartíková, Marie : *Od Košic po Február.* Bratislava 1968.

12

Předposlední večer. Vznik a budování Československé republiky. Stát jako samozřejmost (pro Lucii, méně už však státnost).

Zatím to vypadá tak, Lucie, a zítra mi to asi vytknete, že jsem v těch jedenácti dosavadních »kursech« vlastně bilancoval jen české prohry a bankroty. Proč jich byla taková dlouhá řada? Byly nevyhnutelné? Kde byl jejich počátek? Vidíte, základní otázka se nám vrací. Jak jsme tu republiku, kterou jsme několikrát ztratili a zase obnovili, jak jsme jí původně nabyli? Zaslouženě? Z vlastních sil? Nějak jinak? Otázky, které by měly být zodpovězeny, aby se kruh naší obhlídky uzavřel. A tak zpět do roku 1918, vlastně ještě dál, do devatenáctého století. Jedeme? Pokusím se.
Takhle jsem začal náš dvanáctý večer. Vlastně to byla noc, horká a hvězdnatá v zahradě hotelu, v němž jsme bydleli. Milan nechtěl jít spát a tak jsme ho nechali řádit skoro do půlnoci, najedli se a pak jsme se tedy do toho pustili nad džezvou silného turka u stolu pod lucernou, abych viděl na své výpisky. Bylo jich moc. Nejdřív jsem se zeptal Lucie, jestli zná pojem státnost.
Státnost? To bude odvozený od státu, státní... Státnost, není to něco jako smysl pro stát?

Ano, smýšlet s porozuměním o státě, mít k němu kladný vztah, pracovat pro něj, být státotvorný. Začal jsem s tím, poněvadž tohle slovo se nám bude občas objevovat v souvislosti s historií První republiky. Už jsme si o ní řekli, že vznikla na konci první světové války po porážce Rakousko-Uherska a rozpadu tohoto mocnářství na takzvané následnické státy. Víme také, že byla dítkem mírových smluv uzavřených vítězi v této válce, dále, že o revizi těchto smlouv, o eliminaci nebo přivtělení zemí, které byly smlouvami vytvořeny, od počátku usilovalo zejména poražené Německo, po Hitlerově nástupu k moci už také vojenskými výpády. A že nakonec došlo i na ten malý státní útvar v srdci Evropy a v sousedství expanzívní německé říše. První republika měla krátký život, dvacet let, a padla bez boje. A jestliže zahraničněpolitický vývoj (který, koneckonců, vedl v neméně krátkém údobí k druhé světové válce, ještě strašlivější než ta první) byl hlavní příčinou jejího rozpadu, nebyl rozhodně jedinou. Pokusím se osvětlit tyto slabiny státu, který byl tehdy v říjnu 1918 vyhlášen. Nezanedbám však ani jeho četná pozitiva. Zase ovšem s obvyklým odkazem na příslušnou literaturu, která je v daném případě zvlášť obsáhlá, celé knihovny! Z některých budu citovat, ale opět fakta, statistiky, jiné, byť důležité údaje ponechám případnému podrobnějšímu studiu, kdybyste jednou měla zájem. Sám se z odborné literatury budu opírat o několik základních děl, zejména o dvě nejnovější masarykovské studie Jiřího Kovtuna a Jaroslava Opata, a také o práci skupiny nezávislých pražských historiků, kterou jsem mohl konzultovat v rukopise; pokládám ji za originální, i když patrně kontroverzní pokus o syntézu a zároveň o revizi dosavadních přístupů k novodobým českým a československým dějinám. Z důvodů, které snadno pochopíte, budu ji označovat jako studii skupiny historiků XYZ.

První otázka by mohla znít asi takto: po staletí byly země koruny české částí rakouské monarchie; proklamovaným cílem české politiky v Rakousku bylo obnovit instituce českého státu v *rámci říše* – nikoli tedy vyhlášení samostatného českého státu, což je podstatný rozdíl; kdy tedy začala *domácí* česká politická reprezentace požadovat takovýto od habsburské říše odloučený stát? Odpověď: vlastně nikdy, a když, tak až úplně na konci války, a to ještě váhavě. Existovala ovšem také zahraniční politická akce, zahájená Masarykem a jeho odchodem do ciziny v prosinci 1914; jejím cílem prakticky od počátku byl samostatný stát.

Kdyby ovšem otázka zněla, kdy začali Češi usilovat o větší nezávislost v rámci Rakouska, o státoprávní uznání ve svazku monarchie, pak bychom museli jít hlouběji do historie, do devatenáctého století. Tedy do obrody českého národního povědomí, české minulosti, kulturního, hospodářského, sociálního a nakonec i politického rozbřesku a rozvoje. Byla by to dlouhá historie, občas se jí aspoň okrajově dotkneme. Zatím a v souvislosti s nadhozeným námětem je podstatné, že čeští politikové v čele s Františkem Palackým, Františkem Ladislavem Riegrem, Karlem Kramářem, Aloisem Rašínem, Františkem Soukupem, Bohumírem Šmeralem a dalšími českými vlastenci nehlásali rozbití Rakouska a aspoň veřejně nevyslovili požadavek odluky. Všechno úsilí bylo vždycky státoprávní v rámci habsburské říše. Zpočátku se požadovala širší práva jazyková a kulturní (v memorandu Riegra a druhů panovníkovi v roce 1860); v roce 1863 zahájili všichni čeští poslanci na protest proti centralismu pasivní odpor odchodem z vídeňské Říšské rady, 1867 z téhož důvodu opustili i pražský zemský sněm; v roce 1868 v tzv. deklaraci byl formulován požadavek »státoprávní svébytnosti českých zemí«, opět ovšem v rámci říše; v roce 1871 se jednalo o tzv. fundamentální články, vycházející z principu rovnosti českého a německého národa; po slibném začátku a dlouhých kuloárových jednáních »fundamentálky« neprošly. Přesto se Češi nepřestávali hlásit k státoprávnímu programu. Čeští poslanci byli sice zklamáni, část české veřejnosti taky, ale k žádným bouřím nedošlo, poslanci se nemohli dohodnout ani na tom, zda český sněm sabotovat, nebo v něm zůstat, znovu obesílat Říšskou radu nebo ne. Krátce, byli to muži, jak napsal francouzský znalec české scény Ernest Denis, »ducha bázlivého«. Ať tak či onak, jejich politika se od roku 1879 (kdy se po šestnácti letech přece jen do Říšské rady vrátili) pohybovala na loajální půdě ústavy. A když konečně v úplně poslední fázi pro Rakousko prohrané války Vídeň byla ochotna dát, s čím tak dlouho otálela, totiž přetvořit říši ve federaci národních států, tak už bylo pozdě a bylo to málo. Česká domácí politická reprezentace, sdružená v Národním výboru československém, odmítla s Vídní i jen vyjednávat. Ale zase se nic bouřného nestalo, žádný samostatný stát vyhlášen nebyl, čekalo se, jak to dopadne na frontách a s kapitulací Rakouska. Historikové všech tendencí se shodují v tom, že v druhé polovině 19. století a na začátku 20. století česká politika byla k Rakousku loajální. Což nebyl jen výraz prozíravosti, ale často také českého opatrnictví a oportunismu.

Na druhé straně je prokázáno, že stoleté úsilí o obnovu českého jazyka, následované rozmachem literatury, umění, školství a zejména hospodářství, významný pokrok v oblasti sociálních a občanských práv, zápas o státoprávní narovnání a nakonec i domácí odboj, jakkoli klikatý, ve čtyřech letech světové války – to všechno nejen nebylo marginální, ale naopak, bez toho by nemohl vzniknout výraznější, politicky i programově profilovaný odboj zahraniční v letech 1914–1918. Jak a kdy to tedy všechno začalo, kdo byli hlavní aktéři, kdo se zasloužil a kdo jen posloužil?

Tahle rozsáhlá kapitola musí přinejmenším a zároveň nutně začít profesorem Masarykem a jeho politickými počátky, a končit návratem prezidenta Masaryka do Prahy v prosinci 1918 jako hlavy prvního samostatného demokratického státu československého. Takže se hned dostaneme k té osobnosti, o které jste chtěla slyšet a o níž patrně nejpůvabnější čtení připravil Karel Čapek ve svých *Hovorech s T. G. Masarykem.*

Když Masaryk (narodil se v chudé rodině v Hodoníně roku 1850, studoval vesměs na německých školách, pak na filozofické fakultě ve Vídni) byl v roce 1882 jmenován profesorem filozofie na tehdy jediné české univerzitě, pražské, bylo české prostředí (které ostatně příliš neznal) dosti rozporné. Na jedné straně tu byl prudký rozmach kulturní a sociální, velký rozmach hospodářský, byl tu vzestup i v oblasti občanských práv a svobod. Politicky už to bylo nepřehlednější: Národní strana, tzv. staročeši v čele s F. L. Riegrem, vyšla z bouřlivých let 1848–49 a tkvěla spíš v minulosti; Národní strana svobodomyslná, tzv. mladočeši, která se ustavila v roce 1874 většinou z nespokojených členů strany Národní; řídil ji Julius Grégr, majitel *Národních listů.* Později tu také ještě byla slabá strana sociálně demokratická. Národnostní poměry v monarchii a zejména v českých zemích nebyly uspokojivé. Němci, ačkoli v říši početně v menšině, byli národem vládnoucím. Tento nepoměr byl stálým zdrojem nespokojenosti – u Čechů to byla nespokojenost spíše pasívní pod nánosem šovinismu, antiněmectví, ale také poníženosti ve směru k Vídni. Byly to malé, provinciální poměry. Tohle všechno Masarykovi neušlo, naopak natolik ho to zaujalo, že se hned od počátku pokoušel o nápravu českých veřejných a politických mravů. Necelý rok po svém příjezdu do Prahy ho nacházíme v čele nového časopisu jménem *Athenaeum*; a brzo se ukáže, že tenhle pan profesor filozofie je nadán nejen odbornými schopnostmi, ale i pozoruhodnými kvalitami lidskými; podle jednoho z tehdejších jeho kolegů to byly intelektuální čilost, sečtělost a pak »talent a kuráž, ty se mu věru nedaly upřít«. Masaryk brzo odhalil českou malost, zejména kritickou, a odmítl tehdy běžnou vlasteneckou poučku, že co je české, je taky hezké. V tomto duchu vstoupil Masaryk roku 1886 do nové fáze bojů o pravost Rukopisů – tu historii znáte ze školy. Byl to zásah chirurgicko-pedagogický – Čechům se musela už definitivně vzít oblíbená hračka – údajná pravost středověkých památek, v nichž se připomínaly pouze ctnosti dávných národních hrdinů. A tak se Masaryk poprvé, zdaleka ale ne naposled, stal nepřítelem ne-li mnoha Čechů, tedy rozhodně hlasatelů vlasteneckého češství. Masarykovi spílali do ďábla, kterého »nezrodila matka česká, spíše netvorná, zlo sálající saň« (Hejduk). Eliška Krásnohorská rovnou v celém básnickém cyklu poslala Masaryka a ostatní »takyvědce« do horoucích pekel. Masaryk svůj spor o Rukopisy vyhrál, prokázal, že to jsou falzifikáty, ale o to ani tak nešlo. Podle Opata hlavní bylo, že »kritika Rukopisů byla de facto úderem do samých základů českého duchového života oné doby«, byl to pokus o »vybudování nové duchovní autority v českém národním životě« v době, kdy čeští poslanci »čuměli a leniveli doma, politika se dělala u džbánku« (formulace je Masarykova).

A Masaryk ji věru u džbánku dělat nechtěl, nechtěl ji vlastně dlouho dělat vůbec. Byl v Americe, kde se také oženil, v letech

1887 a 1888 navštívil Rusko, tuto velkou slovanskou zem, o níž měl vždycky velký zájem, sešel se tam s Tolstým a s jinými zajímavými lidmi. V té době taky zajel na Slovensko (to bylo částí Uherska), líbilo se mu tam, jezdil tam pak pravidelně na prázdniny, byl koneckonců moravský Slovák, ale především ho zajímal osud Slováků. Ti jako národ, na rozdíl od Čechů, skomírali, asimilační politika uherských vlád byla tvrdá, bída vyháněla statisíce Slováků do ciziny, hlavně do Spojených států. Masaryk se brzo rozhodl usilovat o zlepšení tohoto stavu, naplánoval si takříkajíc do svého příštího programu také Slováky.

V Čechách se časy pomalu měnily, nastoupili noví lidé, kteří se už jasně profilovali politicky. Především Karel Kramář a Josef Kaizl – ti vytvořili s Masarykem trojici »realistů«, a brzo měli předstoupit před českou veřejnost jako politický směr, který by pracoval v rámci existujících stran. Jako svou tribunu získali čtrnáctideník Jana Herbena *Čas*.

V roce 1867 došlo k takzvanému »vyrovnání«, jímž Vídeň uznala státoprávní postavení uherské části monarchie (od té doby Rakousko-Uhersko). Čeští liberální politikové žádali totéž – autonomii pro české země. V srpnu 1868 čeští poslanci ve zvláštní deklaraci žádost opakovali, a když jim nebylo vyhověno, uchýlili se do zmíněné šestnáctileté pasívní rezistence. A když se do Říšské rady vrátili, vydali tzv. »státoprávní ohrazení«, v němž se v podstatě pravilo, že vstupem do parlamentu se poslanci nevzdávají českých státních práv v rámci Rakouska. Touto formulkou se pak česká politika řídila až do konce. Češi vždycky dávali před revolucí přednost loajální opozici. Masaryk dlouho nebyl proti.

V *České otázce* napsal, že česká politika »nemůže být úspěšná, nebude-li nesena opravdovým zájmem o osud Rakouska«. Realisté a s nimi Masaryk dlouho balancovali mezi staročeskou a mladočeskou stranou, až v roce 1889 utrpěli staročeši drtivou porážku ve volbách do českého zemského sněmu. Z celkového počtu 84 zvolených poslanců bylo 37 mladočechů, zatímco doposud jich bývalo jen deset. Tentokrát zas abstenovali Němci. Když se v říjnu téhož roku sněm sešel, 70 německých poslanců prohlásilo, že se nadále nehodlají účastnit sněmovních prací; byli v menšině a měli vážné pochyby, že by česká většina posuzovala spravedlivě jejich požadavky.

Na počátku roku 1890 se situace změnila. Jednalo se o tzv. punktace. To byl jeden z řady pokusů o smír mezi Čechy a Němci, jádrem napětí byly »*navenek* otázky jazykové. *V podstatě sporů šlo však o rovnoprávnost* Čechů s Němci ve společném státě, o překonání hegemonismu Němců ve vztahu k Čechům«, zdůrazňuje Opat a dodává, že císař a vídeňská vláda dospěli k závěru, že neúčast Němců v zemském sněmu je nadále neúnosná a že česko-německá roztržka musí být překlenuta přímým jednáním obou stran. Jenže na české straně směli ve Vídni vyjednávat jen staročeši (pro císaře prý byli mladočeši »podivná společnost«), a to ovšem mladočechy rozzuřilo doběla: cožpak to nebyli právě oni, kdo ve volbách do českého sněmu tak přesvědčivě vyhrál? Navíc, co se dohodlo, byl kompromis. Němci neprosadili němčinu jako státní jazyk, Češi neuspěli se svým požadavkem, aby v činnosti zemských správních úřadů a institucí byla čeština zrovnoprávněna s němčinou. Opat cituje Riegra a druhy, kteří ve Vídni vyjednávali: »Jen s obtížemi [jsme] dokazovali, že sjednané dohody [české zájmy] zásadně nepoškodí,« což bylo věru málo. Masaryk vcelku souhlasil. V té době také začala nesnadná jednání mezi realisty a mladočechy; až koncem roku 1890 byla podepsána dohoda o vstupu realistů do mladočeské strany. V lednu 1891 rozpustil císař Říšskou radu, byly vypsány volby a Masaryk byl jedním ze tří čelných realistů na mladočeské kandidátní listině. Ve volbách mladočeši a s nimi Masaryk přesvědčivě zvítězili a nový poslanec vstoupil ve Vídni na půdu Říšské rady v dubnu 1891. Svého mandátu se však vzdal už v září 1893. Proč? V podstatě kvůli malicherným sporům, donášení a ranám pod pás ze strany radikálů kolem Grégrových *Národních listů*; Masaryk o tom řekl, že je to docela obyčejné zlovolné klepaření, které otravuje český politický život, a vyhlásil v *Čase*, že se »tomuto terorismu nepočestnosti a politické krátkozrakosti nepoddá«. Přízemní stranické hašteření zase jednou nabylo vrchu nad věcí národa, nad národním zájmem. Jako by tenhle nešvar přešel politizujícím červíkům do krve: po dosažení samostatnosti v roce 1918 oni a jim podobní oslabovali politikařením Československou republiku stejně systematicky jako bezohledně.

Revizionistické hodnocení »generace devadesátých let«, v prvorepublikánském dějepise tolik vychvalované, je z pera historiků XYZ spíše kritické. Pravda, »devadesátníci«, jakkoli rozhádaní (prskavky dštící své jiskry na všechny strany), měli už politickou existenci českého národa v kapse a v rámci říše vcelku zajištěnou ; »mechanismus státní moci je Čechům zpřístupněn«. Ale to jim bylo málo. Usilovali o »českou hegemonii« v zemích koruny české; nacionalismus triumfoval a s ním i vášně, které rozpoutával, většinou ovšem na papíře, žurnalisticky.

Do tohoto prostředí zasahoval Masaryk od počátku, jak mohl, pokoušel se zvýšit laťku české politiky – tu se zdarem, tu s neúspěchy, z nichž aspoň osobně vyvodil důsledky. Na svou dobu to byl velký muž, nezatížený předsudky, noblesní ve vystupování, schopný přiznat mýlku. Ačkoli nemusel, bojoval proti pověře rituální vraždy a proti vlně antisemitismu, která se šířila v souvislosti s procesem s Leopoldem Hilsnerem, obžalovaným z vraždy dvou křesťanských dívek. Na popularitě mu to nepřidalo, právě naopak, »zastánce židů« mu nadávali, a i jinak. Postavil se rozhodně proti malosti, a to se v Čechách dodnes neodpouští. Promýšlel »českou otázku« – budeme o ní jistě mluvit zítra – jako otázku mravní, a jen tak měly podle něho české dějiny svůj postižitelný smysl. Masaryk byl původně katolík, pak přestoupil k protestantismu a nalezl národní program v české reformaci. Tento program nebyl zdaleka přijat všemi a měl i svůj negativní dopad. Loewenstein má za to, že »Masarykův politický úspěch jistě fascinoval, posiloval přítomnostní, aktivisticko-demokratické a evropské složky české společnosti na úkor falešného, nazpět a do sebe obráceného, zatuchlého nacionalismu. Přesto jeho ‚humanismus s vyhrnutými rukávy' také nahrával lacinému pseudopokrokářství, samolibému, alibistickému skrývání se za autoritu dosud kaceřovaného politika, spoléhání se na to, že ‚pravda vítězí', neboť svět a dějiny jsou s námi. Jistě nebylo dosti času na to, aby se národní identita z oblasti jazyka a národní kultury přenesla na demokratický stát a jeho ústavu: stále přežívala stará představa, že republika je nástrojem jazykového národa, k němuž se ‚po překonání vichřic hněvu' opět vrátila vláda. Jako se v nacionálně zkresleném obraze českých dějin *Němci* objevovali jen jako přivandrovalí kolonisté (a pošetilí němečtí ideologové svou arogancí k tomuto omylu přispěli), tak nyní těžko hledali své místo v ‚českém národním státě'. Ale i *katolická církev*, z níž po roce 1918 inteligence hromadně vystupovala, se vzhledem k ‚husitské' ideologii nového státu octla v dilematu; katoličtí Slováci se s takto pojatým státem také nesnadno identifikovali. Měla tedy Masarykova filosofie českých dějin dvojí tvář: byla pokusem o orientaci k nadnacionální pravdě a k praktickým ‚morálním' přítomným úkolům, na druhé straně tradiční český nacionalismus vybavila falešným pocitem morální převahy a historické legitimity.« Konec citátu.

Jako filozof byl Masaryk málo původní, eklektik, diletant, říkají jeho kritikové, a patrně mají pravdu. »Nesnadno je posoudit význam tohoto nepokojného a rozporuplného člověka,« uzavírají XYZ, muže, který se stal »symbolem dovršení českého obrození a české svébytnosti . . . Jeho apel na mravní opravdovost v životě skutečně žitém i důraz na drobnou práci jakožto nejspolehlivější cestu z malosti či z marasmu je však nezastupitelným vkladem, jehož hodnotu neumenšily slabiny jeho konstrukcí.«

Musel to být moc pěkný pán, aspoň podle fotografií, vpadla Lucie, zřejmě v naději, že navodí přechod k trochu živějším námětům. *A zřejmě až do konce.*

Krásný člověk, skoro by se mohlo říct čím starší, tím zajímavější, elegantnější, ušlechtilejší. Víte sama, že v životě lidé pohlední, urostlí, štíhlí a postavou vysocí to mají obvykle snazší než poďobaní tlusťoši. U politiků je to nesporné, lidé a zejména dámy dávají své sympatie a své hlasy spíše hezounům, byť by tihle pánové hlásali všelijaké nesmysly. Jenže Masaryk byl nadto ještě moudrý. Všechno, co říkal a psal, se samozřejmě nelíbilo – třeba jeho přísné názory na morálku, na střídmost v jídle a pití (on sám nepil, nekouřil a jídlo ho příliš nezajímalo) nebo jeho »přirozené náboženství«. Ale kdo viděl pětasedmdesátiletého prezidenta – ať dítě, nebo dospělý – při oslavě 28. října projíždět Václavským náměstím na koni, vzpřímeného, elegantního (to slovo se stále vkrádá), v jezdeckém úboru a v čepici s kšiltem – ten už na to nikdy nezapomene. Byla to při tom všem podívaná demokratická, neparádní, civilní. Zároveň Masaryk nikdy nepodceňoval význam armády jak pro politický odboj proti Rakousku za války, tak později pro republiku a její obranu. Jinak Masaryk svůj prezidentský úřad a povinnosti s ním spojené příliš rád neměl, »tatíčkovství« se mu protivilo, slavnosti a recepce neméně. Rodinný přítel Masaryků Jan Herben vzpomíná: ». . . úspěch ho ani nezkazil, ani neoslabil jeho záliby v prostotě . . . Okouzloval nás domácí. Imponoval lidem zahraničním . . . Nikde se neučil na prezidenta. Přednášíval U Helmů, v Typografické besedě, ve venkovských hospodách –, a přece jakým byl důstojným představitelem státu! Bývali jsme uneseni jeho vzácným zjevem, jenž z něho dělal prezidenta každým coulem. Bylo to dílo přirozeného citu, vkusu a celé harmonické bytosti.«

A byla tu také ovšem paní Masaryková. Se slečnou Charlottou Garrigueovou se tehdy sedmadvacetiletý Masaryk seznámil v Lipsku. Mladá Američanka tam byla hostem majitelky penzionátu, v němž Masaryk bydlel. Studentka hudby, milovnice (jako Tomáš) anglosaské literatury. Než se vrátila do Ameriky, Masaryk se s ní zasnoubil, »v strašném rozčilení«, jak se svěřil v jednom dopise, vždyť to na tehdejší dobu a mravy byl kousek odvážný. Navíc, cituji z téhož dopisu, »posud neví rodičové její ničeho, dozví se teprv později: mohou rodičové proti mysli a srdci dvou lidí příčetných se opříti?« Nesmí se zapomenout, že Masaryk neměl tehdy ani vindru, živil se kondicemi a výchovou synků z bohatých rodin; a když se později dozvěděl, že jeho nevěsta po návratu z Evropy utrpěla těžký úraz pádem z vozu, neměl samozřejmě na cestu. Vypůjčil si, přistál šťastně po plavbě na staré, nespolehlivé, a tudíž pro cestující levné lodi na druhém břehu Atlantiku, a 15. března 1878 byla svatba (na Moravě si lidé povídali, že si vzal černošku, ale bohatou, v Americe je přece každý bohatý). Masarykovi se pak usadili ve Vídni ve velmi skromném bytě. Masaryk se připravoval na docenturu. Ve Vídni se Masarykům narodily dvě děti, Alice a Herbert, později v Praze syn Jan a v roce 1891 dcera Olga. Třetí dítě, děvčátko, zemřelo jako nemluvně. Jak byl rodinný život Masarykův šťastný a vyrovnaný, osud mu nebyl příznivý. Herbert zemřel za války, paní Masaryková byla dlouho nemocná psychicky (zemřela 1923), Jan Masaryk (bezdětný) se zabil nebo byl zabit, neštěstí a smrt potkaly i vnoučata TGM. Takže jméno Masaryk mělo po Janově smrti vymřít. Skoro symbolicky, máme-li na mysli další osud Masarykova díla.

Ještě jedno je zajímavé: nemohl snad být větší rozdíl mezi dvěma muži, než jaký byl mezi Masarykem a Benešem. Nejen fyzicky, to bylo příliš očividné, a dokonce to nabádalo k pověrčivým srovnáním. Masaryk byl symbolem, ne-li rovnou zárukou úspěchu; Beneš v retrospekci smolař, na co sáhl, to nakonec nevyšlo; Masaryk byl hazardér, sekáč, sportovec, svým založením básník a literát. Beneš – jak víme – pravý opak toho všeho. Masaryk byl krása a život, Beneš průměr a suchar. A přece to byl Masaryk, který skoro od počátku viděl v Benešovi jediného muže, který může dál vést státní loď; prosazoval jeho kandidaturu, když ne proti všem, tak proti mnohým – možná taky proto, že nikdo jiný na obzoru nebyl téhož formátu, neměl Benešovy zkušenosti a schopnosti, s možnou výjimkou Švehly, ale ten brzo umřel. Masaryk nikdy nic nevzdal, i když se to zdálo riskantní nebo snad i prohrané, Beneš naopak z ničeho, co dělal, kapitulaci nikdy nevylučoval. O Masarykově mužnosti píše zajímavě Peroutka v eseji z roku 1930, nadepsaném Masarykova osobnost; je to *muž*, zjišťuje Peroutka, a upřesňuje: »Vyslechneme toto slovo obyčejně zcela lhostejně. Ale zavadí-li toto slovo o sluch Anglosasů, vypnou hruď. Zní jim jako povel. Znamená pro ně příkaz, charakter, kvalitu. Uvádím zde toto slovo v anglosaském smyslu. České ocenění tohoto slova bude bohužel třeba teprve vybudovat. Měli jsme mnoho hlasatelů národních ideálů, slyšeli jsme, že máme být vlastenečtí, pokrokoví, humanitní, slovanští, citliví, a kdovíjací ještě – ale ideálem mužnosti se žádný z našich hlasatelů nezabýval. Sám Masaryk nevěnoval tomuto ideálu dosti pozornosti, ač jej splňuje. Je to nepochybně vliv českého prostředí, ve kterém toto téma žije jen žalostným životem. (. . .) Ačkoli Masaryk založil celou školu, ukázalo se, že jeho osobnost nebylo možné přenést na následovníky; v tom je asi také vysvětlení, proč se bez Masaryka realistická strana tak rychle zhroutila. S vůdcem jí odešel životní elán; strana se nějakou dobu zabývala tím, že obracela jeho slova ze strany na stranu, a pak zašla.« A ještě: »Není pravda, že naši buditelé vyhynuli v první polovici devatenáctého století. Masaryk je poslední a patrně největší z buditelů. V jeho době byl český národ už obrozen jazykově, literárně i politicky. Ale Masaryk viděl, že tento národ nemá ještě dost vlastní tváře. Že není duchovním útvarem, i když je už přírodní skutečností. Že chybí původní a základní české myšlenky. Že nemáme vyhraněný charakter, ani dost vlastního obsahu. Že jsme nejasní a nezřetelní jako napolo setřená freska.«

Ježíš, to je krásný! vykřikla Lucie. *To je, jako kdyby to napsal dnes, tak to sedí na sto procent! Přečtěte mi to, prosím vás, ještě jednou!*

Dám vám výpisek. Jsem moc rád, že se vám právě tahle úvaha líbí, mně taky. Míří totiž k jádru věci. A k tomu ještě Peroutka dodává, že Masaryk tehdy na přelomu století přišel s myšlenkou, která byla na hranici provokace, ne-li rovnou urážky, a kterou bylo možno shrnout do hesla: »Český národ nemá dost charakteru!« Peroutka pochybuje, zda kdy kdo vyslovil tohle heslo tak jasně. Tedy, seriózně, programově ne, poněvadž nebylo dost kuráže, i když kdekdo »u džbánku« to měl na jazyku. Až zase skoro o století později pár českých odvážlivců, jimž se už, bohužel, neříká buditelé, ale disidenti, případně zrádci – podle toho kdo – vyslovilo stejné podezření a zároveň stanovilo úkol: pracovat charakterotvorně na sobě, nesvalovat nic na jiné, nečekat nic od těch druhých.

V roce 1900 založil Masaryk vlastní stranu, Českou stranu lidovou (realistickou). Masarykovo srdce nikdy náruživě netlouklo pro partaje, však taky jeho strana ve volbách v roce 1907 dostala tak málo hlasů, že Masarykovi museli k poslaneckému mandátu dopomoct sociální demokraté. Takže by se mohlo zdát, jak poznamenává Kovtun, že Masaryk »na bojiště vstupuje bez spolubojovníků a s holýma rukama«. Jenže on chtěl mnohem víc než být straníkem: chtěl reformovat českou politiku; to chtěli ovšem i jiní, ale Masaryk se »pokusil dát této snaze filozofický základ. Byl přesvědčen, že se v české historii projevují kladné, obecně lidské snahy, které mohou dát obsah novodobému národnímu programu. Svou filozofii českých dějin vypracoval v letech 1894–1896 v knihách *Česká otázka*, *Naše nynější krize*, *Jan Hus* a *Karel Havlíček*. Podstatu českého historického odkazu shrnul ve slově humanita ... tento nejvyšší ideál v českých dějinách, jak shledával, se uskutečňoval v husitství a náboženském hnutí českých bratří, a inspiroval národní obrození v 19. století«, shrnuje Kovtun, ale hned dodává, že »Masarykův výklad českých dějin vyvolal – a asi navždy bude vyvolávat – námitky, diskusi a kritiku«. Těch opravdu bylo a je nespočet, pojí se s nimi vynikající jména české a později československé společnosti. A ten spor trvá dodnes. Nejnovější revizionisté zeskupiny historiků XYZ soudí, že Masarykovým »impozantním činům je třeba učinit po právu právě tak jako jeho ‚idejím', jimiž posléze znešvařil českého ducha«. Masaryk byl sice »likvidátor fikcí« (v případě Rukopisů, Hilsnera atd.), ale také tvůrcem a stoupencem myšlenek přinejmenším sporných; na nich založil své pojetí českých dějin: husitství, čeští bratři byli jejich vrcholem, inspirovali národní obrození, zápas za nezávislost, »Tábor je náš program«. Katolicky orientovaní historikové soustavně odmítali Masarykovu dějinnou interpretaci; byly z toho nekonečné polemiky, které by se vám asi zdály marginální a nečasové (ačkoli je tomu jen rok či dva, co v kruzích české občanské iniciativy kolem Charty 77 se vedla rozsáhlá debata o »právu na dějiny« a o jejich výklad). Nesmí se zapomínat, že hybnou silou českého kulturního a politického snažení devadesátých let byl nacionalismus a ten byl společným jmenovatelem téměř všech složek, včetně realistů a Masaryka (u něho byl ovšem podřazen jiným, širším hodnotám). S vypjatým a historicky často nepoctivě podloženým nacionalismem šlo ruku v ruce protiněmectví; jedno živilo druhé. Boj Čechů s Němci se vine jako červená nit dějinami Čechů. Se střídavým úspěchem, zato za vysokou cenu, zaplacenou tu jedněmi, tu druhými.

Koncem července 1914 Rakousko-Uhersko vyhlásilo válku Srbsku. Začala první světová válka, v níž se postupně utvořily dvě bojující strany: ústřední mocnosti – Německo, Rakousko-Uhersko, Turecko, Bulharsko; dohodové mocnosti – Francie, Rusko, Velká Británie, Itálie, Spojené státy, Rumunsko, Belgie. Vstupem Japonska a jiných mimoevropských zemí do války na straně Dohody se konflikt stal opravdu světovým.

Masaryk byl dlouho a důsledně pro mír, války se obával, násilí a revoluce byly proti jeho mysli, proti jeho učení. Ale válka vypukla, bylo třeba se rozhodnout. Nebylo to rozhodnutí snadné. Ale jakmile myšlenka uzrála, pak u Masaryka vždycky následoval plán a čin. Píše o tom ve *Světové revoluci*: »Naše místo bylo celou naší historií na straně protiněmecké. Analyzuje situaci evropskou, odhaduje pravděpodobný rozvoj války, rozhodl jsem se pro aktivní odpor proti Rakousku, očekávaje, že Spojenci zvítězí a že naše rozhodnutí pro Spojence nám přinese svobodu . . . jasné mi bylo, že v té veliké době nesmíme zůstávat pasivní: i nejlepšího práva musí hájit lidé činní, nemá-li zůstat na papíře. Nemůžeme-li se Rakousku postavit doma, musíme to učinit za hranicemi. Tam bude hlavním úkolem získávat pro nás a náš národní program sympathie, navázat styky s politiky, státníky a vládami spojeneckých států, organisovat jednotný postup všech našich kolonií a hlavně zorganisovat ze zajatců vojsko.« Jak vymyšleno, tak provedeno. V časovém rozpětí čtyř let. Masaryk měl zprávy o tom, že čeští vojáci v rakouských uniformách nastupují do války neradi, s odporem, že se dávají zajímat, dezertují. A tak zcela přirozeně, dodává Masaryk, začne se s budováním československého vojska v zahraničí, legií. Kostky byly vrženy.

Tady jednu trochu detektivní vložku. Sepsal ji po válce Emanuel Voska, Čechoameričan a přítel Masarykův, který v létě 1914 pobýval v Praze; tenhle tehdy devětatřicetiletý muž s romanticko-špionážními sklony si jednoho dne dal rozříznout podrážky, do nich vložil papíry, které mu svěřil Masaryk, zbytek strčil do korzetu své dcery a oba odjeli do Londýna (to už válka trvala měsíc, ale Voska jako občan neutrální země mohl volně cestovat). Tam podle příkazu odevzdal papíry poněkud vyjevenému Masarykovu příteli a redaktoru *Timesů* Wickhamu Steedovi s Masarykovou prosbou, aby je dal dál, zejména také ruskému velvyslanci. Byly to politické, hospodářské a vojenské zprávy o stavu Rakousko-Uherska – očividná velezrada. Tomáš Garrigue Masaryk vstoupil do revolučního boje proti Rakousku. Bylo mu tehdy skoro šedesát pět let.

V Praze Masarykovi už hořela půda pod nohama, ve Vídni byl zapsán jako nebezpečný buřič, chystal se na něj zatykač. Odjel vcelku bez nesnází v prosinci 1914, napřed do Itálie, pak do Švýcar. Před odjezdem organizačně zajistil, co bylo nezbytné, především budoucí styk s domácími politiky. Ti nejrozhodnější z nich vytvořili konspirační buňku, později známou jako Mafie; jejími členy byli jak realisté jako Šámal, tak mladočeši Kramář a Rašín, i státoprávní pokrokáři Hajn a Dyk. A ovšem a hlavně mladý docent sociologie jménem dr. Edvard Beneš. Ten však také zanedlouho musel do exilu.

Tak začal český zahraniční odboj, který vstoupil do dějin – a nejen českých. Nemohu tu ovšem podat, ani jen v hlavních obrysech, obraz toho složitého zápasu, vedeného po čtyři roky v řadě zemí a na třech kontinentech prostředky politickými, diplomatickými, vojenskými, propagačními a konspirativními. Co by bylo povinností historika, není nezbytností a ani v osnově žurnalisty. Ale jeden citát ze *Světové revoluce* si přece jen neodpustím. Je to otázka, kterou si Masaryk, nezli se vydal do onoho velkého dobrodružství, stále »v hloubi duše« kladl. Zněla takto: »Jsme pro odboj proti Rakousku opravdu zralí a jsme zralí pro svobodu, pro správu a udržení samostatného státu, složeného ze zemí českých a ze Slovenska se značnými národnostními menšinami? . . . Pochopíme světodějný okamžik? Dovedeme jednat, jednat zase jednou doopravdy?«

Vidím, že kýváte souhlasně hlavou, a to mě dojímá. Lucie, dítě přibližně čtvrté generace Čechů, pro které Masaryk chtěl zajistit svobodu, okamžitě pochopí smysl těchto jasnozřivých obav, a pochopí je nikoli na podkladě papírových znalostí, ale – bohužel – z vlastní životní zkušenosti.

Ale pokračujme v našem vyprávění.

Když v září 1915 přijel Beneš do Švýcar a definitivně do exilu, našel v něm Masaryk ideálního spolupracovníka, který se ostatně už dávno pokládal za jeho žáka; byl vybaven vyjednávacími i jazykovými schopnostmi, už tehdy byl nadán nezměrnou pílí a trpělivostí; byl politicky a historicky tak vzdělán, že »nebylo třeba mnoho řečí, stačilo slovo«, napsal o něm jeho nový šéf. A hned prakticky a bez obalu dodal, že Beneš má dost peněz, aby mohl žít na vlastní útraty, zatímco Masarykovi američtí přátelé poslali »dostatečné částky«, takže »Beneš i já byli jsme pro vlastní potřeby bez starostí«. Beneš byl nadto Masarykovi oddán a byl ochoten hrát druhé housle v odbojovém koncertu, což se také stalo. Věci se pak vyvinuly tak, že zatímco Masaryk byl převážně činný ve Spojených státech a v Rusku, Benešovým hlavním působištěm byly Paříž a Londýn. Oba odbojáři byli často na téže vlně, strategicky i takticky, což při tehdejších pomalých komunikacích přes oceán bylo neocenitelné. Zejména Beneš skoro instinktivně předvídal Masarykovy diplomatické pohyby i úhyby, jeho četné nesnáze v jednání s americkou vládou. Z tohoto prvního odboje se také datuje Masarykova důvěra v Beneše, v jeho politický a diplomatický talent; to byl jeden z důvodů, proč příští československý prezident ho určí jako svého nástupce na Pražském hradě.

V červenci 1915 v Curychu na Husových oslavách přednesl Masaryk svůj první, hodně zastřený a kulturně orientovaný, ale přece jen k Rakousku kritický projev. O pár měsíců později se v Paříži ustavil Český zahraniční komitét (později Národní rada), sdružující všechny organizace Čechů v cizině. Masaryk byl předsedou, Dürich a Slovák Milan Rastislav Štefánik místopředsedy, Beneš generálním tajemníkem. Komitét vydal prohlášení, v němž se stanovil cíl: nezávislý československý stát. Venku, v cizině, byly tedy věci jasné. Psal se 14. listopad 1915.

Začala intenzívní činnost propagační a politická. Ve svých poválečných vzpomínkách se Masaryk netají tím, že brzo na mnoha spojeneckých místech »nám vytýkali pasivnost doma; zahraniční odbojáři se chabě bránili poukazem na perzekuci domácích vlastenců (Kramář a Rašín byli zatčeni, odsouzeni k smrti, ale nakonec omilostněni). Situace se měla opakovat v druhém odboji za druhé světové války o tři desítky let později – vzpomínáte si, podobná kritika západních spojenců vedla tehdy Beneše k vyslání parašutistů k atentátu na Heydricha.

Revoluce v Rusku (březnová, r. 1917, nikoli tedy ještě bolševická) Masaryka zaskočila, ale nepřekvapila. Znal Rusko příliš dobře, napsal o něm několik knih, jeho poměr k oficiálnímu carskému Rusku byl »nemilý«, jak se vyjádřil. Takže do Ruska nepospíchal. Ale neváhal, jakmile se ukázalo, že jeho přítomnost je tam nezbytná – bylo třeba zorganizovat a upevnit československou armádu. Tedy ty známé legie, vznikající z českých a slovenských kolonistů na Rusi a hlavně ze zajatých přeběhlíků z rakouské armády. Vytvořit z těchto mužů armádu – nakonec asi padesátitisícovou – pokládal Masaryk za prvořadý úkol, jehož splnění bylo předpokladem úspěchu zahraniční politické akce. To se ukázalo v následujících letech jako naprosto správný odhad. Masarykova cesta z Anglie do Ruska nebyla bez nebezpečí, u Bergenu se jeho loď jen taktak vyhnula nepřátelské mině. Přes Haparandu dorazil Masaryk do Petrohradu: 16. května 1917, den a měsíc poté, co do Ruska přijel Lenin.

A zase horečná aktivita v chaosem zmítané zemi: rozhovory s členy Prozatímní vlády, pak s členy vlády Kerenského, ale také s Plechanovem a Gorkým. A byly tu samozřejmě intriky a podrazy interní – ze strany Dürichovy, který se mezitím dostal do Ruska, kde založil svůj trucpodnik proti Národní radě v Paříži; a brzo měly nastat komplikace s bolševiky, ruskými i českými. Masaryk měl tento plán, říkal mu vojenský. Za prvé: mít v Rusku samostatnou armádu, pod vlastním velením. Za druhé: mít armádu co největší, opravdu vojenskou, nikoli politickou; vojsko muselo vědět, proč a za co bojuje. Za třetí (už po bolševickém převratu): armáda měla být převezena do Francie jako část francouzských branných sil, za kterou ji Masaryk vyhlásil. Armáda nesmí být vtažena do ruského vnitřního zmatku. Tedy plán náročný, který se navíc pěkně zkomplikoval listopadovým bolševickým převratem. Masaryk to opět zvládl. Už tehdy věděl, že komunismus v praxi musí být tuhá diktatura »dedukovaná z these a násilně prováděná«, že bolševismus je »neomylnický a inkvisitorský«, s vědou nemá nic společného; a neušlo mu, že v roce 1917 Leninovi nešlo ani tak o uskutečnění zásad a ideálů komunismu v Rusku, ale »o užití Ruska k tomu, aby se ty ideály uskutečnily nebo aspoň uspíšily v Evropě«.

Takže když bolševický generalissimus Muravjev přitáhl na Ukrajinu, aby dobyl Kyjev, Masaryk věděl, jak na něj, a uzavřel s ním dohodu: »ozbrojenou neutralitu« legií a volný odjezd napříč Sibiří do Francie.

Masaryk plánoval svůj pobyt v Rusku na několik týdnů, byl z toho nakonec skoro rok. Ve chvíli jeho odjezdu z Moskvy v prvním březnovém týdnu 1918 sibiřskou drahou (ve voze třetí třídy a s matrací na přespání na cestě trvající tři týdny) byl už opravdu nejvyšší čas, aby se objevil zase na Západě, tentokrát ve Spojených státech. Tam, jak Masaryk věděl, mělo padnout rozhodující slovo, zda Češi a Slováci budou mít svůj stát. Dosud nic nebylo jisté, tím méně zaručeno. Přes Japonsko dorazil do Ameriky počátkem května. Jenže po odjezdu vrchního velitele legií došlo v »korpusu« a kolem něho k řadě událostí, ne vždycky příznivých české věci. Legie se stahovaly tisíce kilometrů na východ, k Vladivostoku – to byla ta bájná sibiřská anabaze. Před svým odjezdem vydal Masaryk instrukce: nevměšovat se do vnitřních ruských záležitostí, ale na případné napadení odpovědět »energickou obranou«. Dojednal také znovu, tentokrát s moskevským sovětem, smlouvu v tom smyslu, že Čechoslováci mohou nerušeně pokračovat v cestě do Vladivostoku; sám lidový komisař Stalin tehdy potvrdil, že část zbraní si legie mohou nechat k sebeobraně (proti »kontrarevolucionářům«), část jich odevzdat sovětům; to se taky stalo. Ale nedlouho poté došlo v Čeljabinsku k přestřelce s bolševiky a tak se dosud nenásilná cesta proměnila v bojovou. Legionáři se probíjeli řadou měst na Volze a obsazovali osady podél magistrály. Podle dosud platné verze komunistických historiků to byla reakční protisovětská intervence, což Masaryk vždycky popíral; byla to prostě proradnost bolševiků, jejichž úmyslem bylo legie odzbrojit, rozhodnutí spočívající ve špatné sovětské informovanosti, ale také ve štvavé činnosti »nerozumných a zrádných bolševiků českých«.

Masaryka zvlášť mrzely zprávy o vnitřních sporech v legiích, o úpadku kázně, o nejednotnosti a kolísání politického vedení... Zároveň anabaze už kolosálností úkolu, opanováním magistrály, boji s bolševiky vyvolala v Evropě a hlavně v americké veřejnosti obdiv a až nekritické nadšení; zahraniční politické akci Čechoslováků to ovšem ohromně pomohlo. Dopadlo to tak, že válka skončila dřív, než se »naši hoši« mohli dostat do Francie; první transport v prosinci 1919 jel rovnou domů, evakuace byla skončena o rok později. Zahraniční armáda v Rusku, ve Francii a v Itálii čítala vcelku asi 100 000 mužů. Na všech úsecích jich padlo nebo zemřelo asi čtyři a půl tisíce. Svůj příjezd do Spojených států Masaryk dobře připravil – ve spolupráci s mnohými svými českými, slovenskými a americkými přáteli – především řadou připomínek a memorand vlivným Američanům, v nichž vysvětloval československé stanovisko. Mezi adresáty byl na prvním místě státní tajemník Robert Lansing, který měl stálý přístup k prezidentu Woodrow Wilsonovi. Na manifestačních, většinou krajanských schůzích (v Americe tehdy žil milión Čechů a Slováků) Masaryk neustával opakovat základní požadavek: nezávislost Čechů a Slováků v samostatném státě. V Pittsburghu 31. května podepsal dohodu, která se později stala předmětem nekonečného sporu. Představitelé českých a slovenských organizací v Americe se tu sešli se zástupci Národní rady s Masarykem v čele, a poněvadž byla ze slovenské strany vyslovena obava, že v novém státě by početnější Češi mohli nabýt vrchu, Masaryk sám navrhl text, který byl všemi přítomnými schválen: Češi a Slováci budou spojeni v samostatné republice, v níž Slovensko bude mít vlastní administrativu a svůj sněm. Tohle první republika Slovákům nedala (dohoda stipulovala, že konkretizace se ponechává ústavodárnému sboru nového státu). Od té doby jedna slovenská politická generace po druhé se na dohodu více nebo méně energicky odvolávala. Spor byl také o to, zda Pittsburská dohoda byla smlouvou mezi legitimními představiteli dvou národů (jak tvrdili Slováci), nebo nepříliš závaznou dohodou mezi dvěmi krajanskými organizacemi v cizině, za jakou ji později vydávali Češi a s nimi i Masaryk. Nebylo to ke cti jim a – výjimečně – ani Masarykovi.

Prezident Wilson (také profesor) už před válkou leccos věděl o situaci Čechů v Rakousko-Uhersku a byl příznivě nakloněn českým ambicím. Ale teprve po Masarykově příchodu do Ameriky se seznamoval s radikálnějšími českými požadavky, i když je nepřijal hned za své. Takže ještě v květnu 1918 musel Masaryk na podkladě vlastních zkušeností a Benešových raportů z Paříže konstatovat, že žádná z válčících mocností dosud neuznala základní požadavek zahraničního odboje – vytvoření nezávislého československého státu. Na druhé straně spojenci už několik měsíců předtím vyhlásili ve zvláštní nótě, že »osvobození Italů, Jihoslovanů, Rumunů a Čechoslováků z cizí nadvlády« patří k jejich válečným cílům. Nebylo to sice všechno, ale bylo to aspoň něco. Masaryka a Beneše to rozhodně potěšilo, jen kdyby čeští politikové doma vždy znovu nepodtrhli zahraniční odbojovou stoličku.

Koncem roku 1916 vytvořili v Praze poslanci téměř skoro všech českých stran zastoupených v Říšské radě Český svaz; pak se také ustavil Národní výbor, sdružující zástupce politických stran bez ohledu na členství v parlamentě – prý jakási »nejvyšší mravní instance« národa. Obě tyto vysoké instance neměly nic lepšího na práci než vydat prohlášení (v listopadu 1916), jímž se hlásily k habsburské dynastii a jejímu »historickému poslání«. V lednu pak předsednictvo Českého svazu důrazně odmítlo zmíněnou a pro Čechy tak příznivou nótu spojenců coby »insinuaci« a prohlásilo, že »národ český jako vždy v minulosti, tak také v přítomnosti a době příští jen pod žezlem habsburským vidí svou budoucnost . . .«! Naštěstí, zaznamenal si Masaryk, si venku tohoto »désaveu« moc nevšimli.

Jaký div, že po tomto výkonu nezbylo českým spisovatelům než vytahat politiky za vlasy a trochu je popostrčit (kolikrát se to pak opakovalo v příštím půlstoletí!). V manifestu z května 1917 celkem 222 českých literátů a vědců vyzvalo poslance, aby se konečně vzpamatovali, nebo toho nechali. Pravda, pod tímto nátlakem, ale až na počátku roku 1918, vydali čeští poslanci tzv. »tříkrálovou deklaraci«; i když v ní byla opět zmínka o loajalitě k Rakousku, přece jen obsahovala klikatou větu, že český národ »chce přispívat k obecnému lidskému pokroku . . . ve svém státě svrchovaném, plnoprávném, demokratickém . . . v hranicích historických zemí a sídel svých a své větve slovenské«. Jediným konkrétním a okamžitým důsledkem »tříkrálové deklarace« bylo, že němečtí poslanci z českých zemí žádali zřízení samostatné země »Deutschböhmen«.

Naštěstí mezinárodněpolitický vývoj začal mít rychlý spád. Svých proslulých »čtrnáct bodů«, myšlených jako americký program k ukončení války, přednesl Wilson 8. ledna 1918; v bodě desátém se pravilo, že při budoucím uspořádání rakousko-uherské monarchie má být jednotlivým národům dána možnost »nejširšího autonomního vývoje«. Čechům neušla vágnost formulace. Navzdory Masarykově neúnavné aktivitě a jeho osobním rozhovorům s Wilsonem nic jednoznačně nepotvrzovalo, že americký prezident je odhodlán Rakousko rozbít. A na něm teď všechno záleželo. Vláda Spojených států sice 3. září uznala Masarykovu Národní radu za československou vládu *de facto* a připojila se tak k předchozímu francouzskému a anglickému uznání, ale americké stanovisko ve věci československé nezávislosti zůstávalo nadále nevyjasněno. Masaryk byl krajně zneklidněn, věděl, že jde do finiše. Hrozilo nebezpečí z prodlení a americké »fait accompli«.

A poněvadž když je malér, zřídka zůstává při jednom, Masaryk dostal zprávu z Vídně, datovanou 3. října (historku zaznamenává Kovtun), že poslanec Staněk v Říšské radě se vyjádřil v tom smyslu, že čeští politikové žádají pouhou autonomii v rámci Rakouska – tedy mnohem méně, než čeho se tak dlouho domáhal Masaryk. Ten si sice nemohl věrohodnost zprávy ověřit, ale utvrdilo ho to v přesvědčení, že déle čekat nesmí, už ani ne na Wilsona. Rozhodl se rychle, vzal na sebe nemalé riziko, a jak bylo jeho zvykem, začal hned jednat. Kovtun líčí ve své knize, jak 12. října dopoledne svolal Masaryk do své washingtonské kanceláře poradu svých nejbližších spolupracovníků a rozhodl: vyhlásit *prozatímní* československou vládu a tak formálně zahájit existenci nového státu; vydat československou deklaraci nezávislosti (později známou jako washingtonská); totožnou verzi uveřejnit v Paříži a ve Washingtoně. Páni se rozešli, začala redakční práce na prohlášení, rozletěly se telegramy. Ukázalo se, že Beneš v Paříži anticipoval Masarykovo rozhodnutí a sám 14. října odevzdal francouzským úřadům oficiální nótu, v níž se oznamuje vytvoření československé vlády s Masarykem jako předsedou a ministrem financí, Benešem jako ministrem zahraničních věcí a Štefánikem jako ministrem války. A pak taky poslal Masarykovi telegram, v němž se omlouvá, že vyhlásil vládu, aniž čekal na deklaraci. Ta byla pak odevzdána 18. října prezidentovi v Bílém domě. O den později Wilson v diplomatické nótě rakouské vládě učinil definitivní konec nadějím Rakušanů a obavám Čechoslováků, totiž že Amerika bude respektovat celistvost habsburské říše; desátý článek Wilsonových čtrnácti bodů je vyhlášen za překonaný, teď už jen národy Rakouska samy posoudí, zda nabídky Vídně mohou uspokojit »jejich aspirace a jejich představu práv a údělu jako členů rodiny národů«. A v dopise Masarykovi Wilson napsal: »Nemusím vám říkat, s jakými pocity jsem četl deklaraci nezávislosti ... a myslím si, že má nedávná odpověď Rakousku vás plně zpravila o mém postoji v této věci. Můžete si být jist mým hlubokým zájmem.«

Na první schůzi Revolučního národního shromáždění v Praze 14. listopadu byla vyhlášena republikánská forma samostatného československého státu a jejím prvním prezidentem byl zvolen T.

G. Masaryk, zvaný také Prezident Osvoboditel, o němž pozdější zákon stvrdil, že se »zasloužil o stát«. Šest dní poté nastupoval v newyorském přístavu svou cestu domů »štíhlý, zdrženlivý cestující«, jemuž však na nábřeží vzdal vojenskou poctu čestný oddíl námořníků, a tisk (jak jej cituje Kovtun) uvedl, že »měl na sobě šedý svrchník, měkký klobouk přiléhavé barvy a šaty vzorku pepř a sůl«. Zamyšleného muže, který se celé hodiny procházel po palubě, bylo možno považovat za spisovatele. Zřejmě klidný a rozvážný starý pán, až na to, že si občas na palubě nahlas prozpěvoval: jsme svobodní, jsme svo — bod — ní, máme re — pu – bli – ku, repub – liku! Ale také už si o ni dělal starosti, jak se to všechno zvládne. Masaryk dojel do Prahy 21. prosince a byl uvítán jásotem a nadšením všeho lidu.

Tohle, Lucie, byla dlouhá odbočka, a to jsme si ještě nic neřekli o Masarykovi jako člověku, filozofu, humanistovi, Evropanu. Ale snad i z toho, co bylo řečeno, vyplývá, že bez Masaryka, Beneše, Štefánika, bez zahraniční politické a vojenské akce by Československo nevzniklo. Masaryk sám – člověk nadmíru skromný, jemuž bylo zvlášť protivné, když se mu přičítaly zásluhy, a už vůbec mu nepřišlo na mysl si je přičítat sám – to ve *Světové revoluci* kratičkou půlvětou potvrzuje: »... bez naší zahraniční propagační a diplomatické práce a krve legií nebyli bychom získali samostatnosti.«

Lze říci totéž o domácím odboji? Vždyť i ten ve válečných letech existoval, a nejen v té pokleslé a opatrnické podobě českých poslanců a nejen snad pouze ve vzdělaneckých špičkách! Národ ve svém celku cítil vlastenecky, až šovinisticky, a jeho tužby vyzpívávali nejen literáti, ale i zpěváci v kabaretech a šantánech (v pražských podnicích, jako byla Červená sedma nebo U bílé labutě). Ovšem pokud šlo o domácí politiku, ta si vysloužila hojnost nepříznivé kritiky z nejrůznějších stran, i když měla také své obhájce. Uvedu pár příkladů a začnu úmyslně marxisticky orientovaným historikem Ottou Urbanem – na dané poměry v roce 1982, kdy jeho kniha *Česká společnost 1848–1918* v Praze vyšla, celkem dost objektivním. Urban konstatuje: »Jestliže v něčem tehdy [za války] vyústily metody a taktika více než půlstoletí bojů hlavních proudů české buržoazní a reformistické politiky, pak to byla naprostá bezradnost a rozvrácenost české politiky v první fázi války v letech 1914–1916. Ani objektivně mimořádné podmínky nemohly ospravedlnit trpkou pravdu, že se taktizování drobečkové, etapové a pozitivní politiky změnilo v kritické situaci v kapitulaci. Pozdější snahy zakrývat tuto kapitulaci činností zahraniční akce, na kterou byla přenášena údajná kontinuita, byly vědomým útěkem před vlastní minulostí. Činnost československé emigrace, její propagandistické a agitační působení, není naprosto nutno podceňovat. Bylo by však zcela neobjektivní, kdybychom naopak tuto činnost přecenili a připisovali jí zvláště pro léta 1914–1916 význam ‚hlavního proudu'.«

Který ale byl ten »hlavní proud«, mající největší zásluhu o vznik samostatného státu? Domácí, nebo zahraniční odboj? A který víc? Nebo oba rovným dílem? O tuto interpretaci vznikl spor, táhl se dlouhá léta, pro ty, které to zajímá, pokračuje dokonce ještě dnes.

Peroutka nabízí tento tvrdý závěr: »Říjnový převrat nepatří mezi ony revoluce, které byly vybojovány z vlastních sil. Daleko od Čech, na frontách, jiní rozbíjeli moc rakouského státu. Národ doma musil čekat na rozhodnutí, které vyjde ze zápasu gigantických sil, k nimž nemohl přidat více než kapku. Koneckonců mělo také jen význam politické akce. Legie nikde nezvítězily způsobem rozhodujícím. Zborov je sice pro české vzpomínky slavnou bitvou, ale mezi událostmi byla to jen episoda, která nemohla zadržet konečný pád ruské fronty. Měřeno událostmi, mělo československé zahraniční vojsko jen propagační význam. Masaryk pravil: „Nestačilo se dovolávat našeho práva jen diplomaticky; bylo nutno světu dokázat, že svou svobodu ceníme nad svůj život." Bitvy legií byly v podstatě krvavými manifestacemi. To bylo nutno tím spíše, že národ doma žádné rozhodné svědectví nepodával.« Neboť česká »nenásilná tradice se vžila i v revoluční chvíli ... představitelé národa ... nejdříve se informovali [u rakouských činitelů], není-li revoluce povolena«. A také: »Trpělivé čekání na pád zralého ovoce nebylo bez souvislosti s některými stránkami české povahy, jak se vyvinula v moderním věku. Kdo se na Čechy dívá stále jako na potomky bojovných husitů, dívá se na ně špatně.«

Český domácí odboj opravdu v těch údajně revolučních dnech si husitsky nevedl. Dokonce ještě úplně nakonec, 14. října 1918, když čeští socialističtí radikálové uspořádali generální stávku a veřejnou manifestaci proti – drahotě, a občas někde manifestanti zároveň vyhlašovali také vznik nezávislého československého státu, hlavní české politické složky, sdružené v Národním výboru československém, je přísně za to pokáraly. I tak z toho moc nebylo, i když komunisté dodnes oslavují 14. říjen jako »mocný úder hroutící se monarchii«. Čeští politikové doma prostě čekali, až co jim vývoj posledních válečných dnů přinese. To přesto, že právě toho 14. října, jak víme, Beneš v Paříži oznámil spojencům ustavení zatímní československé vlády! A ani o čtyři dny později, kdy vyšla washingtonská deklarace a samostatný stát byl vyhlášen, na stromě domácího odboje se nehnul ani lístek. Takže i střídmému Masarykovi, který jako historik válečného vývoje, ale už také jako hlava státu domácí odboj z pochopitelných důvodů šanuje a brání, ujela poznámka, že to byl »loajální mumraj«; Kovtun přirovnává týž odboj k »provazolezeckému aktu«. Ale buďme spravedliví: vždyť poslanec Masaryk až do války rovněž volal Vídeň k pořádku, trpělivě se dožadoval federace, pravda inteligentněji a přímějí než ti druzí.

Jisté je, že když už ten slavný 28. říjen vypukl, »žádný z vedoucích českých mužů nedovedl předpovědět, co všechno toho dne vykonají . . . vyčkávali s činy, až bude vyhlášena kapitulace monarchie«, dosvědčuje Peroutka a líčí, jak tomu bylo doopravdy a ne podle pozdějších legend. Cituji: »Ještě dříve než vůdcové přišli vést lid, vedl se on sám, uskutečnil samostatnost v ulicích, jak dalece mu to bylo možno: shromáždil se a zpíval hymny, strhával vojákům rakouské odznaky a ozdoboval strážníky národními trikolorami. Všechny červenobílé prapory, kde jaký byl, se objevily na domech. Když kolem poledne vyšli na náměstí politikové, neměli lidu co nového říci.«

Úsudek historiků skupiny XYZ, o dvě generace později, není o mnoho lichotivější: »Stále liknavější, sklíčenější a jen živelně reagující široké vrstvy, bezradní a nečinní politikové, upřímně nebo aspoň předstíraně loajální k říši, hrstka začínajících politických exulantů, to byla východiska českých válečných dějin. (. . .) Formát českých předáků však byl . . . tradičně provinciální. V dané chvíli měli dvojí možnost: buď rychle dohnat, co se nedbalostí celých generací zmeškalo, anebo vyčkávat. První by znamenalo vzepětí takřka heroické. Tak tedy vyčkávali – a tím ztratili šanci. Zůstali napořád ve vleku dění; sotvakdy s ním drželi krok a ani na okamžik nestanuli v jeho čele. (. . .) V situaci nejisté . . . se vyhranil trojí typ postoje k válečnému dění, tedy i trojí aktér či nositel toho kterého postoje: zdaleka nejpočetnější, ale anticipační schopností nejméně obdařené široké vrstvy, dále domácí politická reprezentace, etablovaná již v předválečných letech, a zanedlouho pak nejméně početný, zato aktivní a cílevědomý zahraniční odboj s Masarykem v čele. Nejen zpočátku, ale i dlouho potom tito tři aktéři postupovali bez vzájemného srozumění na vlastní pěst, což propůjčuje českému chování za války ráz nejednoznačnosti, ba různoběžnosti. (. . .) Česká státnost nebyla vydorována, tím méně vybojována, nýbrž obratně vyjednána hrstkou českých exulantů . . .« Navíc, jak píší, »na vlastní samostatný stát nebyli Češi v žádném ohledu připraveni«, a pokračují: »Zlé tušení, že byl víceméně nezaslouženým darem, měla přehlušit legenda, vznikající již záhy po 28. říjnu. Pravila, že tento den nám vyplnil náš odvěký sen. Démonizovalo se Rakousko a heroizoval náš odpor vůči němu.«

Žádná velká sláva, povzdechla si Lucie. A já se nadechl a zvýšil hlas, snad abych něco přehlušil: A víte, že to sláva byla, nebo tedy *taky* sláva, ale to se musí v téže knize historie nalistovat jiné stránky. Vidím, že jsem udělal chybu, na vás pozoruji únavu – proč, proboha, ten člověk tohle všechno tak dlouze probírá?! Ano, proč? Protože mám stále na paměti vaši výchozí otázku, a poněvadž na ni nakonec chci nějak smysluplně odpovědět. V téhle poslední hodině jsem se snažil trochu ozřejmit, jak se Čechům a Slovákům 28. října dostalo svobody, jak získali svůj stát. A dal jsem patrně častěji, než je spravedlivé, slovo těm, kteří – každý svým způsobem – vyslovují názor, že nám republika víceméně spadla do klína, že jsme měli správné lidi na správném místě ve správné chvíli, že stát nebyl vybojován, ale vyjednán – v cizině po dohodě s cizími. A že takový stát může, ale také nemusí mít dlouhého trvání, podle lidového přísloví snadno nabyl, snadno pozbyl. A když jsme jej po dvaceti letech pozbyli, nešlo ani tak o fakt sám – Hitler pohltil mnoho jiných zemí – jako o způsob, jímž jsme jej ztratili, a taky o způsob jeho obnovy. Jestliže jsme republiku v podstatných věcech v roce 1945 obnovili zle, ani váš život v ní nemohl být dobrý nebo aspoň uspokojivý. Tak jsem se chtěl přiblížit závěrečné odpovědi.

Jenže právě tady jsem se dopustil chyby, zploštil obraz, zjednodušil složitější a hlavně nepoměrně bohatší a plodnější výplň té doby z přelomu století až do války. Ano, vím, na co se chcete zeptat, takže tedy: taky si myslím, spolu s Peroutkou a implicitně i s Masarykem, že první československou samostatnost vyjednala především hrstka nadaných, agilních a české věci oddaných Čechů a Slováků za války v zahraničí; souhlasím, že domácí odboj kličkoval a často nedůstojně šoupal nožkou i ve chvíli, kdy měl a mohl udeřit, a podepsal bych, s poukazem pod čarou na některé doplňující a polehčující okolnosti, že v tomto spíše politickém než bojovném zápase (i když vystoupení legií bylo pozoruhodné, už čistě počtem dobrovolníků), měli Češi víc štěstí než rozumu: průběh války, rakouská politika, Wilson a jím vyhlášená zásada sebeurčení jako jeden z válečných cílů – to všechno hrálo Čechům do ruky. Masaryk a druzi věc důmyslně dovedli k dobrému konci. Ale: stát, který vznikl v roce 1918, nebyl jen dílem rozmaru a přízně historie, nýbrž také dobře rozeznatelných a srozumitelných tužeb národa. O těch bych teď chtěl chviličku hovořit.

Měl bych se samozřejmě vrátit nazpět někam do konce 18. století, ale budiž tu rovnou hned řeč o všestranném českém rozmachu od druhé poloviny století devatenáctého, od doby »kvasu«, jak jí trochu starosvětsky říkal Masaryk, až do toho roku 1918, který ostatně netvoří předěl, ale plynulý přechod k novým výbojům už v republice. Důraz je na slově všestranný, poněvadž vývoj je opravdu patrný a sledovatelný ve všech oblastech lidského úsilí – od lingvistiky až po průmysl, od základních občanských práv až po složitý mechanismus otevřené společnosti a parlamentní demokracie, od tkalcovského stavu až po automobilky, od vlasteneckého veršování až po lyriku špičkové úrovně. A jestliže Češi jako novodobý národ začínali oproti ostatním v Evropě pozdě, pak toto zpoždění pozoruhodným způsobem dohnali.

České devatenácté století, zejména jeho druhá polovina, je vyšperkováno vám dobře známými jmény: Dobrovský, Jungmann, Kollár, Čelakovský, Šafařík, Palacký, Rieger, Tyl, Němcová, Mácha, Havlíček, Neruda, Sládek, Smetana, Dvořák, Fibich, Janáček, Bezruč, Březina, Dyk, Machar, Jirásek, Aleš, Štursa, Myslbek, Šalda, Goll, Rašín, Kramář a ovšem Masaryk, ale také jména vynálezců jako Křižík, Stodola, Kaplan, prvních průmyslníků jako Kolben, Laurin, Klement, Walter, Baťa, průkopníků v letectví jako Kašpar, a tak dále, řada je dlouhá a budí úctu i obdiv. Ale neméně obdivuhodná je účast lidí, jak se říká lidu drobného – a co jiného byl tento malý národ se svou nepočetnou českou šlechtou a skromným měšťanstvem –, na národním vzmachu hmotném i kulturním! O tomto lidu jsme dosud často mluvili jen okrajově a zhusta kriticky, o jeho opatrnictví a pokrčenosti, rysech, které obrážely oportunismus politiků. Mělo by se ovšem také, a se stejným důrazem, hovořit o kladných rysech tohoto národa, o jeho přirozené inteligenci, píli, zručnosti, o českém kutilství, písmáctví, zvídavosti, o improvizačních schopnostech v krizových situacích a nejednou i po pádu, a v neposlední řadě o českém smyslu pro humor, často černém a šibeničním. Víte, ono je to hrozně pomíchané, však to znáte: někdy by člověk nad tím vším jen zoufal a vztekal se, jindy se naopak zaradoval, v obdivu se zamyslel nebo taky aspoň na chvilku se za břicho popadal, jací jsou ti Češi vynalézavý folk.

Tak to máte i s hodnocením první republiky. Zase jednou, skoro bych řekl jako obvykle, existuje aspoň trojí výklad, třikrát prochůdný a neméně tolikrát doložitelný. Jedna verze, kterou znáte ze školy, je ta, že cesta, která byla tenkrát v říjnu 1918 nastoupena, byla cestou neúprosného třídního boje s bezohlednou vládnoucí buržoazií, která přivodila hlad v zemi a střílela do dělníků;

jiná, právě opačná, tvrdí, že to byl vzorný demokratický stát, ve své době a svým postavením v Evropě jedinečný, v čele s jednou z největších postav našich dějin, krátce stát, který je nám k věčné československé cti. A pak třetí, která toto pozitivní hodnocení osekává poukazy na rozkladné látky, které kolovaly v nově zrozeném státním těle, a spíše než léčeny, byly liknavě ošetřovány a nakonec – i když ne výlučně – přivodily jeho skon. A poněvadž nechci, abyste se rozptylovala přemýšlením, ke které verzi se asi přikláním, tak se přiznám: někam mezi tu druhou a třetí. Mám První republiku rád a vzpomínám na ni – no, s láskou. Jenže si nejsem docela jist, jestli tu nepodléhám stařecké nostalgii. O té jednou trefně řekl Jiří Voskovec, že je to především stesk po mládí. Takže když na republiku, zvanou také Masarykovu, myslím v dobrém, je to proto, že opravdu byla dobrá, nebo proto, že jsem byl mladý, prožil jsem v ní vcelku bezstarostná léta studentská, nadto v Praze a ve středostavovském prostředí – krátce, že mně v ní bylo dobře? Nebo se tu mísí obojí, dnes k nerozeznání propojené? Do minulosti dosud cestovat nelze, jak pravil týž moudrý Voskovec, aby se to mohlo přezkoumat. Takže v dalším vyprávění si musím dát zvlášť velký pozor na superlativy. Ale než se do toho pustím, můžete mi prosím říct, co je dnes pro vás, pro vaši generaci, stát jako útvar, na rozdíl od státní moci, od těch, kteří nám vládnou?

Na to jsem vlastně nikdy nemyslela, zněla odpověď, *a ani nevím, jestli vaší otázce rozumím. Vy tu mluvíte o První, Druhé, Třetí republice, jedna vznikla a pak se zase rozpadla, jiná byla obnovena a tu zas sežrali komunisti . . . Ale já znám jenom jednu, tu, do které jsem se narodila . . . rozumíte, pro nás je to, jako by tu byla vždycky a vždycky bude. O to přece nejde, ne? Jde o to, jaká je, jak se v ní žije a o důvody, proč v ní už žít nechci?!*

No ovšem. Zapomínám. I moje generace, tedy ta narozená víceméně za první světové války a později, pokládala samostatný stát za samozřejmost. Možná že tu nebyl vždycky, ale rozhodně tu navždy zůstane. Proto taky, když je ohrožen, jako byl v roce 1938, musí se bránit se zbraní v ruce, bez ohledu na důsledky. Takže už tomu rozumím: pro vás a vaše generační druhy mají Češi svou republiku jaksi odedávna, jako mají svůj stát všichni ostatní, je zakreslena do mapy Evropy, nikdo ji z ní už nevymaže, svět nás zná a Rusové nás snad nespolknou. Což je, když se to všechno podškrtne, vlastně nesporný klad, nesmíme na něj při zítřejší inventuře zapomenout.

Jaká tedy opravdu byla ta První republika, když už tady jednou byla . . .

...A hodíme už za hlavu, kdo se o její vznik zasloužil víc, jestli ti nebo oni, napomenula mě moje posluchačka. *Hlavně bych chtěla slyšet o tom, jak se v ní žilo, jak se lidi k sobě chovali, co se mohlo a co se nesmělo, kam se jezdilo, co se hrálo... Něco mi z toho vyprávěl dědeček, tedy z matčiny strany, ale on byl dlouho vedoucím prodeje v Lyonském domě hedvábím a tak mluvil hlavně o textilu, o vývozu a dovozu, o tom, jak se tehdy pořádně pracovalo a chodilo do Národního na operu... Takže kdybyste se nezlobil – dejte teď do toho hodně koloritu a málo statistik!*

Ani nevíte, jak rád vyhovím! Jen musím ještě jednou zdůraznit, že je to vyprávění člověka, který měl to štěstí narodit se do měšťanské rodiny (otec byl inženýr, žilo se skromně, ale nouzi jsme nikdy neměli). Jsem Pražák a jako gymnazista a pak na univerzitě jsem žil v centru toho prvorepublikánského, pro vás asi nepředstavitelně živého, proměnného, vzrušujícího dění, především kulturního, které mě nejvíc lákalo! Tehdy mladý člověk, když nebyl úplný vařbuchta, tak nevěděl, co dřív. To už se »neotvírala okna« jako v devatenáctém století, aby se »národ probudil«, ale lítalo to ze všech stran, volně proudilo ze západu i z východu, ze severu i z jihu; co se kde znamenitého a tudíž pozoruhodného vymyslelo, napsalo, hrálo, postavilo, vystavovalo, debatovalo, přijímalo nebo zatracovalo, to se u nás dřív nebo později objevilo, v knihách, v časopisech, na jevišti, ve výstavních a v koncertních síních, na vysokých školách, v politice i v lingvistice, ve vědě i v řemeslech – lhostejno, zda to přicházelo zleva nebo zprava, nikdo tenhle civilizační a kulturní uragán nekontroloval, nedirigoval, necenzuroval, policajti a celníci honili nikoli potištěný papír, ale zloděje nebo pašeráky! A drahé ty požitky taky nebyly, my študáci jsme do divadla a do opery chodili »na bidýlko«, knihy jsme si vypůjčovali nebo kupovali v levných sešitových vydáních u Topiče, u Borových, v Melantrichu... A k tomu přidejte domácí kulturní dění – zčásti začalo už před válkou a hladce přešlo do života mladé republiky: Klíma, Durych, Dyk, Toman, Gellner, oba Čapkové, Nezval, Hora, Seifert, Halas, Teige, Biebl, Čep, Vančura, Olbracht, Bass, Langer, Zahradníček, Hostovský, Poláček, Šalda, Mukařovský, Jakobson, Orten, Slováci Jilemnický, Novomeský, Clementis, Němci Kafka, Rilke, Brod, Urzidil, Sommer, realisté i surrealisté, katolíci i levá avantgarda, v divadle Voskovec a Werich, Burian, Hilar, Honzl, ve výtvarnictví Špála, Filla, Rabas, Hudeček, Zrzavý, Kupka, Tichý, Gutfreund, v muzice Novák, Ostrčil, Suk, Krejčí, Martinů, Jeremiáš, Suchoň, ve filmu Machatý, Vávra, Frič, ve vědě Hrozný, Votočka, Henner... už mi dochází dech a řada není zdaleka u konce. Můžeme si o některých těchto pánech říct leccos, co je nešlechtí – například jejich ideologická a politická naivita, nebo něco ještě horšího, ale jedno je jisté: uměli něco, byla to klasa, každý ve svém oboru.

Meziválečná česká kultura byla levicová, to je známé, a víme taky proč. Skupina historiků XYZ vysvětluje tento úkaz tradicí (otázka sociální byla u nás vždycky v popředí českého myšlení a usilování), ale také tím, že »spektrum novočeských politických postojů bylo jako celek situováno více vlevo (ve srovnání s poměry v jiných zemích). Struktura české společnosti byla totiž ve vertikálním směru neúplná: vrstvy, které sdílely konzervativní postoje a které jinde tvořily pravici, jí chyběly. Toto výchozí strukturálně statické ‚vlevo' disponovalo českou společnost, její politiku a ještě více její kulturu i k výraznějšímu dynamickému tíhnutí ‚doleva'«. To je důležitý postřeh, který nám pomůže pochopit, proč v údobí mezi dvěma válkami, ale i po roce 1945 tolik talentovaných a chytrých lidí se dalo ke komunistům, nejednou jim trapně posluhovalo a setrvalo v partaji déle, než se mohlo srovnávat s jejich intelektuální integritou. Ale i tato skupina historiků uznává, co je nesporné, že totiž český meziválečný kulturní život nebyl »nijak omezován administrativně či mocensko-politicky«, že byl »dynamický a různorodý« a že toto údobí bylo posledním, kdy se Češi »mohli naplno těšit kulturně civilizačním vymoženostem evropského Západu«.

A nebylo to ani tak zlé v politice, jak by se na první pohled mohlo zdát. Byla tu řada politiků, kteří rychle překonali provinciálnost a naučili se spravovat stát. Tak Antonín Švehla, ministr vnitra v první republikánské vládě a pozdější předseda vlády, snad největší talent v české politice, stranickou příslušností agrárník, ale rovněž blízký spolupracovník Masarykův, který, bohužel, brzo zemřel. Pak Tusar, Kramář, Rašín (znamenitý ministr financí, byl na něho v lednu 1923 spáchán atentát, jemuž podlehl), Engliš, Hodža, Bechyně, Dérer a ovšem Masaryk a Beneš.

Mohli bychom pokračovat v tomhle vypočítávání jmen, které by vás nudilo a unavilo, ale je podstatné, poněvadž tato ekipa schopných a činorodých lidí umožnila, že pseudorevoluční údobí bylo krátké a mohlo se rychle přejít k demokratickým pořádkům. Byla vypracována prozatímní, pak definitivní ústava zaručující politickou demokracii a pluralismus, rozdělení ústavní, soudní a výkonné moci, rovné, přímé a tajné hlasovací právo, soudcovskou nezávislost, volnost pohybu i vystěhování, necenzurovaný tisk, literaturu i umění, svobodu vědeckého bádání, svobodu vyznání, náboženskou rovnost . . . a nic z toho nezůstalo jen na papíře. Pozoruhodný byl pohyb a pokrok v oblasti hospodářské i sociální: osmihodinová pracovní doba, stabilizace měny, pozemková reforma, nový daňový systém, všeobecné nemocenské pojištění, ochrana nájemníků, podpora v nezaměstnanosti – a to tehdy věru nebyly žádné samozřejmosti. K tomu připočtěte průmyslový rozmach, rozsáhlejší železniční a silniční síť, která musela být budována napříč republikou od západu k východu, výstavba bytů a rozkvět moderní architektury vůbec, modernizace těžkého a zbrojního průmyslu, těžby uhlí . . . Končím zdaleka nevyčerpaný výčet závěrem, že toto všechno by nebylo možné bez nezbytné míry svobody individuální i občanské, bez společenství otevřeného všem vlivům a pobídkám, včetně volného podnikání, bez aspoň minimální tolerance sociální a národnostní, bez rovnosti před zákonem a všemi uznávaného právního systému. Jinak řečeno: volnost, zákonnost, demokracie a demokratičnost – v tom původním, nikoli zešvindlovaném smyslu – byly přirozeným a nezbytným centrem, z něhož se odvíjelo všechno ostatní. Pokud jde o literaturu, vědy, umění, pak jistě platí hodnocení Kunderovo (na spisovatelském sjezdu 1967, tedy tehdy ještě hodnocení komunistovo), že v první republice došlo »ke kulturnímu rozkvětu bezpochyby až dosud největšímu v české historii. Na nepatrné ploše dvaceti let tvoří vedle sebe celá plejáda geniálních lidí, kteří v závratně krátké době pozvedli poprvé od dob Komenského českou kulturu ve vší její svébytnosti«.

Ovšem kultura, kulturní společenství, to nejsou jen knihy, obrazy a učené společnosti. To jsou také civilizované vztahy mezi lidmi, společně uznávaná hierarchie hodnot, skromné, ale nepovolné národní sebevědomí, úcta k tradici, k poctivé práci i k poctivému slovu, podpora těch, které jsme si zvolili, dobré školy, čisté vlaky i hospody s čistými ubrusy a vlídnou obsluhou . . . Tohle všechno v první republice bylo – zdaleka ne v dostatečné a rovnoměrné míře – ale bylo. A věřte mi – tenhle pocit, často i jistota, že při všech nedostatcích zůstává přece jen pevný základ a rámec, často smiřuje občana i s těžkým životním údělem. Život, jakkoli nesnadný, nebyl marný, poněvadž perspektivně byly solidní předpoklady vývoje k lepšímu. Kolikrát opakoval Masaryk už jako prezident, že tahle republika potřebuje padesát let, aby se překonaly nedostatky a zakotvily přednosti. Nesplnilo se.

Dlouho jsem hledal nějaký citát k chvále republiky. Žádný se mi nezdál dost výstižný a vyvážený, buď se v něm moc podkuřovalo, nebo se nepostihlo to podstatné, a co by se zároveň dalo říct jednou větou. Tak jsem se o to pokusil sám a napsal jsem si na lísteček tohle – za výsledek neručím. Víte, Lucie, co se mi na první republice nejvíc líbí? Něco, čeho nebylo dosaženo ani předtím, ani potom. Ta republika měla *tvář*, měla *charakter* ve smyslu *typu*. Nemusela to být ta nejkrásnější tvář – ale byla svérázná, svá. V čele státu pak stál muž, jemuž mohly být upírány všechny přednosti kromě jedné: měl výrazný *profil*, byla to nezaměnitelná osobnost, která stála za svým dílem. A podobně o té nedokonalé republice bylo možno říct bez debat a bez kvalifikujících přívěsků: demokracie svým uspořádáním, právní stát svou praxí, svobodná, pluralitní společnost svým životem. To všechno v době, kdy všude kolem byla demokracie drcena a vysmívána jako slabošská, zákon obcházen, svoboda držena za mřížemi jako potenciálně nebezpečná. Navíc těm, kteří z těchto nesvobodou postižených zemí utíkali, poskytlo Československo útulek a ochranu, ačkoli samo nemělo tak moc z čeho rozdávat. Kdykoli vidím zemi, z níž lidé nejen neutíkají, ale uchylují se do ní, aby unikli perzekuci, pak vždycky zaostřím zrak: v takové zemi nemůže být všechno shnilé.

Ano, už slyším, jak v sevřeném útvaru klusají ti, kdo má dětinská tvrzení rozsekají na nudličky! Jsou jich houfy: Slováci, českoslovenští Němci, Maďaři, Poláci, národovci, fašisti, marxisti, socialisti, dělníci, bývalí nezaměstnaní a dnešní profesoři politických věd, a asi také hodně Čechů, bezúhonných demokratů, poněvadž ani v jejich očích takováhle simplistní imprese neobstojí. Ale já na ní přesto trvám a raduji se z ní, poněvadž právě ve své bezbranné prostotě je sice napadnutelná, ale zároveň nezranitelná. Hájím ji, jako by ji hájil můj otec, který také bourал Rakousko, ateista a osvětář, který neváhal mně, už osmnáctiletému, vlepit sokolsky vytříbenou facku, když jsem se nepříliš uctivě vyjádřil o hlavě státu, poněvadž »v naší rodině se takhle o Masarykovi mluvit nebude« (ach, kde jsou ty staré zlaté časy, kdy lítaly otcovské pohlavky za takovéto prohřešky, a všimněte si, že mi otecko nebránilo, abych si povídal co chtěl, ale ne pod jeho střechou a u rodinného stolu).

Jistě: v první republice Slováci nedostali, co jim v Pittsburghu bylo slíbeno, Češi se nacpali na Slovensko a snad tu zem občas brali u huby: ale Češi také Slovákům za těch dvacet let něco dali a přinesli, slovenský národ šel nahoru ve všech oblastech života a ten život věru nebyl tak špatný; navíc Slováci se mohli domáhat – a taky se domáhali, až do odtržení – svých práv, demokratický systém jim to umožňoval v parlamentě a ve vládě, mohli manifestovat, protestovat, agitovat a i rozvracet. Nesporně: Němci představovali příliš početné, vlivné a historicky dávno zmapované etnické společenství, než aby jim nepřináležela rovnopravnost: ale koneckonců měli svá německá města, školy, univerzitu, dvě techniky, divadla, tisk, své strany, své poslance, občas své ministry (vynikající), svá nakladatelství, všude v německých územích, ale taky v pražských kavárnách se švitořilo po německu (včetně německy mluvících Židů), občas se to šovinisticky popíchlo, ale tím to taky skončilo. Samozřejmě: fašistům (měli svou stranu) byl stát příliš demokratický, komunistům (patřili k nejsilnějším stranám v republice, a i když se jim občas sáhlo na hřebínek, co to bylo proti tomu, jak oni soustavně pracovali na tom, aby jednou tomuto buržoaznímu státu mohli zakroutit krkem): ale politické strany byly (bylo jich až moc, taky někdy dvacet a víc), praly se mezi sebou, jak se sluší, nebo spíše nesluší, měly rovné šance ve volbách, občané měli výběr, zvolení mluvčí šli do vlády nebo do opozice, dokonce republiku oslabovali a ničili, jak jim to právě jen demokratické instituce umožňovaly. Pravda: dělníci (a tehdy ještě v začátcích bylo možno mluvit o proletářích) třeli bídu, hladověli na žebračenkách za hospodářské krize na přelomu třicátých let (byla ovšem světová), stávkovali a několikrát se stalo, že do nich četníci stříleli: ale jejich životní úroveň povlovně stoupala, jejich sociální a jiná práva byla zajištěna, měli své odbory (nikdy jednotné, naštěstí), které se o ně staraly doopravdy, nikoli jen demagogickými hesly.

Ono totiž, milá Lucie, je to asi tak: papír, objektivně pozorovaná a pak zaznamenaná událost nebo společenský vývoj, války, revoluce – ten papír má svou pravdu; ale život, ten prožitý a prožívaný ze dne na den každým jednotlivcem a nejednou i celou společností, má taky svou pravdu; a ta se může dost lišit od té sepsané. Podívejte se na svůj případ. Rozhodujete se, jestli se vrátit, nebo ne, do země šedivé skutečnosti a šedivých mužů, kteří už čtyřicet let drží a ještě podrží moc a vládu ve své upocené hrsti; do země, o níž – vně jejích hranic, ale taky uvnitř klece – bylo všechno objektivně a podle skutků poměřeno, porovnáno, zbilancováno a shledáno globálně negativním. Proto chcete pryč, ale váháte. Proč asi? Možná proto, že život v téže šedivé zemi má přece jen i jiné barvy, zná i jiné než beznadějné polohy, a ty se jmenují víra, rodina, přátelství, láska, snad i ty nemírným užíváním pokleslé hodnoty, jako rodná země, nezaměnitelný jazyk, tradice, ještě něco znamenají. Nepřízeň národního osudu, jakkoli v historické evidenci nesporná, není v životě společnosti ani totální, ani finální, ani zhoubná – pokud ovšem život trvá.

Je to opravdu tak, povzdychla si Lucie a zapálila si další cigaretu. *Jenže mi to děláte strašně těžký, ještě těžší, než už to je.*

A proto rychle od planých úvah zpět k československému státu a jeho počátkům. Nebyly snadné. Den po vyhlášení nezávislosti se zástupci Němců rozhodli vyčlenit ze severních Čech autonomní provincii Deutschböhmen s úmyslem připojit ji k Rakousku. O pár dní později vyhlásili němečtí poslanci z Moravy a ze Slezska vyčlenění severomoravské provincie Sudetenland a na jižní Moravě se jménem tamních Němců proklamovala provincie Böhmerwaldgau. Takže sotva vzniklému státu hrozil rozpad. Maďaři se nehodlali jen tak vzdát Slovenska a Podkarpatské Rusi. Praze nezbylo než zasáhnout silou. Československé vojsko vtrhlo nejdřív do severních Čech; narazilo jen na slabý odpor, po necelých třech týdnech byl konec. Vojenská intervence na Těšínsku rovněž netrvala dlouho. Ale ani na Slovensku se to neobešlo bez vojenského zásahu. Vavro Šrobár byl jmenován ministrem s plnou mocí pro správu Slovenska, avšak vzápětí vyhlásila skupina separatistů v Košicích Slovenskou lidovou republiku. Takže když Šrobár s družinou dorazil počátkem února 1919 do Bratislavy, došlo k demonstracím Maďarů, střílelo se. A aby se záležitost ještě víc zkomplikovala, československé vojsko překročilo demarkační čáru s Maďarskem, kde mezitím vznikla tzv. »republika rad« v čele s Bélou Kunem. Jeho gardy přešly do protiútoku a brzo obsadily dvě třetiny Slovenska. V Prešově byla vyhlášena slovenská bolševická republika. Když spojenci pohrozili, že půjdou na Maďarsko z jihu, Béla Kun své vojsko odvolal. Mezitím Masaryk v Americe dojednal s představitelem ve Spojených státech žijících Rusínů Žatkovičem připojení Podkarpatské Rusi v podobě autonomní provincie k Československu. Porada národních rad v Užhorodě v květnu 1919 tuto dohodu potvrdila.

Takže ty republikánské počátky byly bouřlivé, výsledky nejisté a postup z české strany ne vždy korektní. Ale spojenci požadavky Čechů, včetně hraničních, v maximální míře potvrdili. Těmito smlouvami vzniklá Československá republika měla rozlohu něco přes 140 000 čtverečních kilometrů, s hranicí dlouhou 3 800 kilometrů, a tudíž v případě války nesnadno bránitelnou. Pokud šlo o národnostní složení, vypadalo to tak, že z 13 miliónů obyvatel bylo Čechů jen padesát procent (šest a půl miliónu), Slováků patnáct procent (dva milióny), Němců více než dvacet tři procent (přes tři milióny), Maďarů 5,6 procent (přes 600 000), Rusínů 3,5 procent a Poláků 0,6 procent; k židovské národnosti se hlásilo 1,2 procenta obyvatel. Přesto byl stát vyhlášen nikoli jako národnostní, jak by to odpovídalo onomu statistickému poměru, ale jako národní stát Čechoslováků, tedy v praxi Čechů. Občasné úvahy Masaryka a Beneše, že by po válce Československo mohlo být státem federativním, zůstaly právě jen úvahami.

Důsledky na sebe nedaly dlouho čekat. Hned v srpnu 1919 odjel tajně do Paříže slovenský katolický kněz Andrej Hlinka, příští hlava stále radikálněji separatistické Slovenské strany ludové, aby tam ovlivnil jednání mírové konference ve smyslu Pittsburské dohody; nepochodil a po návratu domů byl nějaký čas internován. Podobně Němci, nyní už českoslovenští Němci, se radikalizovali; ustavili tzv. Německou národně socialistickou stranu dělnickou (DNSAP), zárodek pozdějšího hnutí Henleina a druhů. Tahle strana v druhé polovině roku 1920 navázala ve Vídni tajné styky s Adolfem Hitlerem; a už tehdy se společně dohodli na velkoněmeckém programu. Nevěnovala se tomu velká pozornost, Češi byli konečně pány ve státním domě, který měl sice být společný, ale ne pro všechny rovným nebo aspoň spravedlivým dílem. Hned třeba jazykový zákon z února 1920 vyhlásil »československý jazyk« (!) za »jazyk oficiální«: kdo úřadoval nebo od úřadu něco potřeboval, musel umět česky nebo slovensky i ve městech zcela německých. A i když individuálně měli Němci stejná práva jako Češi, jejich kolektivní práva byla velmi omezená; místo ústavou předvídaného župního systému, který by umožnil regionální německou samosprávu v německých oblastech, byl nastolen systém zemský, zcela v rukou státního národa. A tak bychom mohli pokračovat.

Takže nepřekvapí, že otázka národnostní, postupně stále naléhavější jak v německých oblastech, tak na Slovensku, se stala kamenem úrazu mladé republiky a jedním ze tří elementů, které vedly k jejímu rozpadu. Ty druhé dva byly: prvek zahraničně politický a sociální. Rychle si o nich něco povíme.

Všimla jste si, že Němců v Československu bylo o milión tři sta tisíc víc než Slováků. Přesto se jim nedostalo stejných práv jako Slovákům – nebyli přece Slované! Nepřihlédlo se dost k tomu, že žili v českých zemích celá staletí, že byli vždy osobitou, i když rozpornou složkou v celém společenství, že polovina průmyslu v českých zemích byla dílem Němců, že to byli oni, kdo významně přispěli ke kulturnímu rozvoji všech. Krátce, jak zdůrazňuje už citovaný Bedřich Loewenstein, »české dějiny nebyly jen dějinami českého etnika, nýbrž stálého *soužití*, vzájemného *pronikání* se sousedy. Je absurdní chtít izolovat jeden národ z evropské soustavy ‚spojitých nádob'; o to absurdnější v národnostně smíšených Čechách, v kosmopolitní Praze. Pokusme se postihnout identitu Prahy, formované cizími kolonisty, mnišskými řády, cizími reformačními idejemi, gotickými i renesančními hutěmi, židovským ghettem, dvorem Karla IV. i Rudolfa II., vlašskými paláci cizí vojenské šlechty a kostely rovněž cizích, do země povolaných rekatolizačních řádů! Čím by byla Praha bez Karlova mostu, postaveného Švábem Parléřem a vyzdobeného kosmopolitní galerií světců, čím bez staveb dolnorakouského Rieda nebo bavorských Dienzenhoferů? Čím by byl český hospodářský život bez židovských podnikatelů a bankéřů, bez průmyslových center v německém pohraničí, bez odbytišť v ostatních částech monarchie? Čím by byla Praha prvních desetiletí našeho století bez pražské německé literatury?« Jenže jako v tolika jiných zemích, ostatně dodnes, také u nás převládly národní antagonismy a reminiscence křivd, které Němci Čechům nepopiratelně způsobili, nad úvahami racionálnějšími a pro budoucnost perspektivními. Byl to dokonce Masaryk, který v roce 1918 prohlásil: »My jsme vytvořili tento stát; tím se určuje státoprávní postavení našich Němců, kteří původně přišli do země jako kolonisté.« A taky: »O autonomii se (s Němci) jednat nebude.« Pravda, v prvních letech po převratu to asi nemohlo být jinak – vášně byly příliš rozpoutané, vlna nacionální euforie příliš vzedmutá, než aby se oba národy mohly hned a rozumně domluvit k prospěchu obou. Ale byl ještě čas. I když odečteme příští nacisty v DNSAP, byly tu jiné německé strany, které ve volbách koncem dvacátých let dostaly nadpoloviční většinu a které byly připraveny ke spolupráci s Čechy. A opravdu od roku 1926 představitelé těchto »aktivistických« stran zasedali jako ministři v řadě československých vlád; jenže zase to bylo partnerství nerovné a z české strany nešetrně, někdy i arogantně pojímané. A to už času nebylo nazbyt. Přišla hospodářská krize s nezaměstnaností a bídou, v sudetských oblastech víc než kde jinde. V Německu se dostal k moci nacismus a ten zas zpětně radikalizoval československé Němce, a už bylo na všechno pozdě. Taky na maximální ústupky poslední chvíle, které Beneš a československá vláda vyhlásili za mnichovské krize.

Ve věci Slovenska napřed zase to kladné: Slováci se v roce 1918 dostali z téměř tisíciletého maďarského područí, odnárodňovacího a i jinak zvlášť tvrdého; dá se říct, že slovenský národ, na pokraji zániku, byl zachráněn. Ústava mu zaručovala stejná práva jako Čechům; slovenština se stala úřední řečí; slovenské školy se otevřely; Matica slovenská byla obnovena; o Slovácích a Slovensku se začalo mluvit ve světě, který dosud o nich nevěděl skoro nic. Ale vyrovnání s Čechy nebylo symetrické, Slováci i v pozdějších letech, kdy se poměry obecně stabilizovaly, byli v optice většiny Čechů prostě kmen, který si z češtiny uměle vytvořil nářečí (Beneš) ve východním, podprůměrně vyvinutém cípu republiky. Čechoslovakismus vycházel v podstatě z popření slovenské identity. Miroslav Kusý, žádný čechožrout, ba naopak dnes disident, který je v úzkém srozumění s Čechy v Chartě 77, napsal v samizdatové úvaze v roce 1985 toto: »Osemnásty rok je pre Slovákov prelomom v tom, že sa oslobodzujú (či skôr: sú oslobodení) od maďarskej hegemónie. Táto hegemónia je však vystriedaná hegemóniou českou, ktorá síce nie je zďaleka taká zlá, tvrdá, špecificky protinárodná ako prvá . . . ale tak či tak vedie k novej kvalite slovensko-českých vzťahov: dostávajú mocenskú základňu a odteraz sa teda už aj budú musieť riešiť na tejto úrovni. Tútorské postavenie Čechov ako vládnuceho národa v tomto vzťahu znamená, že naň (z hľadiska Slovákov) prechádza hlavná váha zodpovednosti za riešenie ‚slovenskej otázky' a že príčiny jej nedostatočného či chybného riešenia sa zo slovenskej strany odteraz začínajú hľadať predovšetkým v Prahe.«

V Peroutkově *Dnešku* z roku 1946 se čte z českého pera: »My jsme sice o sobě říkali, že jsme Čechoslováky, měli jsme všechny možné instituce označené titulkem ‚čs.' – ale snad od počátku, určitě až do konce, jsme věděli, že Čechoslováky nejsme . . . Chybou naší minulosti bylo, že jsme si utvořili *fikci* československosti a od této fikce že jsme neustupovali, ať se dělo co dělo, ať nás prostý denní život usvědčoval jakkoli . . . Bojovali jsme za cosi, co nebylo schopno života – alespoň za poměrů, jak se vyvíjely i u nás.« Historikové XYZ připomínají, že slovenské odcizování Čechům mělo stupňovitý ráz: »Když nebylo šetřeno slovenské svojskosti, zatoužili Slováci po autonomii. Když nebyl vyslyšen ani tento požadavek, uvažovali o separaci. To se už rovnalo velezradě a česká justice podle toho se slovenskými separatisty jednala. Co dál? Slováci byli nutně přivedeni k poznání, že určité jejich snahy se mohou uplatnit jen tehdy, vyvstane-li Čechům na obzoru mocný nepřítel.« A dodávají: »Lze jistě pochopit české obavy o integritu státu. Kdyby však Slováci k němu zaujali nepřátelský postoj, žádné opatření z české strany včetně nejsveřepějšího centralismu by nezabránilo jeho rozpadu . . . Takže byla integrita nového státu ohrožována ze dvou stran: ze slovenské a ze sudetoněmecké. Obojí tížilo českou politiku jako mlýnský kámen. Stačila pak už jen nepříznivá situace zahraničně politická – a pukliny se rozevřely v propasti.« Stalo se tak, jak víme, v roce 1938-9.

Apologetikové slovenského státu z Hitlerovy milosti se po druhé světové válce snažili dokázat, že Slováci nic podstatného nezradili, ze všech nejméně Čechy, kteří svou nešťastnou masarykovsko-benešovskou politikou prohráli svůj stát a vzdali jej bez boje. Jejich argumentace je zhruba tato: Slováci byli historicky a svým založením zcela jiní než Češi, byli konzervativní katolíci, na demokracii moc nevěřili, a když se Československo rozpadlo, měli jednu jedinou starost: nedostat se znovu pod maďarskou nadvládu nebo pod německou okupaci, či dokonce do krajní situace, kdy Slovensko by prostě bylo rozparcelováno mezi Německo, Maďarsko a Polsko. Obavy z takového vývoje hnaly Slováky do náruče Hitlera, zní teze. A na koho jiného než na Němce se měli Slováci obrátit poté, co Západ »zradil« Československo v Mnichově?! Obyčejně však separatisté, kterým se po druhé světové válce v zahraničí podařilo vytvořit silné nátlakové organizace, zejména ve Spojených státech a v Kanadě, zatajují nebo umenšují fašistický ráz »prvního slovenského státu od dob Pribinových«, jakož i zločiny, jichž se prokazatelně dopustil. A jestliže uznávají slovenské národní povstání z roku 1944 jako vzpouru, která měla prokázat světu, že Slováci nejsou na straně nacistů, pak je to v nejlepším případě polopravda; navíc zatajují, že právě zásluhou Benešovy válečné a nakonec vítězi uznané koncepce kontinuity předmnichovského Československa se Slovensko neocitlo mezi poraženými zeměmi, které Spojencům vyhlásily nepřátelství. Dnes už ovšem ani doma, ani v české emigraci není demokrata, který by Slovákům upíral nejen národní svébytnost, ale také právo na sebeurčení. Náš spor se slovenskými separatisty není, zda chtějí nebo mají mít samostatný stát, ale to, jaký ten stát bude – demokratický a pluralitní, nebo (jak občas z jejich projevů lze vyrozumět) korporatistický, klerikální či rovnou postavený na vůdcovském principu.

Na Slovensku a na Podkarpatské Rusi žila v rámci meziválečného Československa šestsettisícová maďarská menšina, jejíž počet po druhé světové válce poněkud poklesl. Podobně jako Němci, i českoslovenští Maďaři měli své politické strany a zastoupení v ústředním parlamentě. Však také jejich zástupci, rovněž od počátku státu, si nepřestávali stěžovat na svůj osud: byli prý proti své vůli »vytrženi z těla maďarského národa a jeho tisícileté existence«. Odtud byl už jen krok k politice a činnosti (i když ne všech maďarských politických stran), kterou Praha klasifikovala jako protistátní iredentu – ze svého hlediska právem. A už jsme si řekli, že maďarská menšina uvítala rozpad Československa; její poslanci pak zasedali jako zvláštní skupina v budapešťské sněmovně.

Poláci na Těšínsku (Šlonzáci) a Opavsku tvořili dlouho jakýsi etnicky i jazykově plynulý přechod mezi Moravou a Polskem. Za republiky byla tato menšina ponechána vcelku sama sobě, ale administrativa byla česká a navíc desetitisíce těšínských Poláků neměly volební právo prostě proto, že jim nebylo přiznáno československé občanství. Jaký pak div, že podobně jako v případě separatistických Slováků, sudetských Němců a Maďarů také Poláci ve Slezsku se v roce 1938 dali na iredentu a brzo poté, až na další, spojili svůj osud s Beckovým Polskem.

Takže tento přehled mnohonárodnostního rozvrstvení první Československé republiky, vyhlášené a ústavně zakotvené jako stát národní s výraznou českou hegemonií, jakož i zhodnocení české politiky vůči jednotlivým národnostem můžeme zakončit tím, čím jsme začali: československý národnostní slepenec – a jak se s ním neprozíravě zacházelo, skoro polovina obyvatelstva byla ke státu buď neloajální, nebo loajalitu jen předstírala – byl jednou z hlavních příčin neslavného konce republiky dvacet let po jejím založení. Nemusel však touto příčinou být tak razantně a rozhodně, kdyby mezinárodní vývoj hned v letech dvacátých a později nebyl pro Československo očividně nepříznivý. Tento vývoj jsme dost podrobně probrali v našem »kursu« o Mnichově; konkrétně šlo o vznik hitlerovského Německa, rozpad versailleské koalice, kapitulaci západních demokracií tváří v tvář nacistickým výbojům, vrcholící Hitlerovým taktickým úspěchem v mnichovské krizi, kdy dokázal přesvědčit britské a francouzské politiky – nebo umožnil jim předstírat, že jsou přesvědčeni –, že nacistické Německo nechce nic víc a nic méně než vyřešit otázku Sudet a československých Němců a že přivtělením této krajiny k Říši bude mír nadlouho zajištěn. Takže rozumnější národnostní politika než ta, kterou pražské vlády dělaly, měla v první polovině státní existence opravdu jisté šance; v letech třicátých už je prostě neměla. Prodlení a váhavost vyrovnat se nějak s touto základní otázkou se ukázaly být osudnými. Mezinárodně politicky byly totiž už kostky vrženy.

Skupina historiků XYZ naznačuje, že Praha nebyla docela bez viny ani na mezinárodním vývoji, na nějž československá politika měla minimální vliv. Poukazují na dlouholetého ministra zahraničí Beneše, vytýkají mu mimo jiné, že »nepojímal dějiny jako mnohoznačný a otevřený příběh, ale jako manichejský svár dobra a zla, věren v tom způsobu, jakým pojal první světovou válku jeho učitel Masaryk. Moto veškeré jeho činnosti znělo: zachovat dosažené.« Jenže to dosažené, samostatný stát, bylo čím dál tím víc ohroženo. Už v roce 1925 uzavřely vlády Velké Británie, Francie a několika jiných zemí s Německem (a s Itálií) tzv. rýnský garanční pakt, jímž Němci přijali jako definitivní západní, nikoli však východní hranice své země. Tak se implicitně uznala možnost jejich revize – tedy i hranice s Československem. Beneš tehdy ve sněmovně předstíral, že se vlastně nic vážného nestalo. Horší bylo, že Benešovy nesčetné pokusy o zabezpečení republiky – systémem kolektivní bezpečnosti, obnovou spojenecké smlouvy s Francií, vytvořením Malé dohody, předem ztraceným a pozdním úsilím o srozumění s Polskem – byly spíše výrazem zbožných přání než mezinárodně politických realit. A byla tu nepřekonatelná překážka, která se nakonec ukázala osudnou: všechny sousední země byly proti republice, čekaly jen na svou příležitost; pomoc Sovětského svazu v případě konfliktu s Německem byla vázána, jak víme, na pomoc Francie. Vtírá se tu obraz pohyblivých ocelových stěn, které ze čtyř stran začaly pomalu, ale neúprosně svírat podlouhlý útvar republiky, až jej sevřely a rozdrtily docela.

Jiná, Čechy nezaviněná okolnost, která podlomila státní ústrojí zevnitř, byla hospodářská krize 1930–1934. Byla to ovšem krize světová, průmyslové Československo však postihla tvrdě. Na jejím vrcholu na počátku roku 1933 bylo v ČSR skoro milión nezaměstnaných. Pražská vláda dělala co mohla: stát přiděloval jisté sumy peněz odborovým ústřednám, které je pak rozdělovaly mezi odborově organizované nezaměstnané; pro odborově neorganizované byla už v srpnu 1930 zahájena státní stravovací akce, vydávaly se poukázky na potraviny ve výši věru hladové – 10 korun týdně pro svobodné, 20 korun pro ženaté; vypsala se také investiční půjčka ke krytí mimořádných výdajů; podporovaly se veřejné práce, stavba silnic, železnic, domů; všechno málo, vývoz klesal, mzdy také, státní rozpočet vykazoval stále větší schodek. Důsledkem byl sociální neklid, dělnické bouře, stávky, zásahy policie, byli ranění a mrtví. To všechno se samozřejmě promítlo do politiky, komunisté byli ve svém živlu, demagogicky agitovali a štvali. A nejen oni. Neprospělo to nikomu, rozhodně ne republice.

Krize trvala dlouho, déle než leckde jinde v Evropě. Někteří pozorovatelé se dokonce domnívají, že vlastně nebyla nikdy překonána, proměnila se pouze v hospodářskou depresi a z té se země dostala už jen zbrojením a přípravami k vojenské obraně země, k níž nakonec nedošlo; zvýšený potenciál těžkého průmyslu přešel do rukou německé říše a byl jí ještě rozšířen. Historikové XYZ mají za to, že krize třicátých let oslabila demokracii jakožto fungující systém, zpochybnila nejednu republikánskou »jistotu a sebejistotu«. Ukázalo se, že ani v polovině třicátých let československá společnost nebyla společenstvím státním, měla pro státnost malý smysl, nepochopila a nevstřebala ji. U tohoto postřehu se ještě na chvilku zastavme – proto taky jsem se vás hned zkraje zeptal, jestli tenhle pojem znáte.

Historie první republiky, od počátku až skoro do konce, vcelku jednoznačně prokazuje, že občané, rozdělení do sedmi vzájemně se potírajících národností, stát spíše bourali než budovali. Nemalý podíl na tom měly politické strany – někdy jich bylo až třiadvacet. Rvaly se mezi sebou – o voliče, o vliv, o všecko. Aby se vůbec dospělo k nějaké dohodě, představitelé největších stran (zemědělské, národně demokratické, sociálně demokratické, národně socialistické a lidové) vytvořili už v roce 1920 tzv. »Pětku«, mimoparlamentní a mimovládní skupinu, v níž se »dohodovalo, jak se dohodneme«; takto usmlouvaný kompromis pak poslanci obyčejně schválili, poněvadž byli zvláštním reversem vázáni »stranickou disciplínou«. Kupecké manýry se vžily a nahlodávaly demokratické procesy – pokračovalo se v nich ostatně po válce v čele s komunisty, a to už zcela nepokrytě a nestydatě. Pak tu byly nekonečné štvanice nevykrystalizované politické pravice »proti Hradu«, proti »hradní klice«, navenek namířené proti Benešovi, ale v podstatě proti Masarykovi a jeho historickým a politickým koncepcím. Na levici komunisté, kteří po celých dvacet let byli v opozici, nejen vyhrožovali, ale soustavně pracovali na tom, aby ten údajně buržoazní stát byl ne-li rozdrcen, tedy aspoň oslaben. Podobně česká a do jisté míry i slovenská kultura byla rozštěpena na levou a pravou, přičemž ta levá byla dravější, neústupnější, státněpoliticky bezohlednější. Jakousi rovnováhu do tohoto mumraje se pokoušeli vnést liberálové, soustředění kolem *Lidových novin, Přítomnosti* a několika organizací a klubů s nimi myšlenkově spřízněných; nechybělo vynikajících jmen ani talentů, dobré vůle a nefalšovaného demokratického přesvědčení; jenže s přibližující se mnichovskou krizí a jejími následky propadli nakonec peroutkovští liberálové svému pragmatismu do té míry, že se stali apologety porážky a i kolaborace – však jsme si o tom už řekli.

Tohle všechno a mnohé jiné způsobilo, že smysl pro stát – nebo chcete-li, stát jako nejvlastnější smysl politického života – neměl v první Československé republice ani možnost, ani čas se řádně rozvinout a zakotvit. Nebyla tu tradice, a když, tak v opačném smyslu. Za Rakouska čeští poslanci, jak připomínají XYZ, »redukovali stát (občanskou společnost) na ‚erár' (úřad), a nepřiučili se proto občanské loajalitě, která se uskutečňuje nikoli servilními gesty, nýbrž sdílenou praktickou starostí i o takový stát, který zrovna neodpovídá všem tužbám a snům«. Obnova české státnosti, jak jsme viděli, byla aspoň zčásti dílem jiných, a navíc byla náhlá, nezažitá. Politické strany čím dál tím víc tahaly každá za svůj konec, o stát jim šlo více v heslech než v činech. Na druhé straně a při všech těch nesvárech, nešvarech a politické lehkomyslnosti nelze opominout důležitou skutečnost: fašismus, tendence k diktatuře, k vládě »silných jedinců«, masový antisemitismus se v první republice neujaly, a pokud k nim později za druhé republiky byly sklony, neměly dlouhého trvání. Česká společnost byla a dosud je svým původem plebejská, svým způsobem života maloměšťanská, v obou případech v tom dobrém i v tom horším smyslu slova, a svým základním smýšlením a tíhnutím demokratická.

Proto taky – a tím tuhle kapitolu skončíme – můj úhrnný úsudek o první republice by byl milosrdnější než soud historiků XYZ. Ti mají za to, že Masaryk adresoval svým státotvorným dílem národu výzvu a že je třeba pochybovat o tom, že národ smysl této výzvy pochopil. A uzavírají: »První a jediný novočeský pokus o stát ztroskotal. Dílem se tak stalo vinou Čechů samotných.« Svůj názor, možná spíše jen své pocity o první republice jsem před chvílí vyříkal, k některým z nich se snad ještě vrátím zítra . . . vlastně dnes, vždyť už je skoro ráno.

Doporučená četba k dvanáctému večeru

Beneš, Edvard: *Světová válka a naše revoluce. Vzpomínky a úvahy z bojů za svobodu.* Orbis, Praha 1927 – 1928.

Čapek, Karel: *Hovory s T. G. Masarykem.* Fr. Borový, Praha 1938.

Herben, Jan: *Masarykův rodinný život.* Obrys/PmD, Mnichov 1987.

Hoffmann, Roland J.: *T. G. Masaryk und die tschechische Frage.* Oldenbourg, München 1988.

Husa, Václav: *Dějiny Československa.* Praha 1962.

Kovtun, Jiří: *Masarykův triumf.* Sixty-Eight Publishers, Toronto 1987.

Kovtun, Jiří: *Slovo má poslanec Masaryk.* Mnichov 1985.

Loewenstein, Bedřich: České dějiny a národní identita: ve sborníku *Pojetí českých dějin.* Samizdat, Praha 1987.

Masaryk, T. G.: *Nová Evropa.* Orbis/Čin, Praha 1920.

Masaryk, T. G.: *Otázka sociální.* Orbis/Čin, Praha 1898.

Masaryk, T. G.: *Světová revoluce. Za války a ve válce 1914– 1918.* Orbis-Čin, Praha 1925.

Opat, Jaroslav: *TGM. Filozof a politik.* Index, Kolín nad Rýnem 1987.

Peroutka, Ferdinand: *Budování státu. Československá politika v letech 1917– 1923.* Fr. Borový, Praha 1930.

Schmidt-Hartmann, Eva: *Thomas G. Masaryk's Realism.* Oldenbourg, München 1984.

T. G. M. představuje plukovníka Cunninghama. Konfrontace, Curych 1977.

Urban, Otto: *Česká společnost 1848– 1918.* Praha 1982.

Voska, Emanuel: Z účasti zaoceánského emigranta v československém odboji: *Naše revoluce* I, Praha 1923.
Zeman, Zbyněk A.: *The Break-up of the Habsburg Empire 1914–1918.* Praeger, London – New York 1961.
Zeman, Zbyněk: *The Masaryks. The Making of Czechoslovakia.* Weidenfeld and Nicholson, London 1976.

13

Poslední večer.

S odvahou, s kuráží to máte všelijaké, řekl Jiří Voskovec zamyšleně a nalil mi další sklenku žitné. Bylo léto, pan Voskovec před chvílí přiletěl helikoptérou až z New Yorku, přistál na louce u Otočnice na Sázavě, kde se narodil, dojel na kole do Bud k pekaři Královi pro čerstvé bledé housky – takové prý nikdo nikde nepeče – a teď jsme se rozvalovali v měkkých bílých fotelech, vypadaly jako obláčky, takže jsme asi byli v nebi, zamýšleli jsme se nad věcmi dávnými a . . . světskými. Já si taky myslím, rozváděl svou myšlenku pan Voskovec, že se tomu našemu národu za Mnichova stalo něco, co je skoro nenapravitelné. To je jako v životě: každej má nějakou příšernou situaci. Ať už je fyzická, nebo psychologická, ať se týká manželství, obchodu, lásky, umění, přátelství, každý se ocitne v situaci, kdy musí udělat důležitý rozhodnutí, a buďto je dělá statečně, nebo nestatečně. Když udělá statečný rozhodnutí, tak zůstane člověkem a vyroste. Když udělá nestatečný rozhodnutí, tak se scvrkne a stane se mrzáčkem. A táhne se to a zůstane to. A je to pokřivený. Jenže . . . vzpomínám, když jsem se po válce – tedy po té druhé světové – vrátil z Ameriky a když jsem začal řečnit třeba o kolaborantství, tak mi lidi dávali po hubě, a právem. Říkali, počkej, momentíček, kdo je kolaborant? A co bys dělal ty, kdyby . . . A konfrontovali mne se situacemi člověka podrobeného teroru. To je věc, kterou jsem, zaplať pámbu, nikdy nezažil, a následkem toho mám takovej pocit vůči těm letům války, víte, k českému národu – mám vždycky pocit: tak o tom musíš být zticha. Nevíš, co to je. Nevíš, co bys ty dělal. Doufám, že bych se byl choval slušně, ale to můžu jenom doufat . . . Z tohohle hlediska mi imponuje život Masarykův. Já myslím, že to byl velikej pán. Co se mně na něm líbí . . . měl styl v životě. Začal jako venkovskej kluk na moravském Slovácku. Nic nebyl, absolutně nic, skutečný proletář, chudák bez hospodářské, společenské či kulturní budoucnosti. A najednou přímou cestou, víte, se vyvinul sám, udělal ze sebe volného člověka, který věděl, uměl, znal, byl okamžitě velkorysý. Začal v mládí cestovat, namluvil si slečnu, která přijela odněkud z Ameriky . . . pak najednou nevěděla, má-li si ho vzít, tak on šel, vypůjčil si peníze, sednul na loď a jel do Ameriky za ní. A řek jí: tak jakýpak nesmysly. To se ví, že si mě vezmeš. No a ona si ho vzala, pochopitelně. A hned si vypůjčil peníze od jejího táty, který »byl boháč«, jak říkají američtí Češi. Víte, takhle se o Masarykovi nikdy nemluví, ale tak to bylo! Pak mu bylo šedesát, a oslovovali ho u nás, víte, pivně, a říkali: »My poneseme dále dílo profesora Masaryka.« A on se dožral a povídá: Jakýpak dílo, já jsem ještě nezačal. A měl pravdu, to mu ještě trvalo čtyři roky, než se sebral a řek si: Tak tohlecto se nedá svítit, to musíme skočit do vlaku, Olgo, a půjdeme a uděláme z toho nadělení samostatnej stát. Byl to muž činu a umělec života; a zároveň špatnej spisovatel a patrně velice průměrnej filozof, a ani dobře neučil; ale byl to státník a dobrodruh. Dobrodruh velkého stylu a za dobrou věc. A kritickej k národu, zakončil pan Voskovec a zakousl se do bílé housky od pekaře Krále . . .

Pak se sen bez přechodu přenesl na takovou prašnou venkovskou vozovou cestu. Po ní šel pan Masaryk v jezdeckých holínkách, svou proslulou čepici s kšiltem na hlavě. Šel pomalu podzimní krajinou, jakoby ustaraný a zřejmě unavený. Vtom se na obzoru objevil autobus, a jak se blížil, šlo rozeznat podrobnosti; vozidlo bylo staré, zaprášené, takové jako pomačkané a napěchované cestujícími: sedláci s hlubokými vráskami v kožených tvářích, babky v šátcích na hlavě, a pak ovšem děti, bylo jich tam plno s brašnami, asi se vracely ze školy . . . Tomuhle urousanému autobusu se pan Masaryk postavil do cesty, zamával oběma rukama na řidiče, ten zastavil, nerad a zamračeně. »Dobrý den,« zdraví nahoru do okénka starý pán. »Promiňte, ale vzali byste mě s sebou? Už jsem dost unavený. Ale nemám peníze!« A stojí tam dál v prosté, a tudíž přesvědčivě nelíčené nejistotě, jaká asi bude odpověď šoféra a osazenstva autobusu. To mlčí, neúsměvně, nedůvěřivě, podezíravě; dospělí dobře vědí, kdo to tam dole stojí, pamatují se na něho aspoň z fotografií. Právě . . . nechce si tu snad hlava státu z prostých venkovských lidí ztropit žert, aby jej pak dala k lepšímu v pražských salónech . . . a vůbec, není to nějaký podraz, jak to, že takovýhle pán nejede v limuzíně, navíc žebrá o místo v přecpaném autobusu a předstírá, že nemá ani halíř! Mlčení se zdálo nekonečné, jako by se tu rozhodovalo nikoli o to, svézt někoho kousek cesty, ale o život sám, ne-li rovnou o soud dějin. A dole u kol vozidla pan Masaryk to nějak cítil, odvrátil zrak, totéž udělali ti sedláci, babky a děti, řidič dvířka neotevřel, šlápl na plyn, rozjel se a v oblaku prachu nechal za sebou zakladatele státu, v ramenou náhle pokleslého, s očima k smrti unaveného starce . . .

A ještě v tom snu, nad tím chaplinovským záběrem osamělého poutníka na prašné silnici, jsem si říkal roztrpčeně: tak to jsme my, takhle jsme to dopracovali, takhle jsme zlhostejněli a zludračili, takhle se podařilo nás mravně rozmandlovat, pojíždíme v tom rozštelovaném dopravním prostředku našeho soudobého osudu bez protestu, bez vlastní vůle, zamračeně, nedůvěřivě. Tu vstoupila do scény Lucie s ironickým úsměvem ve své krásné tváři, a ačkoli nic neříkala, říkala zcela zřetelně: »Tak co, dědo, tohle je tedy váš závěr, tímhle příměrem uzavřete naše kursování?! Z čehož mám usoudit, že česká budoucnost nemá budoucnost, a tedy: sbalte to, Lucie, vemte Milana a honem pryč a hodně daleko... Nebo budete kličkovat mezi ano, ale taky ne, mezi možná a snad, jen proto, abyste se nemejlil, případně nezesměšnil, to páni nemají rádi a ješitnost nezná věkovou hranici?!«

Probudil jsem se příslušně rozmrzen. Bylo už skoro poledne, venku zase krásný den, náš poslední u moře. Na snídani bylo pozdě, ani jsem neměl hlad, cítil jsem se bídně. Sešel jsem dolů v naději, že Lucie ještě spí, jenže ona seděla na terase u kafe, pozdravila mě, jak se mi zdálo, tázavě, a jestli prý jsem spal dobře a dost. Tak jsem si přisedl a v hovoru o všem a o ničem se pokračovalo. Milan už je na pláži, zase s tou českou rodinou, bude asi děsné vedro, musí se nabrat benzín, taky se budou muset balit a naložit zavazadla, ale to snad až večer, před kursem. Pak bylo ticho, které se zdálo děsně dlouhé. Přerušila je nezvykle tichým hlasem Lucie.

Můžu se vás na něco zeptat? Ale nemusíte odpovědět, jestli nechcete. Nepřál jste si náhodou, abych tu dnes ráno neseděla, abyste mohl proklouznout i s kufrem do auta, nastartovat a odjet rychle směrem nahoru, na sever, do Paříže? Že jo?

Odpověděl jsem, pěkně zaskočen, že takový zbabělec snad přece jen nejsem, ale něco na tom je a že vůbec jsem dost deprimován. Lucie pokývla hlavou a řekla: *A já vím proč! Vy se bojíte našeho posledního kursu na rozloučenou. Vy se bojíte, poněvadž – abych tak řekla – přišla chvíle účtování, a do toho se vám nechce. Ačkoli jste sám několikrát řek, »tohle si pamatujte, to se nám bude hodit k jistým nezbytným závěrům«. Teď ale váháte, hlavně proto, že z těch závěrů má vzejít moje rozhodnutí.*

Pauza. Neměl jsem co říct. Lucie pokračovala: *Já vám to ulehčím. Tak za prvé: jak se rozhodnu, je výlučně moje věc, s tím si nedělejte starosti. A taky ne s tím, jestli vaše přednášky k tomu, co udělám, nějak přispěly nebo ne. Za druhé: když se vám do toho nechce, tak žádný kurs nebude. Zítra to sbalíme, dáme si pusu a rozjedem se každý svým směrem – vy do Paříže a já s Milanem do Prahy nebo do Bělehradu na ouřady honit emigraci, víza a co já vím, to mi ještě poradíte. Ale byla bych přece jen ráda, kdybychom si ještě jednou k tomu sedli – a teď vás určitě překvapím: já jsem si totiž připravila na kus papíru pár poznámek a taky ještě nějaké otázky, co bych na ně chtěla odpověď. Ale – a to za třetí: ať už budeme kursovat nebo ne, jsem vám opravdu vděčná za všechnu práci, kterou jste si se mnou dal – neculte se tak nedůvěřivě, říkám to bez ironie. Moc jsem se toho dozvěděla, takže děkan.*

Oplatil jsem jí kompliment: že byla výbornou a trpělivou posluchačkou, svými otázkami a doplňky mě sama vracela k námětu, když jsem někdy odbočil příliš daleko, »kursování« byla pro mne radost a vynikající prázdninová zábava.

Když se vám to tak líbilo, zkusila to moje partnerka, *co byste tomu řek, kdybychom začali hned?* Neměl jsem námitek. Objednal jsem kávu a něco k tomu, a než to pan vrchní přinesl, vyprávěl jsem svůj sen. Lucii zřejmě zaujal.

Co myslíte: jsou Češi horší než třeba Poláci nebo Francouzi? Zbabělejší, bezcharakternější, nestálejší než ti druzí?

Samozřejmě že ne. Ptáte se tu po národní povaze Čechů, její specifice, a tak mě lákáte na tenký led generalizací, na který se s vaším laskavým svolením nevydám (i když raději rovnou přiznám, že jsem tuhle nauku, pokud se to dá tak nazvat, dříve sám pilně pěstoval). Jenže této otázce se asi nebude možné vyhnout – už proto, že právě vás ze země nevyhání ideologie, politika, režim, ale mravy, české mravy a nemravy. A navíc, žádný jiný národ nebičoval koníka národního charakteru s takovou neúnavností a urputností, jako právě Češi. Sotva byste kde našla takový počet vynikajících hlav a bystrých intelektů, které by se problémem »jací jsme« tak usilovně zabývaly jako u nás. Tolik názorů bylo na tento námět řečeno a sepsáno, že na jejich i jen heslovité podchycení by nestačil celý den. Z toho vyplývá jistotně aspoň jedno: jestliže se Češi tak soustavně a vášnivě zajímali o »svou otázku«, o to, jací byli, jsou nebo by měli být, pak nezbývá než usoudit, že tahle otázka existuje a naléhá. Ba dokonce, že s českým národem něco podstatného není v pořádku, poněvadž většina těch, kdo v tomto směru pátrali, nalezli na české národní povaze víc slabin než předností.

Napřed snad definici národa. Podle naučného slovníku je národ novodobé, historicky vzniklé pevné společenství lidí, spojených společnou řečí, územím, hospodářským životem a psychickým založením, projevujícím se ve společné kultuře. Masaryk upozorňuje, že národ je pojem poměrně nový – ve středověku nebylo národnostních otázek, církev svým univerzalismem pojila všechny národy, státy byly dynastické a teritoriální, nikoli národní. Náročnou doušku připojuje literární kritik Arne Novák: »Národ jest pojmem oblasti duchové a mravní, v níž si generace i věky podávají ruce a pochodně, nikoli z důvodu plemenného a krevního příslušenství, nýbrž ze svrchovaného příkazu, aby skrze národnost dospívaly vyššího lidství a v něm se propracovávaly k vědomí synovství božího.«

Pokud jde o to, vůbec určit »povahu« národa, pak lze toto úsilí definovat jako pokusy vyhmátnout a vystihnout trvalé nebo vždy znovu se manifestující, a proto charakteristické rysy v myšlení, počínání a postupech v životě národního společenství, a uvést je na nějakého společného jmenovatele. Říká se tomu psychologie národů, demoskopie nebo taky kulturní antropologie, nejednou jde o docela prostou autostylizaci. Vznikají stereotypy, mýty, legendy, a ty pak mívají překvapivě tuhý život, přenášejí se z generace na generaci a často se už ani neví, kdy a z čeho vznikly. Polonista a literární historik Antonín Měšťan věnoval této otázce zajímavý esej, v němž tomuto přístupu k pochopení dějin upírá vědeckost. Podobně se k problému stavějí i jiní, mezi nimi Masaryk, který varuje před »nejasností a povrchností«, s nimiž se k otázce národní povahy často přistupuje; je »skeptický k běžným definicím národního charakteru«, ale nejednou sám se k nim uchyluje. Tak jen v *České otázce*: Češi »nepřestali mít zálibu ve falešném mučednictví«; mnozí »nedovedou být lvové, stávají se liškami«; slýchat i »důvody [české] bezcharakternosti – malý, slabý národ si prý jinak nemůže pomoci – buď žebrat, nebo intrikovat«; »má [snad] lež v různých svých podobách stát se přímo národní zbraní?«. A cituje souhlasně Havlíčka, který »poznal to naše kolísání mezi hrdinstvím, vedoucím až k slepé násilnosti, a mezi ústupností až slabošskou. Havlíček poznal, jak tato naše vada netkví pouze v nepevnosti charakteru, ale i v té zvláštní slabosti našeho rozumu . . .« A povzdech: »Bůh ví, kdy se zbavíme těch svých nepěkných vlastností – dnes naplano bouříme, zítra to chceme zakřídovat poddajností, a jedno i druhé je stejně neupřímné . . .« Někteří, například Josef Holeček, vytýkají Čechům »nedostatek národní hrdosti«, jiní zas, jako sociolog Emanuel Chalupný, příliš »až přepjaté hrdosti«; »Čech je buď hulvát, nebo líbá ruku« (Thun); Ernest Denis konstatuje u Čechů sklony k nestálosti, »z krajnosti do krajnosti«, které Holeček dokonce pokládá za »jednu z význačných črt české psychologie . . . to náhlé upadání z optimismu do pesimismu«; Šalda soudí, že zrazovat sebe i jiné je »typicky české«; Jiří Karásek tvrdí, že »nikdo nedovede všechno tak velikolepě popřít jako Čech . . . nic nedělat a všechno popírat«. A tak dále a tak podobně. Chalupný tohle všechno korunuje odhadem, že »česká povaha . . . nezměnila se za 700 let«. Takže když Jiří Mahen v roce 1924 v *Knize o českém charakteru* shrnul, co Češi napsali o sobě a o svém charakteru od roku 1848, potřeboval k tomu deset obsažných kapitol. Dospěl k následujícímu závěru (cituje ho Měšťan): »Všecky výtky, činěné našemu národnímu charakteru, daly by se shrnouti v tuto růžici neuvadající krásy: že jsme zbabělci, kteří se bojí, že si lžeme do očí, že jsme držgrešličky tam, kde se šetřit nemá, že jsme hulváti tam, kde atd., že neumíme nic ‚dát dohromady', že jsme sláma, která atd. atd.«

Ještě slovo k té jen letmo zmíněné nebojovnosti Čechů. Ačkoli se mi právě toto tvrzení zdá zvlášť nesnadno zobecnitelné, četní sociologové pokládají českou bojácnost, zbabělost, nevojáckost přinejmenším v posledních sto letech za charakteristický národní rys. Překvapuje to tím spíše, že právě ve dvacátém století měli Češi několik příležitostí ukázat, jací jsou vojáci. Osvědčili se, často příkladně. Nebojovnost, jako ostatně i jiné vlastnosti národu připisované, nemusí nutně tvořit trvalou charakteristiku daného kolektivu, podléhají změnám a výkyvům, někdy nečekaným. Vždyť vlastně sebevraždy v roce 1938, 1939, 1969, spáchané lidmi, kteří prostě nemohli přežít národní neštěstí, nebo sebeupálení Jana Palacha jsou toho aspoň částečným důkazem, a zároveň se pohledu týchže sociologů musí jevit jako zcela »nečeská« gesta. Možná, že spíše než o české nebojovnosti by se mělo mluvit o nedostatku odvahy českých politických vůdců (kolikrát nám jejich nestatečnost téměř samovolně vyplula na povrch v průběhu našeho vyprávění!), i když se tito kapitulantští vůdcové vždycky dušovali, že tak činí v souladu s národem, s jeho souhlasem, v duchu jeho tradic.

Když se ovšem objeví v národním společenství jako celku přemíra nebojovnosti a nevýbojnosti, která se projevuje v podobě kvietismu, zápecnictví, nedostatku odvahy k činorodému občanství, k lidské i společenské odpovědnosti, k aktivní seberealizaci, zejména pak a právě v podmínkách obecně nepříznivých a zdánlivě bezvýhledných – pak je to nevýbojnost povážlivá. Tím spíše, když trvá, a dokonce narůstá sto nebo více let.

Sto let! opakovala nepřítomně Lucie. *Sto let. Ale než budete pokračovat, můžu něco říct? Podívejte se, kolikrát jste mi vy sám připomněl náš první večer, jak k němu došlo. Vzpomínáte si – nejdřív jsem si trochu pobrečela nad svým osudem, pak se zeptala, kdo nám ho nadělil, a hned si odpověděla, že to byli Rusové v srpnu 1968, když k nám vtrhli a zaškrtili Pražské jaro. To jsem si myslela ještě před čtrnácti dny, ale teď už ne. Vy jste mi totiž ukázal, že jedna událost všechno nevysvětlí, že navazuje na jinou a ty pak tvoří řetěz, jedna podmiňuje druhou – dokonce jste to občas vzal od konce, a i tak byla ta návaznost jasná. Takže když jsem tvrdila, že v chápání – víceméně podvědomém – mé generace ten průser, v němž žijeme, začal tehdy v srpnu osmašedesát, tak vy jste řek něco v tom smyslu, že sice došlo k něčemu dramatickému, ale nemůže se to chápat odděleně, izolovaně, nýbrž jen v souvislosti s tím, co se stalo dřív a vytvořilo k té události předpoklady a podmínky. V daném případě únor 1948, kdy se komunisté dostali u nás k moci. A nad vámi demokraty vyhráli zaslouženě. Aby bylo možno pochopit, jak se stalo, že tak snadno a skoro samozřejmě zvítězili, se musí jít zpět do roku 1945 a ještě dál k událostem za války, do historie domácího i zahraničního odboje. A aby se ten odboj pochopil, tedy proč byl takový, jaký byl, proč Beneš dělal takovou a ne jinou politiku, se musí jít ještě hloub, k Mnichovu a k rozpadu první republiky. K porozumění tohoto pádu jste se musel vrátit do dob vzniku státu a k otázce, kterou jsme probrali včera: jak jsme stát získali, jak jsme si ho zasloužili, v čem byly od počátku jeho mdloby. Opravdu, jedno navazuje na druhé a já jsem prostě nevěděla, že naše dnešní situace má své kořeny tak strašně hluboko. Je to tak nějak, ne?*

Je, ale nic tak moc nového pod sluncem, musel jsem připojit. V dějinách lze skoro vždycky vystopovat jisté souvislosti, hru příčin a následků, a ovšem: co se stalo, nemůže se odestát, i když občas to lze odčinit. Rozhodně jste našich dvanáct večerů zrezumovala na jedničku, riziko všech omylů je moje. Ale pokračujte, mně se to takhle moc líbí.

Děkuju, ozvala se způsobně moje trapitelka a nahlédla do svých papírů. *K těm spojitým nádobám historie nám chybí ještě aspoň pár slov k posledním dvaceti letům. Jestlipak i tady je nějaká návaznost, a když, tak jaká? A myslíte, že to můžete zvládnout za půl hodiny?*

Dokonce za čtvrt, a hned vám řeknu proč. Vy to ostatně víte. Ta léta 1969–1988 jsou totiž údobím patrně největší stagnace, nehybnosti, všestranného bezvětří v životě Čechů za poslední století. Jejich historie, sepsaná po pravdě a podle škály hodnot, kterou tento národ uznával a snad dosud v sobě nezapřel, se vejde na dvacet tiskových stran. Samozřejmě by jich bylo víc, kdybychom do takovéto dějepisné příručky zahrnuli všechno hmotné, co bylo vybudováno, postaveno, vyrobeno: fabriky, paneláky, sídliště, silnice, auta, zbraně, paláce, památníky, nemocnice, porodnice i potratovny, a přihodili na váhu i medaile a ceny, které »naši« vyhráli – v tenisu nebo na veletrzích, na ledě nebo v třetím světě; jakož i odsouhlasili, že většina lidí žije o chlup líp než před těmi dvaceti roky, víc jich vlastní auto a chatu, o prázdninách je víc turistů v kapitalistické cizině. Všechno pravda, ale sotva podstatná. Vždyť v každodenním životě se přece taky neptáte: co prosím jíte, jak vyměšujete, čím jezdíte, ale: jak se vám daří, jste zdráv, jste spokojen, případně jste šťasten. O zdraví národa, pokud to vůbec ještě něco znamená, o tom, jak lidé žijí sami se sebou a mezi svými, zda ve lži nebo v pravdě, v souladu nebo v opozici k těm, kteří jim vládnou, s odkrytým hledím nebo s dvojí tváří, v průměru s přijatelným nebo naopak pokleslým smyslem pro pospolitost, solidaritu, spravedlnost pro sebe i pro druhé – o tom všem jste vlastně ve zkratce už všechno řekla sama. Nic k tomu nedodávám, ne snad proto, že bych neměl co, ale nechci se vydávat všanc staré známé výtce – vy tam nežijete, vám se to mluví! Ale i jen trochu zasvěcenějšímu, jakkoli přímo nezúčastněnému pozorovateli nemůže uniknout to očividné prázdno, především v oblasti ducha a tvorby: v románu nebo ve vědě, v poezii nebo v televizi, ve výtvarném nebo dramatickém umění, v žurnalistice, v technice, ve výzkumu – ani jedno dílo, které by svou koncepcí, originalitou, virtuozitou vyniklo nad průměr už i tak průměrný, které by proniklo do světa, vysloužilo si trvalé místo v panteonu lidského génia a úsilí. Výjimky potvrzují pravidlo. A co hodnotného se vytvořilo, vznikalo v podmínkách blízkých ilegalitě, zabraňoval se tomu přístup kamkoli, na domácí trh i do širšího světa – takže máme bohatou samizdatovou literaturu, pozoruhodné »kuchyňské« umění výtvarné, bytové divadlo, cyklostylované sborníky a časopisy, podzemní rockovou a jinou muziku, načerno natáčené kazety. Nevzniklo proletářské umění, ale zato máme umělce proletáře – a nepočítají se na prstech jedné ruky –, básníky umyvače oken, filozofy topiče, vědce nádeníky. To všechno v zemi, která v nedávné minulosti kulturně a umělecky dala světu víc, než bylo úměrné její rozloze a počtu obyvatel, v zemi vysoké vzdělanosti a záviděníhodné civilizační úrovně – za První republiky, a i za komunistů v šedesátých letech se nám něco z toho začalo vracet zadními vrátky.

Komunisté! Jaké nížiny! A jestli se v roce 1968 trochu rozhlédli a zjistili spoušť, pak to s nimi šlo rychle z kopce – a ten kopec věru nikdy nebyl moc vysoký. Kdo byl v té partaji jen trochu k čemu, intelektuálně nebo jinak, musel jít – vyloučili na půl miliónu soudruhů a na jejich místa zasedli muži bez tváře, bez páteře, bez úsudku a bez schopností, jiní jim podobní se zahnízdili v administrativě i v podnicích, a všichni dohromady znovu propadli opojení z moci; tentokrát – na rozdíl od toho poúnorového 1948 – ještě trapnějšímu, žravějšímu, korupčnějšímu. Zavládly poměry, jimž se za mých časů říkalo balkánské. Teď se říká bratr na bratra, kdo nekrade, okrádá rodinu, kdo nemaže, nejede, kdo se nekřiví, neuspěje. Však taky »vedoucí síla« československé společnosti vypadá podle toho: zadusila, co se tvůrčího objevilo, ať to byl nápad, nebo kus slušné práce, nechala zastarat stroje i myšlenky, dopustila těžko napravitelnou ekologickou zkázu, špatně plánovala a investovala, ale zato zručně falšovala výrobní výsledky a dosažené normy. Po dvaceti letech sice pár vedoucích veřejně zplakalo nad výdělkem, ale žádné poučení se z toho nevyvodilo, a ani nemohlo; tenhle režim prostě nemůže překročit svůj stín. A tak si zase dali do čela jednoho ze svých nejšedivějších: ostatně jak jinak ve straně, která za celých těch dvacet let – a to jsme blahovolní – neřekla a neudělala nic, co už neřekly nebo neudělaly jiné sesterské strany, která nikdy ničím nevynikla, leda svou přízemností a svým dřevěným jazykem frází.

Tedy bilance pohříchu negativní. Zejména když se uváží, že se tu poničila nebo aspoň zanedbala země, která dnes mohla být po všech stránkách na úrovni vyspělých evropských demokracií. Ztráta o to bolestnější, když se položí otázka – proč se to stalo a ve jménu čeho. Ideologie, v niž už nikdo nevěří, ani ti nahoře, kteří se k ní mechanicky odvolávají? Nebo zářných zítřků, o nichž všichni vědí, že nepřijdou? Nebo snad hesel o vítězství socialismu, proti němuž svědčí každému zřejmé, poněvadž prožívané prohry? Ty už ani ti u vesla nemohou utajit, ale zároveň je nemohou překonat ani trvale napravit, byl by to totiž počátek konce ideologických šiboletů, z nichž tito prokonzulové odvozují svou moc, svá privilegia, své všechno.

A co Gorbačov, glasnosť a perestrojka, namítla Lucie. *To se přece taky musí projevit u nás, když všechno děláme podle Moskvy, a to by snad nebylo tak špatné?!*

Možná, pravděpodobně, za předpokladu, že se udrží Gorbačov, gorbačovština a naplní se všechno, co se v jejím jménu vyhlašuje a slibuje. Nechci prorokovat, mohu jen opakovat, co bych doporučoval aspoň k úvaze: nespoléhat na sovětský vítr, že vyžene pach a zahnívání z domácí posady. Nebo snad takhle – počítat s tím, jako počítáme s výhrou v loterii – když náhodou přijde, berem; ale nespoléháme na ni, nespojujeme s ní svůj osud. Spoléháme na sebe. Jak? Třeba způsobem, k němuž už deset let vybízí malá skupina lidí, sdružená v hnutí občanské iniciativy a aktivity pod jménem Charta 77. Je načase, aby o ní byla řeč, a to z několika důvodů. Mohu se do toho pustit?

Tedy především, a aspoň podle mého soudu: Charta 77 představuje základní rozcvičku v občanské nauce, nabízí návod, jak si počínat v situaci povážlivého manka v mezilidských i občanských vztazích, ztělesňuje jakési minimum snah a požadavků, má-li se společnost z tohoto stavu dostat. Půjde jistě o dlouhý proces, sílící úměrně k tomu, nakolik více občanů si bude uvědomovat nezbytnost dostat lidské vztahy na vyšší úroveň, a to vlastním úsilím, z vlastní vůle a potřeby. Charta jde dobrým příkladem vstříc. Je to hnutí otevřené, neanonymní, a tedy vpravdě občanské; o jeho stoupencích je všechno známo – jméno, adresa, povolání, minulost lidská i politická, názory na život i na vládnoucí režim; neschovává se za jiné, nevybízí k ničemu, co samo nedělá, nevypracovává ideologická schémata ani alternativní společenské modely. Však také režim stoupence Charty už deset let pronásleduje, diskriminuje a žalářuje. Velká síla příkladu je rovněž v tom, že každý z nich se hlásil k Chartě dobrovolně, nikdo nebyl nucen podepsat a stát se vyvržencem, naopak, každý si mohl v klidu a v poměrném pohodlí žít a vystačit s nízkým stropem, který systém blahovolně poskytuje těm, jimž občansky i intelektuálně stačí lézt po čtyřech. Jestli člověk něco v komunistickém režimu nemusí, pak je to být jinak smýšlejícím, disidentem.

Dále: chartisté se sice obracejí na establishment, aby mu připomínali jeho povinnosti, ale nečekají, že – nebo až – je splní; citují zákony a nařízení, která si režim sám dal, ale nepočítají s tím, že se jimi opravdu bude řídit. Proto sahají ke svépomoci. Tak se vytvořily paralelní struktury – skromné, ale nezanedbatelné: informační, vzdělávací, právní (na obranu nespravedlivě stíhaných), literární, ediční, umělecké, dokonce i mezinárodně politické ve smyslu solidárnosti s obdobnými iniciativami a organizacemi k ochraně lidských práv jinde ve světě. To všechno v duchu prvního prohlášení Charty z roku 1977, že totiž »každý nese svůj díl odpovědnosti za obecné poměry« u nás a že jedinec, kterému aspoň trochu záleží na věcech obecných, na »polis«, obci, se má podle svých možností ve svém prostředí angažovat jako občan.

A konečně: Chartě, několika stovkám lidí, se podařilo vrátit Československo na kulturní mapu Evropy, z níž ji vláda komunistů téměř úplně vymazala. Nástup Charty vstoupil do moderních dějin této Evropy a tak zároveň obnovil právo českého společenství zvát se národem.

Lucie na mě zamávala jedním ze svých papírů. *Tak na tenhle námět jsem si něco zapsala, poznámku a otázku. Poznámka je tato: Charta 77 – co znamená pro nás dvaceti- nebo pětadvacetileté, pro mé kamarády. Z naší party nepodepsal Chartu nikdo, i když několik chartistů známe, podepsat prý můžeme, kdykoli prý budeme chtít. Aspoň mně se do toho nikdy nijak zvlášť nechtělo, ale zase kdyby někdo moc naléhal, nebo kdyby se v partě rozhodlo, že do toho půjdeme, tak bych neváhala. Taky jsme těm známým klukům z Charty několikrát píchli, rozumíte, se sháněním papíru na samizdaty, pár textů jsme jim rozmnožili, něco rozdali – ale nic moc víc. Otázka: proč asi? – Tady končí můj záznam. Jestli mám být úplně upřímná, fakt, tak jsem ty chartovní manifesty vlastně ani pořádně nečetla. Zapsala jsem si důvody – hned uvidíte, že nejsou ani moc vznosné, ani přesvědčivé. Tak za prvé: nikdy jsem se o politiku nezajímala, je to u nás stokrát převařená nuda. V novinách, když je vůbec čtu, si prohlídnu kulturní rubriku a inzeráty v Lidové demokracii, to je aspoň zábavné. Za druhé: Charta je vlastně taky politika, je proti režimu a chce, aby se proti němu něco dělalo. To je jistě správné. Já samozřejmě nejsem pro režim, ale nejsem taky nějak strašně a vášnivě proti němu. Já ho beru jako nutné zlo, jako děsnou votravu, ale taky jako skoro samozřejmou část života, tak jako že Milan musí mít nějaké dětské nemoce, že jsem špatně placená, poněvadž jsem ženská, nebo že jednou umřu. A jako na všechno nepěkné snažím se na to nemyslet a hlavně u toho nebýt – u ničeho. Samozřejmě – čtu Hrabala, chodím na koncerty, poslouchám Nohavicu a občas ze »Svobodky« Kryla, popíjím a kecám v hospodě – ale angažovat se, jak to chce Charta a jak to říkáte vy, nezlobte se, na to nemám, aspoň já ne, a většina lidí, co znám. To jsem si zapsala. A vidíte, a to asi za třetí: místo abych teď řekla – vrátím se, podepíšu Chartu, budu se angažovat, protože jsem konečně pochopila, že si za svůj osud můžem taky sami, že si musíme sami pomoct a začít u sebe – místo toho všeho chci utéct . . .*

Nemohl jsem se udržet, abych do toho nevpad. Jen žádné výčitky a sliby! My jsme si přece nepovídali proto, abychom na konci vyšli z »kursu« vylepšení, »očištění« a plni dobrých předsevzetí. Vy jste chtěla ozřejmit některé souvislosti mezi nedávnými českými včerejšky. Já se o to pokusil. To je vše.

K tomu, co jste si zapsala na papírek, nemám co říct, už proto, že mně to nepřísluší, připomíná se tu onen zmíněný vykřičník – nežiju tam! Ale snažím se pochopit. Třeba to, proč asi a v čem se zdají tolika mladým – jistě ne všem – výzvy a texty Charty příliš politické (tedy texty, nikoli manifesty, jak říkáte, takové označení by signatáři Charty jistě odmítli, tak jako nechtějí, aby se jim říkalo disidenti). Že tomu tak je, o tom svědčí poměrně velmi malé procento mladých v Chartě, možná s ní sympatizují, ale nejsou ani nepřímo v jejích řadách, spíše se jí vyhýbají. Problém o to zásadnější, že to neplatí jen o mladých, ale o převážné části československé společnosti. Vždyť po desetiletém působení je

Charta 77 stále hnutím občanské iniciativy, a tu vyvíjí pořád víceméně stejná, malá skupina lidí. Rozhodně nezabrala do hloubky, nemá ani zdaleka masovou podporu, jaké se v Polsku těší Solidarność. Dokonce je vystavena občasné námitce, že tohle píchání špendlíkem do mocenského slona nemá cenu, nikam to nevede, nic to nezlepší, možná dokonce poškodí. Nesporné je, že Charta má větší ohlas v cizině než doma — což nijak neumenšuje její zásluhy. Čí je to chyba? Charty, nebo národa? Brechtovsky řečeno, když Charta nemůže změnit lid, změníme Chartu?! K jakému obrazu? Snad k tomu dnešnímu, před nímž prcháte?

Jestliže však opravdu mladí, minulostí nezatížení lidé, kteří nechtějí ze země odejít a mají tedy před sebou půl století života v ní a patrně i v systému, který si nezvolili, v němž budou vychovávat své děti a v němž možná i umřou – jestliže tedy mladí s touto realitou v zádech a s tímto výhledem nechtějí hnout ani prstem, aby svůj úděl změnili nebo aspoň zlepšili, stojíme před monumentální otázkou. Odpovědi na ni si netroufám ani naznačit, jak jsou mnohočlenné, a chybí i jen základní průzkum opravdového veřejného mínění. A i ty, které přicházejí na mysl, jsou tak podmíněné, že jsou zase jen otázkami. Příklady? Je dnešní česká a slovenská mladá generace tak mdlá, občansky lhostejná, k problémům vlasti a státu netečná, nábožensky vlažná, prostě jen neoddělitelná část celé zklamané a unavené společnosti bez šťávy a lesku? Je tomu tak proto, že mladí nevědí a ani nechtějí vědět, co to jsou občanská práva a povinnosti, co je vlastně politika – že to není samý podvod a fráze, ale naopak prostředek k tomu, aby si lidé vládli a spravovali věci obecné v konsensu demokraticky dosaženém a důsledně aplikovaném? Copak skutečně každá změna k lepšímu u nás musí přijít »seshora« nebo »zvenčí«, od Wilsona nebo od Dubčeka, od Stalina nebo Gorbačova? Opravdu už nečekáme nic od sebe, nedoufáme v nic víc než v to, že nebude hůř, že v létě budeme víc cestovat, že budeme mít dost na »všimné« v autoopravnách a do obálek pro lékaře, aby nás řádně ošetřil, či pro člena komise, aby se naše dítě dostalo na vysokou?

Takových otázek je moc a už jen zformulovány jsou implicitně zobecňující, zplošťující a zaměnitelné. Proto raději zpět k těm, které se týkají Charty a jejího omezeného vlivu na společnost. Kromě už řečeného není to snad taky proto, že Charta položila laťku příliš vysoko, že žádá po společnosti víc, než ta je schopna nejen poskytnout, ale třeba i jen vyslechnout? Možná že vyměřila příliš velkoryse »zázemí solidarity a přátelství«, v němž chce působit, odhadla nadměrně počet těch, kdo s ní »sdílejí starost o osud ideálů« svobody a spravedlnosti, jak se praví v jejím prvním provolání. Jinými slovy, izolace, v níž se Charta nachází, může být důsledkem neúměrně velkého skoku do oblasti občanských ctností, které však málo říkají společnosti zatížené jinými, zdánlivě bezprostřednějšími starostmi.

Co se mladých týká, neodrazuje je trochu taky to, že v Chartě vyzývají ke společenské solidaritě i ti, kteří už řekli své, neobstáli, a mladí prostě nechtějí pokračovat v málo slibné hře? Nebo jim nevyhovuje styl této občanské svépomoci, je jim příliš výlučná, intelektuálská, individualizovaná, zatímco oni dávají přednost těžko zmapovatelnému a nesnadně postižitelnému houfu, který si rozumí spíš v muzice než v proklamovaných stanoviscích? Co mě z vašich papírků nejvíc zaujalo, bylo přiznání, že vy a vaši přátelé nejste proti režimu, ale ani s ním. Zbývá pak třetí možnost, a ta je žít jaksi bokem, paralelně s ním a pokud možno tak, aby se život a režim setkávaly a střetávaly co nejméně. Ale jak to provést, když režim do toho života na každém kroku zasahuje, má to dokonce v programu, každý musí být zapsán, změřen, ohodnocen podle nesmyslného žebříčku, který je samotnou svou podstatou proti životu a který mladí ani nevymysleli, ani neschválili? Jak žít mimo něco, co tvoří krunýř, na nějž se při sebemenším pohybu naráží?

Nevím, zamyslela se Lucie, vstala, protáhla se a zůstala stát za mými zády. *Jistě, ten krunýř tady je, ale ne pořád, nebo na něj zapomenete, nebo se na něj vykašlete . . . ono je to všechno zase trochu složitější — neříkal jste ostatně sám, že i sebepřesnější údaje o odpozorovaných a ověřených realitách, jakmile se octnou na papíře, jsou kvalitativně jiné než ten život, o němž podávají zprávu? Víte například, proč ještě váhám, jestli mám odejít? Zrovna teď mě to napadlo a strašně chytlo u srdce. Mám doma pár kamarádů, krátce takovou partu, je nás patnáct nebo tak, s těmi je mi strašně dobře. Vlastně na ně myslím především, když se řekne domov . . . Jak bych vám to vysvětlila, nejsou to žádné velké hloubky, prostě se spolu cítíme dobře, chráněni před okolím, s nímž se musíme stýkat v práci nebo v samoobsluze, nic si nepředstíráme, ani si nelžeme, nemáme proč. Vystačíme si, po nikom nic nechceme, než aby se nám dal pokoj, aby nás nikdo nebuzeroval ani zleva ani zprava. Kde jinde takovou partu najdu než doma a jak vůbec budu doma někde jinde? Letos v létě jsme přes neděli vyrazili do Prachovských skal, bylo nás skoro třicet i s dětma, tak jsme chodili a zpívali a večer jsme pochodovali s hořícíma svíčkama, na ohni jsme pekli kuřata a zapíjeli to jugoslávským vínem a pak zalehli do spacáků . . . kde, pane, ještě najdu takovouhle partu . . .*

Lucie se vrátila na své místo a usadila se, tentokrát s tváří sklopenou, asi abych jí neviděl do očí. Tak jsem hezkou chvíli nerušil nastalé ticho a pak jen poznámkou, že z toho, co řekla a co mi říkali taky jiní z téže země a srovnatelného věku, lze usuzovat na něco nadějného. Ať už tahle generace dvaceti- až pětadvacetiletých nakonec dopadne jakkoli a vyspěje v cokoli, v jednom podstatném se zřejmě bude lišit od svých tatíků a dědů. Poněvadž jí odmalička strkali hlavy do žlabu hesel, které se ukázaly být podvodné, bude se frázím vyhýbat. Poněvadž se jí soustavně lhalo a tu lež si musela sama odhalovat, sotva najde zálibu v očividných nepravdách a legendách; sotva bude – jako její předchůdci – vydávat kapitulaci za vítězství, ideologii za pravdu, maloměšťáctví za revoluci, hulvátství za pokrok. Bude při zemi, ale nebude přízemní. Možná že je to málo, ale v daných souvislostech to je hodně. Neboť dosavadní česká bilance, nejen ta historická a politická, ale i morální, je zřejmě dosti zlá – potvrzujete to vy, říká to kdekdo, mladí, staří, všichni odtamtud, zdůrazňují to vždy znovu chartisté. Nedávno nad Masarykovým hrobem jeden z nich, filozof Ladislav Hejdánek, shrnul do několika vět, co jsme tu dvanáct večerů probírali. Napřed vzdal chválu První republice jako příkladně demokratické, ale vzápětí dodal, že »zatímco jiné národy se postavily agresi se zbraní v ruce, my jsme disciplinovaně demobilizovali – a pak v okupaci nechali bojovat jen několik ilegálních skupin. Když byl nepřítel, který nás zbavil svobody a samostatnosti, poražen, spíše jakousi setrvačností než opravdovým národním úsilím se obnovilo něco ze svobody a samostatnosti dřívější, kterou jsme v pravý čas dost nehájili . . . A národ musel pak ‚přežít' soudy a věznění, popravy a rehabilitace, reformní hnutí a téměř dvacetiletou reakci, a dnes se mnohým zdá, že už pomalu ztrácí i své národní povědomí«. K pochopení tohoto úpadku, zakončil Hejdánek, by bylo naléhavě třeba, aby skoro sto let po Masarykovi zase někdo prozkoumal »naši nynější krizi«, naši soudobou »českou otázku« – k lepšímu pochopení této krize a této otázky. A malérů, které nás postihly.

Právě na tohle téma tu mám další papírek, zasáhla Lucie. *Je to na vás tak trochu past. Kdybychom to bývali dělali jinak, tedy líp a chytřejc, tak co by bylo dnes? Kdyby za Rakouska byli čeští poslanci rozhodnější, kdybychom se byli o První republiku sami víc zasloužili, kdyby se za Masaryka dělala včas rozumnější národnostní politika, kdyby to Beneš nevzdal a místo Mnichova dal povel k boji, kdyby za války dělníci odmítli Heydrichovy úplaty a sabotovali, kdyby se za té války v zahraničí šlo spíše po polské linii opatrnosti v závazcích vůči Sovětskému svazu, kdyby to v roce 1948 demokraté tak bídně neprohráli, kdybychom o dvacet let později na Rusy aspoň párkrát vystřelili – kdyby všecko nebo něco z toho se stalo skutkem – byli bychom na tom dnes líp, nebo aspoň jsme měli lepší vyhlídky? Koneckonců Poláci to dělali jinak, často zrovna obráceně – a jsou na tom líp než my? Jsou, nebo nejsou? A když, tak v čem?*

A Lucie se na mě škodolibě a zároveň se zájmem podívala, jak tuhle výzvu přijmu. To není jedna past, začal jsem, to je hned celá hora pastiček umně rozhozených v čase i prostoru, vyhneš se jedné, zaklapne za tebou druhá. Slabina vaší hypotézy je ovšem na první pohled zřejmá – celá série samých kdyby. Lze ji donekonečna prodlužovat. S nicotnými výsledky. Ostatně jsme si na kdyby hráli hned druhý večer... Co by se stalo, kdyby Rusové nepřijeli a Pražské jaro... Takže, nezlobte se, na tohle vám neskočím. Byla by to určitě ztráta času – přetřásat, co by se bývalo stalo, kdyby Beneš měl churchillovské kvality, když on je prostě neměl. Nebo jak bychom si počínali, kdybychom byli černohorští partyzáni v horách, když jsme nebojovní Češi ve středoevropském rendlíku. Jak bychom dnes špendlíčkem vyhrabávali Rakousko-Uhersko, kdyby se nerozpadlo, jenže ono se rozpadlo.

Ale o jednom kdyby by snad přece jen bylo možné s jistým užitkem uvažovat. Kdybychom my Češi v posledních padesáti letech leccos provedli jinak a tedy s výsledky pro národ a stát příznivějšími, bylo by nám dnes líp? Líp než třeba těm zmíněným Polákům, kteří postupovali jinak? I tak se bude muset otázka přeformulovat, poněvadž podle jaké škály hodnot chcete soudit, že v životě ať jedince, ať národa jeden je na tom lépe a druhý hůř? Poláci mají méně masa než Češi, jsou na tom Češi nutně líp? Češi jsou závislejší na Sovětském svazu než Rumuni, jsou tedy Rumuni automaticky ve výhodě? Krátce, jak by řekl ten anglický filozof, kterého jsem jednou citoval, všechno záleží na tom, co si představujeme pod pojmy »mít se dobře«, prosperovat, být spokojen, být šťasten. Proto budeme asi na pevnější půdě při zkoumání takových činů, k nimž se společenství rozhodlo, a jako důsledek tohoto rozhodnutí, často riskantního, svůj osud prokazatelně ovlivnilo a zajistilo. Tak Finové v roce 1944 se rozhodli jít do války proti mocnému Sovětskému svazu, válku prohráli, ale ten na první pohled sebevražedný čin zachoval národní a státní samostatnost této malé země v bezprostředním sousedství výbojné velkoříše. Rakušané v zemi zpoloviny obsazené Rudou armádou dali komunistům ve volbách čtyři procenta hlasů (Češi v roce 1946 desetkrát tolik), což nesporně ovlivnilo skutečnost, že Rakušané mají dnes svůj svobodný a nezávislý stát. Maďaři šli na podzim roku 1956 do revoluce, která byla rozdrcena, ale prokazatelně přispěla k tomu, že dnešní režim je méně ortodoxní, méně represívní než v jiných zemích sovětského bloku. Poláci v posledních třiceti letech vyvolali aspoň pět revolt, všechny režim tak či onak zlikvidoval; o Polsku lze tvrdit všechno, dokonce mnoho negativního a špatného, jenom jedno asi ne – že Poláci jako národ jsou v duchovní krizi; myslím, že v duchovní krizi nejsou právě proto, poněvadž neváhali povstat – ztratili sice mnoho, ale mají svou víru, svého papeže, svou národní hrdost a tedy i svou budoucnost.

Kolikrát jste mi v průběhu našich večerů vytkla, že kličkuji, že se schovávám za »ano i ne«, »možná«, »snad«. Tak teď projednou vybočím z normy. Po staletí se Čechům přikazovalo – a oni to taky už po staletí přijímají jako program a poslání – nejít hlavou proti zdi, zbytečně neriskovat, počkat si na vhodnou, a tudíž potenciálně na obětech méně nákladnou příležitost, být kmánem spíše než pánem. Palacký, Havlíček a i Masaryk (v České otázce) přesvědčovali, že tváří v tvář dějinné nepřízni, ale také výzvě k zápasu, odpověď »českého génia« zní »ne násilím, ale smírně, ne mečem, ale pluhem, ne krví, ale prací, ne smrtí, ale životem k životu«. Takový je smysl našich dějin, odkaz předků – přijmout národní osud spíše než se pokusit ho změnit. Soudím na rovinu, a pokud to někoho zajímá, že jako princip je to zrádná poučka. Svoboda, ať už národní, nebo státní (a rozumí se tu svoboda zasloužená a sdílená jako důsledek vlastního úsilí, tradice a konsensu), se musí hájit, když je ohrožena nebo napadena, stůj co stůj, bez ohledu na možnou porážku. Podobně je to s lidovými vzpourami, s revoltami, i těmi předem ztracenými, které vypuknou, když se poměry stanou nesnesitelné. Pokládám zmasakrované povstání varšavských Židů za slavné a vítězné, a naopak za trapné a poraženecké stržení mariánského sloupu v Praze v listopadu 1918 na důkaz (nic nestál, jen trochu řevu), že jsme »překonali Bílou horu«.

Je zajímavé, kolik lidí přijímá jako samozřejmost, že za byt se platí činže, za vodu vodné, za užívání silnice mýtné, ale svobodu by každý pacifista a často i bezúhonný demokrat chtěl mít zadarmo, bez rizika, bez obětí. Historie oplývá příklady, že to nelze. A není nejmenšího důvodu, proč by svoboda občana měla být levný tovar. Právě naopak, poněvadž je pro občana hodného toho jména hodnotou zvlášť velkou, nenahraditelnou a nezastupitelnou, nutno ji někdy platit nejdráže, taky životem. A vůbec nejde o sebevraždu, ale o to, jak žít s vědomím smrti ve jménu života těch, kdo přežijí. Ti pak podají svědectví, také o přinesené oběti. Jestliže tato zásada platí, jde-li o záchranu základních individuálních a kolektivních svobod, platí také o státě? O tom může být vedena učená debata v tom smyslu, že stát sám o sobě není nesporná hodnota, hodná nejvyšší oběti. Jisté je asi jenom to, že ohrožený stát, který nestojí za to, aby byl bráněn, nebo který předem vyhlašuje, že se v nerovných podmínkách a napaden bránit nebude, může nadlouho zůstat samostatným jen podle jména. Nebo aspoň vyvstane otázka, zda si občané takto smýšlející nezávislý stát zasluhují.

A tak dále... a tak dále, přerušila mě Lucie už dost hněvivě. *Co já s tím tady! Náš poslední den!*

Pravda pravdoucí! slyším se říkat. Promiňte, že jsem zdržoval proud našeho vyprávění tímhle odbočením. Ale když se mnou budete mít ještě pět minut trpělivosti, pokusím se takřka o nemožné: totiž sestavit jakýsi hodnotový žebříček, podle něhož by se mohly aspoň odhadem poměřit ty klíčové události, které jsme v »kursu« probírali. Měřítkem by tu měly být projevená vůle nebo naopak lhostejnost národního společenství k ovlivnění vlastního osudu. Péče nebo naopak nezájem tohoto společenství o hodnoty – jmenujme tu pro stručnost a v masarykovských pojmech smysl pro pravdu, spravedlnost, sociální a vůbec společenskou solidaritu, pro drobnou nezištnou práci, a pak ovšem i takové záležitosti, jako víra, humanita, láska k »člověčenstvu«, sdílená starost o obec, národ, stát. Zároveň bude důležité určit místo, které společnost těmto hodnotám přikládá ve svém historickém i denním životě. S tím bude souviset jiná otázka: lze ve způsobu, jímž se nakonec klíčové nebo krizové situace řešily, nalézt prvky, které by bylo možno nazvat stálými nebo dokonce typickými? Jaká je tu míra souladu mezi národem a jeho politiky? Je-li tato míra souladu velká, pak nutně novodobý český osud je přece jen spíše dílem naším než těch druhých, na něž se tak často odvoláváme aspoň v rámci polehčujících okolností. Jestliže je naopak malá, jestliže za nás rozhodovali »ti nahoře«, páni politikové, »vedoucí soudruzi«, ať už jsme si je zvolili nebo ne, pak je třeba se ptát, zda není také naší vinou, že jsme se nepostavili proti uzurpátorským politikům a jejich kapitulačním tendencím, proč jsme ty v čele nedonutili aspoň k tomu, aby podlehli důstojně.

Jak tuhle otázku zodpovědět, jak to všechno poměřit? Jsou historikové, kteří mají za to, že se v moderních českých dějinách opakuje jakýsi »klasický vzorec«. Podle Willarse vypadá takto: 1. koncipování »velké myšlenky«; 2. nedůsledný pokus o její uskutečnění; 3. konfrontace s jejími odpůrci; 4. kapitulace; 5. katastrofa; 6. nový začátek za horších předpokladů; 7. viz bod 1.

I když se do tohoto vzorce nevejde všechno, vtěsná se do něho dost. Tak První republice sedne jako ušitý, včetně mnichovského konce; tady ovšem na straně pozitiv nutno zaznamenat pozoruhodný výkon, píli, dovednost, vůli a inteligenci všech složek obyvatelstva – rovněž, a nikoli na posledním místě, československých Němců –, které dohromady vytvořily velké hodnoty v hospodářském, sociálním, kulturním, společenském životě země; našlo by se i pár politiků se státnickými kvalitami, nikoli už mezi předáky politických stran; ti naopak svými neutuchajícími, často malichernými spory a bulvární žurnalistikou republikánský demokratický systém znevažovali a oslabovali. Druhá republika, šestiměsíční, do vzorce zapadá jak správný klíč do zámku. Třetí republice – v letech 1945–48 – pak padne jako na míru ušitá rukavice s tím, že vítězní komunisté nejdřív tu rukavici vyzývavě hodili do tváře budoucnosti, jen aby o dvacet let později (jaro 1968) vyvěsili bílý prapor a vyhlásili, že budoucnost se neosvědčila a že nutno znovu začít u bodu číslo 1. Vývoj pak prošel celou škálou, přes kapitulaci opět k bodu 6, aby se za dvacet dalších let zjistilo, že od bodu 1 (koncepce »velké myšlenky«, tou byla normalizace) se došlo pouze k bodu 2 (nepovedlo se) a tak dále dokola.

K tomu by teď měl přistoupit další pokus, zvlášť nesnadný: zjistit *míru* souladu při každé nové aplikaci »klasického vzorce« mezi vládnoucími a těmi, jimž je vládnuto, mezi lidem a jeho představiteli. Tedy určit aspoň s jistou mírou spolehlivosti, kdy se obě složky více nebo méně kryly, souhlasily, nebo naopak nekryly, střetly; kdy byly v souzvuku a kdy v disonanci, kdy národ či aspoň jeho většina měla lepší historický a politický čich než jeho představitelé a mluvčí. Zkusme to.

1914–1918. Zahraniční odboj byl na výši (aspoň v tom smyslu, že správně odhadl situaci, chopil se příležitosti, vyhrál svou věc); domácí balancoval příliš dlouho, vyčkával, jak to dopadne, víceméně k obrazu české společnosti, která si spíš libovala ve vlasteneckých selankách a zpěvánkách, pouze zlomek společnosti se rozhodl pro ozbrojený zápas a vstoupil do legií.

1938. Češi dokázali, že jako občané se dovedou vyšvihnout na výši situace; chtěli svůj stát bránit a jít i do předem prohraného střetnutí s mocnou německou armádou; politikové optovali pro bod 4 (kapitulace), aniž se lidu na cokoli zeptali, bod 5 (katastrofa) na sebe nedal dlouho čekat.

1939–1945. Válka. Doma spoutaní politikové a spoutaný lid byli aspoň v první fázi na téže vlně v tom smyslu, že obě složky více nebo méně dovedně chránily a zachraňovaly co se dalo; podobně jako v jiných zemích okupovaných Němci se pouze malé procento občanů odhodlalo k aktivnímu podzemnímu odboji; inteligence se ve svém celku osvědčila znamenitě, převážná většina dělnictva neobstála. V zahraničí, v Londýně, se nekomunističtí odbojáři pod taktovkou Beneše dopustili dlouhé řady těžkých chyb, které se záhy vymstily; čeští komunisté v Moskvě se v linii hlavního cíle, který si vytkli (konečné uchopení moci doma), dostali z nulové pozice (v době nacisticko-sovětského paktu) do klíčových postavení, v nichž se rozhodovalo o všem podstatném v osvobozené republice (státu osvobozeném způsoby, prostředky a díky příležitostem, které se v mnohém nápadně podobaly odboji za první světové války). Měli jsme tedy v roce 1945 svou Třetí republiku, vyhlášeným typem prý hodnotově vyšší, už ne buržoazně demokratickou, humanitní, pluralitní se zaručenými základními svobodami, ale lidově demokratickou, socializující, třídně uvědomělejší. Ať už tyhle nálepky znamenaly cokoli, jisté je, že počátky republiky byly pseudorevolučně pošpiněny udavačstvím, krutostí, zmanipulovanou justicí. Ve zpětném pohledu to dokonce vidím tak (a sebe coby protikomunistického novináře nevyjímám), že v tom všem – i když nestejnou měrou – byl značný soulad mezi národem a jeho novými vládci, kteří přišli z Londýna i z Moskvy a tenhle systém nastolili (zase aniž se koho ptali, naopak ještě celý rok se vládlo dekrety, bez řádně zvoleného parlamentu, se samozvanou vládou). Češi si šli po svém, mnozí z nové situace nehorázným způsobem kořistili, všichni se cítili být vítězi a pány v národním domě, z něhož němečtí nájemníci byli vyhnáni a Slováci zahnáni do přízemí, mohli prý být rádi, že je londýnští i moskevští nenechali povařit v jejich kolaborantském štátu.

1946. Politikové dali Čechům poslední možnost (to se tehdy ještě nevědělo) vybrat si, kdo jim napříště má vládnout (a volba, i když omezená, tu přece jen byla). Dopadlo to, jak to dopadlo – polovina českých i bodrých moravských voličů dala mandát KSČ a sociální demokracii, tehdy od komunistů nerozeznatelné. V tomto případě, viděno ze zmíněného hodnotového hlediska, zklamal spíše národ než politikové, kteří přece jen horkotěžko skoncovali s nejhrubšími poválečnými přečiny a zločiny, poměry se ustálily, rozdíly v přístupu k dalším úkolům (tedy také v oblasti právní jistoty občanů a občanských svobod) mohly být jasné i průměrnému školákovi.

1948. Nekomunističtí politikové v rozpětí několika týdnů opsali celý kruh »klasického vzorce«. Lidu obecného se zase vcelku nikdo na nic neptal, proti »Vítěznému únoru« manifestovalo v Praze pár set studentů, a tak bylo odpískáno i tomuto poválečnému demokratickému nedochůdčeti.

1968. Nezvykle vysoká míra souladu mezi lidem a vůdci, v tomto případě dokonce mezi velkou částí společnosti a její »vedoucí silou«, komunistickou stranou; míra, která se zvyšovala s rostoucím nebezpečím vojenského zásahu zvenčí; jenže vládnoucí elita nevydržela a při prvním úderu rozhodla, že se bude kapitulovat.

Existují tedy společné rysy řešení českých krizových situací, které by se jevily jako konstantní, a tudíž typické? Rozhodně způsob, jímž se k těmto situacím přistupovalo, vykazuje určité paralely. Napřed nadšení, odhodlání, rozcvička národních svalů, dobrá předsevzetí: jde se do toho! Lid je k tomu buď opravdu odhodlán, nebo aspoň nevidí jiné přijatelnější východisko, je tedy vcelku ochoten přijmout, co se nakonec rozhodne. Vedoucí garnitura zkoumá a přezkoumává situaci, pozoruje ostře protivníka, zda to myslí vážně, nebo jen na oko, jestli snad pouze nevyhrožuje. Když pak přijde úder, politikové kapitulují, obšírně vysvětlí důvody, které je k tomu rozhodnutí vedly, a vyzývají ke klidu a pořádku. Lid přijímá kapitulaci, skoro jako by ji čekal; na schůzích, ve zglajchšaltovaném tisku a v hospodách se naříká na zlý osud, případně se hledá viník (otázka »kdo byl vinen« se už čtyřicet let přetřásá zejména v české exilové publicistice). Následuje klidnější obhlédnutí nové situace, gustýrování vítězů nebo nových pánů, přizpůsobování se, hledání cest nejmenšího odporu, podkuřování nastoupené vrchnosti, rozhodnutí přežít, a přežít pokud možno dobře. V případě vítězství nebo úspěchu (obvykle ne plně zasloužených) lze pozorovat sklony k vyrovnávání účtů, pomstychtivosti i krutosti, zhusta diktované špatným svědomím, pocitem viny. Následuje tuhý boj o moc a pozice, provázený demagogií, ostouzením, partajničením, donašečstvím.

Takže?! vykřikla Lucie. *Takže – co?!*

Bylo to jasné. Musím končit, uzavřít, rezumovat. Ale jak? Jak shrnout to nedokonalé, kusé, výběrové, co jsem v těch dvanácti večerech vyříkal, když je to z převážné části historie porážek, politických bankrotů, a žel také vážné pokleslosti obecných mravů českých? Když ale zároveň vím, že za každou pravdou, která se zdá nesporná, se obvykle skrývá ještě jiná, snad drobnější, třeba nedoložitelná, ale bez níž ta nesporná není úplná?! Co po mně Lucie vlastně chce? Barvotiskovější, v národních barvách vyvedenou nástěnku? Jistě ne. Ale na druhé straně – nepřehnal jsem moralistní a emocionální přístup k dějinám a nezkreslil jsem tím nutně výsledný obraz? Kde vůbec vlastně zůstala pozitivní stránka téhle nešťastné historie, která přece také musí existovat? Vytratila se z obrazu, nevešla se mi do »velkých dějin« prostě proto, že se skládá z drobných kaménků každodenních *činů*, činů kladných, velkorysých, perspektivních? Snad tedy pokusit se o tento doplněk?! – Abych své myšlence dal nějaký tvar, spustil jsem, hodně na rozpacích, asi takto.

Takže, Lucie, teď uděláme jako v pohádce mha přede mnou, mha za mnou, vylezeme z temného příkopu historie do slunnějšího pleneru života a z této úplně jiné pozorovatelny přehlédneme v několika bleskových záběrech, co jsme tu dvanáct večerů tak usilovně zdolávali. Tentokrát bez papírků a bez citátů, bez poukazů k datům, výročím, »klasickým vzorcům«. Vím, lítalo těch ctností i nectností kolem vaší hlavy trochu moc – humanita, chrabrost, obětavost, zbabělost, krutost, lhostejnost... a vy se ptáte: co já s tím? A máte ovšem pravdu. V tom smyslu, že je možné to všechno vidět ještě jinak. My jsme se dosud dívali na novodobé české dějiny čelně, takříkajíc z anfasu, jak se jeví a upřesňují podle událostí, k nimž došlo, z jejich návaznosti, ze závěrů a interpretací, které se nabízely, občas dokonce i z marginální anekdoty. Listovali jsme v historii. Ale jak řečeno, je možný ještě jiný pohled. Prostě tím, že změníme úhel svého pozorování. A jako v malbě nebo sochařině, vjemy a dojmy budou odlišné, výrazněji vyniknou rysy, zejména detaily, kterých jsme si prve nevšimli, nebo naopak všimli, ale zdály se nám podružné či dokonce rušivé, poněvadž zkreslovaly nebo znevažovaly, co jsme objevili v pohledu zpředu jakožto podstatné, logické a vcelku jednoznačné. Mohu se teď o to pokusit? Už taky proto, že právě Češi mají pro tenhle dvojí pohled zvláštní nadání. Dovedou o sobě podat obraz čelný, věrný nebo přibližný, tu líbivý, tu odstrašující, ale vždycky snadno identifikovatelný. Řeknete: ano, to jsme my. A pak se převalí a podají vám ho z boku; obraz je také věrný, ale jiný, a zase snadno rozpoznatelný. A vy řeknete: to je ono, sedí to!

Tento dvojí pohled a rozdílnost výsledného obrazu jsou ovšem všude dány běžnou zkušeností. V kterémkoli společenství existuje obojí, dobré i zlé, spravedlivé i kruté, bojácné i odvážné, obětavé i sobecké; dokonce to existuje v jistém souladu; je možné zdůraznit nebo povýšit jedno vůči druhému, ale ani jednu, ani druhou složku nelze vyloučit, jsou prostě v obraze, půjde jen o to, jak si ho kdo natočí a co si z nového pohledu vezme. To jen že Češi si libují v tom druhém pohledu, který – abych tak řekl – nakukuje za záclonku dějin a odhaluje život, ten každodenně žitý v týchž dějinách, a který naznačuje, že všechno je *také* jinak, neméně důvodně, neméně pravdivě. Sama o sobě je to moudrá poučka. Proč se právě Čechům dostalo ve zvýšené míře daru onoho bočního pohledu, je nesnadné zjistit; možná taky a právě proto, že mají tak špatné dějiny s přidělenou a zároveň přijatou rolí v nich: nejdřív jako plebejců, pak arivistů, pak kapitulantů proti své vůli. Odtud taky, a to už říkám s větší jistotou, plyne rozvitý český smysl pro absurditu dění, situací a ovšem i historie, pro satiru, černý humor a šibeniční vtip, pro žíravou sebekritiku. Podle některých soudců národní povahy, tímto smyslem méně nadaných, je toho všeho moc, příliš sebemrskačství, nadměrná várka cynismu, samé historické trauma, které do národního povědomí pašují intelektuálové. Snad. Ale je to zároveň povážlivé nepochopení toho pohledu z boku, podcenění jeho očistné schopnosti jako zdroje energie, která je nezbytná k přežití. A ještě víc: svým neučesaným způsobem vnáší takový pohled do celé té dějinné mizérie rozeznatelné prvky důstojnosti.

Tenhle pojem se nám tu pořád plete, zřejmě ho nadužívám z nedostatku jiného vhodného slova. Pod důstojností si obvykle představujeme něco vznosného, noblesního, ušlechtilého. Ale právě z pohledu z boku může být důstojnost ohromně nearistokratická, umouněná, ba neomalená. Za příklad poslouží hezká historka o Elišce Krásnohorské, vlastence šlechetné a úctyhodné, která milovala drobný přičinlivý lid český. Jednou se takhle procházela po břehu Vltavy, po níž se zrovna plavil vor. I seběhla až na náplavku a zvolala do stříbropěnných vln: »Dobří voraři, vy poslové našich šumavských hvozdů, kam vy se plavíte?« Voraři zabafali z fajfek a odpověděli, jak se neodolatelně nabízelo a jak ani jinak nemohli, pokud chtěli odpovědět důstojně.

Co nám tedy ten druhý pohled o Češích poví, co ještě nevíme? Především to, že znají až moc dobře svou podobu z anfasu (vědí, jací jsou) a ochotně se svěří, na požádání i bez něho, že to není žádná nádhera. Ne snad že by jim nezáleželo na tom, co si o nich myslí »svět« (známé »co tomu řekne cizina«), ale prostě proto – jak umně rozvedou –, že proti větru čurat je nesnadné, a ostatně dokud žijeme, nic není úplně ztraceno, jede se dál. Pohled z boku dále vyjeví řadu českých vlastností, které zdaleka nejsou zanedbatelné, to jen z té čelné pozice nebyly vidět, jsouce příliš drobné a příliš sporné, než aby patřily do »velkých dějin« nebo i jen do dějepisu. Ukáže se, že Češi jsou v průměru lidé nadaní, pilní, vynalézaví, koumalové a kutilové, z poloviční šance udělají celou, dovedou být velkomyslní, spravedliví, obětaví, nejednou laskaví, často skromní, přátelští, pohostinní. Podají špičkové výkony takřka ve všem, v umění i ve sportu, ve vědě i v původnosti myšlení. Národ, vlast, stát pro ně ve skutečnosti znamenají víc, než doznávají. Krátce, jak řečeno, Češi nejsou o nic horší než jiné národy, aspoň ve většině situací, v těch krizových ovšem nevynikají. Ale i v těch nejednou, nenadále i nečekaně, se osvědčí. Ve výčtu by se dalo pokračovat, pak by ovšem musela být započítána rovněž dovednost, s níž průměrný Čech by tuhle chválu mistrným a zábavným způsobem shodil. Před tímto talentem ke kritickému obrábění všeho, co zavání nadneseností, snobismem nebo krajností, stojím v pozoru, tak jako žasnu se zatajeným dechem nad nezapomenutelnou krásou Prahy, jejími gotickými i barokními stavbami, jejími uličkami a průchody, a ovšem tajemstvím, které to všechno nepostižitelným oparem objímá . . .

Teď se na své pozorovatelně trochu posunu. A co vidím, ostatně nikoli poprvé? Třeba právě tady na Jadranu. Desetitisíce »našich«, jak se říká, drobných lidí, žádní papaláši, ti jsou jinde a jistě neujídají z tvrdého turistického salámu jako tihle lidičkové – nadto opatrně, aby s ním vyšli až do konce dovolené. Pronikli sem po mnoha útrapách a nepohodlí, aby si užili moře, opálili se, vykoupali . . . Ale také – opravte mě, jestli se mýlím – tady jako doma jeden druhému nedůvěřují, drží se svého a pro sebe, tady jako doma se ohlížejí, jestli někdo nepřiposlouchává, jestli jim někdo nepovolaný nevidí do karet, do jejich malých radostí a starostí, do jejich skutečných názorů a i jen do jejich peněženky. Bojí se víc, než je možná nutno, kašlou na leccos, co by jim nemělo být lhostejné, žijí s dvojí tváří a patrně přehánějí riziko, s nímž by bylo spojeno odhalení pravého smýšlení aspoň v momentech, kdy taková kuráž by mohla něco podstatného přinést. Také v tomto záporném výčtu bych mohl pokračovat, ale snad jsem už dostatečně naznačil, co mám na mysli: Češi jsou snad ve všem menší a malověrnější, než by museli být. Obecné mravy klesly na nižší úroveň, než jakou by špatný stav špatně spravované obce opravňoval. V mysli Čechů, v jejich chování, práci i konání, jak se říkávalo, už dlouho řádí jedovaté látky, které i jen průměrně slušný lidský a občanský život otravují a oslabují.

Tady jistě vstoupí do zorného pole pozorování celá plejáda důvodů a polehčujících okolností, proč český člověk vypadá taky *takhle*. Věřte mi, že velkou většinu jich znám. ryba smrdí od hlavy, jeden se musí ohánět, aby přežil, živoříme v systému kádrových kartiček a nomenklaturních privilegií a vůbec, koho soustavně kopou do zadku, ten nebude vyzařovat zvlášť ušlechtilé vlastnosti. Všechno pravda. Ale pravda taky je, že Češi jsou v mravní krizi. Je hlubší, než si většina lidí uvědomuje, i když o ní mluví kdekdo, ovšem často právě jen v podobě nadávání na poměry, na pány nahoře, na ty druhé. Zvlášť nebezpečný se mi zdá názor, že stačí, aby se změnily poměry, a bude po krizi. Představme si na chvilku, jak by to asi vypadalo, kdyby se zítra poměry opravdu změnily, páni nahoře vyměnili – svoboděnka, i jen relativní, by zase jednou spadla Čechům do klína. Zemí by táhlo nadšení, ale také (a nutně, poněvadž ta hlubší, vnitřní krize by trvala) denunciantství, touha a volání po odvetě za skutečné i domnělé křivdy, znovu by zasedaly národní soudy a očistné komise (tentokrát by se šlo po bolševicích a jejich »pomahačích«), podbízelo by se novým pánům, Kocourkov a Hulvátov by šly ruku v ruce, opět by projednou bylo snadno vyhráno, ale na jak dlouho! Neboť jak připomíná z dnešní Prahy Petr Pithart, »začít měnit sebe samé, z hlediska moci bezmocné, není nějaký minimální program, alternativa druhé jakostní třídy pro méně statečné, nouzový plán na pouhé přežití. Je to nejdůležitější předpoklad skutečné změny poměrů . . . změna, pro kterou my sami nejsme dost připraveni, bude zítra zase jen výměnou kulis, v nichž se začne hrát tentýž starý kus, jen s novými nadějemi a tedy s rozčarováním o to krutějším«. Dodal bych, že tohle »měnit sebe samé« se nedá vzít hopem, může to být jen pozvolný proces, potřebuje to čas, vůli, výdrž a zpočátku i něco tak banálního, jako je síla příkladu. Z Prahy varuje i Zdeněk Urbánek: »Začnete sami sebe v myšlení a v poznávání omezovat, a jste jako lidé pro svobodný život lidstva ztraceni. Žádný Reagan ani Gorbačov nic v této věci nemůže zlepšit ani zhoršit.« Vážné varování, vážná krize.

Ten stát, tu republiku a její osudy jsme z pohledu zpředu do podrobností vykreslili tak, jak jsme nejlépe dovedli. Republiku jednou dost výjimečnou, podruhé rozpadlou, pak obnovenou, pohmožděnou, nakonec nesvéprávnou, jakoby ze všech stran podpíranou lešením zoufalé prostřednosti, mezinárodně bez vlivu. – A teď se na tutéž dnešní republiku podíváme z boku. Co nám zjevuje pohled z boku? A co vidíme? Především – existuje. Trvá, ať už v jakkoli nedokonalém stavu. A co je nedokonalé, může být vylepšeno. Napadne nás dále, že ten stát má na mapě Evropy své místo, nikdo už mu je nebere nebo aspoň neupírá. Pohled z profilu také nezastírá, co jedni budou vidět jako stín, jiní spíše jako světlý bod: ze státního obrazu zmizeli Němci, takže za svůj lesk či bídu Češi už nebudou mít komu děkovat než jen sobě. Kupodivu někde v tom obraze, a právě v tom dnešním, je i starý pan Masaryk; nesměle prosvítá jeho humanistický a demokratický odkaz, zatím v podobě pátračské – právě lidé mladí a velmi mladí se o něm chtějí něco dovědět. Vůbec ten obraz připomíná trochu krajinu po bitvě, dávno prohrané, ale nezapomenuté: poučení z ní trvá, zdá se dokonce, že naléhá. Zbytky toho, co bylo zničeno nebo se rozpadlo, nejsou v pojmech budoucnosti k ničemu. Zbývá pouze jedna cesta, zdá se, už ne z kopce, ale nahoru, což by zároveň naznačovalo, že Češi mají to nejhorší za sebou. A začátek může být synonymem naděje...

Takže – co?! zvolala Lucie, tentokrát už s neskrývaným zoufalstvím v hlase, a obrátila oči i obě ruce až kamsi k nebi v gestu, které jejímu výkřiku propůjčilo nezvykle dramatické zdůraznění. A poněvadž seděla obrácena ke mně *bokem*, mohl jsem vidět jen jednu její pozvednutou paži s dlaní obrácenou vzhůru: vypadalo to, jako by čekala na hostii. Pak vstala, postavila se ke mně čelem a klidněji, jen důrazněji opakovala: *Takže co? Co si z té laterny magiky mám vybrat? Jednou mi máváte před očima jakousi chválou života jako Velkého Korektora, pak zase předvedete čapkovsky laděný hymnus na slávu obyčejného života a upozorníte na výhody pragmatismu, jednou zdůrazníte, že život vylouhovaný ze všech slušných hodnot je zoufalé živoření, jsme v tom po krk, výhledy bídné – tedy utéct!, podruhé říkáte, že si všichni musíme plivnout do dlaní a zapracovat na národa roli dědičné směrem ke snesitelnějšímu údělu – tedy zůstat! Co, proboha, vlastně nabízíte?!*

Lucie, nenabízím nic. Zejména ne hotové návody, kterak na to, jak tak a ne jinak. Nemám na to. To jen fanatikové a dogmatici znají jedinou pravdu a všechny odpovědi. Pro ně nic není s otevřeným koncem, pro mě při mé nátuře skoro všecko. Je mi líto, že jsem vás zklamal. A teď mě napadá, že jste to byla vy, která jste častěji než já vnesla do našich hovorů konkrétní prvek, prožitý nebo ze života odvozený – a že v něm vlastně bylo aspoň kus odpovědi na to vaše »takže co!«, odpovědi, kterou po mně žádáte. Třeba to, co jste vyprávěla o vaší partě. Byl to pohled z boku, který doplňoval pohled čelný, z něhož naše »kursování« vyšlo, osvítil jeho druhou fasetu, neméně reálnou a implicitně nadějnou. Měl navíc půvab i sílu symbolu, a tudíž velkou přitažlivost. Něco jako zpřeházené kameny a kostky, z nichž by jednou ve správném navršení mohla vzniknout stavba, byť nezvyklá a asi sotva honosná – myslím tu společenskou stavbu české budoucnosti. Řekl bych dokonce, že už dnes jsou ty hrubé stavební kvádry historicky nezanedbatelný materiál, jsou však dosud ve stavu, jímž se historik nemůže zabývat, poněvadž se teprve zpracovávají, a děj není ještě dějepis. Podobně je tomu s vaší výchozí otázkou, kterou mi stále předhazujete. Předpokládám, že u nás snad všichni mladí lidé aspoň jednou v životě přemýšleli o emigraci. Jistě, emigrace, exil do historie patří, ale výlučně po události a obyčejně tehdy, když existují změřitelné a z dějin odvoditelné důvody exodu: Bílá hora, reformace, protireformace, kapitulace, prohrané války, vítězné revoluce, masová represe všeho druhu nebo – aspoň členství v Sokole nebo příslušnost k Chartě 77. Vy jste ale sama řekla, že vás a vaše druhy v osudu ze země nevyhání ani politika, ani perzekuce, můžete zůstat a nikdo vám na hlavě nezkřiví ani vlásek, vždyť od doby, co jste se narodila, se v zemi nestalo nic, co by si v dějepise vysloužilo víc než poznámku pod čarou. Takže kdybyste se pro odchod rozhodla, do dějin nevstoupíte. Ale na tom opravdu nezáleží.

Na čem tedy záleží? Zas nemám jednoznačnou odpověď, ale řekl bych ze zkušenosti, že hlavně na tomto: aby to rozhodnutí zůstat nebo odejít nebylo určeno náladou chvíle, okamžitým popudem, jen nějakou frajeřinkou. Není totiž nic horšího než litovat, když už je pozdě. V téhle věci nelze sedět na plotě, a když, tak se to vymstí.

Řekla jste před chvílí, že si o tom rozhodnete sama, že k tomu mé rady nepotřebujete. Ale i kdybyste je po mně chtěla, mlčel bych. Ani bych jinak nemohl – jako člověk, který vcelku v pohodlí přežil v cizině válku, pak se vrátil domů, jen aby vzápětí pochopil, že neopustí-li vlast včas, tak zahyne, a nikoli naopak, jak se praví v často citované básničce. A tak se stalo, že jsem neokusil výdobytků socialismu. Žiju v té cizině už půl století; nespočet lidí se mě ptalo, jestli se mi venku nestýská – po rodné zemi, po Praze, po přátelích, kteří tam zůstali. Vždycky jsem po pravdě odpověděl, že ne. V duchu však, kdykoli jsem si představil, že bych byl zůstal (a přežil), jsem byl tiše vděčný osudu, že se tak nestalo, že tam nežiju, že jsem tam nemusel vychovávat (a nechat vychovávat) své děti, že jsem byl ušetřen zkoušek, v nichž bych asi neobstál. Tohle vědomí mě nikdy neopustilo, ani když bylo líp, ani za Pražského jara (líbilo se mi, ale nevěřil jsem v jeho dobrý konec, ne snad proto, že Rusové přijet museli, ale poněvadž se tu hráblo do příliš mělké nádoby výlučně politické příležitosti, do příliš řídké substance, než aby to vydalo víc než křehký, podstaty problému se sotva dotýkající slepenec).

Ale jde to ještě dál. Od počátku se tady venku cítím doma, je to můj domov, nemám a ani nehledám žádný jiný. Utekl jsem totiž »ke svým«, jsem (řečeno s Patočkou) »u sebe«, odešel jsem do těch končin a zemí, které mně vyhovují svým civilizačním, kulturním a i politickým podnebím. Ne že by se mi tu všechno líbilo, zdaleka ne, ale to je také jeden z důvodů, proč mi tu je dobře; mohu totiž aspoň občas zasahovat do věcí obecných i občanských, mohu se připojit k těm, kdo křičí, že něco podstatného je v nepořádku, že se někomu hrubě křivdí nebo něčemu závažnému škodí; mohu dokonce, když se tak rozhodnu, pokračovat ze svých chabých sil v zápase, který jsme my Češi tehdy někdy někde prohráli. Mohu ovšem právě tak dobře hodit všechno za hlavu, život v těchto délkách a šířkách poskytuje na svobodě, právech i hmatatelnějších požitcích všeho dostatek, ba přemíru – mohu si kdykoliv vyjet na Kanárské ostrovy nebo sem na Jadran.

Však jsem taky ten svět procestoval, všude mám přátele, znám jejich řeč i zvyky, prožil jsem s nimi dobré i zlé, válku i mír, vážím si jich, rozumím si s nimi. Ale nejlíp si rozumím s Čechy. Ať už s nimi sedím na nějakém mezinárodním semináři nebo v hospodě, s učenými nebo s těmi, co nemají ani měšťanku, se staršími, ale ještě raději s mladými – je mi s nimi dobře. S nimi se nejlíp pobavím, nasměju, taky navztekám... všechno, jen se nenudím... no vybalím to celé, jsem také mezi svými! Je to snad proto, že je tu ten důležitý základ – společná mateřská řeč, nezástupná a vystihující víc než totéž slovo v jiném jazyku, jakkoli dobře zvládnutém? Jistě. Ale je tu ještě jiná, dosti tajuplná vazba: to, co jsme společně přejali a přijali, vstřebali, sdílený zážitek i zkušenost, třeba už zasutá časem a překrytá jinými zážitky a dojmy. A tak jako ponorná řeka, která se najednou objeví a zase zmizí, tak i to dávno sdílené se najednou, byť podvědomě připomene. Jen to umožňuje komunikaci, kterou mám na mysli. Říká se tomu také (nemám to slovo moc rád) kořeny, ale ty tkví někde strašně hluboko, někde u maminky, která skončila v plynové komoře, nebo u táty, jehož hrob na Olšanech už třeba (taky) není, v tom, co jsme četli v Máchovi a Kafkovi, tkví i v krčském domku trojice mých příbuzných, politicky pomýlených spisovatelů, kde Antal Stašek blahé paměti, který měl hrozně rád kaviár a jen nerad ho podruhé nabízel spolustolovníkům se slovy: »Vy už nikdo nechcete, že ne?!«, tkví v mém středoškolském profesorovi češtiny, který nás opravdu něco naučil... můj Bože, v tolika věcech, jimiž dosud také žiji, tady a dnes... Ovšem právě jen *také*...

Takže?!

Seděl jsem v Paříži v redakci už dost pozdě navečer, zazvonil telefon, na druhém konci drátu Lucie. Zde její hlášení: má se dobře, všechno je v pohodě, Milan je moc hodný, ona sama zrovna čte ohromně zajímavou povídku, nic nepotřebuje, a kdyby, tak se ozve. A taky ještě jednou děkuje za »kurs«. Popřál jsem jí dobrou noc, zavěsil, zhasl lampu na psacím stole, zamkl za sebou dveře a vyšel do setmělé ulice. Ve vzduchu byl náznak nadcházejícího podzimu.

Douška

Pozornému čtenáři neušlo, že kniha končí kapitolou s otevřeným koncem (jako ostatně všechny dějiny): Vrátila se Lucie domů, nebo zvolila emigraci?

Píši tuto došku v Praze několik týdnů po spořádané revoluci. S Lucií a Milanem jsem se setkal v kavárně Slávii. Seděli jsme u okna s výhledem na Pražský hrad a já jsem si dal jako obvykle čtyři deci červeného vína. Lucie jen zářila, na prsou se jí skvěla placka Havel for president *a Milan znuděně omalovával jakýsi plakát, sotva se to dalo přečíst, ale vypadalo to jako: Republiku si rozbíjíme sami.*

Doporučená četba k poslednímu večeru

Chalupný, Emanuel: *Národní povaha československá.* Praha 1935.
Kniha Charty (Vilém Prečan, ed.). Index, Kolín nad Rýnem 1977.
Mahen, Jiří: *Kniha o českém charakteru.* Nákl. vlast., Vyškov 1924.
Masaryk, T. G.: *Česká otázka.* Praha 1885.
Měšťan, Antonín: Národní charakter etnických celků ve střední Evropě: *Proměny,* Basilej 1987.
Pekař, Josef: *O smyslu českých dějin.* Stojanov, Rotterdam 1977.
Peroutka, Ferdinand: *Jací jsme.* Fr. Borový, Praha 1924.
Pithart, Petr: Pokus o vlast: *Svědectví* č. 59, Paříž 1979.
Rozhovor s Jiřím Voskovcem: *Svědectví* č. 22, Paříž 1963.
Tigrid, Pavel: Jací jsme, když je zle: *Svědectví* č. 46, Paříž 1973.
Tigrid, Pavel: *Politická emigrace v atomovém věku.* Index, Kolín nad Rýnem 1974.
Tomáš, Petr: Kapitoly z české geopolitiky: *Svědectví* č. 45, Paříž 1973.
Willars, Christian: Znovu: smysl českých dějin: *Svědectví* č. 46, Paříž 1973.

Autor upřímně děkuje Jiřímu Grušovi, Karlu Kaplanovi, Jiřímu Kovtunovi, Ivanu Pfaffovi, Josefu Škvoreckému, Janu Tesařovi jakož i mezitím zesnulému příteli Ivo Ducháčkovi za věcné připomínky k rukopisu této knihy.

Obsah

PAVEL TIGRID

Kapesní průvodce inteligentní ženy po vlastním osudu

Graficky upravil a obálku navrhl Joska Skalník. Fotografii autora pořídil Josef Rakušan. Vydal Odeon, nakladatelství krásné literatury a umění, n. p., jako svou 5027. publikaci v redakci krásné literatury. Praha 1990. Odpovědný redaktor Miloslav Žilina. Výtvarný redaktor Miloš Novák. Technická redaktorka Hana Keslová. Vytiskla Těšínská tiskárna, s. p., Český Těšín. 23,50 autorských archů, 23,99 vydavatelských archů. 601-22-856. Vydání třetí, v Odeonu druhé. Náklad 50 000 výtisků. 13/33.
01-113-90.
Cena vázaného výtisku 35 Kčs